Weihnachten '93

Lieber Vater!

Ich denke, dieses Buch dürfte für dich alten "Historiker" sehr interessant sein, und meine vorübergehende Wahlheimat Nürnberg in einem weiteren, und vielleicht auch neuen, alten Licht zeigen.

Alles Liebe
M. Baer

P.S.: Wir können es uns ja gemeinsam anschauen.

Unterm Hakenkreuz

Centrum Industriekultur

Unterm Hakenkreuz

Alltag in Nürnberg 1933–1945

Hugendubel

Umschlagfoto: Blick von der Museumsbrücke auf die
Fleischbrücke während eines Reichsparteitages

Die Deutsche Bibliothek – CIP Einheitsaufnahme

Unterm Hakenkreuz: Alltag in Nürnberg 1933–1945/
Centrum Industriekultur Nürnberg.
München: Hugendubel, 1993
ISBN 3-88034-659-3
NE: Centrum Industriekultur <Nürnberg>

© Heinrich Hugendubel Verlag, München 1993

Konzeption: Rudolf Käs, Klaus-Jürgen Sembach, Siegfried Zelnhefer
Redaktion: Rudolf Käs, Helmut Schwarz, Siegfried Zelnhefer
Gestaltung: Klaus-Jürgen Sembach
Umschlaggestaltung: Dagmar Kühner
Gesamtherstellung: W. Tümmels, Nürnberg

ISBN 3-88034-659-3
Printed in Germany

Henry Cartier Bresson: Am Ufer der Marne, 1938.

Unbekannter Photograph: Aufstellung einer Formation des Nationalsozialistischen Kraftfahrkorps (NSKK) in der Nähe von Nürnberg, um 1937.

Vorwort

Sich ähnelnde Szenen müssen nicht auch vergleichbar sein, denn Parallelen können auf Zufall beruhen. Dieses gilt um so mehr, wenn die Situationen peripherer Art sind und sich ihre Bedeutung nicht aufdrängt. Doch im Fall der nebenstehenden Bilder überwiegen die Gemeinsamkeiten in unzweifelhafter Weise. Beidemale sehen wir entspannte Situationen – Rast, Sonntagsstimmung, freundschaftlich-familiäres Miteinander. Auch das Milieu der Personen scheint verwandter Art zu sein – Kleinbürger mit bescheidenem Wohlstand. Selbst Einzelheiten wiederholen sich, seien es nun die zur Schau gestellten Hosenträger der Männer oder die auch damals schon altmodischen Frisuren der Frauen. Gemeinsam ist beiden Szenen auch ihr Aufbau. Sie sind jedesmal von hinten aufgenommen worden, die friedvollen Akteure kehren uns den Rücken zu. Von der zeitlichen Konvergenz gar nicht zu reden …

Die besondere Sehweise jedoch, den Figuren des Vordergrundes einen entfernteren Blickpunkt zu geben, verweist um so mehr auf den Hintergrund. Hier erkennen wir denn auch den bestimmenden Unterschied zwischen den Bildern. In dem einen Fall sehen wir die Fortsetzung des Geschehens mit friedlichen Mitteln, im anderen mit aggressiven. Die zwei Boote – ob nun geliehen oder Besitz – ergänzen und erklären die inhaltliche Situation, sie erzählen, wie es zu der Rast am Ufer des Flusses gekommen ist. Der geordnete Aufzug der Motorräder und Autos hingegen steht in keiner unmittelbaren Beziehung zu den Menschen im Vordergrund. Aber auch wenn diese momentan der aufwendigen Inszenierung kaum Beachtung zollen, so kann trotzdem angenommen werden, daß sie sich nur ihr zuliebe eingefunden haben. In beiden Fällen besteht eine unübersehbare Beziehung.

Soweit das unzweifelhaft Sichtbare. In der französischen Familienszene vermeinen wir nun ein Zeitklima zu spüren, das uns aus Filmen jener Jahre vertraut ist, zu denken ist vor allem an die Arbeiten Jean Renoirs (dem der Photograph auch kurz zuvor assistiert hatte). Gespiegelt wird die gelassen-bescheidene Lebensform französischer Bürger, die dennoch ganz bestimmte Ansprüche kennt. Nicht zufällig sind wir Zeugen einer Essensszene. Wenn nun auch von daher das ganze eher traditionell wirkt, so ist trotzdem die zeitliche Fixierung unverkennbar, wir befinden uns in der Volksfrontzeit gegen Ende der dreißiger Jahre. Ein paradiesisch-proletarischer Glückszustand scheint erreicht zu sein, der idealisch wirkt. Aber wir spüren auch, daß die so überzeugend dargelegte Selbstzufriedenheit etwas Ausschließliches besitzt, eine leicht ignorante Haltung.

Dem gegenüber wirkt die Szenerie des deutschen Gegenstückes aufgelöster und weniger massiv. Sie wird nicht von einem Ritual geformt. Doch auch in ihr ist eine Tradition zu erkennen – in diesem Fall eine romantische Grundstimmung, die an ähnliche Gruppierungen in Bildern Caspar David Friedrichs denken läßt. Auch schon bei diesem Maler wurden menschliche Figuren in einem Gegensatz zu etwas gebracht, das deutlich gewaltiger ist als sie. Damit entsteht eine Ambivalenz: können die Betroffenen überhaupt als handlungsfähig angesehen werden oder sind sie dazu bestimmt, ihrem Schicksal ohnmächtig ausgeliefert zu sein? Wie auch immer, stets wird eine latente Vergeblichkeit suggeriert. In der nun viel weniger absichtsvollen Photographie ist eine derartige Zuspitzung nicht zu erkennen, dennoch treffen auch in ihr Bescheidenheit und Macht auf-einander, und eine Neigung zur Schicksalhaftigkeit ist unübersehbar. Während die Franzosen überzeugend ihre Mitte gefunden zu haben scheinen, schweift die deutsche Szene ins Unbestimmbare aus.

Irritierend bleibt der Gegensatz von idyllisch gesättigter Stimmung und Martialik, von Befangenheit und spektakulärem Aufbruch. Die Dichte im Zusammentreffen des Unvereinbaren, die trotz allem erkennbare Affinität des einen zum anderen spricht dafür, daß wir keine zufällige Konstellation sehen, sondern in ihr ein Schlüsselbild kleinbürgerlicher Sehnsüchte erblicken. Vielleicht sind wir die Beobachter eines Grundkonfliktes der deutschen Mentalität: die Projektion der eigenen Unsicherheit, Kleinheit und fehlenden Mitte auf etwas ausgleichend Großes. Über die Enge bescheidener Existenzen fällt momentan der Abglanz des Außergewöhnlichen, die eigene Unvollkommenheit wird kompensiert durch die Disziplin und Ordnung einer quasi militärischen Formation.

Das hatte schon Heinrich Mann in der Figur seines „Untertan" literarisch zur Anschauung gebracht. Jetzt können wir ähnliches in einer sublimiert verdeckten und mehr alltäglichen Form betrachten. Wir erkennen dabei, daß die Photographie nicht nur ikonographisch eine Tradition verrät, sondern auch im politischen Sinne. Die jüngere Entstehungszeit kann nicht darüber hinwegtäuschen, daß ihre Haltung nach wie vor „wilhelminisch" ist, von Neugier und Begeisterung für „Wehr und Waffen" bestimmt.

Von hier läßt sich vielleicht eine Antwort finden, warum das nationalsozialistische Regime eine zum Teil so unverhohlen-freudige und später dann auch so anhaltend-opfervolle Anerkennung gefunden hat – wobei die fromme These, das alles habe auf Unterdrückung beruht, als unhaltbar abgelehnt wird, die eigene Erinnerung weiß es

Trafohaus an der Trierer Straße, 1939

anders: Es gab eine weitverbreitete Begeisterung für die Heroisierung des Alltags, die die Nationalsozialisten so außerordentlich geschickt und rattenfängerhaft schlau betrieben. Die neue Größe gefiel. So stellt das Ausgangsbild denn auch keine vereinzelte Situation dar, ihm ähneln viele. Doch oft sind diese in ihrer Wirkung direkter, etwa wenn sie den festlichen Aufputz mit Fahnen, Tribünen, Lautsprechern und dergleichen mehr zeigen, der so gern angewandt wurde. Hier ist dann die Absicht mehr als deutlich. Schwerer – und wichtiger – ist es, die minutiöse Durchdringung fast aller Lebensbereiche zu erkennen, die das Besondere des Systems darstellte. Wenn es – und das sei zugestanden – in seiner Perfektion und Rigorosität auch zum Teil gefürchtet wurde, dann fanden diese Züge aber gleichfalls Anerkennung: Vollkommenheit als Ausdruck des Guten und Gerechten.

Die Komplexität des gesamten Vorgehens ist immer wieder verblüffend. Eine Mixtur war gebildet worden, die aus plumper Schmeichelei – beginnend mit der Anrede „Volksgenosse" und weiterreichend zu allerlei Ehrungen und Auszeichnungen – und aus visueller Beeindruckung durch pathetische Bauten, Uniformen und Festdekorationen, aber auch durch den hochstilisierten Edelkitsch „staatstragender" Bühnen- und Filmwerke bestand. Hinzu kam die Bestätigung so schöner Tugenden wie Heimatliebe, Züchtigkeit, Abstammungsstolz, aber auch die von mehr oder minder heimlichen Ressentiments, vor allem deutlich geworden im Judenhaß. Das deutsche Kleinbürgerglück war damit fast vollkommen. Befriedigt konnte es sich auch durch die propagierte Wohnkultur sehen. Zwar setzte sich der offiziell verkündete pseudo-handwerkliche Stil kaum durch, doch als Vorbild blieb er ständig wirksam. Gegen die angebliche Kälte des Stahlrohrstils der zwanziger Jahre führten die Nationalsozialisten eine gleichfalls karge, aber deutlich an bäuerlichen Vorbildern bestimmte Lebensart ins Feld. Möbel aus deutschen Hölzern, nach

Möglichkeit mit sichtbaren Astlöchern, artig aus Rahmen und Füllung zusammengesetzt und mit braven Kugelknöpfen bestückt. Auf den kantigen Tischen lagen Leinendecken mit einfachen Mustern, darauf standen geflochtene Brotkörbe und irdenes Geschirr. Überhaupt waren tönerne Krüge sehr geschätzt – so als ob überall noch blonde Mägde Milch und Wasser auf ihren Schultern zu tragen hätten. Da es diese idealen Gestalten aber so gut wie gar nicht mehr gab, malte man sie: Unschuldig nackt, während sie sich anschicken, in den Badezuber zu steigen, gerade werden noch die derb-wollenen Strümpfe abgelegt. Diese waren dann ein Alibi dafür, daß offiziell auf den entblößten Körper gestarrt werden durfte – sie bewahrten stellvertretend die Tugend. Als Original gab es solche Mixturen aus Schlüpfrigkeit und Heroismus alljährlich im Münchner „Haus der Deutschen Kunst" zu sehen, aber eine gut entwickelte Reproduktionstechnik sorgte für die weite Verbreitung in Zeitschriften. Diese lagen dann in den Stuben auf den Tischen und die deutsche Familie blätterte ehrfürchtig-ernst darin – ein anderes Gemäldemotiv.

Wie sehr das alles auf einer Täuschung beruhte, die im Gegensatz zur modernen technischen – und von den Nationalsozialisten ja nicht geleugneten – Entwicklung stand, enthüllte sich dann, wenn die Konfrontation nicht mehr zu vermeiden war. Der „Volksempfänger", ein in seiner endgültigen Gestalt überraschendes Beispiel guter Formgebung, wurde deshalb mit seinem schwarz-glatten Kunststoffgehäuse hinter einer Rohrgeflechtfüllung in einem deutschen Holzmöbel versteckt. Dabei war dieser Apparat der eigentliche Mittelpunkt der deutschen Wohnung in der nationalsozialistischen Zeit. Er bildete die wichtigste Nachrichtenquelle, seine Meldungen bestimmten das Leben in freudiger, später zunehmend dämpfender Weise. In Wirklichkeit wurde *er* umlagert und nicht die pompösen Propagandaprodukte des offiziellen Staatsstiles. Doch stand das in keinem Widerspruch zu der alle Bereiche durchdringenden Ideologie.

Wohnstube und Küche in einem Nürnberger Altersheim, um 1935

Tatsächlich sah das gesamte deutsche Heim weniger stil- und glaubensbewußt aus, als offiziell erwünscht. Das Heroische stahl sich gern fort ins Innig-Spießige: Häkeldeckchen statt der linnenen Tücher und darüber Lampen mit speckigen Pergamentschirmen, Billigfurnier anstelle von narbigem Rüsterholz. Wenn schließlich noch der Blick aus dem Wohnküchenfenster auf ein derart bescheidenes Transformatorenhäuschen fiel, wie oben abgebildet, dann war die sentimentale Weltsicht wahrhaft komplett bedient. Doch änderte das nichts an der in dieser Umgebung gehegten Gesinnung. Diese barg Großmachtträume und Weltbeherrschungsgelüste. Für sie war man dann auch bereit, Opfer zu bringen, zumal der Kriegsverlauf sich zu Beginn recht gut anließ. Stolz versetzte der emporgehobene Volksgenosse die Nadeln und Fäden auf der europäischen Landkarte immer weiter in eroberte fremde Länder hinein und mit aufmunterndunmißverständlichen Worten schüttelte er die Sammelbüchse, trieb Beiträge für diverse Opferaktionen ein, ermahnte Frauen zu anständig-deutscher Handlungsweise – und denunzierte hemmungslos. Unter seinesgleichen – und das waren viele – fand er damit Anerkennung, auch wenn er möglicherweise einem selbst zur Bedrohung werden konnte. Denn zu dem latenten Reiz der ungewöhnlichen Situation gehörte es auch, ihr ab und zu widersprechen und widerhandeln zu müssen, sie trickreich zu unterlaufen. Die Gefahr wurde dann als Genuß empfunden – auszeichnend, erhebend und beglükkend war ohnehin eigentlich alles. Die weitgehend stoische Haltung der Bevölkerung während des Luftkrieges erklärt sich auch aus einer Art von Ergriffenheit davor, daß man dergleichen erleben durfte. Die nationalsozialistische Epoche war eben in einmaliger Weise dazu fähig, dem Gewöhnlichen dem Glanz des heroisch Ungewöhnlichen überzuwerfen. Bis in den Tod hinein – doch man starb nicht einfach nur, sondern groß und opfervoll für eine angeblich wunderbare Sache. Der kollektive Rausch war reichlich heftig.

Natürlich waren nicht der ganze Alltag und auch nicht alle Menschen von dergleichen Gefühlen bestimmt. Doch da der sich immer ernüchternde Blick aus immer größerem zeitlichen Abstand immer mehr nur das Rationale und logisch Erklärbare wahrzunehmen fähig ist, ist es notwendig, auf das Irrationale im angeblich so stringent durchorganisierten Kontext hinzuweisen. Sicherlich war auch in Nürnberg die Situation ähnlich, doch unterschied sie sich vom Normalzustand dadurch, daß hier das Erhabene durch das jährliche Ereignis der Reichsparteitage ins Exemplarische gesteigert wurde. Die Stadt gehörte dann nicht mehr sich selbst, ihr wurde eine Bedeutung aufgepfropft, die übertrieben und unproportional war. Jubel und Begeisterung war für sie in besonderer Weise programmiert. Um das deutlich zu machen, ist die Idee geboren worden, die Darstellung der Belastung wie einen Balken durch das Buch hindurchzuziehen. Ganz gleich, wie man in Nürnberg zu den Ereignissen stand, man konnte ihnen nicht entkommen. Die Verflechtung des Oktroyiert-Künstlichen mit dem darunter weiterexistierenden Alltag kann auf diese Weise deutlich gemacht werden. Eine generelle Entschuldigung stellt das jedoch nicht dar.

Klaus-Jürgen Sembach

9

Einführung

Sechzig Jahre nach der „Machtergreifung" und fünfzig Jahre nach Stalingrad, dem psychologischen Wendepunkt des Zweiten Weltkrieges, weicht die authentische Erfahrung mit dem Nationalsozialismus zunehmend der Geschichtsschreibung und der kollektiven Erinnerung. Die Täter und ihre überlebenden Opfer und die, die entweder wegblickten oder verdeckt halfen, sterben, ihr Zeugnis geht verloren. Das verstockte Schweigen der Anhänger und die ungehörte Rede der Opfer, die Ausflüchte der Angepaßten und die stille Trauer der Gewissenhaften machten es schwer, die nie gekannten, in deutschem Namen begangenen Verbrechen zu bearbeiten. Aufklärung bewegte sich oft in engen Zirkeln, erreichte viele nicht wirklich und richtete allzu oft Denkgebote und Gefühlsverbote auf, da ihr der lebendige, überzeugende Streit versagt blieb. Eine Gedenkkultur entstand aus der noch brennenden Erinnerung der Überlebenden. Plaziert im öffentlichen Raum und weitgehend isoliert, entwickelte sich ein zunehmend entleertes Ritual der Trauer um die Opfer und des Bekenntnisses zur Menschlichkeit. Mit dem Ableben der Zeugen der Verbrechen drohen die Taten zu verblassen, da sie niemand mehr bezeugt. Sie werden auf natürliche Weise entsorgt, indem sie als Geschichte aufgehoben, im günstigsten Fall als Vorgeschichte unserer eigenen, ganz anderen Zeit abgelegt werden. Die Daten- und Bildspeicher aber sind unter dem Stichwort Nationalsozialismus so gut gefüllt wie nie zuvor. Die Medien sorgen für rasche Verbreitung. Allein die Bilder vermitteln kein Bild. Das Grauen und die Begeisterung jener Zeit bleiben unbegreiflich, versperrt durch unsere eigene Erfahrung, die in einer demokratischen Gesellschaft gebildet wurde, ausgesperrt von unserer Empfindung. Dabei fehlt es nicht an Beweisen einer echten Ablehnung jener Verbrechen und eines aufrichtigen Mitgefühls mit den Opfern, denn viele empfinden heute so. In unserer Zeit haben vor allem viele junge Erwachsene eine eindeutige Haltung entwickelt, die von einer zumeist stark gefühlsbetonten Verurteilung des „Dritten Reiches" getragen wird.

Eine solche Einstellung kommt häufig ohne Sprache aus, da sie selbstverständlich ist. An die Stelle der Auseinandersetzung treten dann allzu oft Abwehr, Verweigerung und vorschnelle Schuldzuweisungen. Eine Haltung ohne Urteil macht sprachlos und bildet den Boden für eine „Gefühlskultur", die, da sie sich ihrer selbst unsicher ist, auf Herausforderungen immer heftiger reagiert. Umgekehrt lehnen immer mehr Menschen bestimmte Denkgebote und Gefühlsverbote ab und ziehen sich die in der Requisitenkammer der Geschichte vermeintlich sicher verwahrten Kleider des Nationalsozialismus über. Sie zeigen uns an, daß rechtsextremes Denken und Fühlen in unserer Zeit zu neuem Leben erweckt werden können und offensichtlich wieder Menschen zu binden vermögen. An die Stelle selbstverantwortlicher Lebensgestaltung tritt aufs Neue der seelenlose Heroismus Enttäuschter.

Mehr denn je tut Aufklärung not. Der verbreitete Vorwurf, es sei zuviel Aufklärung in den zurückliegenden Jahren getrieben worden, ist gefährlich. Denn er unterstellt, daß es eine Art Sättigung gebe, Aufklärung heute niemanden mehr erreiche. Die Fragen an die Geschichte bleiben und werden von den nachwachsenden Generationen immer wieder neu gestellt. Aufklärung regt die Gewissenskräfte an, die jede Generation ausbildet. Sie kann dies nur tun, wenn sie der Geschichte ihrer eigenen Herkunft nicht ausweicht. Dazu muß sie die Geschichte kennen. Zu viele Fragen über den Nationalsozialismus aber sind noch offen. Der heute weitverbreitete Vorwurf verweist eher auf das Gegenteil: Auf dem Feld der Aufklärung über den Nationalsozialismus ist noch immer zu wenig geleistet worden.

Ein Mangel der Aufklärung war lange Zeit die fehlende Anschauung. Dabei geht es nur vordergründig um Anschaulichkeit im eigentlichen Sinne. Denn längst haben die Bildmedien das Bedürfnis nach Anschaulichkeit entdeckt und befriedigt. Tatsächlich stehen wir heute auf einem Bilderberg. Anschauung meint jedoch nicht nur das Medium, sondern auch den Gegenstand selbst.

Ohne Zweifel gründet die Erforschung des Alltags unter anderem in solchen Bedürfnislagen, Sachverhalte anschaulicher zu erfahren. Und es waren vielfach örtliche Initiativen, Arbeitskreise, kleine politische Gruppen, Journalisten und fortschrittliche Kulturpolitiker, die Ende der siebziger Jahre eine neue Art der Auseinandersetzung mit dem Nationalsozialismus forderten und auf den Weg brachten.

Die Spurensuche im Alltag stieß jedoch schnell an vielerlei Grenzen. Ungenügende finanzielle und organisatorische Mittel waren noch die geringsten Probleme, wiewohl sie für den Einzelnen oft sehr bedrückend waren. Schwerer wog schon, daß die Stärke dieser „neuen Geschichtsbewegung" der achtziger Jahre, die freie, persönliche Initiative, ihr bald zur Schwäche wurde: Die historische Distanz wurde zugunsten persönlicher Betroffenheit aufgegeben, Feuereifer ersetzte oft genug Sachkenntnis, Ergebnisse blieben aus oder ließen sich nicht mehr vermitteln. Dennoch erscheint gerade für den Nationalsozialismus dieser Forschungsansatz fruchtbar, denn er beschreibt eine Tiefendimension alltäglicher Wirklichkeitswelt, ohne die ein Geschichtsverständnis von jener Zeit unvollständig bleibt: das Arbeiten, das Familienleben, die Freizeit, das kulturelle Erleben, Fragen des Glaubens ebenso wie des Klimas in einer Stadt und das politische Geschehen unter der Diktatur.

Kaum ein Raum des gesellschaftlichen und privaten Lebens blieb vom Zugriff durch die Nationalsozialisten gänzlich unberührt. Denn im „Dritten Reich" trat etwas Neues hinzu. Die Politik suchte die alltägliche Lebenswirklichkeit zu durchdringen, nicht nur um Auge und Ohr zu sein, sondern um mit inszenatorischer Kraft auch die geistige Herrschaft über das Volk anzustreben. Weltanschauung sollte zur Alltagsansicht, das Volk zu einer „Volksgemeinschaft" werden. Die „Gemeinschaftsfremden" wurden ausgeschlossen, bedroht, verfolgt, vernichtet.

Nürnberg war der Ort der Reichsparteitage und der „Nürnberger Gesetze". Schier folgerichtig machten die Alliierten nach 1945 die Stadt auch zum Ort der „Nürnberger Prozesse", des Tribunals gegen den Nationalsozialismus. Ist Nürnberg aber dennoch eine Stadt wie jede andere? Nein und Ja! Nein, denn die Stadt wurde, ob sie nun wollte oder nicht, alljährlich zum großen Schauplatz nationalsozialistischer Selbstdarstellung herausgeputzt. Ja, denn abseits der inszenierten Wirklichkeit und Lügenpropaganda richteten die Menschen ihr ganz alltägliches Leben ein.

Die Reichsparteitage der NSDAP

Die Nationalsozialisten hielten ihren ersten Reichsparteitag in Nürnberg bereits 1927 ab. 1929 folgte der zweite in der Stadt an der Pegnitz. Die so entstandene „Tradition" führte die Partei ohne lange Geschichte wie selbstverständlich auch nach der „Machtergreifung" nach Nürnberg, um hier ab 1933 alle ihre Reichsparteitage zu veranstalten. Die ehemalige „rote Hochburg" wurde mit dem Ausbau des Reichsparteitagsgeländes zum Forum der größten Propagandaspektakel im nationalsozialistischen Feierjahr.

Daß die Wahl 1927 – nach Parteitagen 1923 in München und 1926 in Weimar – auf Nürnberg fiel, lag an einer Reihe von Gründen. Da war einmal die günstige geographische Lage der Stadt, die, zentral im Reich gelegen, gut mit dem Verkehrsmittel Reichsbahn zu erreichen war. Für die Massenversammlungen stand mit dem Luitpoldhain, einem nach der Landesausstellung 1906 geschaffenen Park, eine zentrumsnahe Freifläche zur Verfügung. Auch die große Maschinenhalle der früheren Industrieschau konnte in das Geschehen miteinbezogen werden. Zudem bestand für den „Führer" 1927 – im Gegensatz zu anderen Ländern – in Bayern kein Redeverbot mehr. Daneben war die Stadt der NSDAP seit dem „Deutschen Tag" 1923 gut in Erinnerung. Bei der Sedansfeier hatte es die Partei geschickt verstanden, sich von allen national-völkischen Gruppen abzuheben und die Veranstaltung zu dominieren. Überdies stand in Nürnberg der antisemitische Hetzer Julius Streicher an der Spitze der Parteiorganisation. Franken galt zu jener Zeit als das nationalsozialistische Zentrum im Reich. Der wichtigste Grund für die Wahl Nürnbergs zum Ort der Reichsparteitage aber ist in der Haltung der Polizeidirektion zu sehen. Die staatliche Ordnungsmacht erwies sich unter Polizeidirektor Heinrich Gareis als ausgesprochen nationalistisch. Die NS-Veranstaltungen konnten sich so des Wohlwollens und Schutzes der Behörden gewiß sein. In den zwanziger Jahren war es noch primär um eine Ortsentscheidung gegangen. Daß mit Nürnbergs geschichtsträchtiger Vergangenheit geworben und der Nimbus der Stadt in den Dienst der NSDAP gestellt werden konnte, stand noch nicht im Vordergrund. Die vermeintliche Traditionslinie von der „Stadt der Reichstage" zur „Stadt der Reichsparteitage" zogen die Nationalsozialisten erst später.

Die Nationalsozialisten machten das „rote" Nürnberg also zum „braunen" Festspielort. In seiner Eröffnungsrede zum „Parteitag des Sieges" – ab 1933 standen alle Parteitage unter einem eigenen Motto – machte Hitler deutlich, daß er der Stadt Nürnberg im „Dritten Reich" diese besondere Rolle zugedacht hatte: „Ich habe mich entschlossen zu bestimmen, daß unsere Parteitage jetzt und für immer in dieser Stadt stattfinden", verkündete der Diktator. Die zweifelhafte Auszeichnung war vergeben, der Begriff kreiert. Die Stadt hatte ihren NS-Stempel aufgedrückt bekommen – ob es die Bürger wollten oder nicht. Drei Jahre später verfügte ein ministerieller Erlaß, daß die Bezeichnung auch auf allen Schriftstücken zu verwenden sei. Zwischen 1933 und 1938 inszenierten die Nationalsozialisten alljährlich ihre nun zu Staatsfeiern erhobenen Parteitage in Nürnberg.

Ein gewaltiges Bauprogramm begann. Hitlers Lieblingsarchitekt Albert Speer konzipierte im Südosten der Stadt auf einer Fläche, die fünfzehnmal so groß wie die Nürnberger Altstadt war, das Reichsparteitagsgelände. Er schuf die Aufmarsch- und Versammlungsplätze für die „Bewegung" und ihre Gliederungen: Luitpoldarena, Zeppelinfeld, Große Straße, Märzfeld, Deutsches Stadion. Der größte Teil dieses Milliarden-Projekts ist ebensowenig vollendet worden wie der vom Nürnberger Architekten Ludwig Ruff entworfene Kongreßbau. Von Jahr zu Jahr wurden die Feiern pompöser. Zugleich blieben sie aber auch immer häufiger ohne nachhaltige Wirkung. Das schwindende Interesse der Teilnehmer wurde kaschiert durch immer größeren Aufwand. Dabei ging es um die Inszenierung der „Volksgemeinschaft", einer politischen Propagandaformel, die in der Wirklichkeit keine Entsprechung fand. So sollten die Reichsparteitage unter anderem dazu dienen, möglichst alle „Volksgenossen" einmal im Jahr in einem offiziellen Akt „zusammenzuschweißen". Neben den politischen Leitern (Amtswaltern) der NSDAP, der Sturmabteilung (SA), der Schutzstaffel (SS) und anderen paramilitärischen Verbänden versammelten sich auch Abordnungen des Reichsarbeitsdienstes (RAD), der Hitler-Jugend (HJ) und der Wehrmacht. Berufsverbände, Parteidienststellen und die Deutsche Arbeitsfront (DAF) hielten Tagungen ab. Rund 500 000 Frauen und Männer, Uniformierte und Zivile, Jungen und Mädchen, aktive Teilnehmer und Zuschauer kamen durchschnittlich aus dem gesamten Reich für die Feierwoche, manchmal auch nur für wenige Tage, nach Nürnberg. Jede Gruppierung bekam „ihren" Tag und ihren Auftrittsort zugewiesen. In einer seit den zwanziger Jahren nicht mehr wesentlich geänderten Folge liefen die Parteitage ab: Appell, Aufmarsch, Totenehrung, Empfang der „Parolen", Vorbeimarsch – die Rituale blieben unverändert. Der einzelne ging in der Masse auf. Dadurch erfuhr aber auch jeder Parteigenosse einen Hauch von Wichtigkeit. Die Reichsparteitage wurden zu den wichtigsten „Feldgottesdiensten" der Nationalsozialisten und des „politischen Messias" Adolf Hitler. Im Mittelpunkt stand stets der „Führer". Auf ihn waren die Versammlungen unter freiem Himmel und in der Halle zugeschnitten. Die „Parteitage" entpuppten sich als „Adolf-Hitler-Festspiele", bei der sich „Führer" und „Gefolgschaft" immer wieder aufs neue vereinen sollten. Albert Speer, der „Chefdekorateur" des „Dritten Reichs", unterstützte den Kult um die Person des Diktators mit seinen modern anmutenden Lichtinszenierungen unter nächtlichem Himmel.

Die höchste Sinnerfüllung bekamen die Parteitage in der Ausrichtung auf das letzte Ziel, die Vorbereitung auf den Krieg. Wie Rituale der Mobilmachung wirkten die permanenten militärischen Übungen der verschiedenen Gliederungen. Ob es um die „NS-Kampfspiele" ging mit Disziplinen wie Handgranatenweitwurf, um das Marschieren, um das Lagerleben in den Zeltstädten oder die Gefechtsszenen am „Tag der Wehrmacht" auf dem Zeppelinfeld – es ging um den Felddienst auf Probe, Training für den Krieg.

Mit der zugeordneten Rolle als Festspielort der alljährlichen NS-Propagandaspektakel rückte Nürnberg in das nationale, ja internationale Blickfeld. Dabei handelte es sich um Veranstaltungen der Partei, nicht der Stadt – auch wenn sich die Nürnberger Nationalsozialisten im Licht des Großereignisses besonders sonnten. Die Bauten für das Reichsparteitagsgelände, zeitweise als „größte Baustelle der Welt" in den Zeitschriften gefeiert, taten ein übriges, um das „Image" der Kommune eng mit der nationalsozialistischen Herrschaft zu verknüpfen.

Zu diesem Buch

Eine Woche im Jahr beherrschten die Braunhemden aus allen Gauen des Reiches das Bild in den Straßen Nürnbergs. Den Alltag der Menschen aber, die in dem Gemeinwesen lebten, bestimmten die Reichsparteitage eher am Rande. Diese zwei Seiten Nürnbergs unterm Hakenkreuz – die besondere Rolle als „Stadt der Reichsparteitage" und der „normale" Alltag der Menschen abseits der wiederkehrenden Partei- und Staatsfeiern – finden in diesem Buch auch bildlich ihren Niederschlag. Doch in erster Linie soll die Lebenswirklichkeit zwischen 1933 und 1945 beleuchtet werden. Die Parteitage waren die Ausnahmesituation, bildeten den Hintergrund, vor dem sich der Alltag entwickelte, oft genug unspektakulär. Wie Leitmotive ziehen sich Serien von Fotografien in Originalgröße der Negative durch den Band, die allesamt während der Reichsparteitage aufgenommen wurden. Die verschiedenen Anlässe sind fast nicht mehr zu unterscheiden. Sie kehren alljährlich wieder, die Motive sind austauschbar: Massen beim Appell auf dem Zeppelinfeld, Kolonnen beim Marsch durch die Straßen Nürnbergs, Parade vor dem „Führer", jubelnde Zuschauer …. Diese Szenen gehören zu Nürnberg im „Dritten Reich", ohne Frage. Sie sollen deshalb in einem Buch über den Alltag unterm Hakenkreuz nicht fehlen, aber auch keine ungerechtfertigte Dominanz gewinnen. Die zahlreichen Fotos von den Reichsparteitagen verdanken wir dem Presse-Bildarchiv Dr. P. Wolff und Tritschler, Offenburg. Der Arzt Dr. Paul Wolff (1887 -1970) gilt als einer der „Pioniere der Kleinbildkamera". Er war einer der ersten, der die neue Erfindung für dokumentarische Zwecke einsetzte. Neben

der ausführlichen Dokumentation der Reichsparteitage in Nürnberg widmete er sich anderen Bereichen und hielt zum Beispiel auch das Alltagsleben, die Architektur, den Verkehr, die Arbeitswelt und die Technik in seinen Bildern fest.

Das Attribut „Stadt der Reichsparteitage" scheint die Forschung davon abgehalten zu haben, sich genauer mit der Geschichte der Stadt Nürnberg zwischen 1933 und 1945 auseinanderzusetzen. Allzuleicht blieb der Blick haften auf dem nationalen Aushängeschild, auf der Rolle als Renommierstadt des Nationalsozialismus, als Ort der Parteitagsbauten. Für Nürnberg gibt es wohl eine Reihe von fundierten Einzeluntersuchungen, auf die sich auch Teile dieses Buches stützen, und verdienstvolle Überblickungsdarstellungen. Doch eine umfassende „Geschichte des Nationalsozialismus in Nürnberg" steht bislang aus. Die Beiträge in diesem Buch fassen manche Erkenntnisse zusammen, stellen sie in einen neuen Zusammenhang, füllen Lücken bisher vorhandener Monographien und zeigen Wege künftiger Forschung auf.

Der Beitrag „Arbeiter unterm Hakenkreuz" von Rudolf Käs beschreibt den massiven Eingriff der Nationalsozialisten in das Arbeitsleben. Der Kampf um die Arbeiter hatte mit ihrer Entrechtung begonnen. Den Versöhnungsgesten der Nationalsozialisten und deren symbolischen Versuchen, die Arbeit aufzuwerten, standen die Arbeiter Nürnberger Großbetriebe lange Zeit reserviert gegenüber. Die Vorteile des Regimes hingegen schätzte man: den längeren, bezahlten Urlaub, die neuen, erschwinglichen Reiseziele, die begehrte Arbeitsplatzsicherheit, die neuen Möglichkeiten beruflicher Qualifikation und die Überstunden und Schichtarbeiten, mit denen sich das Familieneinkommen aufbessern ließ. So entpuppt sich das Verhalten der Arbeiter, das ein Gewährsmann der verbotenen SPD 1935 als das „größte Rätsel in Deutschland" bezeichnete, als schierer Überlebenswille. Bald waren Arbeitskräfte rar, denn Hochrüstung und Krieg fegten den Arbeitsmarkt leer. Menschen aus den besetzten Ländern wurden geholt. Die „Fremd- und Zwangsarbeiter" waren zum großen Teil vollkommen entrechtet. Polen und „Ostarbeiter" fungierten als Arbeitssklaven in den Betrieben.

In dem Aufsatz „Die neue Beweglichkeit" von Franz Sonnenberger wird dem neuen Phänomen des Verkehrs und der Mobilität Rechnung getragen. Neben dem „Eisernen Band" der Bahn, das in Nürnberg seinen Ausgang nahm und dessen einhundertjähriges Jubiläum mit einem propagandistisch groß aufgemachten Bekenntnis zur deutschen Technik 1935 gefeiert wurde, knüpften die Nationalsozialisten das Band aus Stein: die Autobahnen und Straßen. Mit großer Energie wurde die Motorisierung vorangetrieben. Der Kfz-Verkehr verdreifachte sich in Nürnberg in nur wenigen Jahren. Der 1933 am Marienberg errichtete Flughafen wies den Weg in die Luft, und das Motorrad, des Nürnbergers liebstes Gefährt, lud ein zum Rennen auf dem Reichsparteitagsgelände oder zum Geländesport. Viele waren fasziniert. Die Begeisterung an der neuen Beweglichkeit und modernen Technik erlebten die meisten jungen Leute in Uniform: in der Montur des „Nationalsozialistischen Kraftfahrkorps", des „Nationalsozialistischen Fliegerkorps", im Rock der SA, SS und schließlich bis zum bitteren Ende in der Uniform der Wehrmacht.

Die neue Beweglichkeit drückte auch der Verkehrspolitik und dem Städtebau einen modernen Stempel auf, wie der Beitrag „Parteitagsbauten und Wohnungsnot" von Gerd Dieter Liedtke zeigt. In Nürnberg kamen die jährlichen Reichsparteitage hinzu, die eine entsprechende Infrastruktur erforderten. Während die Wohnungsbaudiskussion weitgehend ideologisch geführt wurde und der soziale Wohnungsbau in Nürnberg weit hinter die Leistungen der Weimarer Zeit zurückfiel, trat das „braune Regime" das Erbe jener Zeit in anderer Hinsicht ohne Zögern an. Die Stadt- und Verkehrsplanung wurde umstandslos übernommen und im Geist der Neuerer der zwanziger Jahre fortgeführt. Sie orientierte sich jenseits ideologischer Leitvorstellungen am modernsten Stand internationaler Entwicklung.

Den Sprung in die neue Zeit – oder ist hier das Wort „Sturzgeburt" angebrachter? – wagten vorher andere. Sie hatten es oft weit schwerer, da sie für ihr politisches Handeln Mehrheiten brauchten, für ihr Tun immer wieder werben mußten, um die Zustimmung der Bürger zu finden. „Nürnberg vor 1933", so der Beitrag von Hans-Christian Täubrich, schickte sich in den zwanziger Jahren unter dem Oberbür-

germeister Hermann Luppe an, das Gesicht der Stadt sozialer und menschlicher zu gestalten. Dies erforderte Mut in einer Stadt, deren Bürger die demokratischen Spielregeln gerade einübten, in einer Stadt, die an dem ihr eigenen Bild so sehr hing und jede Korrektur als Bedrohung empfand. In der Zerrissenheit zwischen Moderne und Tradition gediehen Zukunftsängste und Ressentiments besonders gut, reichlich genährt von nationalsozialistischen Trommlern wie Julius Streicher, der seinen pathologischen Haß auf Juden zum Kernpunkt einer Politik machte, die alle Kraft aus dem Feindbild bezog und sich als Retter von allem modernen Übel ausgab.

Die Nationalsozialisten schlüpften nach der Machtübernahme im Rathaus in die Rolle der Hüter der Tradition Nürnbergs. In besonderer Weise widmeten sie sich der Erhaltung der Altstadt und der Wiederbelebung alter Bräuche. Alles andere wurde, wo es als nötig erachtet wurde, rücksichtslos beseitigt. Nürnberg mußte nicht bloß, wie der Beitrag „Die historische Kulisse" von Siegfried Zelnhefer zeigt, der „Repräsentationspflicht" als Ort der Reichsparteitage genügen und wurde nicht nur zum nationalen Exempel von Reichseinheit und imperialer Tradition hochstilisiert. Seine Rolle ging darüber noch hinaus. Denn es hatte zu vermitteln zwischen den Macht-Zeichen des ersten und des „Dritten" Reiches, der Kaiserburg und dem Reichsparteitagsgelände, also zwischen den Machtinsignien einer ständischen Welt und denen der Diktatur in einer modernen Massengesellschaft. Dabei bediente man sich der modernsten Techniken und neuesten Medien, die halfen, den schönen Schein unverbrüchlicher Einheit und wahrer Gemeinschaft zu schaffen. Viele begeisterten sich an einer solcherart betriebenen Versöhnung von Tradition und Moderne, für die Nürnberg ein Sinnbild schien.

Auch in einem anderen, jedoch menschenverachtenden Sinne knüpften die Nationalsozialisten an ein altes kollektives Gefühlsmuster in dieser Stadt an, das überwunden schien: den Judenhaß. Der Beitrag „Der innere Feind" von Siegfried Zelnhefer schildert die alltägliche Diffamierung, die Enteignung, die Vertreibung und die Vernichtung Nürnberger Juden. Die Nationalsozialisten belebten die Vormoderne mit ihrer oft rücksichtslosen Verfolgung von Minderheiten und schlossen – wie es ihre Vorväter jahrhundertelang getan hatten – die Juden vom öffentlichen Leben aus. Der nationalsozialistische Trommler Julius Streicher hetzte lange vor der Machtergreifung in seinem antisemitischen Schmierblatt „Der Stürmer" gegen Juden und schürte den Haß auf sie wie kein anderer. Der Boden war schon 1933 bereitet für ein besonders rücksichtsloses Vorgehen gegen Nürnberger Juden. Ihre Entfernung aus dem öffentlichen Leben wurde hier rascher, die Arisierung ihres Vermögens gieriger, die Ausschreitungen in der Pogromnacht 1938 blutiger und die Zerstörung ihrer Synagoge früher als anderswo betrieben. Von den 8266 Juden Nürnbergs, die zu Beginn der NS-Herrschaft hier zu Hause waren, überlebten gerade zwei Dutzend den Terror der Nationalsozialisten in ihrer Heimatstadt.

Um eine neue Politik im Stadtrat betreiben zu können, wurden mit der Machtübernahme in Bayern vom 9. März 1933 an alle Vertreter anderer Parteien ihrer Ämter enthoben. Der Artikel „Von Weimar ins Dritte Reich" von Siegfried Zelnhefer zeigt auf, wie die Verwaltung auf nationalsozialistischen Einheitskurs gebracht wurde, indem insbesondere bekannte Sozialdemokraten entlassen und Nationalsozialisten eingestellt wurden. Der Umbruch fiel jedoch erstaunlich undramatisch aus, die „politische Säuberung" großen Stils erfolgte nicht. Dies brauchte auch nicht zu geschehen, denn die Verwaltung funktionierte weiterhin und paßte sich den neuen politischen Vorgaben überraschend schnell an. Zudem hatten die Aufgaben in erheblichem Umfang zugenommen. Weniger die Ideologen, sondern mehr die Technokraten wie der zweite Bürgermeister Eickemeyer bestimmten zunehmend das Geschehen und garantierten eine funktionierende Verwaltung und Normalität im Dienstalltag.

Der von der Stadtpolitik weitgehend ausgeschlossene „Volksgenosse" sollte seine symbolische Aufwertung im Feierkult der Nationalsozialisten finden. Jene, die sich nicht in die verordnete „Volksgemeinschaft" pressen lassen wollten, hatten jedoch Mühe, sich zu entziehen. Eine ganze Reihe von neuen Feiertagen prägte den „braunen Kalender", wie Rudolf Käs in seinem gleichnamigen Artikel ausführt. Gleichwohl erlahmte die Begeisterung vieler sehr schnell, nicht wenige sahen in ihrer Teilnahme nurmehr eine lästige Pflichtübung. Arbeiter wandten sich von den traditionellen Feiern des 1. Mai ab, den die Nationalsozialisten geschickt vereinnahmten, indem sie ihn zum offiziellen Feiertag erhoben. Dennoch verstanden es die Feierregisseure, beispielsweise beim alljährlich stattfindenden „Frankentag" auf dem Hesselberg viele Anhänger und Mitläufer zu versammeln. Während die Staatsfeiertage weitgehend von Berlin bestimmt wurden und nationalen Anspruch hatten, verströmten die regionalen Feiern oftmals nur einen dumpfen Provinzialismus.

Im evangelischen Kirchenvolk Nürnbergs konnte sich der Nationalsozialismus zunächst großer Zustimmung sicher sein, versprach er doch ein Volk, ein Vaterland und einen Herrgott. Doch die Umarmung der Kirche durch Partei und Staat wurde für nicht wenige Gemeindeglieder unerträglich, als die „Deutschen Christen", die sich ganz in den Dienst der Partei gestellt hatten, das kirchliche Leben zu bestimmen versuchten. Der Beitrag „Zwischen Anpassung und Widerstand" von Helmut Baier schildert, wie der Streit um den evangelischen Landesbischof Hans Meiser eskalierte und in eine jahrelange, oft mit großer Leidenschaft geführte Auseinandersetzung einmündete, die als Kirchenkampf in die neuere Geschichte Bayerns einging. Während sich in diesem Ringen die bekenntnistreuen Kräfte behaupteten, ging der Kampf gegen die von den Nationalsozialisten verfoch-

tene Gemeinschaftsschule verloren. Die Kirche versäumte es auch, ihre Stimme angesichts der Verfolgung der Juden zu erheben, wenngleich verdeckte Hilfe im einzelnen geleistet wurde und einige mutige Pfarrer nicht schwiegen.

Wie aber lebten die Familien in Nürnberg in den dreißiger Jahren? Wie gestalteten die Eheleute ihr Leben und das ihrer Kinder? Hatten sich die Lebensbedingungen geändert, und gelang es den Nationalsozialisten überhaupt, Einfluß auf das private Leben auszuüben? Drei Beiträge befassen sich mit diesen Fragen. Der Aufsatz „Lebensberuf Frau" von Rudolf Käs schildert, wie das tradierte Frauenbild propagiert, Eheschließungen mit vielen Hilfen gefördert und für die rationelle Haushaltsführung sowie für die moderne Technik im Hause geworben wurde. Verschiedene Einrichtungen wurden in Nürnberg neu geschaffen, bestehende ausgebaut und finanzielle Hilfen gegeben, um Hausfrauen und Mütter auf ihre Arbeit vorzubereiten. Der Aufwertung häuslicher Tätigkeiten entsprach im Erwerbsleben die Propagierung sozialer Berufe, die der „natürlichen Bestimmung" der Frau entgegenkommen sollten.

Im Mittelpunkt stand die „gesunde deutsche Frau". Dieses Bemühen wurde gestützt und ergänzt durch eine neue Gesundheitspolitik. Die Nationalsozialisten vollzogen auf diesem Feld eine radikale Wende bestehender Auffassungen. Der Beitrag „Gesund und leistungsfähig" von Bernd Windsheimer und Claudia Molketeller führt aus, wie die neue Gesundheitspolitik die bislang vorherrschende Fürsorgemedizin ablöste und zu einer extremen Leistungsmedizin geformt wurde. Sie lieferte die Selektionskriterien, die die Gesundheitsämter in den Alltag umzusetzen hatten. Nürnberg ist hierfür ein prägnantes Beispiel. Hier wurde ein exakt arbeitender Informationsapparat installiert, der die Herkunft der Heiratswilligen durchleuchtete, um das Wahnbild der arischen Rasse zu verwirklichen. Leistungs- und Arbeitsunfähige wurden sterilisiert oder ermordet.

Der Beitrag „Freudig unters Hakenkreuz" von Isolde M. Th. Kohl schildert Kindheit und Schule in Nürnberg. Der Alltag der Kinder war geprägt von schulischen und außerschulischen Erziehungsbemühungen der Nationalsozialisten, die hier in kürzester Zeit aufgenommen und mit großem Aufwand betrieben wurden. Stadtschulrat Friedrich Fink unternahm alles, um nationalsozialistische Erziehungsziele in der Schule durchzusetzen. Auf der anderen Seite wurden die Kinder immer mehr von den ihnen auferlegten Diensten für das „Vaterland" beansprucht, die sie sehr oft mit Begeisterung auf sich nahmen.

Wie verbrachten die Nürnberger ihre Freizeit? Welchen Vergnügungen gingen sie nach, und wo suchten sie Entspannung? Die Beiträge „Gut Heil Hitler!" von Matthias Murko und „Vergnügliche Zeiten" von Michael Maaß versuchen diese Fragen zu beantworten. Lange vor 1933 war der Sport bereits politisiert. Das „rote Nürnberg" war auch eine Hochburg des Arbeitersports. Seine Organisationen wurden im Laufe des Sommers 1933 zerschlagen und ihr Vermögen eingezogen. Auf breiter Front wurden zuerst die Vereine der Arbeiterbewegung gleichgeschaltet, die bürgerlichen Vereine folgten später. Die Sportbegeisterung der Nürnberger wurde dadurch nicht beeinträchtigt. Die Nationalsozialisten griffen diese Freude am Sport auf und schufen im Betriebssport und insbesondere im KdF-Sport ein breites Angebot. Die ideologische Vereinnahmung aber mißlang weitgehend, denn die „NS-Kampfspiele" beispielsweise erreichten niemals die erhoffte Popularität. Im Gegenzug bildeten sich eher die Umrisse einer modernen Sportauffassung heraus. Mit gutem Recht konnte sich Nürnberg zu jener Zeit Kinostadt nennen. Es erstaunt heute, wie viele Kinos es gab und wie viele Menschen in die Lichtspieltheater strömten. Längst hatten die Nationalsozialisten, allen voran Joseph Goebbels, den Film als politisches Medium entdeckt. Der Versuch einer „weltanschaulichen Ausrichtung" über die Leinwand mißlang in Nürnberg allerdings gründlich. Die Kinobesucher wünschten „politikfreie" Unterhaltung. Sie wollten im Kino und im Varieté eher mit amerikanischem Entertainment bedient werden. Im Musiktheater liebten sie die Operette und im Schauspielhaus bevorzugten sie „heitere Gebrauchsdramatik".

Nach dem 30. Januar 1933 festigten die Nationalsozialisten ihre Macht mit Gewalt und staatlich sanktioniertem Terror. Die politische Opposition wurde vernichtet, die Arbeiterbewegung zerschlagen und jede Kritik an Partei und Staat unterbunden. Der Aufsatz „Brauner Terror" von Jürgen Franzke zeigt, wie rasch und rücksichtslos in Nürnberg KPD und SPD zerschlagen wurden. Nahezu jeder Versuch eines Neuaufbaus oppositioneller Zellen im Untergrund wurde von der Gestapo früh erkannt und zunichte gemacht. Verrat in den eigenen Reihen, Denunziation im Alltag und der blutige Terror von Gestapo, Polizei und SA schufen ein Klima der Angst und Mutlosigkeit. Nur noch in den engsten Zirkeln konnte man sich gegenseitig vertrauen. Dieses Vertrauen, die Basis für Zusammenarbeit in der Opposition und im Widerstand, war tief erschüttert, die Fundamente der einstigen „roten Hochburg" Nürnberg zerstört.

Eine bis heute vielfach unterbewertete Dimension des Alltags des „Dritten Reichs" ist die Welt des Militärs in der Friedenszeit bis 1939. Mit Nachdruck betrieben die Nationalsozialisten in Nürnberg, wie der Beitrag „Ohne besondere Vorkommnisse?" von Michael Kaiser zeigt, die Einbindung der hier stationierten Truppen in das städtische Leben. Das ohnehin hohe Ansehen des Soldatenberufes in der Bevölkerung wurde durch die Teilnahme des Nürnberger Hausregiments IR 21 an öffentlichen Ereignissen gefördert. Gute Karrieremöglichkeiten und ein sicheres Auskommen machten die Wehrmacht zu einem begehrten Arbeitgeber. Der Einfluß der Nationalsozialisten auf die bewaffnete Macht wuchs beständig. In kürzester Zeit wurde der Truppenstandort um das Vierfache ausgebaut. Nürnberger Verbände kämpften an vielen Fronten im Zweiten Weltkrieg. Am Ende aber blieben die Opfer ungezählt. Noch heute weiß die Stadt nicht, wie viele Nürnberger Soldaten ihr Leben in diesem Krieg verloren.

Der Beitrag „Nürnberg im Fadenkreuz" von Georg Wolfgang Schramm schildert die Bombardierung und Vernichtung der Stadt. Ihre industrielle und verkehrsstrategische Bedeutung machten sie zum zweitwichtigsten Luftkriegsziel Süddeutschlands. Trotz aller Bemühungen blieb das „Dach über Nürnberg" offen. Der Bombenkrieg bestimmte seit 1942 den Alltag der Bürger. Hoffnungslosigkeit machte sich breit angesichts der zunehmenden Zerstörung der Stadt und der sich verschlechternden militärischen Lage. Seit Herbst 1944 wurde das bevorstehende Schreckensende für viele zur Gewißheit. Der schwere Bombenangriff vom 2. Januar 1945, der viele Menschenleben forderte und nicht nur die Altstadt weitgehend zerstörte, war in der „Stadt der Reichsparteitage" der schreckliche Schlußakkord des von Hitler angezettelten Krieges. Die Waffen verstummten erst vier Monate später, als amerikanische Truppen die Stadt befreiten.

Rudolf Käs/Siegfried Zelnhefer

Nürnberg vor 1933

Ansichten über eine deutsche Stadt

Hans-Christian Täubrich

Am 30. August 1933 bedankte sich Adolf Hitler bei Nürnbergs Oberbürgermeister Willy Liebel für den gerade überreichten Abdruck von Dürers Kupferstich „Ritter, Tod und Teufel" und erklärte: „Ich habe mich entschlossen zu bestimmen, daß unsere Parteitage jetzt und für immer in dieser Stadt stattfinden." Es war dies die folgenschwere Zuteilung einer Rolle, die Nürnberg im „Dritten Reich" zwar nur sechsmal spielen, deren Übernahme ihm jedoch nach dem vorzeitigen Ende des „Tausendjährigen Reiches" einen unauslöschlichen Makel auf das bunte Kleid seiner langen Geschichte heften sollte.

Das Unterfangen, ein Bild Nürnbergs der Jahre vor 1933 zu zeichnen, ähnelt dem Versuch einer Zeitreise. Sie ist nicht ganz ungefährlich, denn wie bei der riskanten antiken Passage zwischen Scylla und Charybdis läuft der rückwärts gewandte Betrachter Gefahr, sich an zwei Extreme zu verlieren. Auf der einen Seite droht die Versuchung, die negative Bedeutung der Noris als „Stadt der Reichsparteitage" und der „Nürnberger Gesetze" zugunsten ihrer langen Kontinuität als des „Deutschen Reiches Schatzkästlein" herunterzuspielen. Auf der anderen verlockt wehmütige Nostalgie leicht dazu, mit der Zerbombung der spitzgiebeligen romantischen Dachlandschaft über den alten Höfen und Chörlein zugleich den Verlust einer Beschaulichkeit zu betrauern und die Sehnsucht nach ihr unkontrolliert von sich Besitz ergreifen zu lassen.

Kaum jemand kann sich dem einen oder dem anderen ganz entziehen. Dem Autor fiel bei seiner Reise in die Vergangenheit ein Büchlein in die Hände. Es entstammt der Reihe „Woerl's Reisehandbücher" aus dem Jahr 1939. Der Einband ist abgerissen. „Illustrierter Führer durch die Stadt der Reichsparteitage Nürnberg und Umgebung" steht auf dem Innentitel, darunter mit Bleistift: „Besucht am 22. und 23. 5. 1942."[1] Diese Notiz ist bei näherem Hinsehen anrührend. Im Mai 1942 waren zwar schon die ersten Bomben auf die Noris gefallen. Aber noch mochte niemand in den eher geringfügig zu nennenden Blessuren der Vorstädte das Menetekel sehen, das den Untergang Nürnbergs auf eben diese Weise und nur wenige Zeit später verhieß.

Was wollten sich die Benutzer des Büchleins in den zwei Tagen ihres Aufenthalts anschauen? Das Heft rühmt das Wirken des „Frankenführers" Julius Streicher und preist als Attraktionen auch die Anlagen des Reichsparteitagsgeländes oder die nahe der Stadt vorbeiführende neue Autobahn. Doch resolute kleine Bleistiftkreuzchen im Verzeichnis der Sehenswürdigkeiten beantworten die Frage eindeutig. Sie finden sich neben Germanischem Nationalmuseum und Albrecht-Dürer-Haus, Rathaus, Reichskleinodien und Burg; ferner sind Heilig-Geist-Spital, Frauenkirche und Schöner Brunnen als besuchenswert (oder besucht?) markiert. Allesamt sind es die Versatzstücke eines (mit Ausnahme des Reichsschatzes) bis heute noch gültigen, altbekannten überlieferten Nürnbergbildes, über dem in jenen Jahren allerdings schon die Schatten drohenden Verderbens lagen. Vor der Frauenkirche und dem Veit-Stoß-Altar an der Sebalduskirche waren bereits Splitterschutzwände hochgezogen, der Schöne Brunnen eingemauert, die Reichskleinodien und viele andere Kunstschätze den Schauvitrinen entnommen und im Kunstbunker tief unter der Altstadt verborgen. Ein traurig stimmendes Bild, und angesichts der unübersehbaren, aufwendigen Schutzmaßnahmen mochte manch nachdenklicher Betrachter in düstere Gedanken verfallen.

Davon war man in dem Jahrzehnt, das der Machtergreifung durch die Nationalsozialisten vorausging, noch weit entfernt. Sicher gab es hier wie anderswo in der Weimarer Republik Ereignisse und Begebenheiten, die rückblickend eindeutig als unübersehbare Signale auf dem Weg in die braune Diktatur zu deuten sind. 1923 hatten deutschnational gesinnte Organisationen ihren „Deutschen Tag" in Nürnberg abgehalten, und seit eben diesem Jahr gab hier ein martialisch bramarbasierender Volksschullehrer ein antisemitisches Hetzblatt heraus. Wie sollte man es deuten? Der „Deutsche Tag" war eine politische Kundgebung von vielen in dieser bewegten Zeit, und den „Stürmer" mußte man ja nicht lesen. Zudem war sein Herausgeber, Julius Streicher, 1925 von einem Nürnberger Richter wegen Beleidigung und falscher Beschuldigung verurteilt worden. Gewiß, der dritte

Blick vom Dürerhaus zur Burg, 1928

Pegnitzpartie mit der Synagoge, 1928

„Reichsparteitag" der NSDAP fand im August 1927 in Nürnberg statt, der vierte ebenfalls in dieser Stadt. Danach ließ sich noch nicht erahnen, wie sehr die Nationalsozialisten dieser Stadt ihren Stempel aufdrücken sollten: Das bis dato traditionell sozialdemokratische Nürnberg wurde zur „Stadt der Reichsparteitage". War Nürnberg vor 1933 also eine Stadt wie viele andere?

„... und ich war froh, als ich Nürnberg endlich erreicht hatte. Heimlich hatte ich in dieser gotischen Stadt allerlei Wunder erwartet, hatte auf Begegnungen mit dem Geist E. T. A. Hoffmanns und Wackenroders gehofft, und damit war es nun nichts. Die Stadt hat mir einen furchtbaren Eindruck gemacht, woran natürlich nicht die Stadt, nur ich allein die Schuld trage. Ich sah eine wahrhaft entzückende alte Stadt, reicher als Ulm, origineller als Augsburg, ich sah St. Lorenz und St. Sebald, sah das Rathaus mit dem Hof, wo der Brunnen so unsäglich anmutig steht. Ich sah dies alles, und alles war sehr schön, aber alles war umbaut von einer großen, lieblosen, öden Geschäftsstadt, war umknattert von Motoren, umschlängelt von Automobilen, alles zitterte leise unterm Tempo einer andern Zeit, die keine Netzgewölbe baut und keine Brunnen hold wie Blumen in stille Höfe hinzustellen weiß, alles schien bereit, in der nächsten Stunde einzustürzen, denn es hatte keinen Zweck und keine Seele mehr. ... Ich sah alles nur noch in die Auspuffgase dieser verfluchten Maschinen gehüllt, alles unterwühlt, alles vibrierend von einem Leben, das ich nicht als menschlich, nur als teuflisch empfinden kann, alles bereit zu sterben, bereit zu Staub zu werden, sehnsüchtig nach Einsturz und Untergang, angeekelt von dieser Welt, müde des Dastehens ohne Zweck, des Schönseins ohne Seele."[2]

Man möchte meinen, Hermann Hesse, von dem diese Erinnerung stammt, sei an einem langen Samstag unserer Tage übelgelaunt durch die Stadt gezogen. Aus heutiger Sicht - Zeitreisenden sei sie erlaubt - hat die pointierte Schilderung geradezu etwas Klassisches. Bemerkenswerterweise stehen viele der Bildzeugnisse aus jenen Jahren dazu in einem krassen Gegensatz. Kaum ist mal ein Auto auf den gepflasterten Straßen innerhalb der Stadtmauern zu sehen,

geschweige denn das Tempo einer anderen Zeit zu spüren. Im Gegenteil: Viele Aufnahmen strahlen Geruhsamkeit und Langeweile aus. Man vermag sich hier allenfalls mal das Lärmen von Kindern vorzustellen, die auf der Straße spielen, dort verhallt imaginär das Rumpeln eines schweren Fuhrwerks, das gemächlich aus der Stadt zieht. Und an der Pegnitz drehen sich gleichförmig und behäbig die riesigen Wasserräder der alten Mühlen. Es sind eigentlich genau diese Bilder, die mitunter schmerzlich das Verschwinden der Langsamkeit und der Überschaubarkeit des Lebens erahnen lassen. Welches Bild aber hatte dann der Dichter gesehen?

Was Hermann Hesse 1927 am Ende seiner ihn physisch und psychisch erschöpfenden „Nürnberger Reise" visionär beschrieb, einer Vortragsreise, die ihn aus seiner südländisch-milden Umgebung in den für ihn bereits hier hohen Norden führte, war nicht mehr und nicht weniger als der in höchstem Maße subjektiv erlebte Gegensatz von Tradition und Moderne. Das traditionsreiche Erbe aus Mittelalter und früher Neuzeit mußte verbunden werden mit den pragmatischen, in ihrer Dimension alles Frühere übertreffenden Notwendigkeiten eines betriebsamen Industriestandortes. Es war dies eine Auseinandersetzung, die in dieser Stadt zwangsläufig eine besondere Ausprägung erfahren mußte, auf deren Ausgang man in Nürnberg zu diesem Zeitpunkt jedoch stolz war: Zur gleichen Zeit, in der sich dem Schriftsteller zufälligerweise und ausgerechnet an der Pegnitz die Abgründe einer technischen Zivilisation schauerlich öffneten, erschien in der Buchreihe „Monographien deutscher Städte" der Band über Nürnberg.[3] Es handelte sich dabei um eine Art Festschrift, deren Aufsätze sich mit den unterschiedlichsten Einrichtungen des öffentlichen Lebens befaßten. Herausgegeben in der Absicht, das Selbstbewußtsein der jeweiligen Kommune zu demonstrieren, stellte der Nürnbergband neben das Sinnbild der Noris als „steingewordene deutsche Geschichte" die Schilderung als lebendige, bedeutende Wirtschafts- und Verkehrsmetropole. Eine große Zahl kurzer Firmenbeschreibungen sollte die Leistungsfähigkeit des nordbayerischen Industrieortes belegen.

Altstadtszenen, 1928: Beschaulichkeit … Romantik … und Brotzeitidylle …

Das Spannungsfeld zwischen Weltweite und altfränkischer Enge, das von jeher das Wesen Nürnbergs bestimmt, zeigte seine Wirkung auch noch in dem Jahrhundert nach dem Verlust der politischen Eigenständigkeit 1806 und während der Entwicklung zu Bayerns führender Industriestadt. Zwar erfuhr die Altstadt im Zuge der Industrialisierung eine Öffnung, gar Schleifung ihrer Stadttore, auch gab es hier und da Durchbrüche größeren Ausmaßes durch die Stadtmauern für die Belange neuzeitlicher Verkehrsmittel. Doch nie kam es zu einer gänzlichen „Entfestigung", mit der beispielsweise in Frankfurt eine grundsätzliche Öffnung der Stadt vollzogen wurde. Die Moderne des Industriezeitalters entfaltete sich in Nürnberg vor den Toren der Altstadt, insbesondere im Süden, wo sich große Industrieunternehmen wie die M.A.N. und Siemens-Schuckert den Raum erschlossen, der ihren neuen Fabrikationsgesetzmäßigkeiten entsprach. Und nicht nur ihnen: Die im gleichen Zuge entstehenden Arbeitervorstädte und -siedlungen sowie Verkehrsanlagen, Bildungsstätten und zahlreiche soziale Versorgungseinrichtungen veränderten das Bild der Stadt nicht minder. Dabei war und blieb jedoch „die Erhaltung des alten im neuen Nürnberg" immer eine Maxime für die weitere Stadtentwicklung. Man wußte sehr wohl das gütige Geschick zu schätzen, daß Nürnberg in den Jahrhunderten nach seiner mittelalterlichen Blüte durch Brand oder Kriegsgewalt nur wenig von seinen Schönheiten verloren hatte.

1927. Große Probleme waren seit dem Ende des Ersten Weltkriegs bewältigt oder in Angriff genommen worden. Zu ihnen zählten die Wiedereingliederung der aus dem Feld zurückgekehrten Soldaten, die Umstellung einer bis dahin fast völlig auf die Produktion von Rüstungsgütern ausgerichteten Industrie und die Beseitigung großer Wohnungsnot. Die beispielsweise in St. Johannis, Gibitzenhof oder am Nord- und am Nordostbahnhof durchgeführten beziehungsweise gerade begonnenen Wohnungsbauprogramme legten Nürnberg neue, sein äußeres Bild stark prägende Jahresringe um. Initiator einer mutigen, vorausschauenden Stadtentwicklung war Oberbürgermeister Hermann Luppe, der dieses Amt seit 1920 innehielt und,

neben anderen, in dem Architekten Otto Ernst Schweizer einen kongenialen Verwirklicher zeitgemäßer Planungen fand. Sie entsprachen tatsächlich, um auf Hesse zurückzukommen, dem Tempo und den Bedürfnissen einer anderen Zeit. Ihnen konnten Netzgewölbe und „Brunnen hold wie Blumen in stillen Höfen" sicher weniger gerecht werden als „musterhafte Siedlungen, gediegene Einzelbauten und sicher gestaltete Fabrikbauten"[4]. Und während in der Altstadt permanent Anstrengungen unternommen wurden, Bauten im Bild ihrer Entstehungszeit zu erhalten, zugleich aber in ihrer Zweckbestimmung der Gegenwart anzupassen (heute würde man sagen: umzunutzen), entstanden außerhalb der mittelalterlichen Stadtbefestigung kompromißlos moderne Einrichtungen wie das Planetarium am Rathenauplatz oder das neue Stadion jenseits des Dutzendteichs. Beide gehörten in ihrer Bedeutung als soziale wie erzieherische Leistungen und als architektonische Ereignisse zu den hervorragendsten Zeugnissen öffentlichen Bauens in ihrer Zeit (das Planetarium sollte bereits 1934 von den Nationalsozialisten als verhaßtes Symbol der „Ära Luppe" abgerissen werden).

Nun teilen sich dem „Stadtbenutzer", sei er Besucher oder Bürger, zu keiner Zeit die qualitativen Veränderungen einer Stadt in der Umfassenheit und Geschlossenheit mit, wie sie sich in der kühl analysierenden Überschau additiv zusammenführen und kausal kombinieren lassen. Er orientiert sich in der Regel an überlieferten Gewohnheiten und altbekannten Attraktionsrastern, in die sich Mustersiedlungen als Sehenswürdigkeiten nicht so leicht einfügen wie neue Museen und andere Orte des Schauens und Erlebens. Zu ihnen gehörte unzweifelhaft das Germanische Nationalmuseum, der Hort deutscher Volkskunst, der 1920 gerade durch den bemerkenswerten Anbau des Architekten German Bestelmayer eine Vergrößerung erfahren hatte. Erweitert und in neuem Haus präsentierte sich seit 1925 auch das 1899 gegründete bayerische Verkehrsmuseum, das insbesondere durch den Einsatz des damals modernsten Mediums, des Films, für sensationelle Besucherzahlen (150 000 im Jahr) sorgte. So beschränkte sich die Stadt nicht allein darauf, ihr seit der Entdeckung

Leuchtturm am Dutzendteich, 1928   Blick von Westen auf den Weißen Turm, 1928   Friedenskirche am Palmplatz, 1928

durch Wackenroder und andere als romantisch empfundenes Bild zu polieren, sondern mehrte ihre Schätze nach Kräften.

Da ist es nicht verwunderlich, daß Nürnberg mit seinen Sehenswürdigkeiten bereits früh zu einem touristischen „Muß" für jeden Deutschland- und auch Europareisenden wurde. 1926 hatten knapp 220.000 Fremde Nürnberg besucht, davon kamen rund 26.000 aus dem Ausland. Eine beachtliche Zahl übrigens, wenn man bedenkt, daß die Schnelligkeit bei weitem nicht die uns heute geläufigen Maßstäbe erreicht hatte. Insbesondere der transozeanische Luftreiseverkehr war noch eine Vision, die sich erst Jahrzehnte später in Alltäglichkeit wandeln sollte. Angesichts der traditionell vorgefaßten Meinungen und Erwartungen, mit denen sich der Reisende gemeinhin auf den Weg macht, stellt sich die Frage, wie viele Besucher damals wohl einmal die ausgetretenen Pfade durch die mittelalterliche Altstadt zur Burg, zu den Stätten Albrecht Dürers, Martin Behaims und des Veit Stoß verlassen und aus dem Dunst der Bratwurstküchen den Weg vor die Tore der Stadt gefunden haben.

In den Süden etwa, wo der 1912 eingeweihte Tiergarten mit seinen Attraktionen lockte und die Dutzendteiche zu gemächlichen Ruderpartien ebenso luden wie die Biertische der an den Ufern gelegenen Gartenwirtschaften zu ausdauernden Kartelrunden. Eine beliebte, weil hierzulande etwas ungewohnte Landmarke war ein richtiger Leuchtturm, aufgebaut auf einer vorwitzig in den großen Dutzendteich hineinragenden Landspitze. Er war als Relikt der einst bis hierher reichenden Landesausstellung von 1906 gewissermaßen selbst das auffälligste Signal einer Zeit, in der technischer Fortschritt noch bemerkbar und, vor allem, bemerkenswert war. Folgte man 1927 imaginär einer Drehung seines Reflektors, mochte sein alles

erfassender Lichtschein im Südosten die markanten Ecken des neuen Sportstadions aufblitzen lassen, im Süden über den weiten „Steckerlaswald" streifen und, stadtwärts, über die im Entstehen begriffene Gefallenengedenkanlage des Luitpoldhains. Das lichte Nebeneinander von gepflegtem Gedenkort und erlebnisträchtiger Erholungslandschaft sowie einer sozialem Tun verpflichteten Sportstätte offenbarte in seiner Menschenwürdigkeit ein maßgeschneidertes Pendant zu der betriebsamen, bisweilen hektischen nahen Stadt. Und wenn dann der gleißende Lichtstrahl gleichmäßig kreiste, eine funkelnde Bahn über die Wasser des Dutzendteichs legte und monoton über die Silhouette der alten Bäume am anderen Ufer glitt: Wer wollte glauben, daß sich ausgerechnet hier und nur einen kurzen Atemzug der Geschichte später in Stein gebaute, menschenverachtende Gigantomanie ausbreiten sollte?

Wir, die Zeitreisenden, können uns nicht lösen von dem Wissen um die Schatten, die das nachfolgende Jahrzehnt auf dieses Fleckchen Erde zu werfen sich anschickte. Das Credo der Noris für ihre (damalige) Zukunft wurde in einem Beitrag der erwähnten Festschrift zum Programm, das man heute nicht anders formulieren würde: „Wir hoffen und wünschen aber, daß Nürnberg sich weiter und weiter ausbaue als ein neues, daß es dabei aber doch erhalte, was ihm seit alters seinen unwiderstehlichen Zauber verlieh, seinen Reichtum an wunderbaren Werken der Vorzeit. Es ist nicht nötig, erst Ruinen zu schaffen, damit aus ihnen neues Leben aufblühe! Das hat man in der Stadt Dürers von je gewürdigt. Mög' es auch die Zukunft stets erkennen!" Leider hat sich dieser Wunsch nicht erfüllt. Glücklicherweise war aber auch der eingangs zitierten Weisung Hitlers keine Dauer beschieden.

1 Illustrierter Führer durch die Stadt der Reichsparteitage Nürnberg und Umgebung. Aus der Reihe Woerl's Reisehandbücher, Leipzig 1939
2 Hermann Hesse: Die Nürnberger Reise (1927).
Zitiert nach der Suhrkamp-Ausgabe (5. Aufl.), Berlin 1980, S. 73 f.
3 Erwin Stein (Hrsg.): Nürnberg. Bd. 23 der Reihe Monographien Deutscher Städte. Darstellung deutscher Städte und ihrer Arbeit in Wirtschaft, Finanzwesen, Hygiene, Sozialpolitik und Technik, Berlin 1927
4 Ebd., S. 73

Von Weimar ins Dritte Reich

Siegfried Zelnhefer

Zur Nürnberger Stadtpolitik

Zehn Tage vor der Ernennung Adolf Hitlers zum Reichskanzler war der Veranstaltungsbau „Kolosseum" in Nürnberg wieder einmal gut gefüllt. Der sächsische Landtagsabgeordnete Werner Studentkowsky sprach in einer Versammlung der Nationalsozialisten über das Thema: „Der letzten Entscheidung entgegen"[1]. Während zu Beginn des Jahres 1933 im Deutschen Reich vieles auf eine Machtübergabe an die Nationalsozialisten hindeutete[2], hatte die NSDAP in Nürnberg zuversichtliche Worte dringend nötig. Seit Monaten steckte die Partei in einer schweren Krise. Die fränkische SA unter Führung des Diplomlandwirts Wilhelm Stegmann aus Schillingsfürst lag seit Monaten im Konflikt mit der korrupten Gauleitung, insbesondere mit dem „Bonzentum" des „Frankenführers" Julius Streicher. Schon im Oktober 1932 hatte die sozialdemokratische „Fränkische Tagespost" festgestellt: „Es wird nicht mehr lange dauern, dann wird in der NSDAP ein Kampf aller gegen alle beginnen."[3] „Brutaler und revolutionärer" wollten viele radikalisierte SA-Leute den Kampf gegen die Weimarer Republik führen. Zudem wollten sie von der NSDAP unabhängig sein. Stegmann trat am 19. Januar 1933 aus der Partei aus, gründete ein „Freikorps Franken" mit etwa 3000 Angehörigen. Der Stegmann-Streicher-Konflikt stand kurz davor, zur „Initialzündung"[4] für eine allgemeine Erhebung der SA über die Parteispitze im Reich zu werden. Die Ernennung Hitlers zum Reichskanzler am 30. Januar 1933 führte zum entscheidenden Stimmungsumschwung. Das „Freikorps Franken" wurde am 13. März vom bayerischen Innenministerium aufgelöst. Doch die internen Querelen zu Beginn des Jahres hatten „in hohem Grade lähmend auf die Betätigung der Partei" gewirkt, wie ein Bericht der Bezirksregierung feststellte.[5] Die obligatorische Siegesparade nach Hitlers Aufstieg zum Reichskanzler fand in Nürnberg erst am 1. Februar statt. Gerade 1500 Mann soll Streicher nach Meldungen der „Fränkischen Tagespost" auf dem Hauptmarkt zusammengetrommelt haben. Der Sturm ins „Dritte Reich" begann in der Stadt des „Frankenführers" mit einem Fehlstart.

Das demokratische Nürnberg und der Aufstieg der NSDAP

Dabei hatte die NSDAP gerade in Nürnberg bereits wichtige Vorarbeit geleistet. Mitte der zwanziger Jahre galten Nordbayerns Industriemetropole und ihr Umland als „*das* nationalsozialistische Zentrum im Reich"[6]. In Nürnberg gab es im Jahr 1927 bereits 2000 eingeschriebene Parteigenossen, während zur gleichen Zeit die Mitgliederentwicklung in der Keimzelle München, der späteren „Hauptstadt der Bewegung", stagnierte. Auch das Abstimmungsverhalten der Bevölkerung zeigt, daß in der Weimarer Republik der Nationalsozialismus in Nürnberg mehr Erfolg verbuchen konnte als andernorts.[7] Gaben beispielsweise bei der Reichstagswahl am 20. Mai 1928 in Nürnberg 10,6 Prozent der Stimmberechtigten ihr Votum für die NSDAP ab, so waren es im Land Bayern 6,4 Prozent, im Deutschen Reich nur 2,6 Prozent. Bei den verschiedenen Wahlen in der Endphase der Weimarer Republik lag ab 1930 der Stimmenanteil der NSDAP in Nürnberg immer noch über dem Reichsergebnis, auch wenn die Unterschiede zunehmend schwanden. Erst bei der letzten, „halbfreien" Reichstagswahl nach der „Machtergreifung"[8] am 5. März 1933 schnitt die NSDAP in Nürnberg schlechter ab als im Reich.

Der Aufstieg der Nationalsozialisten in Nürnberg ist mit dem Namen des Ortsgruppengründers und späteren „Frankenführers" Julius Streicher eng verknüpft.[9] Der antisemitische Geiferer ordnete sich früh als treuer Gefolgsmann dem „Führer" unter. Nachdem Adolf Hitler am 20. Dezember 1924 vorzeitig aus der Haft in Landsberg entlassen worden war, wurden Streicher und seine Anhänger bereits im Februar 1925 wieder in die neugegründete NSDAP aufgenommen. Am 2. März konnte Hitler in Nürnberg auf drei Parallelveranstaltungen vor insgesamt 4700 Zuhörern sprechen – bei einer Mark Eintritt pro Person.[10]

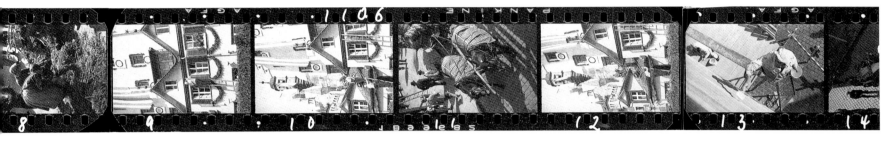

Mit seinem – am 21. April 1923 erstmals erschienenen – Organ „Der Stürmer", das Streicher zunächst für die lokalpolitische Agitation nützte, bekämpfte der Gauleiter die demokratische sozial-liberale Stadtführung auf die übelste Weise. Bei der Kommunalwahl 1924 konnte Streicher an der Spitze der NSDAP-Ersatzpartei „Liste Streicher" 11,8 Prozent der Stimmen einheimsen und so mit fünf weiteren Gesinnungsgenossen in den Stadtrat einziehen. Damit war die Mehrheit von SPD und der liberalen Deutschen Demokratischen Partei (DDP) gebrochen.[11] Nicht erst ab diesem Zeitpunkt sah der berüchtigte „Radaupolitiker" Streicher seine wichtigste Aufgabe in der polternden Dauerkonfrontation mit der sozialdemokratischen Mehrheit, der Stadtverwaltung und vor allem mit Oberbürgermeister Hermann Luppe, einem der bedeutendsten Kommunalpolitiker der Weimarer Republik und exponierten Vertreter des demokratisch-republikanischen Deutschland.[12] 1925 wurde Streicher wegen fortgesetzter übler Nachrede und Beleidigung zu zwei Monaten Gefängnis verurteilt. Seine Angriffe gegen Luppe und andere Demokraten nahmen deshalb kein Ende.

Dr. Hermann Luppe, 1920–1933 Oberbürgermeister von Nürnberg

Der am 6. August 1874 in Kiel geborene Luppe war am 18. Januar 1920 in Nürnberg zum Ersten Bürgermeister gewählt worden. Zuvor hatte der Jurist fast zwei Jahrzehnte lang in der Stadtverwaltung von Frankfurt am Main in mehreren verantwortungsvollen Funktionen, ab 1913 auch als Zweiter Bürgermeister, umfangreiche Erfahrungen in der Kommunalpolitik gesammelt.[13] Obwohl selbst Mitglied der DDP wurde Luppe während der Weimarer Republik von den sozialdemokratischen Stadträten gestützt. „Für die Sozialdemokratie war Luppe ein Verbündeter wegen seines kompromißlosen demokratischen und republikanischen Engagements, das ihm so viele Diffamierungen von der Gegenseite und den unkontrollierten Haß der Nationalsozialisten unter Streichers Führung einbrachte... Ein wesentliches Verdienst an der loyalen Zusammenarbeit hatte der Zweite Bürgermeister Martin Treu. Er war der erfahrenste Kommunalpolitiker der Nürnberger SPD in der Weimarer Zeit."[14] Wegweisende Leistungen in der Sozial- und Wohnungspolitik sind damals erzielt worden. Insbesondere das Fürsorgewesen war für das gesamte Reich beispielhaft. Zu Recht galt Nürnberg als „rote" Arbeiterstadt.

Gleichwohl machten die Nationalsozialisten zur selben Zeit – neben München – auch aus der Frankenmetropole eine „braune Hochburg". Hitler und seine Anhänger setzten sich hier erstmals beim „Deutschen Tag" am 1./2. September 1923 groß in Szene. 1927 und 1929 inszenierten sie im Luitpoldhain ihre Reichsparteitage. Die

staatliche Polizeidirektion unter der Leitung von Heinrich Gareis[15] hielt nicht nur bei den Großkundgebungen ihre schützende Hand über die NSDAP. Auch deshalb machte Hitler die Stadt Nürnberg zur Bühne der wiederkehrenden Parteifeiern.[16] Nach der Kommunalwahl am 8. Dezember 1929 hatten die Nationalsozialisten – ab 1930 unter der Fraktionsführung des Buchdruckereibesitzers Willy Liebel – acht von insgesamt 50 Sitzen im Stadtrat inne. Die anderen Mandate verteilten sich auf SPD (21), Bayerische Volkspartei (5), Deutsche Demokratische Partei (2), KPD (2), Bayerischer Mittelstandsbund (Wirtschaftspartei) (5), Christlicher Volksdienst (3), Deutschnationale Volkspartei (2), Deutsche Volkspartei (1) und Vereinigung Schwarz-Weiß-Rot (1).[17] In der Endphase der Weimarer Republik wurde die „Stadtregierung" immer mehr erschwert. Die anteiligen Kosten an der Arbeitslosenfürsorge und die immens steigenden Wohlfahrtslasten schnürten jeglichen Handlungsspielraum ein. Im Jahr 1932 waren im Stadtgebiet bei einer Gesamtbevölkerungszahl von 416.000 Bürgern durchschnittlich 57.000 Männer und Frauen arbeitslos gemeldet.[18] Jeder dritte Erwerbstätige hatte keine Anstellung. Die Nationalsozialisten und die Kommunisten überboten sich in reinen Schauanträgen mit unrealistischen Forderungen für die Arbeitslosen und Empfänger von Wohlfahrtshilfe und diffamierten damit die SPD, die sich als hauptverantwortliche Partei zu unpopulären Sparmaßnahmen gezwungen sah. Nach der Landtagswahl vom 24. April 1932, bei der sich die

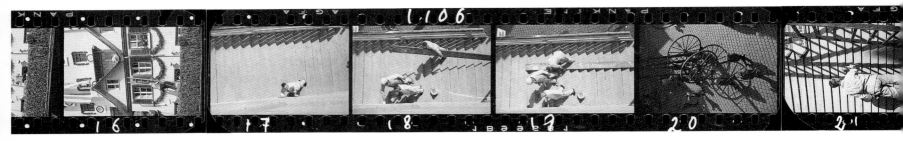

NSDAP mit 37,6 Prozent erstmals vor der SPD (30,4 Prozent) als stärkste Karft in der Stadt erwiesen hatte, strengten die Nationalsozialisten mit Erfolg ein Volksbegehren zur Auflösung und Neuwahl des Stadtrats an. Beim anschließenden Volksentscheid erlitt die NSDAP jedoch eine Niederlage: 105.486 Ja-Stimmen standen 127.524 Nein-Stimmen gegenüber. Die kommunale „Machtergreifung" auf legalem Weg war gescheitert. Noch hatten die Demokraten im Stadtrat die Mehrheit.

„Machtergreifung" und Gleichschaltung

Nach der von der neuen Reichsregierung Anfang Februar 1933 beschlossenen Auflösung des Reichstags setzte sich der Dauerwahlkampf des Vorjahres fort. Am 12. Februar zeigten Zehntausende von Sozialdemokraten, Reichsbannerleuten, Arbeiterturnern, Mitgliedern des Allgemeinen Deutschen Gewerkschaftsbundes bei einer großen Demonstration der linken Republikschutzorganisation „Eiserne Front" auf dem Hauptmarkt noch einmal Flagge für die Demokratie. Doch die Hoffnungen auf eine rasche Beendigung des „braunen Spuks" zerstoben rasch. Im Wahlkampf wurde immer deutlicher, daß die politische Auseinandersetzung bereits mit ungleichen Mitteln geführt wurde. Der brave Glaube der Demokraten an eine Bekämpfung der Nationalsozialisten auf dem Boden der Legalität erwies sich als fatal. Zahlreiche Funktionäre der Linksparteien waren verhaftet. Die Nürnberg-Fürther Polizeidirektion verbot die Versammlungen der Kommunisten. Die SA störte Kundgebungen anderer Parteien, schürte den Terror auf offener Straße und schuf ein Klima von Angst und Unsicherheit. Bis zur Reichstagswahl am 5. März waren heftige Auseinandersetzungen zwischen linken Gruppen und der SA fast an der Tagesordnung. Im Schutze staatlicher Legalität und mit Hilfe der Notverordnungen vom 4. und 28. Februar verstanden es die Nationalsozialisten, die Aktivitäten der Linksparteien erheblich zu beeinträchtigen. Kurz vor dem Wahltermin wurde die sozialdemokratische „Fränkische Tagespost" für einige Tage verboten. Am Vorabend des Urnengangs veranstaltete die Eiserne Front nochmals einen Fackelzug. Die „Nationale Front" aus SA, SS, HJ, Stahlhelm, vaterländischen Verbänden, Regimentsvereinigungen und verschiedenen NS-Gliederungen formierte sich auf der Deutschherrnwiese zu einem Umzug. Am 5. März überwachten die Nationalsozialisten jedes Wahllokal. Liebel hatte dazu an die „Sektionsleiter" seiner Partei geschrieben: „Kein Wahllokal darf auch nur wenige Minuten ohne nationalsozialistische Kontrolle sein!"[19] Die Wahlbeteiligung lag bei 91,5 Prozent. Trotz aller Anstrengungen gelang der NSDAP nicht der Erfolg, den sie erwartet hatte. Mit einem Stimmen-anteil von 41,7 Prozent blieb sie in Nürnberg sogar noch unter dem Reichsdurchschnitt von 43,9 Prozent. Die NSDAP hat bei demokratischen Wahlen in Nürnberg nie eine absolute Merheit erreichen können. Die Linksparteien hatten sich bei der März-Wahl 1933 erstaunlich gut behauptet. Zusammen kamen SPD (32,7 Prozent) und KPD (8,9 Prozent) auf einen fast so hohen Anteil wie die NSDAP.[20] Allein: Die bloße Addition verschleiert, wie weit Sozialdemokraten und Kommunisten politisch auseinanderlagen. „Die geringe Anfälligkeit der Nürnberger Arbeiterschaft für die Hitlerpartei war...nicht identisch mit einem gemeinsamen Abwehrkonzept der beiden Parteien gegenüber den Faschisten. Die Agitation der Kommunisten gegenüber den zu ‚Sozialfaschisten' erklärten Sozialdemokraten setzte sich auch im Stadtrat fort."[21] Tatsächlich hatten Kommunisten und Nationalsozialisten in der Endphase der letzten Stadtratsperiode durch ihre – wenn auch aus unterschiedlichen Motiven betriebene – Obstruktionspolitik faktisch zusammengearbeitet.

Nach der Reichstagswahl vollzog sich die „Machtergreifung" in Nürnberg ähnlich wie in anderen Kommunen Deutschlands. Gelenkte Massenerregung und Aktionen auf der Straße bereiteten die Machtübernahme vor. Am 9. März – später zum „Tag der nationalen Revolution" hochstilisiert – gab Streicher das Startzeichen. Schon am Vormittag inszenierten die Nationalsozialisten Menschenaufläufe in den Straßen. Der Stadtchronist notierte: „Um drei Uhr marschierten SA- und SS-Stürme mit klingendem Spiel von der Deutschherrnwiese zur Polizeidirektion in der Deutschhauskaserne. In einer kurzen Ansprache wies Julius Streicher auf die hohe Bedeutung der Stunde hin; auf seinen Befehl entfaltete sich vom obersten Stockwerk des Eingangsgebäudes aus unter dem Jubel der Menge die Hakenkreuzfahne: Mit entblößtem Haupte sangen Tausende das Deutschland- und Horst-Wessel-Lied. Dann traten die Stürme zum Marsche nach dem Rathaus an, wo sie von der seit Stunden harrenden Menge begeistert empfangen wurden. Nachdem das Geläute von St. Sebald, St. Lorenz und St. Egidien verklungen war, sprach Julius

Im Herkules Velodrom

spricht am **Donnerstag**, den 21. April 1932, abends 8 Uhr

Julius

Streicher

über

Die Juden sind unser Unglück!

Volksgenossen aller Stände und Parteien! Männer u. Frauen Nürnbergs, kommt in unsere

Massenversammlung!

Saalöffnung 6 Uhr   Eintritt 30 Pfg., Erwerbslose gegen Ausweis 10 Pfg.

Juden haben keinen Zutritt!

Reservierte Plätze zu RM. 1.– (bei Streicher) sind bei der Buchdruckerei Monninger, Maxplatz 44, Großdeutsche Buchhandlung, Burgstraße 17, Jakob Reinhardt, Tetzelgasse 24, Josef Heinrichs, Allersbergerstraße 53, in der Geschäftsstelle, Hirschelgasse 28/0 u. an der Abendkasse zu haben.

Wer sich eine Karte für einen numerierten Platz verschafft, hat auch dann noch Zutritt, wenn der Saal bereits polizeilich gesperrt ist.

Musik: Kapelle Heyland

Nationalsozialistische Deutsche Arbeiterpartei, Ortsgr. Nürnberg

Julius Streicher (1885–1946), Gründer der NSDAP-Ortsgruppe Nürnberg und ab 1930 Gauleiter von Mittelfranken, in einem Bild aus den zwanziger Jahren. Der ehemalige Volksschullehrer zeigte sich gern in Herrscherpose.

Auf dem Weg zur Macht erwies sich der antisemitische Hetzer Streicher als wichtiger „Trommler" für die NSDAP. Bei vielen Reden stand sein Judenhaß – wie das Plakat aus dem Jahr 1932 zeigt – im Vordergrund.

Streicher vom 1. Stock des Rathauses herab zu der großen Versammlung. Unter den Klängen des Deutschlandliedes wurden sodann drei Hakenkreuzfahnen gehißt. Hierauf ging es die Burgstraße hinauf zur Kaiserburg, wo auf dem Heidenturm ebenfalls die Hakenkreuzfahne hochgezogen wurde."[22] Damit war das symbolische Zeichen gesetzt. In der darauffolgenden Nacht stürmten SA und Polizei das Verlagsgebäude der sozialdemokratischen „Fränkischen Tagespost", zerstörten die Druckmaschinen und nahmen Redakteure in „Schutzhaft". Weitere politische Gegner und Juden wurden ebenfalls verhaftet. Mit Gewalt und Terror kamen die Nationalsozialisten an die Macht.

Am Abend des 9. März wurde General Ritter von Epp, ein früher Gefolgsmann Hitlers, als Reichskommissar von Bayern eingesetzt. In Nürnberg zwangen die neuen Herren Bürgermeister Treu am 10. März, sein Amt niederzulegen. Oberbürgermeister Luppe trat unter dem Druck der Ereignisse am 12. März einen Urlaub an. Vier Tage später beauftragte der Staatskommissar für das bayerische Innenministerium den NS-Fraktionschef Willy Liebel mit den „Geschäften des 1. Bürgermeisters der Stadt Nürnberg". Noch am 1. März hatte Luppe den Nationalsozialisten unter Polizeigewalt aus dem Stadtrat entfernen lassen. Am 18. März wurde der rechtmäßige Oberbürgermeister Hermann Luppe in seiner Wohnung verhaftet. Damit sollte Luppe weiter unter Druck gesetzt werden. Erst als der Demokrat am 22. April offiziell seinen Rücktritt erklärt hatte, wurde er anderntags wieder entlassen.

Entsprechend den Gleichschaltungsgesetzen vom 31. März und 7. April[23] wurde die Mandatsverteilung im Stadtrat dem Reichstagswahlergebnis angepaßt. In der konstituierenden Sitzung am 27. April 1933 bestand das – nicht gewählte – Gremium nur aus 44 Vertretern. Die KPD war von vornherein ausgeschlossen. Die NSDAP hatte 21 Mandate, die Sozialdemokraten hatten 16, die Bayerische Volkspartei vier und die rechte „Kampffront Schwarz-Weiß-Rot" drei Sitze. Einziger Zweck der Sitzung: Willy Liebel sollte in seinem Amt bestätigt werden. Ohne die Stimmen der SPD wurde er auch zum 1. Bürgermeister mit der Amtsbezeichnung „Oberbürgermeister" gewählt. Als zweiten Bürgermeister schlugen die Nationalsozialisten Dr. Walter Eickemeyer vor, der bereits am 18. März von Liebel zum kommissarischen 2. Bürgermeister bestellt worden war. Die Nationalsozialisten mochten zum einen nicht auf den ausgewiesenen Verwaltungsexperten verzichten; zum anderen wollten sie mit der Aufnahme Eickemeyers in die Stadtspitze ihre vermeintliche Toleranz dokumentieren.

„Wer ein anständiger Kerl ist, der kann auch in der Vergangenheit bei den Anderen gesessen sein", tönte Streicher.[24] Der Jurist und Finanzexperte war bereits seit 1920 berufsmäßiger Stadtrat. Zunächst Mitglied der DDP, hatte er sich bereits zum Ende der Weimarer Republik der NSDAP genähert, ohne jedoch zum Zeitpunkt seiner Wahl Mitglied der NS-Partei gewesen zu sein.[25] Eickemeyer bekam die Stimmen aller Stadträte. Zum 3. (ehrenamtlichen) Bürgermeister wählte die Mehrheit den Rechtsanwalt und Justizrat Dr. Christian Kühn, einen alten Parteigenossen. Die SPD-Vertreter gaben wieder leere Stimmzettel ab. Die zu einer bedeutungsschwangeren Festveranstaltung stilisierte Sitzung stand ganz im Zeichen von Julius Streicher, der als Fraktionsvorsitzender der NSDAP das große Wort führte. Dabei machte er immer wieder angebliche Versöhnungsangebote an die Sozialdemokraten, denen er im gleichen Atemzug zu verstehen gab, daß er gegen sie rücksichtslos vorgehen wollte. Erklärungen wie: „Wir Nationalsozialisten sind bereit, heute am Eröffnungstage des neuen Stadtrats, jedem die Hand zu reichen, der guten Willens ist", folgten eindeutig andere Aussagen: „Der künftige Rat der Stadt Nürnberg wird nicht ein Sachwalter der jüdischen Internationale sein und an jenem Tage, wo noch einmal das Wort Marxismus oder Sozialdemokratie fällt, bricht ein Sturm los, der nicht mehr zurückzuhalten ist."[26]

Die Hoffnungen der Sozialdemokraten, ihr demokratisches Mandat in der Opposition wahrnehmen zu können, waren nicht von langer Dauer. Sie wurden bereits gehindert, an der nächsten Sitzung teilzunehmen. Streicher hatte seinen Parteigenossen den Befehl gegeben, „wenn die Sozialdemokraten noch einmal (im Stadtrat, d. Verf.) erscheinen, sie aus diesem Hause hinauszupeitschen".[27] Der Druck wurde immer größer, so daß die SPD-Stadträte am 10. Juni „freiwillig" auf die Ausübung ihrer Mandate verzichteten. Am 22. Juni wurde die SPD im gesamten Reich verboten. Die Nürnberger Stadträte kamen am selben Tag in „Schutzhaft". Die Räte der Bayerischen Volkspartei legten ihre Mandate am 12. Juli nieder, die Kommunisten waren längst verhaftet, und die Vertreter der „Kampffront" schlossen sich der NSDAP-Fraktion an. Am 14. Juli waren schließlich in Deutschland alle Parteien verboten. In der Sitzung am 30. August 1933 bestand der Nürnberger Stadtrat erstmals ausschließlich aus Parteigenossen der NSDAP.

In der „feierlichen Verpflichtung und Einführung" der neuen Stadträte brachte Streicher das System des NS-Stadtregiments auf die knappe Formel: „Die Bürgerschaft freut sich, daß die Beratungen so rasch

Der ausgewiesene Verwaltungsfachmann Dr. Walter Eickemeyer (1886–1959) stand seit 1920 in den Diensten der Stadt. Als Finanzreferent arbeitete er bereits unter Luppe. Zunächst Mitglied der DDP, orientierte er sich politisch immer weiter nach rechts. Am 27. April 1933 wählte ihn der Stadtrat einstimmig zum zweiten Bürgermeister.

Friedrich Fink (1897–1988) leitete von 1935 bis 1945 das Nürnberger Schulwesen. Der Volksschullehrer und spätere Berufsschuldirektor war seit den zwanziger Jahren Nationalsozialist. Auch als Mitarbeiter des „Stürmer" genoß er früh die besondere Gunst Streichers. Der Referent für Schul- und Bildungswesen trug den antisemitischen Geist des Nationalsozialismus in die Schulen: „Rassenkunde und Judenfrage müssen sich durch den Unterricht aller Altersstufen wie ein roter Faden hindurchziehen".

Nach der Reichstagswahl vom 5. März 1933 paßten die Nationalsozialisten die Zusammensetzung des Stadtrats den Mehrheitsverhältnissen im Reich an. Die konstituierende Sitzung des neugebildeten Stadtrats am 27. April 1933

im Alten Rathaussaal mit der Wahl der Bürgermeister inszenierten die braunen Machthaber als große Feier. Julius Streicher (am Mikrophon) stieß in dieser Sitzung mehrmals Drohungen gegen Sozialdemokraten aus.

verlaufen. Das verdanken wir dem Geschick unseres Oberbürgermeisters. Was sollen wir auch heute noch viel reden, wo wir doch die Macht haben."[28] Monate zuvor hatte Streicher schon angekündigt, daß der Oberbürgermeister künftig „manchmal in dringenden Fällen selbständige Entschlüsse fassen und nachträglich genehmigen lassen werde. Das sei die neue Art des Regierens."[29] Am 19. März 1935 trat der Stadtrat zum letzten Mal zusammen. Mit der ab 1. April 1935 gültigen Deutschen Gemeindeordnung wurde das Führerprinzip auch gesetzlich verankert, die Bedeutungslosigkeit des Stadtrats festgeschrieben, das Ende der freien kommunalen Selbstverwaltung

besiegelt. Danach hatte der Oberbürgermeister die Verwaltung „in voller und ausschließlicher Verantwortung zu führen; bei allen Berufungen oder Abberufungen des Bürgermeisters, der Beigeordneten oder Gemeinderäte war der „Beauftragte der NSDAP" zur „Sicherung des Einklangs der Gemeindeverwaltung mit der Partei" beteiligt; die – mit Wirkung vom 1. Oktober 1935 erstmals vom Gauleiter als dem „Beauftragten der NSDAP" berufenen – Gemeinderäte bekamen den Ehrentitel „Ratsherrn" und hatten „den Bürgermeister eigenverantwortlich zu beraten und seinen Maßnahmen in der Bevölkerung Verständnis zu verschaffen".[30]

„Säuberung" der Stadtverwaltung

Parallel zu den Vorgängen im Rathaus bemächtigten sich die neuen Machthaber auch anderer Positionen im öffentlichen Leben. Am 2. Mai wurden die Gewerkschaften zerschlagen. Mit Gewalt und unter der Berufung auf die (Schein-)Legalität ihrer Handlungen besetzten die Nationalsozialisten innerhalb weniger Monate die Schalthebel der Macht. In Nürnberg war der Prozeß der Gleichschaltung im Sommer 1933 abgeschlossen.

Dazu gehörte auch „die Säuberung der Stadtverwaltung von national unzuverlässigen Elementen und Juden".[31] Allein bis August 1933 entließen die Nationalsozialisten 108 städtische Beamte, Angestellte und Arbeiter. 1935 stellte Personalreferent Julius Rühm befriedigt fest, daß im Vollzug des Gesetzes zur Wiederherstellung des Berufsbeamtentums vom 7. April 1933 „die Säuberung der gesamten städtischen Verwaltung von national unzuverlässigen und nichtarischen Personen zu Ende gebracht werden konnte".[32] Insgesamt waren bis dahin 262 Personen betroffen. Bei einem Mitarbeiterstab von 7243 fiel die „Säuberung" vergleichsweise zurückhaltend aus. Bei Neueinstellungen wurden allerdings „315 Altkämpfer der nationalsozialistischen Bewegung bevorzugt berücksichtigt".[33] Die Partei sorgte schließlich für ihre Mitglieder. Im Frühjahr 1939 gehörten der Stadtverwaltung insgesamt 1871 „Altkämpfer und Parteigenossen" an, die seit der Machtübernahme neu eingestellt worden waren. Unter ihnen waren 839 Beamte, Angestellte und Arbeiter, die bereits vor dem 30. Januar 1933 Parteigenossen waren oder NS-Gliederungen angehörten, und 1032, die nach der Machtübernahme sich der NSDAP anschlossen. Der Zuwachs an städtischen Mitarbeitern mit NS-Parteibuch ist mithin überwiegend den „Märzgefallenen"[34] zuzu-

schreiben. Insgesamt waren am Ende des Berichtsjahres 1938/39 97 Träger des Goldenen Ehrenzeichens (Parteigenossen mit einer Mitgliedsnummer unter 100.000), 706 Parteigenossen mit Eintrittsdatum vor dem 30. Januar 1933 und 2097 Parteigenossen, die nach der „Machtergreifung" beigetreten sind.[35] Die Gleichschaltung erfolgte vor allem durch die Anpassung der „Gefolgschaftsmitglieder" an die neuen politischen Verhältnisse. Inzwischen war auch der Personalstand auf insgesamt 9167 Mitarbeiter angestiegen – fast 2000 mehr als noch fünf Jahre zuvor. Allein 1938 entstanden 678 neue Arbeitsplätze. Die neugeschaffenen Stellen betrafen vor allem weniger qualifizierte Positionen. Die Sonderaufgaben als „Stadt der Reichsparteitage", insbesondere für den Zweckverband Reichsparteitag Nürnberg, waren die Hauptursachen für die Personalausweitung in der Stadtverwaltung.

Auch wenn mißliebige und politisch Andersdenkende aus dem öffentlichen Dienst entfernt wurden, so konnten die neuen Machthaber keineswegs auf das Wissen und die Erfahrung der schon in Weimarer Zeit bei der Stadt Beschäftigten verzichten. So schaffte das Gros der Mitarbeiter den Übergang ins „Dritte Reich" reibungslos. „Die im städtischen Dienst verbliebenen Arbeitnehmer haben sich, auch insoweit sie früher nicht Nationalsozialisten waren, von wenigen Ausnahmen abgesehen, bemüht, im nationalsozialistischen Geiste zu arbeiten, und es darf mit innerer Freude festgestellt werden, daß sich die gesamte städtische Arbeitnehmerschaft durch ein starkes Band unbegrenzten Vertrauens mit ihrem Oberbürgermeister verbunden fühlt", bilanzierte der oberste Personalchef 1935.[36] Nach dem Reichsbeamtengesetz vom Mai 1937 nahm der Druck auf die

Repräsentanten der Macht bei einer Kundgebung am 26. Juni 1940 (von links nach rechts): Willy Liebel (1897–1945) war von 1933 bis 1945 Oberbürgermeister der Stadt Nürnberg; Polizeipräsident Dr. Benno Martin (1893–1975) und Kreisleiter Hans Zimmermann (1906–1989). Nach dem Urteil des Obersten Parteigerichts über Gauleiter Streicher im Februar 1940 – „zur Menschenführung nicht geeignet" – und der Auflage, seine Ämter nicht mehr auszuüben, war Zimmermann 1940/1941 ranghöchster NSDAP-Funktionär in der „Stadt der Reichsparteitage". Der stellvertretende Gauleiter und Gefolgsmann Streichers Karl Holz war damals bei der Wehrmacht. Nachdem Holz am 4. April 1941 von der Front zurückgekehrt war, löste er – nun auch förmlich zum Gauleiter ernannt – Zimmermann ab.

Das neue „Gauhaus" am Albert-Schlageter-Platz (vor und nach dem „Dritten Reich": Marienplatz) war der Amtssitz des „Frankenführers" Julius Streicher. Das Gebäude wurde 1937 auf einem Grundstück errichtet, das die Stadt dem Gauleiter zu seinem 50. Geburtstag schenkte. Nach 1945

ging das Haus in den Besitz der „Nürnberger Nachrichten" über. Dr. Joseph E. Drexel, Gründer dieser ersten Nachkriegszeitung, hatte aktiv Widerstand gegen den Nationalsozialismus geleistet.

Beamten zu. Berufliche Nachteile wie Beförderungsstopp oder Versetzung konnten bei weniger gefälligem Verhalten in Einzelfällen die Folge sein. Doch trotz der Pressionen zeigte die „Gefolgschaft" nach Ansicht der NSDAP zu wenig parteipolitisches Engagement. Noch 1942 mahnte Liebel in einer Direktorialverfügung die Belegschaft, „daß der Beamte, Angestellte und Arbeiter im öffentlichen Dienst aktiv (politisch) mitzuarbeiten hat; nur dann bietet er Gewähr dafür, daß er jederzeit rückhaltlos für den nationalsozialistischen Staat eintritt. ... Einzelne Gefolgschaftsmitglieder stehen noch immer abseits von dem politischen Geschehen".[37] Viele hatten sich in der Verwaltung eine Nische geschaffen und sich von der Parteipolitik ferngehalten. Lautlos vollzog sich auch der „Machtwechsel" an der Spitze der Stadtverwaltung. Mit Ausnahme der sozialdemokratischen berufsmäßigen Stadträte Eichenmüller (seit 1925 Chef des Wohlfahrtsreferats), Dr. Fey (seit 1924 Personalreferent) und Rollwagen (seit 1929 an der Spitze des Bau-, Gewerbe- und Verwaltungspolizeireferats) wurden alle anderen Mitglieder des elfköpfigen Referentenkollegiums von der nationalsozialistischen Stadtführung übernommen.[38] Aus der eigenen Verwaltung stammend, wurden Oberverwaltungsrat Rühm[39] und Rechtsrat Dr. Schmidt mit der Führung des Personalreferates beziehungsweise des Wohlfahrts-, Sport- und Presserefrates betraut. In der Weimarer Zeit gehörten die meisten berufsmäßigen Stadträte der Deutschen Demokratischen Partei an. Noch 1931 bezeichnete es NSDAP-Fraktionschef Liebel als grotesk, „daß bei zwei ehrenamtlichen Stadträten der Staatspartei (DDP) diese Partei nicht nur den Oberbürgermeister, sondern auch noch sechs... Referenten stellte".[40] Zwei Jahre später scheute sich der inzwischen selbst zum Stadtoberhaupt avancierte Liebel keineswegs, jene früheren DDP-Mitglieder unter seiner Führung im Amt zu belassen. Die Kontinuität an der Verwaltungsspitze ging sogar noch weiter. Selbst die zunächst vom Dienst suspendierten SPD-Stadträte Fey und Rollwagen arbeiteten bald wieder an verantwortlicher Stelle. So hatte etwa der Beigeordnete[41] Dr. Fey ab 1935 das Referat V (Verwaltungs- und Bezirkspolizei) inne. Nur der frühere Arbeitersekretär Eichenmüller wurde auf Dauer ausgeschaltet.

Die Stadtverwaltung arbeitete nach der Machtübernahme ohne Brüche weiter. Die Beschäftigten paßten sich den neuen Herren an – Mitarbeiter des höheren und gehobenen Dienstes weitaus schneller und stärker als etwa Angehörige unterer Besoldungsgruppen. Wenig Schwierigkeiten hatten auch die Referenten. Verstanden sie sich doch vor allem als Repräsentanten einer fachorientierten, „unpo-litischen" Verwaltung. Mancher hatte so sogar den Weg vom Magistrat vor 1918 über die Weimarer Republik bis ins „Dritte Reich" geschafft. Gewiß verlieh dieses Maß an Kontinuität dem lokalen Regime ein gehöriges Maß an Reputation bei der Bevölkerung. Noch in der Endphase der Weimarer Zeit hielten die Liebel und Streicher dem „roten" Stadtregiment und seiner Verwaltung Mißwirtschaft und Inkompetenz vor. Kurze Zeit danach stützten sich gerade die nationalsozialistischen Stadtherren auf die Vertreter des vormals bekämpften Systems.

Geschickt vermied es Liebel, allzusehr in die alltäglichen Geschäfte einzugreifen. Statt dessen gab es eine Zweiteilung im Bürgermeisteramt: „Während Liebel mehr die Aufgabe des politischen Repräsentanten wahrnahm, fungierte sein Zweiter Bürgermeister Dr. Eickemeyer als der administrative Kopf der Stadtverwaltung."[42] Der Finanzexperte und Jurist repräsentierte „in geradezu idealer Weise den Typus des bürgerlich-konservativen Verwaltungsfachmanns ... Anpassungsfähig genug, um traditionelles Berufsbeamtentum und politische Loyalität gegenüber dem neuen Regime miteinander zu verbinden, blieb Eickemeyer bis zu seiner Verhaftung durch die Amerikaner im April 1945 im Amt."[43] Liebels Amtsführung erwies sich als überraschend pragmatisch. Der Verwaltung ließ der NS-Oberbürgermeister viel Spielraum und versicherte sich so ihrer Loyalität. Dieses Vorgehen war aus der Sicht Liebels auch geboten, denn innerhalb der Partei verfügte er über keine Hausmacht. Der aus dem bürgerlichen Mittelstand stammende Nationalsozialist – der Vater war Buchdrucker und Zeitungsverleger – hatte gleichwohl größere Ambitionen. In den häufigen Gesprächen mit Adolf Hitler im Zusammenhang mit dem Reichsparteitagsgelände gewann er die Sympathie des „Führers". So soll er vom Diktator als der „beste Oberbürgermeister Deutschlands" bezeichnet worden sein.[44] Vor allem verstand sich der Opportunist als Oberbürgermeister „der Stadt der Reichsparteitage". Über diese Rolle versuchte er, sich ins Licht der Öffentlichkeit zu rücken und Karriere zu machen. Er machte kein Hehl daraus, ein Ministeramt anzustreben. Tatsächlich holte ihn Albert Speer während des Krieges in das Rüstungsministerium. Ab 1941/42 nahm Liebel seine Amtsgeschäfte in Nürnberg nur noch sporadisch wahr. Bald nach 1933 lag Liebel im Widerspruch zur Gauleitung, die auf eine stärker parteipolitisch ausgerichtete Personalpolitik drängte. Das Verhältnis zwischen ihm und Julius Streicher war sehr gespannt. Um seine Mißachtung um Ausdruck zu bringen, schenkte ihm Streicher zum Geburtstag einmal eine Distel.[45]

„Im kompliziert-prekären örtlichen Machtgefüge zwischen Partei, ... Bürokratie, der Wehrmacht und nicht zuletzt der in Nürnberg besonders mächtigen Polizei konnte sich die städtische Administration eine relative Autonomie gegenüber dem Zugriff der NSDAP bewahren."[46] Auch in Nürnberg herrschte die das NS-System insgesamt kennzeichnende Polykratie vor, die geprägt war von widerstrebenden Machtinteressen, Intrigen und Streitereien. Die Einheit von Staat (oder Stadt) und Partei war lediglich ein Postulat der Propaganda. Nach außen stand die Stadt im Schatten Streichers.[47] Mit seiner engsten Führungsclique, zu der sein Stellvertreter Karl Holz[48] und Adjutant Hanns König[49] zählten, bestimmte er die (partei-)politische Linie der NSDAP in Nürnberg und zog die Fäden. Der Gauleiter berief gemäß der Gemeindeordnung als „Beauftragter der NSDAP" und „im Benehmen mit dem Oberbürgermeister" auch die Ratsherren und Spitzenbeamten in ihr Amt. Der Einfluß des „Frankenführers" auf die alltägliche Kommunalpolitik war eher begrenzt. Die Administration war statt dessen maßgeblich bestimmt von den Entscheidungen der Fachbeamten, die sich eine gewisse Unabhängigkeit verschafften und frei vom Parteieinfluß im Interesse der Stadt handelten. So wirkte etwa der zweite Bürgermeister und Finanzreferent Eickemeyer durch nachhaltige Intervention bei der Reichsregierung darauf hin, daß die Kommune bei den Kosten für die Bauten am Reichsparteitagsgelände zunehmend entlastet wurde. Die Gründung des Zweckverbands Reichsparteitag Nürnberg am 29. März 1935 geht auf seine Initiative mit zurück.[50] Im lokalen Spiel der politischen Kräfte gewann der Polizeipräsident Benno Martin, seit 1. Oktober 1934 im Amt, zunehmend an Bedeutung.[51] Der anfänglich von Streicher geförderte Jurist erwies sich während des „Dritten Reichs" als gerissener „Techniker der Macht"[52]. Schließlich war er auch am Fall Streichers beteiligt. Der promovierte Jurist war bereits seit 1923 in der neuerrichteten Polizeidirektion Nürnberg-Fürth tätig. Am 1. Mai 1933 trat er in die NSDAP ein, im April des nachfolgenden Jahres in die SS. Von Jahr zu Jahr kletterte er die Karriereleiter in den Gliederungen der Partei nach oben, nicht ohne sich ein gehöriges Maß an Unabhängigkeit zu bewahren. Mit großem Erfolg drängte sich der ehrgeizige Beamte, mit seiner Körpergröße von 1,98 Meter auch optisch alle anderen Führungsfiguren der lokalen NS-Szene überragend, in das braune System hinein. Dabei versuchte sich der kluge Taktierer und Opportunist schon vor 1933 mit allen Seiten gut zu stellen, nach allen Seiten abzusichern. Im Zweiten Weltkrieg zum höheren SS- und Polizeiführer befördert, zuletzt General der Waffen-SS, galt Martin als „starker

Mann" in der Nürnberger Szene, „sicherte er der lokalen Gliederung der staatlichen Polizei große Machtfülle".[53]

Das Interesse der „Volksgenossen" am Geschehen im Rathaus erlahmte. Dies ist nicht weiter verwunderlich: Mit der Abschaffung von Stadtratswahlen war auch jegliche Beteiligung am politischen Geschehen unmöglich. Stimmzettel konnten auch die Nürnberger nur bei sogenannten Reichstagswahlen und Volksabstimmungen abgeben, die lediglich dem „Führer" Legitimation verschaffen sollten. Die Urnengänge waren nicht mehr als eine Farce, fehlte doch eine echte Wahlmöglichkeit. Da sie zudem meist an wehr- und außenpolitische Ereignisse gekoppelt waren, mit denen an das Nationalbewußtsein appelliert wurde, war hohe Zustimmung gewiß. Am 12. November 1933, dem ersten dieser Plebiszite, ließ sich Hitler den Austritt aus dem Völkerbund bestätigen. 297.858 der wahlberechtigten Nürnberger sagten „Ja", nur 9069 kreuzten „Nein" an, 3679 Stimmzettel waren ungültig.[54] Bei der gleichzeitig zur Entscheidung stehenden „Reichstagswahl" lag lediglich eine Einheitsliste der NSDAP vor. 22.521 von 295.918 abgegebenen Wahlzetteln waren ungültig: Damit hatten 7,6 Prozent der an der „Wahl" Teilnehmenden ihre Ablehnung gegenüber dem NS-Regime dokumentiert. Bei der nächsten „Reichstagswahl" am 29. März 1936 votierten 99 Prozent – genauso viele wie im Reichsdurchschnitt – an der Wahlurne für Hitler und sein Regime. Die Quote zeugt nicht nur von Zustimmung, sondern vor allem auch von Terror und Wahlfälschung. Die Deutschland-Berichte der Exil-SPD urteilten: „Das Ergebnis dieser ‚Wahl' wird nicht ernst genommen. 99 Prozent für Hitler sind zuviel ‚gesiegt'. Sogar die Nationalsozialisten schweigen betreten. Die propagandistische Auswertung der Abstimmung steht in keinem Verhältnis zu ihrer propagandistischen Vorbereitung."[55] Gar 99,6 Prozent stimmten am 10. April 1938 dem „Anschluß" Österreichs zu.

Die Leistungen der Stadtverwaltung – etwa auf dem Gebiet der Altstadtsanierung – wurden überwiegend anerkannt. Dabei standen jedoch auch keineswegs ausgesprochen (partei-)politische Motive im Hintergrund. Die Wiederbelebung alter Bräuche (Christkindlesmarkt, Fastnachtszug) kam ebenso an.[56] Mit Stolz vermerkte das Stadtregime, daß der Reichs- und Preußische Minister des Innern am 7. Juli 1936 den von Hitler schon 1933 verliehenen Titel „Stadt der Reichsparteitage" auch amtlich bestätigte. Danach sollte nicht nur im Schriftverkehr der Behörden, sondern auch bei privaten Briefwechseln die „Ehrenbezeichnung" verwendet werden. Es läßt sich nicht mehr überprüfen, wieviele „Volksgenossen" dieser Aufforderung

nachkamen. Der unter Liebels Stadtführung penetrant propagierte neue Markenname stieß nicht nur auf Zustimmung. Manche Bürger entzogen sich dem Rummel während der alljährlich inszenierten Parteitage durch die Flucht in die Sommerfrische. Wer sich nicht mit dem Regime identifizierte, trat häufig den „Rückzug ins Private" an. Kritische politische Diskussionen waren allenfalls im engsten Vertrautenkreis möglich. Eine eigenständige Stadtpolitik verlor nach der Beseitigung der kommunalen Selbstverwaltung ohnedies an Bedeutung. Im Umgang mit der Verwaltung veränderte sich für die Menschen nichts – sie funktionierte wie eh und je.

Die Kommunalpolitik unterm Hakenkreuz schwankte seit dem Ende jeglicher demokratischer Strukturen (und der zur Bedeutungslosigkeit prädestinierten Institution der Ratsherrn) zwischen zwei Polen. Auf der einen Seite stand die Fraktion der Ideologen, allen voran Julius Streicher mit seinen Paladinen wie dem Gauleiter-Stellvertreter Karl Holz oder dem Adjutanten Hanns König. Ihnen war es vorbehal-

ten, den lauten Takt der propagandistischen Trommel zu schlagen, bei Kundgebungen, Versammlungen und öffentlichen Auftritten die Parolen des braunen Regimes zu verkünden. Nur in den seltensten Fällen hatte dies nachhaltige Auswirkungen auf das Geschehen in der Stadt. Die spektakuläre Beseitigung inkriminierter Bauzeugnisse aus der Weimarer Zeit oder der Abriß der Hauptsynagoge sind so zu werten. Auf der anderen Seite stand ein funktionierender Beamtenapparat, ohne dessen loyale Mitarbeit das NS-Stadtregime von Anfang an zum Scheitern verurteilt gewesen wäre. Die Referenten (Beigeordneten) an der Stadtspitze erwiesen sich als angepaßte Technokraten der Macht im Zeichen des Hakenkreuzes. Bürgermeister Walter Eickemeyer repräsentierte wohl wie kein zweiter aus der Führungsriege den Typus des – nur scheinbar – unpolitischen Experten. Tatsächlich erwiesen sich die in den zwanziger Jahren unter demokratischen Vorzeichen geschulten Verwaltungsfachleute als stabile Stützen des nationalsozialistischen Stadtregimes.

1 Vgl. Stadtchronik 1933, Stadtarchiv Nürnberg (SAN), G 1
2 Vgl. Hans-Ulrich Thamer: Verführung und Gewalt. Deutschland 1933-1945, Berlin 1986, hier S. 185ff; vgl. in Thamers Standardwerk auch weiterführende Literatur zur Geschichte des „Dritten Reichs"
3 Zit. nach Rainer Hambrecht: Der Aufstieg der NSDAP in Mittel- und Oberfranken (1925-1933), Nürnberg 1976, S. 370
4 Hambrecht, S. 389
5 Zit. nach Hambrecht, S. 392
6 Hambrecht, S.110
7 Vgl. zu den nachfolgend genannten Zahlen die Statistischen Jahrbücher der Stadt Nürnberg 1928-1933; Meinrad Hagmann: Der Weg ins Verhängnis, München 1946; Dietrich Thränhardt: Wahlen und politische Strukturen in Bayern 1848-1953, Düsseldorf 1973
8 Vgl. Norbert Frei: „Machtergreifung". Anmerkungen zu einem historischen Begriff, in: Vierteljahreshefte für Zeitgeschichte Nr. 1/1983, S. 136ff.

9 Zu Streicher siehe auch den Aufsatz „Der innere Feind" in diesem Buch.
10 Vgl. Hans-Peter Schmidt: Julius Streicher. Aufstieg und Fall eines Gauleiters, Erlangen 1986, S. 39, Anm. 1 (unveröff. Zulassungsarbeit an der Universität Erlangen-Nürnberg)
11 Von 50 Sitzen im Stadtrat entfielen auf SPD 20, Volksgemeinschaft Schwarz-Weiß-Rot 9, Liste Streicher 6, Bayerischer Mittelstandsbund 4, BVP 4, KPD 3, DDP 3, Christlicher Volksdienst 1. Zuvor hatte die SPD – seit der Fusion von MSPD und USPD 1922 – mit 26 Sitzen die absolute Mehrheit, vgl. Hermann Hanschel: Das „rote" Nürnberg unter Oberbürgermeister Hermann Luppe, in: Stadtarchiv Nürnberg (Hg.): 75 Jahre kommunales Verhältniswahlrecht – 75 Jahre SPD-Stadtratsfraktion Nürnberg 1908-1983. Ausstellungskatalog mit kommentierenden Beiträgen zur Stadtgeschichte der letzten 75 Jahre, bearb. von Walter Lehnert und Dieter Rossmeissl, Nürnberg 1983 (=Hanschel II), S.58; vgl. auch Wolfgang Eckart: Amerikanische

Reformpolitik und deutsche Tradition 1945-1949, (Nürnberger Werkstücke zur Stadt- und Landesgeschichte, Band 42) Nürnberg 1988, S. 73
12 Streicher ging mit Hetze und Verleumdung vor. Dahinter stand der Antisemitismus eines Psychopathen. Unzählige „Berichte" im „Stürmer" prangerten das „Judensystem im Rathaus" an. Angeblich war die gesamte Verwaltung von Juden besetzt. Der öffentlichkeitswirksame Streit setzte sich mehrfach bis in den Gerichtssaal fort.
13 Vgl. Hermann Hanschel: Oberbürgermeister Hermann Luppe. Nürnberger Kommunalpolitik in der Weimarer Republik, Nürnberg 1977 (=Hanschel), S. 6ff.
14 Hanschel II, S. 57
15 Der Jurist Heinrich Gareis war seit 1906 bei der Regierung von Mittelfranken tätig. 1920 wurde er Staatskommissar in Nürnberg. Von 1923 bis 1933 stand er an der Spitze der Polizeidirektion Nürnberg-Fürth. Nach der „Machtergreifung" wurde er zunächst im bayerischen Innenministerium Mini-

sterialdirektor, ehe er 1934 mit der Leitung der Regierung von Oberbayern beauftragt wurde.

16 Vgl. Siegfried Zelnhefer: Die Reichsparteitage der NSDAP. Geschichte, Struktur und Bedeutung der größten Propagandafeste im nationalsozialistischen Feierjahr (Nürnberger Werkstücke zur Stadt- und Landesgeschichte, Band 46), Nürnberg 1991, S. 24ff.

17 Vgl. Gerhard Hirschmann: Das Ende des demokratischen Stadtrates in Nürnberg 1933, Nürnberg 1983

18 Vgl. Statistisches Amt (Hg.): Statistisches Jahrbuch der Stadt Nürnberg 1932, 23. Jg., Nürnberg 1933, S.71

19 Zit. nach Siegfried Zelnhefer: Nürnberg 1933. Aspekte der „Machtergreifung". Broschüre zur gleichnamigen Ausstellung des Schul- und Kulturreferats der Stadt Nürnberg, o.O., 1983

20 Der gemeinsame Stimmenanteil blieb seit 1928 bei allen Reichstagswahlen nahezu unverändert. Stets kamen SPD und KPD auf rund 115.000 Stimmen, vgl. Helmut Beer: Das Ende im Stadtrat 1933, in: Stadtarchiv Nürnberg (Hg.): 75 Jahre Kommunales Verhältniswahlrecht – 75 Jahre SPD-Stadtratsfraktion Nürnberg 1908-1983. Ausstellungskatalog mit kommentierenden Beiträgen zur Nürnberger Stadtgeschichte der letzten 75 Jahre, Nürnberg 1983, S. 63

21 Ebd.

22 Stadtchronik 1933, SAN G 1/46

23 Die Gesetze stellten die formale Grundlage dar für die weitgehende Aufhebung des politisch-gesellschaftlichen Pluralismus. In der Propaganda wurde auf die Vereinheitlichung des Reiches abgehoben. Zunächst wurden die Länder mit dem Reich „gleichgeschaltet" (31. März 1933), ehe – erneut per Gesetz – am 7. April mit der Einsetzung von Reichsstatthaltern die Länder weiter entmachtet wurden.

24 Stadtrat Nürnberg (Hg.): Bericht über die Arbeit der Stadtverwaltung im ersten Jahr des nationalsozialistischen Deutschlands. März 1933 – März 1934, Nürnberg (1934), S. 15

25 Eickemeyer war im Sommer 1932 aus der DDP ausgetreten; „er hätte genug von der Demokratie jetzt", erinnerte sich Hermann Luppe nach einem Gespräch mit seinem damaligen Finanzreferenten, vgl. Hermann Luppe: Mein Leben. In Zusammenarbeit mit Mella Heinsen-Luppe aus dem Nachlaß herausgegeben vom Stadtarchiv Nürnberg, Nürnberg 1977, S. 255

26 Bericht 1933/34, S. 16

27 Wie Anm. 19

28 Streicher in der Stadtratssitzung am 30. August 1933, zit. nach Beer, a.a.O., S. 67

29 Zit. nach Stadtchronik vom 10. Mai 1933

30 Die Deutsche Gemeindeordnung vom 30. Januar 1935, Reichsgesetzblatt I, S. 49, zit. nach: Ingo von Münch (Hg.): Gesetze des NS-Staates. Dokumente eines Unrechtssystems, Paderborn 1982, S.35ff.

31 Stadtrat Nürnberg (Hg.): Bericht über die Arbeit der Stadtverwaltung im ersten Jahr des nationalsozialistischen Deutschlands. März 1933 – März 1934, Nürnberg (1934), S.34

32 Bericht über die Arbeit der Stadtverwaltung Nürnberg im zweiten Jahr des nationalsozialistischen Deutschlands. März 1934 – März 1935, Nürnberg (1935), S. 61

33 Ebd.

34 Gemeint waren Personen, die unter dem Eindruck des NS-Erfolgs nach der Märzwahl 1933 Mitglied bei der NSDAP wurden.

35 Rechenschaftsbericht 1938/39 I, S. 8

36 Bericht über die Arbeit der Stadtverwaltung Nürnberg im zweiten Jahr des nationalsozialistischen Deutschlands, a.a.O., S.61

37 Zit. nach Eckart, a.a.O., 113

38 Die SPD-Referenten wurden ab 22. März beurlaubt. Der berufsmäßige Stadtrat Dr. Merkel ging aus Altersgründen in den Ruhestand.

39 Rühm neigte früher der DDP zu, wenngleich er parteiunabhängig war. Im Mai 1933 hatte er bereits das Parteibuch der NSDAP in der Tasche. Nach 1945 setzten ihn die Amerikaner als ersten Nachkriegs-Bürgermeister ein, vgl. Eckart, a.a.O., S.67.

40 Hanschel, S.59f.

41 Mit der Deutschen Gemeindeordnung bekamen die berufsmäßigen Stadträte (Referatsleiter) die Bezeichnung „Beigeordnete".

42 Eckart, a.a.O., 109

43 Ebd.; am 26. Oktober 1949 hob die Berufungskammer Nürnberg ein früheres Urteil der Lagerspruchkammer Moosburg-Dachau, das Eickemeyer als „Minderbelasteten" einstufte, wieder auf und erklärte den damals 63jährigen als „Mitläufer". Vgl. Stadtchronik 1945-1949, SAN G 1, Nr. 49

44 Vgl. Utho Grieser: Himmlers Mann in Nürnberg. Der Fall Benno Martin: Eine Studie zur Struktur des Dritten Reiches in der „Stadt der Reichsparteitage" (Nürnberger Werkstücke zur Stadt- und Landesgeschichte, Band 13), Nürnberg 1974, S. 12

45 Vgl. Grieser, a.a.O., S. 13

46 Eckart, a.a.O., S. 114

47 So auch der Titel des Buches von Fritz Nadler: Eine Stadt im Schatten Streichers, Nürnberg 1969

48 Holz, 1895 geboren, trat 1922 in die NSDAP ein. Ab 1927 war er Schriftleiter in Streichers „Stürmer", ab 1934 stellvertretender Gauleiter. Im April 1942 wurde er mit der Führung der Geschäfte des Gauleiters beauftragt. Stunden nach der Kapitulation im April 1945 kam der frenetische Hitler-Anhänger bei den Kämpfen um Nürnberg um.

49 Johann Karl Aron König, 1904 geboren, fungierte ab 1928 als Fahrer Streichers, ab 1930 als sein Adjutant. 1933 kam er in den Stadtrat. Streicher trieb seinen treuen Gefolgsmann 1939 zum Selbstmord, um die Verantwortung im Nürnberger Arisierungsskandal von sich abzulenken. Vgl. den Aufsatz „Der innere Feind" in diesem Buch.

50 Die Körperschaft mit den Gesellschaftern NSDAP, Deutsches Reich, Land Bayern und Stadt Nürnberg hatte die Aufgabe, die Mittel für die Reichsparteitagsbauten aufzubringen. Dabei hatte die Kommune den kleinsten Part zu übernehmen, vgl. Zelnhefer, a.a.O., S. 87ff.

51 Nach der „Machtergreifung" hatten Heinrich Himmler (kommissarisch), Erasmus Freiherr von Malsen-Ponickau und der fränkische SA-Führer Hanns Günther von Obernitz jeweils für kurze Zeit das Amt des Polizeipräsidenten inne, vgl. Grieser, a.a.O., S. 5ff.

52 Utho Grieser, a.a.O., S. 301

53 Eckart, a.a.O., S. 120. Nach dem Krieg war Martin vom 2. Mai 1945 bis zum November 1949 in mehreren alliierten (bis 1948) und deutschen Gefängnissen und Lagern interniert. Er mußte sich mehrfach vor Gericht und Spruchkammern verantworten, wurde letztlich jedoch freigesprochen. Nach Grieser, S. 294, lag dies nicht zuletzt an den „vielen entlastenden Aussagen und eidesstattlichen Erklärungen von Leuten jeder Richtung". So traten beispielsweise sowohl die Familie der Stauffenbergs, für die sich Martin nach dem 20. Juli 1944 eingesetzt hatte, als auch das Bamberger Metropolitankapitel für ihn ein.

54 Zahlenangaben jeweils nach den Statistischen Jahrbüchern der Stadt der Reichsparteitage Nürnberg, Jg. 1933-1938

55 Deutschland-Berichte der Sozialdemokratischen Partei Deutschlands (Sopade), 3. Jg., 1936, Fankfurt a. M. 1980[5], S. 407

56 Vgl. dazu den Aufsatz „Die historische Kulisse" in diesem Buch.

Die historische Kulisse

Siegfried Zelnhefer

Bild und Selbstbild der Stadt der Reichsparteitage

„Nürnberg!/ du vormals weit berühmte Stadt!/ wie gerne durchwanderte ich deine krummen Gassen,/ mit welcher kindlichen Liebe betrachtete ich/ deine altväterlichen Häuser und Kirchen,/ denen die feste Spur von unserer/ alten vaterländischen Kunst eingedrückt ist./ Wie innig lieb ich die Bildungen jener Zeit,/ die eine so derbe, kräftige und wahre Sprache führen!/ Wie ziehen sie mich zurück in jenes graue Jahrhundert,/ da du Nürnberg die lebendig wimmelnde Schule/ der vaterländischen Kunst warst/ und ein recht überfließender Kunstgeist/ in deinen Mauern lebte und webte." Als Wilhelm Heinrich Wackenroder Nürnberg 1797 besucht, scheint ihn die Stadt *seiner* Zeit wenig zu interessieren oder gar zu begeistern. Beim Streifzug durch die „krummen Gassen" schweift der Blick zurück in ein fernes, „goldenes" Zeitalter, das diese Stadt – die Bauten künden auch am Ende des 18. Jahrhunderts noch davon – dereinst erlebt haben mußte. Verklärt notiert der Wanderer seine Impressionen in den „Herzensergießungen eines kunstliebenden Klosterbruders".[1]

Fast eineinhalb Jahrhunderte später ein anderes Stadt-Erlebnis, die Eindrücke einer unbekannten Frau, einer Parteigenossin der NSDAP: „All mein Hoffen, Wünschen und Sehnen ging nach dieser Stadt, denn dort kam der Führer hin, der Mann, den uns Gott gesandt, um unser armes gequältes Vaterland zu retten, zu retten aus Schmach und Schande, aus Not und Verzweiflung, von den äußeren Feinden und von dem furchtbaren Verfall im Innern, der Führer, dessen herrliche Worte und Reden ich gelesen hatte."[2]

Vielerlei Sehnsüchte scheinen schon immer auf die Stadt an der Pegnitz projiziert worden zu sein. Die Fassaden der malerischen Häuser, hinter denen nicht selten Not und Elend das Leben der Menschen bestimmten, gaukelten eine heile Welt vor. Daß die Romantiker das „sentimentale Biotop" an der Wende vom 18. zum 19. Jahrhundert (wieder-)entdeckten und zum Fluchtpunkt deutscher Innerlichkeit machten, verwundert nicht in einer Phase der Neu- und Rückorientierung. Die freie Reichsstadt Nürnberg hatte längst ihre Bedeutung eingebüßt, ja sie war über Jahrhunderte hinweg heruntergewirtschaftet, der geistige, politische, kulturelle Niedergang offen-

kundig.[3] Erst die Dynamik der Industrialisierung erhob das Gemeinwesen wieder in einen respektablen Status. Doch während vor der mittelalterlichen Stadtmauer nun Fabrik um Fabrik entstand, die Schlote wie Paradigmen einer neuen Zeit den Weg wiesen, verharrten die Altvorderen in ihrer kleinbürgerlichen Gefühlswelt der Biedermeierzeit. Der Aufbruch in die Moderne fand in den Großunternehmen MAN oder Schuckert, nicht aber in den Herzen und Köpfen der Menschen statt. Die Nürnberger Altstadt mit ihren idyllischen Winkeln wirkte wie ein beruhigender Pol bei allem rasanten Wandel des wirtschaftlichen und gesellschaftlichen Lebens.

1921 dreht Friedrich Wilhelm Murnau seinen Film „Nosferatu – Symphonie des Grauens". Für das erste ʃBild gibt Drehbuchautor Henrik Galeen folgende Einstellung vor: „Blick über die Dächer einer kleinen altertümlichen Stadt im Stil der vierziger Jahre des vorigen Jahrhunderts. Sonne liegt freundlich über den spitzen Giebeln und grünen Plätzen."[4] Murnau hatte eine ausgesprochene Vorliebe für das „altdeutsche Material". Die romantisierende Kleinstadtidylle mit Fachwerkhäuschen und Butzenscheiben dient ihm auch für „Phantom" (1922) oder „Faust" (1925/26) als szenisches Ambiente. Auch Fritz Lang läßt sich eine unberührte Provinzstadt für „Der müde Tod" schaffen und entwickelt „Bilderwelten des vorindustriellen Zeitalters".[5] Der Rückgriff der Regisseure auf das „Mittelalter" in ihren Bühnenbildern bringt eine tiefgreifende Furcht vieler Zeitgenossen vor der Modernität zum Ausdruck. Dabei arbeiten gerade Murnau und Lang für ihr Medium mit den neuesten technischen Mitteln, weisen sich durch ihr Filmschaffen als „Moderne" aus. „Mystik und Modernität, das Vertrauen in die Werte einer vorrevolutionären ‚heilen Welt' und die Ahnung, daß unter den Dächern der biedermeierlichen Kleinstadt das Grauen niste, gingen in diesen Filmen eine zwiespältige Symbiose ein."[6] Der Widerspruch zwischen Tradition und Moderne prägte die zwanziger Jahre – nicht nur im jungen Medium Film. Ungeübt im Umgang mit demokratischen Werten und Regeln, wurden viele in der „neuen Zeit" verunsichert, verloren die Orientierung. Die Sehnsucht nach Vergangenem, nach der beruhigenden Sicher-

heit traditioneller Werte konnte in dem Bild, das die Nürnberger Altstadt bot, anschaulich erfüllt werden. Leni Riefenstahl stellt ihrem Parteitagsepos „Triumph des Willens" (1934) geschickt dieses Leitmotiv voran. Erst ein geöffnetes Butzenscheibenfenster auf der Kaiserburg ermöglicht der Kamera einen Blick auf die Dächer Alt-Nürnbergs. So wird das nachfolgende, inszenierte Parteitagsge-schehen des neuen, des „Dritten" Reichs von Anfang an mit den Symbolen einstiger Reichsherrlichkeit in Verbindung gebracht. Die mittelalterliche Stadtlandschaft Nürnbergs war wie geschaffen für diese Verknüpfung.

Der Schutz und die Erhaltung der historischen Bauwerke im Herzen der Stadt wurde schon vor 1933 als wichtige kommunale Aufgabe verstanden.[7] Darüber herrschte ein breiter Konsens in der Bevölke-rung. Einmal bezogen die Bürger nun verstärkt wieder ihre Identität aus der Besonderheit der Stadt, zum anderen wurde der Fremden-verkehr ein ernstzunehmender Wirtschaftsfaktor: Die prächtige Ku-lisse mußte als wichtigstes Kapital gepflegt werden. In der Weimarer Zeit setzte sich der liberale Oberbürgermeister Hermann Luppe für die Erhaltung Alt-Nürnbergs ein. „Die Altstadt wird als Museum erhalten", faßte er später die schlichte Idee zusammen.[8] Dieses Konzept war eingebettet in eine Stadtentwicklungspolitik, die es bis dahin noch nicht gegeben hatte. Luppe verpflichtete 1921 den renommierten Berliner Städteplaner Professor Hermann Jansen, einen Generalbebauungsplan aufzustellen.[9] „Als erstes verständigte sich Luppe mit Jansen über die ,restlose Erhaltung der Nürnberger Altstadt ..., die man dem Moloch Verkehr jetzt restlos zum Opfer bringen wollte, nachdem schon früher Unwiederbringliches ohne Not zerstört war'".[10] 1924 konnte der Generalbebauungsplan – mit Leit-linien für die gesamte Stadt – vorgestellt werden. Damit war auch für den historischen Kern eine weitreichende Entscheidung getroffen worden: Der Durchgangsverkehr wurde an der Altstadt vorbei, auf die Ringstraße außerhalb der Stadtmauern gelenkt. Ein bereits bestehender Plan, durch die Altstadt eine Süd-Nord-Straße samt Tunnel durch den Burgberg zu schaffen, war vom Tisch. Diese Ver-bindung hätte die gewachsene Bausubstanz „schwer beeinträchtigt, wenn nicht zerstört".[11]

Luppe ging es nicht nur um den Erhalt der Substanz, sondern auch um die Instandsetzung vorhandener Objekte. So wurde auf seinen Vorschlag hin die Katharinenkirche der Meistersinger renoviert und als Vortrags- und Konzertsaal wiederhergestellt. Das Dürerjahr 1928 stand im Zeichen des Tourismus. Dies gab der Altstadtsanierung neue Anstöße. Die Kommune erwarb alte Patrizierhäuser (Topler-haus, Grolandhaus) und ließ sie restaurieren. „Die Stadt wendete jetzt auch erhebliche Mittel auf für die Restaurierung der Kirchen (Lorenz-, Liebfrauen-, Spitalkirche), für Freilegung alter Fachwerk-bauten und Bemalung alter Häuser und ... zur Renovierung von Fassaden, Chörlein und Höfen in privaten Bauten."[12]

Die nationalsozialistische Führungsriege knüpfte nach 1933 nahtlos an dieses Konzept an, das ein demokratischer Oberbürgermeister, der noch in der „Systemzeit" von den Nationalsozialisten heftig attackiert worden war, bereits als notwendig erachtet hatte. Von 1933 an setzte die NS-Stadtspitze auf die Altstadtsanierung als wesentli-chen Teil ihrer kommunalen Politik. Die Notwendigkeit, die historische Bausubstanz zu schützen, war längst allgemein anerkannt. Wer diesen Bürgerwillen verstärkt in die Tat umzusetzen versuchte, konnte sich einer breiten Zustimmung sicher sein.

Auch auf anderen Gebieten verstanden es die Nationalsozialisten gut, in die Rolle der wahren Hüter der Tradition zu schlüpfen. Eine der ersten Amtshandlungen des neuen Stadtregimes war es, den fast in Vergessenheit geratenen Brauch des vorweihnachtlichen Christ-kindlesmarktes auf dem Adolf-Hitler-Platz wieder aufleben zu lassen. So vermochte der Nationalsozialismus in der Lokalpolitik zweifelsoh-ne Pluspunkte beim Publikum sammeln. Der jovial wirkende NS-Oberbürgermeister Willy Liebel wurde nicht müde, gerade diese Qualität des Handelns unter seiner Führung herauszustellen: „Die nationalsozialistische Stadtverwaltung betrachtet es als eine ihrer vornehmsten Aufgaben, die zahllosen Schönheiten der Altstadt zu erhalten und von den Verunstaltungen, denen sie in den letzten Jahrzehnten teilweise ausgesetzt waren, zu befreien. Vieles ist auf diesem Weg schon erreicht worden, und in nimmermüder Kleinarbeit wird mit Unterstützung der Bevölkerung auf diesem Wege weiterge-gangen, bis die gesamte Altstadt mit ihren trutzigen Mauern und Türmen, ihren beschaulichen Winkeln und Gassen, den zierlichen Erkern und schönen Höfen in ihrer einzigartigen Schönheit wieder hergestellt ist. Neben diesem *alten* Nürnberg aber ist nach den Absichten und Plänen des Führers für die gewaltigen Aufmärsche und Kundgebungen der Reichsparteitage in Gestalt der Aufmarsch-plätze und Einrichtungen mannigfacher Art ein *neues* Nürnberg geschaffen worden, das in der ganzen Welt seinesgleichen sucht ... So wird Nürnberg in sich die Zeugen großer deutscher Vergangen-heit mit denen einer vielleicht noch größeren Gegenwart vereinigen und seinen einstigen Ehrentitel von neuem mit Recht tragen: ‚Des

Die Titelseite der Zeitschrift „die neue Linie" vom September 1938 faßt mit der angedeuteten Burgansicht und einem Plan des Reichsparteitagsgeländes das alte und das neue Nürnberg gleichsam auf einen Blick zusammen.

Die Titelseite der ersten Ausgabe der „Nürnberger Schau" vom Januar 1939 zeigt das Rathaus im Meer der Hakenkreuzfahnen.

Ein Speiseraum in der Reichsjugendherberge „Luginsland"

Schmucktürme am Marientunnel, Reichsparteitag 1938, und kleiner Schmuckturm in der Königstraße, Reichsparteitag 1938

Nürnberger Bildpostkarte, um 1935

35

Die Westseite des Heilig-Geist-Spitals vor der Sanierung

Das Heilig-Geist-Spital nach der Instandsetzung

Deutschen Reiches Schatzkästlein'! Vergangenheit und Gegenwart haben der Stadt Ruhm, Glanz und Ehre gegeben und einen Begriff geformt, der verpflichtet, gleichzeitig aber auch für Millionen deutscher Menschen Sehnsucht und Erfüllung bedeutet: Nürnberg, die Stadt der Reichsparteitage!"[13]

Die „Repräsentationspflicht" der Stadt als alljährlicher Veranstaltungsort der größten Festtage im nationalsozialistischen Feierjahr gab den Bemühungen der lokalen NS-Größen einen wichtigen Impuls. Nürnberg geriet zwischen 1933 und 1938 bei den Partei- und Staatsfeiern zum propagandistischen Aushängeschild – nach innen wie nach außen. Den Volksgenossen sollten die Schönheiten der Stadt genauso ins Auge stechen wie den Beobachtern des Auslands. Die einen sollten schließlich eine positive Erinnerung an das „Geschehen von Nürnberg" haben, den anderen sollten stolz die originären Leistungen deutscher (Bau-)Kunst, Geschichte und Kultur im besten Licht gezeigt werden.

Die Denkmalschützer waren hochzufrieden ob der parteiamtlichen Linie: „Vor allen Dingen haben wir hier in Nürnberg das Glück, einen Oberbürgermeister zu haben, der sich mit aller Wucht für die Erhaltung seines Nürnberg einsetzt", berichtete Baurat Julius Lincke, Leiter der Abteilung Denkmalpflege des städtischen Hochbauamts, im Jahr 1941.[14] Dabei verwies der Fachmann in einer Rückschau auf bereits erbrachte Leistungen ausdrücklich darauf, daß bei der Umsetzung der Renovierungs- und Sanierungsvorhaben „die ortspoli-

zeilichen Vorschriften über den Schutz des Ortsbildes vom 27. Mai 1920 als Unterstützung hiebei eine gute Handhabe"[15] geboten hätten. Unter anderem war damals bereits festgelegt worden: Veränderungen im Innern oder am Äußeren der Gebäude „von geschichtlicher oder architektonischer Bedeutung unterliegen im gesamten Stadtgebiet" der polizeilichen Genehmigung; innerhalb der Ringmauer ist jede Änderung – „und sei es nur ein Farbanstrich" – genehmigungspflichtig; Neubauten und Umbauten „müssen sich in das Straßenbild und in das Ortsbild in schönheitlich befriedigender Weise einfügen".[16] Die ausführenden Verwaltungsfachleute bedienten sich im „Dritten Reich" mithin einer gesetzlichen Grundlage, die zu Beginn der Weimarer Zeit bereits geschaffen worden war.

Oberbürgermeister Willy Liebel ordnete die Erneuerung der Altstadt „im Hinblick auf die Bedeutung Nürnbergs als Kulturdenkmal und als Stadt der Reichsparteitage gleich nach der Machtergreifung an ... Die Wiederherstellung vom Verfall bedrohter Bau- und Kunstdenkmale, die Bereinigung des Altstadtbildes von störender Reklame und baulichen Verunstaltungen und die Sanierung der Altstadt"[17] zählten zu den vordringlichen Aufgaben. Die Denkmalpflegeabteilung des städtischen Hochbaureferats, die Baupolizei, die Bauberatung und eine eigene Abteilung „Altstadtsanierung" arbeiteten zusammen. Die Reichsparteitage gaben den Vorhaben besonderen Antrieb. Nicht wenige Maßnahmen verdankten ihre (schnelle) Ausführung lediglich den Erfordernissen und Ansprüchen, die in unmittelbarem

Zusammenhang mit den Parteifeiern standen. Es galt, öffentliche Plätze und Räume so zu „entrümpeln", daß sie den Auftritten des „Führers" Adolf Hitler samt der medialen Verbreitung würdig waren. Vor allem Repräsentationsbauten erfuhren Veränderungen im Sinne der Denkmalpflege.

Mit Mitteln des Staates und des Zweckverbands Reichsparteitag Nürnberg (ZRN)[18] wurde die Kaiserburg restauriert. 1938 wurde das Sandsteinmauerwerk freigelegt. Auch die Innenräume wie der Rittersaal, die ehemalige kaiserliche Geheimkanzlei oder das sogenannte Prinzenzimmer wurden renoviert.

Die Umgestaltung des benachbarten früheren „Kornhauses auf der Vesten" zur Reichsjugendherberge „Luginsland" 1937/1938 stand ebenfalls im unmittelbaren Zusammenhang mit dem Reichsparteitag. Das Gebäude war für 450 „jugendliche Wanderer" vorgesehen. Während des Reichsparteitages sollte hier jeweils „der Reichsjugendführer mit seinem gesamten Stab Unterkunft finden".[19] Zum „Parteitag Großdeutschlands" 1938 konnte der oberste HJ-Führer, Baldur von Schirach, mit seinem Gefolge das erste Mal die neuen, besonderen Räume für Ehrengäste nutzen. Um den Eindruck der Großzügigkeit des Gebäudes und der Säle nicht durch Telefon, Rundfunk und Kommandoanlage zu beeinträchtigen, wurden „die vielseitigen technischen Notwendigkeiten unauffällig untergebracht".[20]

Der Hauptmarkt, 1933 in Adolf-Hitler-Platz umbenannt, war während der Reichsparteitage Schauplatz der Vorbeimärsche der Parteiformationen und NS-Gliederungen. Auch deshalb gingen die Denkmalpfleger daran, den prominenten Platz von „störenden Elementen" zu befreien. So mußte beispielsweise der Neptunbrunnen vom Adolf-Hitler-Platz weichen – er behinderte die Sicht der Zuschauer während der Vorbeimärsche.[21] Das in neugotischem Stil in den siebziger Jahren des 19. Jahrhunderts erbaute Telegraphenamtsgebäude unmittelbar neben der Frauenkirche war den Denkmalschützern schon lang ein Dorn im Auge: 1933 wurde das Backsteingebäude vollkommen umgestaltet. Es erhielt ein spitzgiebeliges Dach, die Fassade wurde verputzt. Und an einer Stirnseite entstand bald die wohl größte Propagandawand für den Antisemitismus in der Stadt: Eine großflächige Malerei stellte einen jüdischen Händler dar, der – mit einem Geldsack in der Hand – einem „arischen" Waidmann anscheinend die Beute abkaufen will. Darunter stand in großen Lettern der Spruch: „Trau keinem Fuchs auf grüner Heid und keinem Jud bei seinem Eid!"[22] Fast alle am Platz stehenden Bürgerhäuser wurden instandgesetzt, die Firmenaufschriften vereinheitlicht.

Das neben der Frauenkirche errichtete neugotische Telegraphenamt am Hauptmarkt in einer Ansicht von 1872 und im umgebauten Zustand. Die antisemitischen Parolen waren auf der Rückseite am Obstmarkt zu sehen.

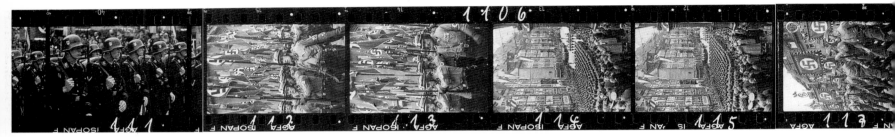

Das Renaissance-Rathaus, von Jakob Wolff dem Jüngeren 1616 bis 1622 erbaut, wurde ebenfalls saniert. Im großen Rathaussaal wurden die Wand- und Deckenmalereien erneuert, der „gewöhnliche Langriemenboden durch einen neuen Eichenholzfußboden ersetzt".[23] Damit war dem Raum auch beim alljährlichen Empfang der Stadt für den „Führer" zum Auftakt der Parteitage ein „würdigerer" Rahmen verliehen. Als weitere öffentliche Gebäude und Baudenkmale wurden neben anderen instandgesetzt: das Pellerhaus als eines der schönsten Bürgerhäuser Deutschlands, das Fembohaus, das ehemalige Waaggebäude in der Winklerstraße, das frühere Zeughaus-Torgebäude in der Pfannenschmiedsgasse, der Weinstadel an der Maxbrücke, das Dominikanerkloster an der Burgstraße. Besondere Sorgfalt wurde auf das Heilig-Geist-Spital anläßlich seines 600jährigen Bestehens verwendet.[24] Die Verwaltung ließ das Sandsteinmauerwerk freilegen und ein gotisches Chörlein, von dem nur noch ein Sockel vorhanden war, hochmauern. Auch die Stadtumwallung, von wucherndem Gebüsch streckenweise in Mitleidenschaft gezogen, erfuhr eine Sanierung, insbesondere dort, wo das Stadtbild als Kulisse für die Schauveranstaltungen des Reichsparteitags diente. So wurde der Kartäusertorzwinger gegenüber dem „Führerquartier" Hotel Deutscher Hof wiederhergestellt – vorher standen an jener Stelle Lager- und Wagenschuppen. Auch die Ringstraßenverbreiterung – etwa zwischen Hauptbahnhof und Plärrer – bekam seinen entscheidenden Impuls durch die Parteitage. Schließlich war Platz für die marschierenden „Kolonnen der Bewegung" vonnöten. Was vor den Toren des Zentrums dem Geschmack der Nationalsozialisten mißfiel, wurde rigoros beseitigt. So beschloß der Stadtrat auf Wunsch Julius Streichers, das Planetarium – erst 1927 an der Ringstraße am Wöhrder Tor errichtet – abzubrechen. Das Bauwerk galt den neuen Machthabern genauso als Symbol der Ära Luppe wie das Ludwig-Feuerbach-Denkmal, das ebenfalls beseitigt wurde.

Das „Schatzkästlein" sollte aber noch schmucker werden. Die Zeichen einer modernen „City" stießen auf große Abneigung. „Besonders schlimm für das Altstadtbild wirkte sich die ungehemmte Außenreklame aus", schrieb Julius Lincke.[25] Aufgesetzte Schaukästen, Tafeln und Plakate verschwanden von den Gebäudefronten. Mit Überzeugungskraft und unter dem Druck der Baupolizei setzten die Denkmalschützer ihr Reinigungs-Programm auch bei vielen Häusern um, die nicht im städtischen oder staatlichen Besitz waren. Vielfach wurde zur Verschönerung der Altstadt auch Fachwerk freigelegt. Rund 400 private Gebäude wurden so zwischen 1933 und 1940 mit städtischen Zuschüssen saniert. Allein in den ersten vier Jahren nach der „Machtergreifung" flossen etwa 100 000 Reichsmark an kommunalen Mitteln – so auch in die Renovierung der Gotteshäuser wie der Lorenz-, Frauen-, Egidien- oder Leonhardskirche. Dabei sind die Bemühungen der Verwaltung durch „das verständnisvolle, von echter Heimatliebe getragene Eingehen der Nürnberger Bürgerschaft und aller beteiligten Stellen wirksam unterstützt" worden.[26] Die Sanierung der Hinterhöfe und die Verbesserung der unmittelbaren Wohnverhältnisse wurden mit ins Auge gefaßt, standen gleichwohl nicht im Mittelpunkt der Bemühungen der Verwaltung. In seinem über sechzigseitigen Bericht über die Erneuerung der Altstadt 1937 streift Julius Lincke diesen Aspekt nur mit wenigen Sätzen: „Mit der Erneuerung der Altstadt erfolgt auch die Durchführung der Altstadtsanierung. Sie bezweckt, in die verbauten Höfe wieder Licht und Luft zu bringen und hygienisch einwandfreie Wohnverhältnisse zu schaffen. Der aufzustellende Sanierungsplan, welcher die Grundlage bildet für die Ausführung künftiger Neu- und Umbauten, nimmt auf den baulichen Charakter der Altstadt, auf Erhaltung historisch und architektonisch wertvoller Gebäude und Gebäudegruppen und auf die Bedürfnisse des Verkehrs weitgehend Rücksicht."[27]

Die Altstadt war (und ist bis heute) *das* repräsentative Aushängeschild Nürnbergs. 1935 gab der Oberbürgermeister den Auftrag, in einem Stadtmodell im Maßstab 1 : 500 den gegenwärtigen Zustand festzuhalten. Die Ergebnisse der Restaurierungen sind in dem 1939 fertiggestellten Nachbau aus Lindenholz bereits eingearbeitet.[28] Das neue Attribut – „Stadt der Reichsparteitage"[29] – verpflichtete die Machthaber besonders. Liebel wollte die Kommune zum Vorbild machen. Gerade während der Parteifeiern sollte die Stadt im schönsten Licht erscheinen. Das Stadtoberhaupt scheute sich auch nicht, kurz vor den alljährlichen Parteifeiern einen flammenden „Mahnruf an die Nürnberger Hausfrauen, die Haus- und Ladenbesitzer und alle übrigen, die es angeht", zu adressieren: Wenn sich die „Stadt der Reichsparteitage, unser liebes, altes, schönes Nürnberg" beginnt, „für die kommenden Festtage zu schmücken und herauszuputzen", dürften auch „die Kleinigkeiten" nicht vergessen werden. Es seien „vor allem schmutzige und spinnwebüberzogene Kellerfenster, verschmierte und mit Plakatresten und dgl. verunzierte Mauern, Zäune und Türen, unordentliche Fensterläden, ungeputzte Dachfenster und Dachluken mit fehlenden oder zerbrochenen Scheiben und allerlei sonstige ‚Nebensächlichkeiten'" zu beseitigen.[30]

Inmitten von so viel Ordnung, Sauberkeit und bravem Bürgertum fühlten sich die Nationalsozialisten wohl. Der im Jahr 1927 erstmals für die Reichsparteitage erkorene Ort erwies sich als ideal. Die „urdeutsche Stadt"[31] konnte auf eine respektable Geschichte verweisen, die der NSDAP fehlte. Die Tradition und Bedeutung der Stadt wurde gezielt gepflegt. Die von Oberbürgermeister Willy Liebel ab 1939 herausgegebene „Nürnberger Schau. Monatsschrift der Stadt der Reichsparteitage" stellte die „Herzstadt des Großdeutschen

Ausschnitt des Stadtmodells, das im Jahr 1940 fertiggestellt wurde. Die vier Nürnberger Holzbildhauer Alexander Hehl, Gustav Fischer, Ludwig Köpf und Konrad Heisinger hatten es gemeinsam geschaffen. Das Werk stellte nicht nur ein „Werbestück" für Alt-Nürnberg dar, sondern markierte für die Denkmalpflege auch einen wesentlichen Schritt zur „Inventarisation der Altstadt".

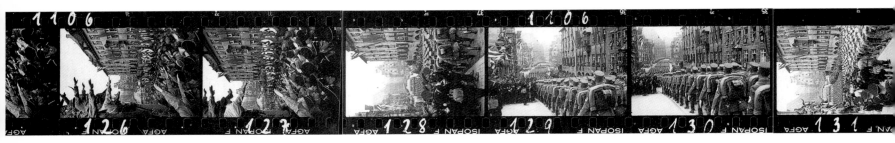

Reiches" in die gewünschte Beziehung: „Großartige deutsche Vergangenheit und gewaltige, lebendige Gegenwart bestimmen den Charakter der Stadt der Reichsparteitage Nürnberg."[32] Ausstellungen wie etwa „Nürnberg, des Reiches Schatzkästlein" (1935) oder im Jahr 1938 die spektakuläre „Rückführung der Reichskleinodien"[33] nach dem „Anschluß Österreichs" ergänzten das Image-Programm. Das Selbstwertgefühl der „Volksgenossen" und das der Partei stieg in einer wechselseitigen Beziehung. Schließlich konnte die NSDAP vorgeben, in einer vermeintlich direkten Linie die Geschichte der Meistersinger- und Dürer-Stadt in die Mitte des 20. Jahrhunderts fortzuführen. Im Jahr 1937 war der rechte Titel für eine Ausstellung im Germanischen Nationalmuseum gefunden: „Nürnberg, die deutsche Stadt – von der Stadt der Reichstage zur Stadt der Reichsparteitage"[34] hieß die Schau, die während des „Parteitags der Arbeit" zu sehen war.[35]

Nur wenige Kilometer von der heimeligen Altstadt entfernt setzten die Nationalsozialisten ihre unübersehbaren Bau-Zeichen. Das von Albert Speer seit 1934 geplante Reichsparteitagsgelände im Südosten drückte der Stadt seinen besonderen Stempel auf.[36] Mit Ausrichtung der „Großen Straße", die der Wehrmacht einmal als Aufmarschroute zum „Märzfeld" hätte dienen sollen, auf die Kaiserburg im Norden schuf Hitlers Architekt auch eine optische Verbindung von der „Stadt der Reichstage" zur „Stadt der Reichsparteitage", das erste und das „Dritte Reich" schienen eins geworden zu sein.

Dabei hatte die Gigantomanie des Reichsparteitaggeländes nichts mit der Baukultur vergangener Zeiten zu tun, die in der Altstadt so sehr verehrt wurde. Die Entstehung des Reichsparteitagsgeländes war begleitet von schwerwiegenden Eingriffen in die Topographie und Infrastruktur der Stadt. Eine intakte Parklandschaft wurde zerstört, Wälder wurden hektarweise gerodet, der Tiergarten mußte weichen. Mit ungeheurer Wucht setzten der verhinderte Architekt Hitler und sein Helfer Albert Speer die Stein gewordene NS-Ideologie in den fränkischen Sand. Es entstanden die unübersehbaren Symbole der Gewaltherrschaft. Dahinter stand das Konzept einer Staats- und Parteiarchitektur, die jegliches menschliche Maß vermissen ließ, die den einzelnen ignorierte, ihn nur noch als beliebig austauschbares Teil im Ornament der Masse gebrauchte. Realisiert wurden die Vorstellungen auf einem 24,5 Quadratkilometer großen Areal, das einem Vielfachen der Größe der Altstadt entsprach. Damit wurde jedermann die Relation von Vergangenheit und Zukunft unterm Hakenkreuz vor Augen geführt. Der Machtanspruch der Nationalso-

zialisten war total. Um ihn in die Tat umzusetzen, griffen sie ohne die geringste Scheu auf die modernsten Mittel zurück, die ihnen zur Verfügung standen. Solch monumentale Bauwerke wie etwa die Kongreßhalle bedurften des Einsatzes von hochentwickelten Techniken.

Die Nürnberger Altstadt und das Reichsparteitagsgelände standen in einer engen Beziehung. „Die Gegenwart sucht also die Vergangenheit, aber nicht die Vergangenheit als solche, sondern die Vergangenheit in ihrer wirkenden Sinnbildlichkeit", stellte schon 1936 der Kunsthistoriker Hubert Schrade fest.[37] In der in Leipzig verlegten Zeitschrift „Die neue Linie" hieß es 1938 in einem längeren Beitrag über die Stadt: „Von Anfang an ist Nürnberg aus dem Kampf hervorgegangen, dem Kampf um ein deutsches Reich ... Als politische Stadt hat sich Nürnberg immer wieder behauptet. Von den ersten Reichstagen, die im 13. Jahrhundert stattfanden, bis zu den Reichsparteitagen folgt das Schicksal der Stadt unbeirrbar wie einer vorher bestimmten Marschroute dieser Sendung."[38] Der Nationalsozialismus hatte es gerade in Nürnberg vermocht, eine Verbindung, ja Versöhnung von alt und neu, von Vergangenem und Gegenwärtigem herzustellen. Noch in der Weimarer Zeit verunsicherten die Widersprüche der sich wandelnden Gesellschaftsordnung und Wertmaßstäbe die Menschen. Der Nationalsozialismus suchte nach der Synthese von Tradition und Moderne. Nürnberg diente als Musterbeispiel. Hie das historische Altstadtambiente, dort das Reichsparteitagsgelände mit allen Macht-Zeichen des Regimes. Auf der einen Seite das Symbol des mittelalterlichen Kaiserreichs, auf der anderen Seite die bedeutendste Versammlungsstätte der Stützen des „Dritten Reichs". Im Zentrum heimelige, „gemütliche" Kleinteiligkeit, am Stadtrand einschüchternde Gigantomanie. Hier rücksichtsvolle Bewahrung der jahrhundertealten Bausubstanz, dort rücksichtslose Beseitigung von Bestehendem. Konträren Grundhaltungen verlieh der Nationalsozialismus ein einendes Dach. Dies machte auch den Erfolg des „Dritten Reiches" aus. „Propaganda, Verführung und Angst erklären allein nicht die Stabilität des Systems. Den Nationalsozialisten gelang, sich der ‚Herzen des Volkes' zu bemächtigen."[39] Beim Reichsparteitag 1934 hatte Joseph Goebbels verkündet: „Es mag gut sein, Macht zu besitzen, die auf Gewehren ruht. Besser aber und dauerhafter ist es, das Herz eines Volkes zu gewinnen und es auch zu behalten."[40] In Nürnberg hatte die nationalsozialistische Stadtspitze erkannt, womit dies auch zu erreichen war. Die Pflege der historischen Kulisse sprach den „Volksgenossen" aus dem Herzen.

1 Zit. nach Manfred Balbach: Nürnberg. Unvergängliche Altstadt, Starnberg 1988, S. 84. Die Stadt Nürnberg hatte Adolf Hitler zu seinem 50. Geburtstag (20. April 1939) einen opulenten Band geschenkt: „Die Stadt der Reichsparteitage Nürnberg, des Deutschen Reiches Schatzkästlein. Worte und Bekenntnisse aus 7 Jahrhunderten". Auch die Worte Wackenroders fanden darin Platz. Vgl. Nürnberger Schau, Heft 10, Oktober 1939, S. 342

2 Zit. nach Marlene Müller-Rytlewski: Alltagsmühsal und Parteitagsherrlichkeit. Aus Erlebnisberichten der „Alten Garde", in: Bernd Ogan/ Wolfgang W. Weiß (Hrsg.): Faszination und Gewalt. Zur politischen Ästhetik des Nationalsozialismus, Nürnberg 1992, S. 113

3 Vgl. Hanns Hubert Hofmann: Agonie der Reichsstadt, in: Gerhard Pfeiffer (Hrsg.): Nürnberg. Geschichte einer europäischen Stadt, München 1971, S. 310ff.

4 Zit. nach Klaus Kreimeier: Die Ufa-Story. Geschichte eines Filmkonzerns, München/Wien 1992, S. 131 S. 131

5 Heinz-B. Heller, zit. nach Kreimeier, a.a.O., S. 131

6 Ebd.

7 Dies war nicht immer so. Noch am Ende des 19. Jahrhunderts galt vielen die historische Substanz der Stadt, insbesondere die Stadtmauer, als wenig erhaltens- und schützenswert.

8 Hermann Luppe: Mein Leben, in Zusammenarbeit mit Mella Heinsen-Luppe aus dem Nachlaß hrsg. vom Stadtarchiv Nürnberg, Nürnberg 1977, S. 315

9 Vgl. Hermann Hanschel: Oberbürgermeister Hermann Luppe. Nürnberger Kommunalpolitik in der Weimarer Republik, Nürnberg 1977, S. 116

10 Hanschel, a.a.O., S. 117

11 Ebd.

12 Luppe, a.a.O., S. 196

13 Willy Liebel: Zum Geleit, in: Nürnberg, die Stadt der Reichsparteitage, Sonderdruck aus der Heimatzeitschrift „Das Bayerland", München 1935. Das Attribut „Des Deutschen Reiches Schatzkästlein" kursiert seit dem 19. Jahrhundert. Populäre Veröffentlichungen und Stadtführer übernahmen gerne den Begriff. Vgl. Fremdenverkehrsverein Nürnberg und Umgebung (Hrsg.): Nürnberg, des Deutschen Reiches Schatzkästlein, durchgesehen und ergänzt von Archivrat Ernst Mummenhoff, Nürnberg 1924; Verein Nürnberger Fremdenführer (Hrsg.): Nürnberg, das „Schatzkästlein" des deutschen Reiches, Nürnberg um 1930. So recht „in Mode" kam das geflügelte Wort durch den häufigen Gebrauch im „Dritten Reich".

14 Julius Lincke: Die Erneuerung der Altstadt in Nürnberg, zweite Folge, in: Nürnberg, die Stadt der Reichsparteitage und seine Verwaltung, Heft 4, hrsg. vom Oberbürgermeister der Stadt der Reichsparteitage Nürnberg, Nürnberg 1941, (= Lincke II) S. 11. Der Text beruht auf einem Vortrag, den Lincke im Verein für Geschichte der Stadt Nürnberg gehalten hatte.

15 Ebd.

16 Lincke II, a.a.O., S. 12

17 Die Erneuerung der Altstadt in Nürnberg, erste Folge, in: Nürnberg, die Stadt der Reichsparteitage und seine Verwaltung, Heft 3, hrsg. vom Oberbürgermeister der Stadt der Reichsparteitage Nürnberg, Nürnberg 1937, (= Lincke I) S. 7

18 Der Zweckverband Reichsparteitag Nürnberg wurde 1935 gegründet. Mitglieder waren das Deutsche Reich, das Land Bayern, die NSDAP und die Stadt Nürnberg. Die Körperschaft hatte die Finanzierung der Bauten am Reichsparteitagsgelände sicherzustellen.

19 Lincke II, a.a.O., S. 28

20 Ebd.

21 Vgl. Erich Mulzer: Neptuns Irrfahrten, in: Nürnberger Altstadtberichte, Nr. 13 (1988), S. 446f.

22 Vgl. Hermann Froschauer/ Renate Geyer: Quellen des Hasses. Aus dem Archiv des „Stürmer" 1933-1945. Ausstellungskatalog des Stadtarchivs Nürnberg, Nürnberg 1988, S. 51

23 Lincke I, a.a.O., S. 19

24 Vgl. Willy Liebel (Hrsg.): Festschrift anläßlich des 600jährigen Bestehens der Hl. Geistspital-Stiftung, Nürnberg 1939

25 Lincke I, a.a.O., S. 55

26 Städtisches Amtsblatt vom 28. Juni 1937

27 Lincke I, a.a.O., 65f.

28 Vgl. Wilhelm Schwemmer: Ein Modell der Nürnberger Altstadt, in: Nürnberger Schau, Heft 1/2, Februar 1940

Die Westseite des Adolf-Hitler-Platzes mit Fahnen

29 Hitler hatte zwar schon beim Reichsparteitag 1933 erklärt, daß er jetzt und „die nächsten 100 Jahre" den Parteitag in „Nürnberg haben will", doch erst am 7. Juli 1936 erging der offizielle Erlaß des Reichsinnenministeriums, das diesen Titel verbindlich vorschrieb. Vgl. Siegfried Zelnhefer: Die Reichsparteitage der NSDAP, Nürnberg 1991

30 Aufruf des Oberbürgermeisters Ende August 1936. Städtisches Amtsblatt vom 31. August 1936

31 Begrüßungsansprache Liebels beim Empfang für den „Führer" anläßlich des Reichsparteitags 1933 (maschinenschriftl.). SAN, C 7, Nr. 886

32 Willy Liebel im Vorwort zur ersten Nummer der Nürnberger Schau, Januar 1939

33 Vgl. Wilhelm Schwemmer: Die Reichskleinodien in Nürnberg 1938-1945, in: MVGN, Jg. 65 (1978), S. 397ff.. Die Reichskleinodien umfassen Kroninsignien und Krönungsornat, sind mithin sichtbare Zeichen des Heiligen Römischen Reiches Deutscher Nation. 1424 hatte König Sigismund die Reichskleinodien für dauernd der Reichsstadt Nürnberg übergeben. Kurz vor dem Ende der Selbständigkeit als Reichsstadt beschloß der Rat 1796, den Reichsschatz nach Regensburg, dem Sitz des ständigen Reichstags, bringen zu lassen. 1805 gelangten die Kleinodien nach Wien, das danach mehrfach die Nürnberger Bitten auf Rückgabe abwies.

34 Nürnberg, die deutsche Stadt. Von der Stadt der Reichstage zur Stadt der Reichsparteitage. Ausstellungskatalog hrsg. vom Amt Schrifttumspflege in Verbindung mit der Stadt Nürnberg und dem Germanischen Nationalmuseum, Nürnberg 1937

35 Vgl. Zelnhefer, a.a.O., S. 194f.

36 Vgl. Centrum Industriekultur (Hrsg.): Kulissen der Gewalt. Das Reichsparteitagsgelände in Nürnberg, München 1992

37 Hubert Schrade: Schicksal und Notwendigkeit der Kunst, Leipzig 1936, S. 161

38 Rudolf Adrian Dietrich: Nürnberg. Sendung einer deutschen Stadt, in: Die neue Linie, September 1938, S. 15

39 Hermann Glaser: Spießer-Ideologie. Von der Zerstörung des deutschen Geistes im 19. und 20. Jahrhundert und dem Aufstieg des Nationalsozialismus, Frankfurt am Main 1985 (Neuausgabe), S. 16

40 Joseph Goebbels beim Reichsparteitag 1934, zit. nach: Der Kongreß zu Nürnberg vom 5. bis 10. September 1934. Offizieller Bericht über den Verlauf des Reichsparteitages mit sämtlichen Reden, München 1934, S. 141

Der braune Kalender

Rudolf Käs

Die nationalsozialistischen Feiertage

Die Feier nahm in Weltanschauung und Politik des Nationalsozialismus einen herausragenden Platz ein. Sie war ein bestimmendes Element nationalsozialistischer Selbstdarstellung. Eine Vielzahl von Bild- und Filmdokumenten des „Dritten Reiches" verdeutlicht dies. Die „Feier-Regisseure" kannten die Kraft unmittelbarer Erfahrung, die Wirkung liturgischer Formen und den Zauber ritueller Räume. Kein Aufwand wurde gescheut, um der geschichtslosen Bewegung den Glanz einer neuen Ära zu verleihen. Der Nationalsozialismus hatte sich der „Erlösung aus nationaler Schmach" verschrieben. Eine „neue Zeit" sollte anheben. Das „Tausendjährige Reich" rückte sich selbst in die Nähe des christlichen Milleniums und gab eine Erlöserrolle vor, die nicht mehr nur politisch gemeint war, sondern den ganzen Menschen betreffen sollte.

Die Nationalsozialisten führten eine ganze Reihe von Feiertagen ein, die über das Jahr verteilt waren, und schufen so den „braunen Kalender". Ohne Zweifel folgten sie darin historischen Vorbildern wie dem römischen Imperium, dem christlichen Abendland und der französischen Revolution. Sie alle hatten eigene Kalendarien eingeführt und das Jahr in Gedenk- und Feiertage gegliedert. Der „braune Kalender" richtete sich vor allem gegen das herrschende christliche Kalenderjahr. Er setzte christlichen Feiertagen eigene entgegen oder suchte sie, da sie nicht einfach abzuschaffen waren, mit anderem Sinn zu erfüllen.

Der erste Tag im „braunen Kalender" war der „Tag der Machtergreifung" am 30. Januar, dem am 24. Februar der „Tag der Parteigründungsfeier" folgte, ihm schloß sich am fünften Sonntag vor Ostern der „Heldengedenktag" an. Am 20. April wurde der Geburtstag Adolf Hitlers gefeiert; nur eineinhalb Wochen später folgte der 1. Mai, den die Nationalsozialisten geschickt zum „Feiertag der nationalen Arbeit" erhoben hatten. Der Muttertag war der „deutschen Mutter" gewidmet, und am 23. Juni wurde die Sommersonnenwende feierlich begangen. Der Höhepunkt im nationalsozialistischen Feierjahr war der einwöchige „Reichsparteitag", der in der ersten Septemberhälfte abgehalten wurde. Jeweils am ersten Sonntag im Oktober fand das Erntedankfest statt, dem sich der Gedenktag für die „Gefallenen der Bewegung" am 9. November anschloß. In der Nacht zum 21. Dezember wurde die Wintersonnenwende gefeiert, die in die „Deutsche Volksweihnacht" überging. Daneben gab es am 19. und 20. Juni in Franken noch den „Frankentag" am Hesselberg sowie reichsweit zahlreiche Morgenfeiern, die immer sonntags veranstaltet wurden, und Feiern der verschiedenen NS-Parteigliederungen und Organisationen. Zusammen mit der Feierwoche des Reichsparteitags zählte der „braune Kalender" in Nürnberg zwanzig Feiertage. Anlaß, Gestaltung und Verlauf der einzelnen Veranstaltungen machten den Anspruch des Nationalsozialismus deutlich, neben der politischen Herrschaft auch die geistige Macht anzustreben.

Auch in der „Stadt der Reichsparteitage" lagen Gestaltung und Durchführung der meisten Feiertage ausschließlich in den Händen örtlicher Parteiführer und des nationalsozialistischen Stadtrats. Das Lokalkolorit dieser Feiern konnte daher nicht ausbleiben und wurde auch gar nicht geleugnet. Im Gegenteil, es wurde sogar gesucht, konnten doch die Machthaber so ihre Verbundenheit mit den „Volksgenossen" demonstrieren und sich ihrer Volkstümlichkeit rühmen. Dagegen trugen die offiziellen Staatsfeiertage eine andere Handschrift. Inszenierung und Pathos solcher Feiern wie des 1. Mai, des „Feiertags der nationalen Arbeit", und des „Heldengedenktages", an denen die Schulen geschlossen blieben und die Arbeit ruhte, hatten nationalen Charakter und wurden stark von der „Reichsführung" in Berlin bestimmt. So wurden beispielsweise die Reden Adolf Hitlers und Hermann Görings auf den Hauptkundgebungen in Berlin mit Hilfe von Großlautsprechern nach Nürnberg übertragen.

Der 1. Mai 1933 bildete die „Nagelprobe" für die inszenatorische Überzeugungskraft des jungen Regimes, das nach nur drei Monaten daran ging, die deutsche Arbeiterbewegung endgültig niederzuwerfen. Auf dem Tempelhofer Feld in Berlin hatte Joseph Goebbels ein Massenspektakel inszeniert, wie es Deutschland noch nie gesehen hatte. Hunderttausende waren gekommen, und Hitler versprach Arbeit, Brot, „Klassenfrieden" und den Aufbau einer „wahren Volks-

gemeinschaft". Am nächsten Tag zerschlugen die Nationalsozialisten die deutsche Gewerkschaftsbewegung. Die Arbeiterführer wurden ins Gefängnis geworfen und das Gewerkschaftsvermögen beschlagnahmt.[1] Das Zusammenspiel von Goebbelscher Inszenierung, Hitlers Reden und brutaler Gewalt bildete sich spätestens seit diesem Zeitpunkt als Grundmuster des Regimes heraus. Der „Geist von Berlin" wurde von den großen und kleinen „Regisseuren" verinnerlicht und gab ihnen die Richtschnur für künftige Feiern.

Im Mittelpunkt der Maifeiern in Nürnberg stand jeweils die Großkundgebung auf der Deutschherrnwiese. Der weite Wiesengrund an der Pegnitz im Westen der Stadt hatte schon viele Versammlungen gesehen.[2] 1923 fand hier der „Deutsche Tag" statt, das Treffen der „Vaterländischen Verbände" und rechten Gruppen, bei dem Hitler es gelang, diese Massenveranstaltung zu dominieren. Am 9. März 1933 marschierten von hier aus die Nürnberger Nationalsozialisten unter Führung von Julius Streicher zum Rathaus, um die Macht zu übernehmen. Am 1. Mai 1936 schließlich hatten hier die „Gefolgschaftsmitglieder" sämtlicher Nürnberger Großbetriebe in Reih und Glied anzutreten. Die Presse berichtete von 100 000 Teilnehmern.

Ehrenabteilungen der Polizei, der Wehrmacht und der NSDAP marschierten auf. Der Tag stand in jenem Jahr unter dem Motto „Freut euch des Lebens!". Mit dem Wecken der Bürger durch die Musikzüge der Wehrmacht und das Morgensingen der Nürnberger Sängerschaft um sieben Uhr wurde der Tag begonnen. Um acht Uhr fand auf dem Adolf-Hitler-Platz eine Kundgebung mit etwa 11 000 Jungen und Mädchen statt. Am späten Vormittag strebten dann die Teilnehmer eines von der „Deutschen Arbeitsfront" organisierten Sternmarsches in sieben Gruppen der Deutschherrnwiese zu, wo um zwölf Uhr die Großkundgebung begann. Tags zuvor hatten alle Nürnberger Firmen ihre Betriebsausflüge und -feiern veranstaltet. Am eigentlichen „Feiertag" waren Straßen und Plätze geschmückt, und Standkonzerte und Gesang unterstrichen den „feierlichen Charakter". Nach der Rede des Gauleiters Julius Streicher auf der Deutschherrnwiese wurde der „große Staatsakt aus Berlin mit der Rede des Führers" übertragen. Zu diesem Zweck waren Großlautsprecher installiert worden. Die Reden und die Zeitungsartikel hatten allesamt den gleichen Tenor: Der „Klassenfriede" wurde beschworen, das Schreckgespenst eines von Klassenhaß zerrissennen Volkes an die Wand gemalt, das „verbindende Band der Arbeit" und deren neues „nationalsozialistisches Ethos" gerühmt sowie die „Auferstehung des deutschen Volkes aus nationaler Schmach" gefeiert.[3]

Die Lautsprecher konnten freilich nicht alles übertönen. Die Aufbruchbegeisterung erlahmte schnell. Viele empfanden ihre Teilnahme zunehmend als lästige Pflichtübung, andere blieben überhaupt fern. Der Metallfacharbeiter Hans Hofmeier berichtet stellvertretend für viele: „ … jeden 1. Mai hat mer marschieren müssen, ne. Un wenn mer natürlich a Loch erwischt hat, no sind mir ausgrissen, ne, ist doch klar! Bis der Zug auf die Deutschherrnwiesen nunter kommen ist, no war des Häufle vielleicht bloß noch 25 Prozent. 75 Prozent sind ausgrissen. Also, weiter wie bis zum Plärrer bin ich nie kommen, weil ich dann immer verschwunden bin … Weil mir immer durch die Gostenhofer Schulgass marschieren habn müssen und die war ja schön schmal, ne. Da hab ich no scho a Hausnischen erwischt, wo ich neigrutscht bin. Und einmal sind mir marschiert, 35, 36. Da hat's unheimlich ghagelt und gschneit am 1. Mai. Da hat sich der Zug scho aufglöst. Da hat's gheißen, a jeder soll selbständig nunter. Aber da is keiner nunter … Natürlich die Anhänger sind schon nunter, die habn doch an Streicher hörn wolln, wie der Sprüch klopft."[4]

Das Regime kam nicht umhin, den Stimmungseinbruch, vor allem jedoch die anhaltende Skepsis und die stille Ablehnung gerade vieler Arbeiter zur Kenntnis zu nehmen. Bei seiner Rede an die „Deutschen Arbeiter" am 1. Mai 1936 auf der Deutschherrnwiese ging Julius Streicher darauf mit folgenden Worten ein: „Auch hier wird es immer welche geben, die sich zu drücken versuchen. Sie sollen gehen! Wir wollen sie nicht und wir brauchen sie nicht! Wer nicht einmal das kleine Opfer bringen will, hier einen Augenblick zu stehen, wenn der Führer spricht und wer sich nicht einzureihen vermag in die Millionengemeinschaft derer, die sich in dieser Stunde freuen und dieser Freude Ausdruck geben, dem fehlt selbst das, was jeder anständige Deutsche in sich haben muß: das deutsche Herz!"[5]

Seit 1923 war am 5. Sonntag vor Ostern der Volkstrauertag begangen worden, der den Gefallenen des Ersten Weltkriegs und der Trauer der Hinterbliebenen gewidmet war. Mit der Erklärung zum Staatsfeiertag benannten die Nationalsozialisten den Volkstrauertag 1934 zum „Heldengedenktag" um und erfüllten ihn mit neuem Sinn. Nicht mehr die Trauer der Angehörigen um die Toten stand fortan im Mittelpunkt, sondern das Gedenken der „toten Helden" und der Sache, für die sie starben. Die stille Trauer wurde von der nationalen Phrase übertönt. Die Feierlichkeiten fanden am Ehrenmal im Luitpoldhain statt. Schon 1929 hatten hier die Nationalsozialisten ihren vierten Parteitag abgehalten und vor dem noch nicht eingeweihten Bau ein großes „Totenzeremoniell" veranstaltet.[6] Bereits hier wurde noch ein weiterer Grund-

Angehörige der Städtischen Werke" am „Feiertag der nationalen Arbeit"

zug dieses Heldengedenkens sichtbar, der solche Feiern fortan begleitete: An dem zu Ehren der Gefallenen des Krieges errichteten Denkmal gedachten die Nationalsozialisten ihrer sogenannten „Märtyrer der Bewegung", insbesondere der 16 Personen, die am 9. November 1923 beim Putschversuch in München ums Leben gekommen waren. Diese Toten wurden ineins gesetzt mit den Toten des Weltkriegs, ihr Tod sollte zum „ruhmvollen Opfer für das Vaterland" verklärt und der Nationalsozialismus zum echten „Interessenwahrer Deutschlands" hochstilisiert werden.

Die Feierlichkeiten zum „Heldengedenktag" hatten in Nürnberg immer den gleichen Verlauf. Am späten Sonntagvormittag „marschierten Abordnungen der verschiedenen Truppenteile sowie Ehrenformationen der Gliederung und Verbände in die Luitpoldarena ein, wo sie mit dem Gesicht zum Ehrenmal Aufstellung nahmen."[7] Schwerkriegsbeschädigte saßen in Rollstühlen vor der Tribüne. Unter dem Klang der Militärkapelle schritten 1936 General Haase, Oberbürgermeister Liebel und Gauinspektor Ritter die Front ab und legten Kränze der Wehrmacht, der Stadt Nürnberg und der „Bewegung" nieder. Um 12 Uhr wurde die Rede des Generalfeldmarschall Göring von dem gleichzeitig stattfindenden Staatsakt in Berlin über-

tragen. Der Gedenkakt schloß mit dem Führergruß „Sieg-Heil!" und dem Singen des Deutschlandlieds und des Horst-Wessel-Lieds.[8] Die „Totenehrung" nahm im Feierzyklus des Nationalsozialismus einen herausragenden Platz ein. Hierzu zählt vor allem der 9. November, der in München stets mit einem großen Staatsakt zu Ehren der „Märtyrer der Bewegung" begangen wurde. Wie sehr der nationalsozialistische Todeskult um sich griff, ja fast zu einer Zeiterscheinung wurde, läßt sich auch an weniger bedeutenden Anlässen ablesen. So ehrten beispielsweise die Nürnberger Mitarbeiter der Deutschen Reichsbahn ihre Toten am Vortag des 1. Mai 1936. Der Gedenkakt im Verkehrsmuseum galt 22 Männern, die im Dienst tödlich verunglückt waren. Zu ihrer Ehre loderten Flammen auf Pylonen vor dem Haupteingang des Museums, Fahnen schmückten ein Ehrenmal im Inneren, und Reichsbahner waren mit Betriebsfahnen aufmarschiert. Auch hier wurde der Tod verklärt, indem ihm ein öffentlicher Sinn abgerungen wurde, denn die Toten wurden als „Opfer der Arbeit" gerühmt. Der Reichsbahner stehe immer auf seinem Posten und erfülle seine Pflicht, so der Redner, und weiter: „Daran erkenne man, wie der Reichsbahnbeamte zum deutschen Volke stehe und daran könne man auch ermessen, wieviel restlose Hingabe und soldatische Tugend der Reichsbahnbeamte aufzubringen habe."[9] Nationale Phrase, Todesverklärung, Opfermut und soldatischer Mythos, versinnbildlicht in Feuer, Fahnenschmuck und militärischem Ritual, waren die wiederkehrenden Elemente der zahlreichen Zeremonien, die im Mittelpunkt des nationalsozialistischen Todeskultes standen.

Die sommerliche Sonnenwende wurde alljährlich am 23. Juni gefeiert. Sie ging auf germanisch-christliche Riten zurück und war, auch als Johannisfeuer bekannt, im deutschen Volksglauben verwurzelt. In christlicher Tradition erinnerte der Tag an den gewaltsamen Tod Johannes des Täufers, den nahen Geburtstag des Heiligen am 24. Juni und an Umkehr und Buße. Lebendiger noch waren die altgermanischen Glaubenselemente, die ihren Ausdruck im Sonnwendfeuer fanden. Im Sonnenkult des germanischen Naturvolkes war der längste Tag des Jahres der wichtigste: Die Kraft des Feuers sollte Dämonen und Geister abhalten, die Krankheiten, Unwetter, Not und Gefahren über die Menschen brachten. Das Feuer zu überspringen sollte reinigende Wirkung haben. Das Feuerrad wiederum, das den Abhang hinunterrollte, symbolisierte die Zeiten- und Schicksalswende.[10] Insbesondere der Lichtsymbolik und des Glaubens an eine Schicksalswende bedienten sich die Nationalsozialisten.

Am Ehrenmal bei der Luitpoldarena wurden anläßlich des Heldengedenktages alljährlich drei Kränze für die Wehrmacht, die NSDAP und die Stadt Nürnberg niedergelegt. Die Aufnahme entstand 1941.

Alljährlich am Heldengedenktag wurde im Verkehrsmuseum Nürnberg der Toten des Ersten Weltkrieges gedacht. Hier die „Heldenehrung" vor der Gedenktafel am 21. Februar 1937.

45

1. Mai 1934. In sonntäglicher Stimmung präsentiert sich eine Gruppe der Reichsbahnangehörigen mit einem Triebwagen vor dem Verkehrsmuseum Nürnberg.

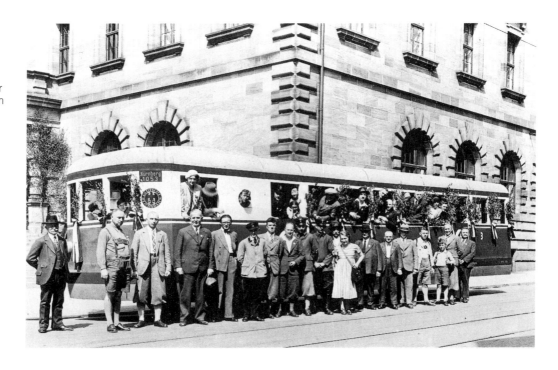

Der altgermanische Naturkult fand auf Berghöhen statt und lebte bis in die Neuzeit fort. So feierte der „Verein der Deutschvölkischen" in Bayern 1904 die Sonnenwende auf dem Rotenberg bei Schnaittach in der Nähe von Nürnberg.[11] Die Nationalsozialisten wählten in Nürnberg den Platnersberg, wo 1937 SS, HJ und BDM gemeinsam feierten. Der Sprecher bediente sich der Lichtmetapher, um die „strahlende Zukunft Deutschlands" nach den „Jahren der Finsternis" zu beschwören, nach einer „langen deutschen Nacht …, die Millionen und Abermillionen habe dumpf dahinleben lassen… Das Feuer aber zeige der Welt, daß das deutsche Volk ein neues Leben begonnen habe, daß es wieder bereit sei, zu glauben und zu opfern".[12] Die in den Flammen entzündete Fackel übernahm die SS, um sie bis zur Wintersonnenwende zu hüten.

Als zum Beispiel am 21. Dezember 1937 in Nürnberg die Wintersonnenwende gefeiert wurde, traten an 43 Plätzen in der Stadt Formationen von SA, HJ Jungvolk, BDM und NSFK um die errichteten Feuerstöße an. Die „Hauptfeier" fand auf der Burgfreiung statt. Mit Böllerschüssen, Posaunen- und Tubenklängen begannen um 21 Uhr die Feierlichkeiten. Großlautsprecher übertrugen die Reden der Hauptkundgebung in der ganzen Stadt, und auch der Sender Nürnberg schaltete sich zu und übertrug die Feier im Gau Franken. Dann wurde das Feuer auf der Burgfreiung angezündet. Lichtträger entzündeten hier ihre Fackeln und brachten sie zu den 43 Plätzen, um dort das Feuer zu entfachen. Unter dem Klang der Chöre und Musikzüge zündeten am Ende Tausende von Teilnehmern Lichtbecher an, die sie nach Hause trugen. Burg und Lichtkreuz standen in strahlender Beleuchtung und sollten von dem neuen Sonnenjahr künden.[13]

Die nationalsozialistischen Wintersonnenwendfeiern mit Lichterglanz und „deutschem Sang und Klang" richteten sich eindeutig gegen das christliche Weihnachtsfest, denn es sollte „in ein Fest des ‚aufsteigenden Lichts' und des ‚wiedererwachenden Lebens' verwandelt werden".[14] Nicht die Geburt des Jesuskindes sollte fortan im Mittelpunkt stehen, sondern das neue Leben als solches: „So ist uns jene längste Nacht des Jahres, die wir Weihnachten nennen, die Stunde der Geburt, die Stunde des Kindes und der mütterlich gebärenden Kraft. Sie ist es dem nordisch-germanischen Menschen immer gewesen …".[15]

Am spektakulärsten aber waren in Franken die sommerlichen Sonnwendfeiern am Hesselberg zwischen Gunzenhausen und Wassertrüdingen. Sie standen unter dem Patronat des Gauleiters Julius Streicher und wurden als „Frankentag" gefeiert, bei dem „der Städter und der Bauer sich die Hand reichen" sollten. Darf man den Berichten der gleichgeschalteten Presse glauben, so waren es 1937 nahezu 200 000 Franken, die sich hier am Samstag und Sonntag, dem 19. und 20. Juni, einfanden.[16] Die umfangreichen technischen Vorbereitungen dieser nach den „Reichsparteitagen" in Nürnberg größten Massenkundgebung Frankens waren abgeschlossen: Neue Straßen waren gebaut, Bahnhöfe erweitert, Parkplätze angelegt, Unterkünfte und Lautsprecheranlagen eingerichtet worden. Die Presse hatte schon Wochen vorher das Interesse der Leser auf dieses Ereignis gelenkt. Die Schriftleiter in den Zeitungen und die Redner auf der Massenkundgebung erhoben den Hesselberg zum „Berg vaterländisch-nationaler Tradition", gar zum „fränkischen Schicksalsberg" und „Freiheitsberg".[17] Die Nationalsozialisten reklamierten die Geschichte des Berges für sich. Danach führte eine Linie von den Kämpfen der Germanen gegen römische Legionäre und der fränkischen Bauern gegen die Feudalherren direkt zum Kampf des Nationalsozialismus um Deutschland: Der Berg sollte zu einem Geschichtsdenkmal werden.

Julius Streicher gab sich hier stets seinen Haßtiraden auf die Juden und seinen Ausfällen gegen die christlichen Kirchen hin. Dabei versäumte er es jedoch nicht, sich auf Gott zu berufen. Sein „Glaube" war freilich weltlicher Art, denn seine Heiligtümer waren die „Standarten und die in Blut geweihten Fahnen"[18], sein Heiland der Führer

Adolf Hitler und sein Glaube der an die „Wiederauferrichtung des deutschen Volkes". Christliche Glaubensgrundsätze und altgermanische Riten rührte Julius Streicher zu einem Gebräu des nationalen Chauvinismus zusammen, wenn er seine Rede mit den Worten beendete: „Werft eure Sünden wieder hinein in die zum Himmel auflodernden Flammen und faßt den Vorsatz, durch treue Hingabe in der Arbeit um unser Volk und Reich immer besser und stärker zu werden. Gott war mit uns, weil wir den Lockungen des Teufels widerstanden und dem Volk die Treue hielten. An diesem Flammenstoß auf dem heiligen Berg der Franken schwören wir aufs neue, nicht zu ruhen und zu rasten, bis unserem Reich die Macht geworden ist und der Segen, die es braucht, um unserem Volk Schirmer sein zu können für ewige Zeiten."[19]

Die Nationalsozialisten kultivierten die Feier für ihre Zwecke. Die „Drehbücher" für die Massenveranstaltungen schrieben die „Feier-Regisseure" der Partei. Dabei lassen sich mindestens zwei Arten von Feiern unterscheiden, die ihrer jeweils eigenen Dramaturgie folgten: zum einen die offiziellen Staatsfeiertage und ähnliche Tage, zu denen der „1. Mai", der „Heldengedenktag" und die „Reichsparteitage" von Nürnberg zählten. Sie waren stark von der „Reichsführung" in Berlin vorgegeben und richteten sich an das „deutsche Volk". Zum anderen handelte es sich um regionale oder lokale Feiern, zu denen vor allem die Sonnwendfeiern und der „Frankentag" zählten. Sie trugen die Handschrift lokaler Parteigrößen und knüpften teilweise umstandslos an angeblich altgermanisches Brauchtum an. Erhoben die Staatsfeiertage nationalen Anspruch, so verströmten regionale Feiern häufig einen dumpfen Provinzialismus.

1 Vgl. Peter Reichel: Der schöne Schein. Faszination und Gewalt des Faschismus, München/Wien 1991, S. 212 ff.
2 Die Deutschherrnwiese wurde 1828 bis 1914 als Exerzierplatz des königlich-bayerischen Militärs genutzt, später als Versammlungsplatz für öffentliche Kundgebungen. Vgl. Thomas Bruder: Nürnberg als bayerische Garnison von 1806–1914. Städtebauliche, wirtschaftliche und soziale Einflüsse (Diss., = Nürnberger Werkstücke zur Stadt- und Landesgeschichte, Bd. 18), Nürnberg 1992
3 Fränkischer Kurier (FK) vom 28. 4. 1936, S. 9 und 2. 5. 1936, S. 8 und 9

4 Interview mit Hans Hofmeier, 1982. Centrum Industriekultur Nürnberg, Oral History Archiv, IG 37/S. 9
5 FK vom 2. 5. 1936, S. 9
6 Vgl. Siegfried Zelnhefer: Bauen als Vorgriff auf den Sieg, in: Kulissen der Gewalt. Das Reichsparteitagsgelände in Nürnberg, hrsg. vom Centrum Industriekultur Nürnberg, Nürnberg 1992
7 Vgl. FK vom 14. 3. 1938, S. 8
8 Ebd.
9 Vgl. FK vom 2. 5. 1936, S. 9
10 Vgl. Eugen Hoewer: Die Sitte der Sonnenwende. Eine kulturgeschichtliche Abhandlung, Leipzig o. J., S. 20 ff.

11 Vgl. Programm der Sonnwendfeier des Vereins der Deutschvölkischen in Bayern, Nürnberg 1904
12 FK vom 23. 6. 1937, S. 6
13. Vgl. FK vom 22. 12. 1937, S. 9
14 Hans Ulrich Thamer: Verführung und Gewalt. Deutschland 1933–1945, Berlin 1989, S. 418
15 Zit. nach K. Vondung: Magie und Manipulation, Ideologie und Kult des Nationalsozialismus, Göttingen, 1971, S. 87
16 Vgl. FK vom 21. 6. 1937, S. 8
17 Vgl. FK vom 14. 8. 1933, S. 7
18 FK vom 21. 6. 1937, S. 8
19 Ebd.

Abzeichenserie „Deutsche Vögel" einer Straßensammlung für das „Winterhilfswerk".

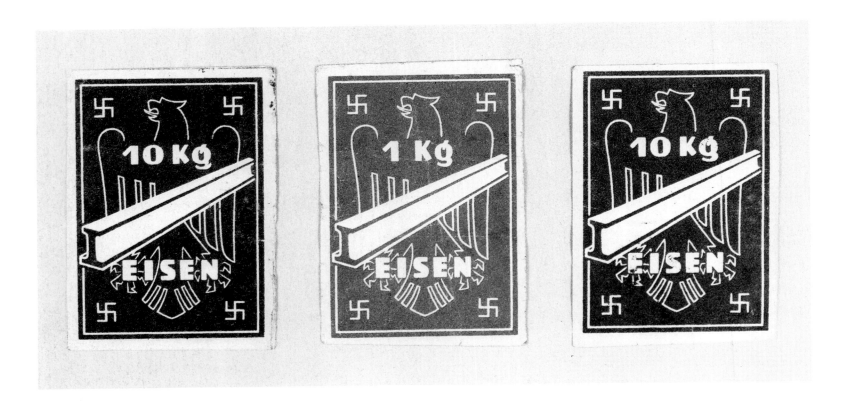

Die Zeitschriftenanzeige, rechts, trifft genau den „Geist" des nationalsozialistischen Spendenwesens: „Du sollst nicht spenden, sondern opfern!"

Oben: Bezugsscheine für Eisen im Rahmen der Rohstoffbewirtschaftung.

Du sollst nicht spenden, sondern opfern!

Einzahlungen auf das Konto „Winterhilfswerk für das deutsche Volk 1933/34, Kreis Nürnberg-Stadt" bei der Städtischen Sparkasse Nürnberg, Konto Nr. 11110

Ein umfangreiches Spendenwesen setzten die Nationalsozialisten in Gang. „Reichsstraßensammlungen" und „Haussammlungen" verschiedener Organisationen wechselten sich ab. Angehörige der HJ, SA, SS, DAF sowie des Deutschen Roten Kreuzes (DRK) gingen auf die Straße und baten um Spenden.

Rechts und unten rechts: 1. Kriegsstraßensammlung für das DRK am 23. Juni 1940. Prominente Persönlichkeiten wie Oberbürgermeister Willy Liebel (ganz rechts) und Polizeipräsident Dr. Benno Martin (unten links) beteiligten sich an solchen Sammlungen.

Der innere Feind

Enteignung, Vertreibung und Vernichtung der Juden

Siegfried Zelnhefer

Verhaltener Optimismus sprach aus den Zeilen. Noch am 1. April 1933 appellierte ein Kommentator im „Nürnberg-Fürther Israelitischen Gemeindeblatt" an die Gemeindemitglieder: „Lassen wir uns ... durch keine widrigen Erfahrungen des Alltags entmutigen oder verbittern und unser Heimatgefühl nicht erschüttern ... Bleibt aufrecht und treu."[1] Und in der nächsten Ausgabe hieß es: „Mehr denn je verlangt ... unsere schicksalsgegebene Gemeinschaft von ihren Gliedern starkes Verantwortungsbewußtsein im Privat- wie auch im Berufsleben. Die gesamte Lebensführung sei gekennzeichnet durch Zurückhaltung, bescheidenes und taktvolles Auftreten, treue Pflichterfüllung und Würde."[2]

Die Hoffnung auf eine Verbesserung der Situation trog. Schon lange vor der „Machtergreifung" schlug den Juden in Deutschland vielerorts Abneigung, ja Haß entgegen. Der Antisemitismus hat eine lange Tradition in Deutschland.[3] Doch keine andere Organisation hatte die menschenverachtende Ideologie so sehr zum Kernstück ihrer Politik gemacht wie die NSDAP. In Nürnberg mußten die Juden besonders darunter leiden.[4] „Seit Jahren ist Nürnberg eine Hochburg des Nationalsozialismus, seit Jahren manifestiert sich der Nationalsozialismus hier weniger als eine politische Partei, denn als eine politische Hetzbewegung", schrieb 1932 das „Israelitische Gemeindeblatt".[5] Der selbsternannte „Frankenführer" Julius Streicher und sein antisemitisches Wochenblatt „Der Stürmer" hatten bereits in den zwanziger Jahren den publizistischen Nährboden für Unterdrückung, Terror und Vernichtung bereitet.[6]

Am 1. Februar 1933 lebten in Nürnberg 8266 Juden. Bis 1940 sank ihre Zahl auf 2628. Viele Menschen mosaischen Glaubens suchten als Emigranten im Ausland den Schutz, der ihnen in ihrer Heimatstadt verwehrt wurde. In mehreren Deportationswellen verschleppten die Nazihäscher zwischen 1941 und 1944 insgesamt 1631 Juden aus der „Stadt der Reichsparteitage" in die Konzentrations- und Vernichtungslager nach Riga, Izbica, Krasnicyn, Theresienstadt, Auschwitz. Nur 72 Nürnberger Juden überlebten den Holocaust. Die Nationalsozialisten fackelten nicht lange. Am Abend des 31. März 1933 versam-

melte Julius Streicher SA und SS, Krieger-, Sport- und Jugendorganisationen auf dem Hauptmarkt, um die Gefolgschaft auf den anderntags reichsweit ausgerufenen Boykottag gegen jüdische Geschäfte einzustimmen. Adolf Hitler hatte den „Frankenführer" Tage zuvor zum „Leiter des Zentralkomitees zur Abwehr jüdischer Greuel- und Boykottpropaganda" berufen. Der Boykott aller jüdischen Geschäfte, Ärzte und Rechtsanwälte am 1. April 1933 wurde propagandistisch so auch noch als „Abwehrmaßnahme" gegen ausländische Proteste dargestellt. Die NS-Parolen an die „Arier" lauteten: „Boykottiert alle jüdischen Geschäfte", „Kauft nicht in jüdischen Warenhäusern", „Die Juden sind unser Unglück". Am Aktionstag kontrollierten SA-Posten die jüdischen Läden. Wer dennoch in die mit Aufklebern angeprangerten Geschäfte ging, sah sich vielfach lauten Pfui- und Schmährufen ausgesetzt. Es kam auch zu handfesten Auseinandersetzungen. „Deutsche" Geschäfte markierten mit schwarz-weiß-roten und Hakenkreuzfahnen ihre „rechte" Gesinnung.

Der Boykott vom 1. April war nur ein Vorspiel auf dem Weg zur schamlosen Ausschaltung jüdischer Unternehmen bis hin zur skrupellosen Enteignung. Brutale Gewalt kennzeichnete auch schon die ersten Monate der NS-Herrschaft in Nürnberg. Bereits im März 1933 wurden Juden in Nürnberg mißhandelt, verhaftet und ins Konzentrationslager Dachau verschleppt. Im weiteren Verlauf des Jahres mußte die Israelitische Kultusgemeinde immer wieder Leichen aus dem KZ abholen.[7] Im Juli 1933 erfaßte eine Verhaftungswelle die Mitglieder der jüdischen Logen. Am 20. Juli wurden unter der Regie des fränkischen SA-Führers Hanns Günther von Obernitz 300 Juden – in aller Öffentlichkeit – durch die Straßen Nürnbergs getrieben, geschlagen und auf einen SA-Sportplatz im Süden der Stadt gebracht. Dort wurden sie zu menschenunwürdigen Arbeiten gezwungen, manche mußten mit den Zähnen Gras ausreißen. Einige Juden sahen nach den ersten Wochen des Nazi-Regimes nur in der Flucht die einzige Möglichkeit, vor der NS-Verfolgung verschont zu bleiben: Bei der Volkszählung am 16. Juni 1933 wurden noch 7502 Juden in der Stadt registriert.

Julius Streicher und „Der Stürmer"

Julius Streicher hatte das offen antisemitische Klima schon lange vor der „Machtergreifung" nicht nur in der Stadt und ganz Franken, sondern auch im gesamten Reich mit unzähligen Hetzreden und Artikeln in seinem Wochenblatt „Der Stürmer" geschaffen. Aufbauend auf den Antisemitismus des Kaiserreichs, schürte der Demagoge Haß. Mittel- und Unterfranken, insbesondere Nürnberg und auch das oberfränkische Coburg, zählten schon vor dem Ersten Weltkrieg zu den Hochburgen des Antisemitismus. Wirtschaftlicher Neid nährte oft die Ressentiments. In Nordbayern lebten 62,8 Prozent der bayerischen Juden.[8] Streicher prägte wie kein anderer das Bild „des Juden" in der nationalsozialistischen Propaganda und wurde zum berüchtigtsten Antisemiten der NS-Zeit.[9] Andernorts – wie etwa im katholischen Südbayern – galt die „Nachäffung fränkischer Methoden" in der „Judenfrage" als „lächerlich".[10]

In Fleinhausen, nahe Augsburg, wurde Julius Streicher am 12. Februar 1885 geboren. Wie sein Vater ergriff er den Lehrerberuf. Nach dem freiwilligen Militärdienst kam er 1909 als Volksschullehrer nach Nürnberg. Aus dem Kriegsdienst wurde er als Leutnant der Reserve entlassen. In den letzten Monaten des Weltkriegs soll er zum Antisemiten geworden sein. Wie viele andere Zeitgenossen legte auch Streicher den „jüdisch-marxistischen Novemberverbrechern" den Zusammenbruch Deutschlands, das „Diktat von Versailles" und die bittere Not der Nachkriegszeit zur Last. Nach dem Krieg arbeitete Streicher wieder als Lehrer; zugleich engagierte er sich in verschiedenen national-völkischen Gruppen. Über den Deutschvölkischen Schutz- und Trutzbund, die Deutsch-Sozialistische Partei (DSP) und die Deutsche Werkgemeinschaft führte ihn 1922 der Weg zur NSDAP, deren Ortsgruppe Nürnberg Streicher am 20. Oktober desselben Jahres gründete. Zwölf Tage zuvor hatte sich der 37jährige der „Münchner Hauptleitung" unterstellt und damit den absoluten Führungsanspruch Hitlers anerkannt. Als „Mitgift" brachte er die von ihm beherrschten Ortsgruppen der DSP ein. Die bedingungslose Unterwerfung unter den „Führer" sicherte dem Aktivisten Streicher früh die Gunst Hitlers. Beim Hitler-Putsch am 9. November 1923 marschierte Julius Streicher in vorderster Front mit. Später erklärte der „Führer" sein besonderes Verhältnis zum „Frankenführer" so: „Vielleicht, daß dem einen oder dem anderen die Nase des Parteigenossen Streicher nicht gefällt. Aber als er damals an der Feldherrnhalle neben mir auf dem Pflaster lag, damals habe ich mir gelobt, ihn nie zu verlassen,

solange er mich nicht verläßt."[11] Tatsächlich hielt Hitler mehrfach seine schützende Hand über Streicher. Nur so konnte dieser in den zwanziger Jahren seine ersten innerparteilichen Krisen überstehen. „Streicher war einer der wenigen, die Hitler duzen durften."[12] Nach dem gescheiterten Putsch wurde Streicher 1923 vom Schuldienst suspendiert. Fortan widmete er sich ausschließlich seinen politischen Aktivitäten und seiner Herausgebertätigkeit. Nach der Wiedergründung der Partei[13] übertrug ihm Hitler am 2. April 1925 die Aufgabe, die NSDAP in den Regierungsbezirken Mittel-, Ober- und Unterfranken zu organisieren. Streicher leitete daraus das Recht ab, sich „Frankenführer" nennen zu dürfen. 1930 wurde er Gauleiter von Mittelfranken, ab 1936 von „Franken".

Streicher galt vielen als „blutiger Zar". Der 1,65 Meter große Mann mit dem kahlgeschorenen Schädel schien die Verkörperung der Brutalität schlechthin zu sein. Stets trug der treue Vasall Hitlers eine Reitpeitsche bei sich, mit der er auch Untergebene schlug. Seine derbe, ungehobelte, ordinäre Art mißfiel selbst eigenen Parteigenossen. Auch sein absoluter, despotischer Herrschaftsanspruch trug ihm manche Feinde ein. Die örtliche NS-Prominenz empfand es als Demütigung, daß sie eigenhändig den Erdaushub für ein Schwimmbecken im Garten des Streicher-Palais am Cramer-Klett-Park besorgen mußte.[14] Seine maßlose Verschwendungssucht, seine Liebesaffären, sein sexual-pathologisches Verhalten – all dies blieb auch der Öffentlichkeit nicht verborgen und schadete dem NS-Image. Innerhalb der NSDAP war er als antisemitischer Einpeitscher und Propagandist willkommen; als Politiker mit Vorbildcharakter war der „Bonze" Streicher aber denkbar ungeeignet. Oberbürgermeister Willy Liebel und Polizeichef Benno Martin hatten ein gespanntes Verhältnis zu ihm. Außer einer kleinen Schar von treuen Paladinen konnte er auf niemanden bauen. Streicher war einer der wenigen bekannten Nationalsozialisten, die nach 1933 nicht mit irgendeinem höheren Staatsamt „belohnt" wurden.

Ab 1923 gab Streicher den „Stürmer" heraus. Zunächst als Lokalblatt konzipiert, entwickelte sich das Organ zu einem in ganz Deutschland verbreiteten antisemitischen Hetzblatt mit immenser Auflage. In den späten dreißiger Jahren erschienen wöchentlich rund 500.000 Stück, manche Sondernummern gar mit zwei Millionen Exemplaren. Da das Blatt keine offizielle Parteizeitung war, sondern Streicher persönlich gehörte, sicherte sich der Gauleiter Einnahmen in Millionenhöhe.[15]

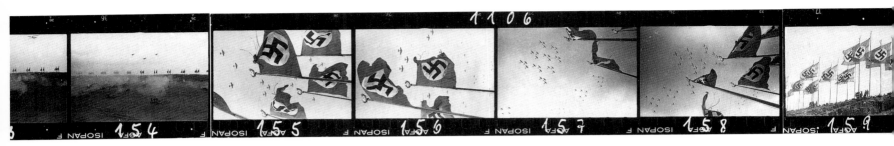

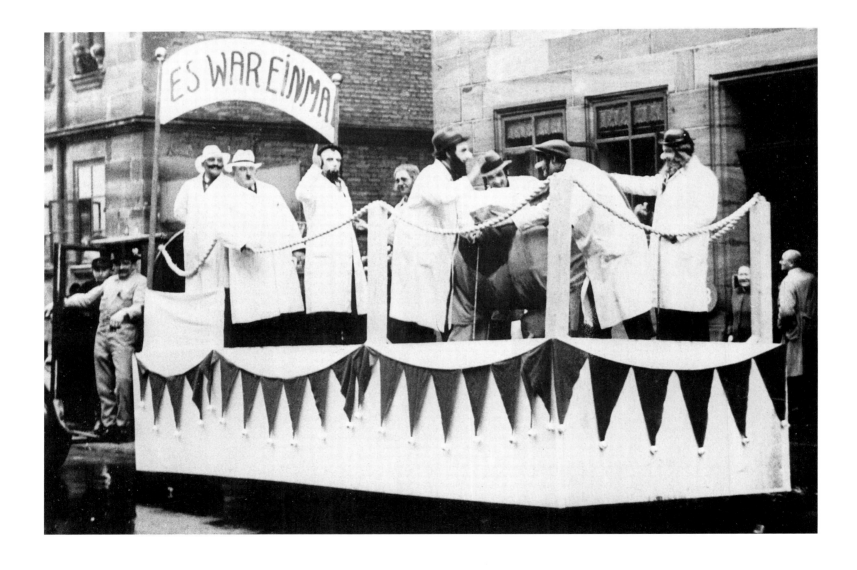

In der Stadt Julius Streichers wurde im „Dritten Reich" der Judenhaß selbst bei Faschingsumzügen zum Ausdruck gebracht. Die Metzger machten auf einem Wagen der Fleischer-Innung deutlich, daß in ihrem Gewerbe der Handel mit Juden der Vergangenheit angehörte. Wirtschaftlicher Neid hatte mit dazu beigetragen, daß die „arischen" Konkurrenten die von den Nationalsozialisten betriebene Ausschaltung der Juden aus der Geschäftswelt begrüßten.

Ausschnitte aus dem Buch „Trau keinem Fuchs auf grüner Heid und keinem Jud bei seinem Eid". Das „Bilderbuch für Groß und Klein" ist 1936 erschienen. Mit Zeichnungen des „Stürmer"-Karikaturisten „Fips" und einfachen Versen der Kindergärtnerin Elvira Bauer wurde „der Jude" als häßliches, niederes und verabscheuungswürdiges Wesen dargestellt. Im Gegensatz dazu erstrahlte „der Deutsche" stets als „stolzer" und „schöner" Mensch.

Das Buch „Trau keinem Fuchs …" hat in hoher Auflage – ähnlich wie das zwei Jahre später herausgegebene „Jugendbuch" „Der Giftpilz" – erheblich zur antisemitischen „Erziehung" der Kinder und Schüler beigetragen. Wesentliche Inhalte der antisemitischen NS-Ideologie wurden vermittelt. So verbreitete der Text „Jüdische Namen" (aus: „Trau keinem Fuchs …") die absurde Idee, daß sich „die Juden" mit ihren Familiennamen „tarnen" wollten.

„Das Deutsche Wochenblatt zum Kampfe um die Wahrheit", so der Untertitel des „Stürmer", kannte nur ein Thema, nur ein Ziel: permanente Hetze gegen die Juden. Als Motto prangte auf jeder Ausgabe der Treitschke-Satz: „Die Juden sind unser Unglück." 22 Jahre lang hämmerte die Redaktion ihren nicht wenigen Lesern[16] allwöchentlich die Diffamierungsparolen gegen den „Weltfeind Alljuda" ein. Pornographische Karikaturen, manipulierte Photographien, erfundene Geschichten über angebliche Ritualmorde, „Rassenschande" oder die „Verschwörung des internationalen Finanzjudentums" schilderten eine „Wahrheit", wie sie nur in der Ideologie der Nationalsozialisten existierte. Leser beteiligten sich aktiv an der Hetze, indem sie oft ausführliche Denunziationsberichte lieferten. Zur propagandistischen Verbreitung des nationalsozialistischen Feindbilds vom „Juden" trugen gerade in Nürnberg zwei – ebenfalls im Stürmer-Verlag erschienene – Kinder- und Jugendbücher maßgeblich bei: Das Bilderbuch

„Trau keinem Fuchs auf grüner Heid und keinem Jud bei seinem Eid!" (1936) erzählte mit knappen Versen, verfaßt von der Kindergärtnerin Elvira Bauer, und einprägsamen Zeichnungen einzelne Situationen, in denen „der Jude" stets als verachtenswertes Wesen dargestellt wird. Schon zu Beginn des Buches hieß es: „Der Vater des Juden ist der Teufel!" Im 1938 verlegten Jugendbuch „Der Giftpilz" von Ernst Hiemer, einem ehemaligen Volksschullehrer, wird „der Jude" als Verbrecher, Betrüger, Tierquäler und Mädchenschänder „entlarvt". Die demagogischen Karikaturen des „Stürmer"-Zeichners Philipp Rupprecht (genannt „Fips") unterstrichen den hetzerischen Tenor des Machwerks: Die Juden wurden als widerwärtige Kreaturen, als minderwertige „Rasse" dargestellt. Die deutsche Herrenrasse, die „Arier", seien deshalb nachgerade verpflichtet, die „internationale Verschwörung" der Juden zu „entlarven" und den „Weltfeind Alljuda" zu bekämpfen.

Die „Nürnberger Gesetze"

Die nationalsozialistischen Stadtoberen begannen im April 1933 mit der Ausschaltung der Juden aus dem öffentlichen Leben. Das „Gesetz zur Wiederherstellung des Berufsbeamtentums" schuf die Scheinlegalität zur Entlassung oder zwangsweisen Versetzung in den Ruhestand von jüdischen Beamten. Vor allem Ärzte des Städtischen Krankenhauses waren in der ersten Welle vom „Arierparagraphen" betroffen.[17] Es folgte das Verbot für Juden, als Rechtsanwälte zu praktizieren, erneut durch ein Gesetz („über die Zulassung zur Rechtsanwaltschaft") abgesichert. Auf Betreiben Streichers durften Juden ab August 1933 kein städtisches Schwimmbad mehr besuchen. Am 1. Mai 1933 hieß es in einem Artikel des jüdischen Gemeindeblattes: „Die politische Umwälzung in unserem Vaterland hat uns deutsche Juden vor eine Situation gestellt, der wir nur mit dem Höchstmaß von Selbstbesinnung und Selbstkritik, von Gemeinschaftsgeist und Verantwortungsbewußtsein begegnen können. Freilich nicht zum ersten Male in der Geschichte hat das Schicksal uns harte Prüfungen auferlegt ... Voll Glaubensstärke wollen wir mit dem Blick auf unsere Ahnen in der Überwindung des Leids eine sittliche Aufgabe unseres Judeseins erblicken. Vor allem heischt das Gebot der Stunde Einheit und Friede in den eigenen Reihen."[18]
Im Sommer 1935 erreichte die organisierte Boykotthetze gegen Juden im gesamten Reich einen neuen Höhepunkt. An den Ortsein-

gängen vieler Gemeinden in Bayern ließen die fanatischen Antisemiten Schilder anbringen wie „Juden sind hier nicht erwünscht", „Juden betreten den Ort auf eigene Gefahr" oder „Der Vater der Juden ist der Teufel".[19] Im ganzen Reich kam es zu wilden antijüdischen Ausschreitungen. Schon Ende des Jahres 1934 hatte die NS-Bewegung die Propaganda für ein strafrechtliches Verbot der sogenannten „Rassenschande" geschürt.[20] Nüchtern konstatierten die Deutschland-Berichte der Exil-SPD im Juli 1935: „Der radikal-antisemitische Flügel der NSDAP hat, von Nürnberg aus vorstoßend, in den letzten Monaten starke Aktivität entfaltet."[21] Vor allem Streichers permanente Stimmungsmache sollte dann auf dem „Reichsparteitag der Freiheit" endlich zu den Judengesetzen führen, die die antisemitische Basis schon längst gefordert hatte.
Die am 15. September 1935 im Saal des Nürnberger Kulturvereins am Frauentorgraben vom Reichstag verabschiedeten „Nürnberger Gesetze" stellten eine einschneidende und folgenreiche Etappe dar auf dem Weg der Entrechtung der Juden in Deutschland. Das „Reichsbürgergesetz", vor allem aber das „Gesetz zum Schutze des deutschen Blutes und der deutschen Ehre" – kurz „Blutschutzgesetz" genannt – , trieben die gesetzlich sanktionierte Diskriminierung der Juden auf einen neuen Höhepunkt: Juden waren fortan Staatsbürger minderen Rechts; Juden durften mit „Ariern" keine Ehen schließen;

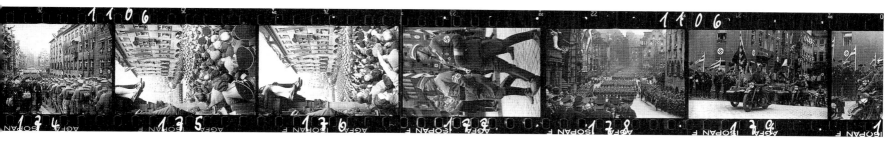

bestehende Verbindungen wurden für nichtig erklärt, außerehelicher Verkehr zwischen Juden und „Staatsangehörigen deutschen oder artverwandten Blutes" war ebenso verboten wie die Beschäftigung von „Deutschen" unter 45 Jahren in jüdischen Haushalten. Schon für kleinste „Delikte" drohten bereits mehrjährige Zuchthaus- und Gefängnisstrafen. In den Deutschland-Berichten der Exil-SPD hieß es schon 1935: „Hier [in Nürnberg] sind die angekündigten Judengesetze erlassen worden, die die Streicherschen Pogrombanden zufriedenstellen sollen ... Dies Ausnahmegesetz trägt sexualpathologischen Charakter, es ist die Streichersche Pornographie in Gesetzform gebracht."[22] „Mit diesem Gesetz ... vom September 1935 hatte die Gesetzgebung das Strafrecht eindeutig in den Dienst der nationalsozialistischen Rassenideologie gestellt und den Grundsatz der Rechtsgleichheit des Staatsbürgers vor dem Gesetz zerstört."[23] Was im Parteiprogramm der NSDAP bereits 1920 gefordert worden war, hatte nun Gesetzeskraft erlangt. Bis zum Jahresende 1940 wurden 1911 Personen wegen „Rassenschande" im Reich verurteilt. „Aber das Gesetz richtete nicht nur durch seine unmittelbare Anwendung Unheil an; wegen der Verfolgung des außerehelichen Geschlechtsverkehrs löste es darüber hinaus üble Schnüffeleien in intimsten Lebensbereichen und Denunziationen aus, die meist niederen Motiven wie Sexualneid, Eifersucht, persönlicher Rache, geschäftlicher Konkurrenz oder sogar erpresserischer Absicht entsprangen."[24] Partei- und Regierungsstellen wetteiferten darum, drakonische Ausführungsverordnungen zu schaffen. „Keine Kritik erhob sich im September 1935 an den Nürnberger Gesetzen, die anscheinend starke allgemeine Zustimmung der Bevölkerung fanden."[25]

In Nürnberg hatten die Rassengesetze besonders schlimme Folgen. Vor dem Landgericht wurden „gleich nach dem 15. September 1935 oft unter den dürftigsten Beweisen bis zu zehn Jahren Zuchthaus verhängt. Nicht einer der Verurteilten hat den Mai 1945 erlebt."[26] Die Verurteilung des Kaufmanns und Vorsitzenden der Israelitischen Kultusgemeinde, Leo Katzenberger, wirft ein bezeichnendes Schlaglicht auf die Nürnberger Unrechtsprechung des Landgerichtsdirektors und Vorsitzenden des Sondergerichts, Oswald Rothaug.[27] Kat-

zenberger wurde 1941 beschuldigt, mit einer „arischen" Photographin namens Seiler intime Beziehungen unterhalten zu haben. Der Polizei gelang es trotz intensiver Schnüffelaktionen nicht, dies zu beweisen. Auch Frau Seiler konnte die Justiz keine Erklärung abringen, die dies bestätigt hätte. Vielmehr gab die Zeugin an, daß ihre Familie mit der Katzenbergers jahrelang bekannt gewesen, ihre Beziehung zu Leo Katzenberger eine freundliche und väterliche gewesen sei. Geschlechtsverkehr habe es nie gegeben. Der Anwalt Katzenbergers wollte schließlich gegen den bestehenden Haftbefehl vorgehen. Als Rothaug davon gehört hatte, ordnete er an, den Fall vom Strafgericht zum Sondergericht zu überweisen. Eine neue Anklageschrift wurde verfaßt. Katzenberger wurde nicht nur wegen „Rassenschande" angeklagt, sondern auch wegen Verstoßes gegen die „Volksschädlingsverordnung". Sie war 1939 im Zusammenhang mit dem Kriegssonderstrafrecht erlassen worden und erlaubte die Todesstrafe. Frau Seiler wurde in die Anklage unter Beschuldigung des Meineids einbezogen. Die Verknüpfung widersprach geltender Praxis, hatte jedoch die Konsequenz, daß die Entlastungszeugin ausgeschaltet wurde. Für Rothaug war von vornherein klar, daß er Katzenberger zum Tod verurteilen werde. Einwände ließ der Henker in der Richterrobe nicht zu: „Für mich reicht es aus, daß dieses Schwein gesagt hat, ein deutsches Mädchen hätte ihm auf dem Schoß gesessen."[28] Der Prozeß im Schwurgerichtssaal 600 hatte den Charakter einer politischen Kundgebung, berichteten später Zeugen. Hohe Würdenträger der NSDAP saßen im Zuschauerraum. Am 13. März 1943 wurde der 68 Jahre alte Leo Katzenberger in öffentlicher Sitzung zum Tod verurteilt. Ein Beisitzer räumte 1947 in einer eidesstattlichen Erklärung ein: „Die Bemühungen Rothaugs waren erkennbar darauf abgestellt, unter dem Schein des Rechts einen Vorwand zu geben und die Voraussetzung zu schaffen, Katzenberger als Juden zu vernichten ...".[29] Die „Nürnberger Gesetze" hatten den willfährigen Richtern und überzeugten Nationalsozialisten im Gewand des Rechtssprechers die Mittel an die Hand gegeben, Menschenleben zu vernichten, Existenzen „im Namen des deutschen Volkes" auszulöschen.

Die „Volksgenossen" jubeln: Tausende von Nürnbergern waren dabei, als Gauleiter Streicher am 10. August 1938 bei der Kundgebung auf dem Hans-Sachs-Platz mit den Worten „Fanget an!" das Signal zum Abbruch der jüdischen Synagoge gab.

Propaganda an der Hauswand: Auf dem ehemaligen Telegraphenamtsgebäude am Hauptmarkt war diese antisemitische Malerei zu sehen. Das Motiv wurde auch als Bildpostkarte vertrieben.

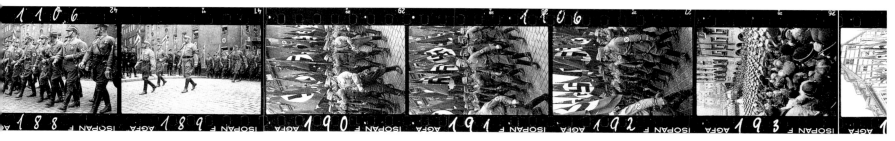

„Reichskristallnacht":
Die ausgebrannte
Synagoge an der Es-
senweinstraße nach
dem Judenpogrom
vom 9./10. November
1938.

Die „Reichskristallnacht"

Am 9. November 1938 steckten die Nationalsozialisten im Deutschen Reich Synagogen in Brand, vernichteten jüdische Geschäfte und Wohnungen, peinigten Menschen jüdischen Glaubens, verschleppten sie in die Konzentrationslager. Doch schon Monate vor der „Reichskristallnacht"[30] hatten die NS-Machthaber in Nürnberg dafür gesorgt, daß die 1874 eingeweihte, im maurischen Stil errichtete Hauptsynagoge am Hans-Sachs-Platz abgerisssen wurde. Die jüdische Gemeinde hatte sich zuvor beharrlich geweigert, dem Abbruch „freiwillig" zuzustimmen. Die „Erste Anordnung über die Neugestaltung der Stadt der Reichsparteitage Nürnberg" vom 27. Juli 1938 bildete die „gesetzliche" Grundlage für das Zerstörungswerk. Liebel hatte um eine entsprechende Weisung in Berlin nachgesucht – und prompt erhalten. Bereits am 3. August leitete die Stadt ein Enteignungsverfahren ein. Mit großem Pathos pries Oberbürgermeister Willy Liebel in der beschließenden Ratssitzung das Vorhaben als wichtigen Beitrag zur „Wiederherstellung des unvergleichlich schönen Nürnberger Altstadtbildes ... Die schlimmste Bausünde aus vergangenen Jahrzehnten ist ohne Zweifel die in einem der schönsten Teile der Nürnberger Altstadt, am nördlichen Pegnitzufer mit seinen idyllischen reizvollen, alten Häusern gegenüber der Insel Schütt gelegene Synagoge. Eine von demokratischem Judengeist umnebelte Vertretung der Nürnberger Bürgerschaft hat es den Juden dereinst durch einen ... 1869 einstimmig gefaßten Plenarbeschluß ermöglicht, ... ein frech-aufdringliches, orientalisches Bauwerk zu errichten ... Die ‚Schande von Nürnberg' wird getilgt sein durch Beseitigung dieses orientalischen Bauwerks, das sich, wie der ‚Stürmer' erst kürzlich mit vollem Recht geschrieben hat, ‚protzig, seelenlos und frech über dem Häusermeer Nürnbergs erhebt'."[31] Mit 550.000 Mark aus der „Rücklage für außerordentliche Baumaßnahmen" finanzierte die Stadt das Zerstörungswerk, dessen Auftakt zur öffentlichen Schauveranstaltung geriet.

Abertausende von Nürnbergern bevölkerten am Vormittag des 10. August 1938 den Platz am Denkmal des Schuhmachers und Poeten Hans Sachs. Vor der mächtigen Synagoge stand ein Holzpodium. Liebel verkündete voller Stolz, daß bis zum Reichsparteitag im September dieser „Schandfleck" in der „deutschesten aller Städte" verschwunden sein werde. Die Genugtuung war Julius Streicher ins Gesicht geschrieben, als er selbst ans Rednerpult trat. Von einer richtungweisenden Ansprache berichtete andertags die national-

sozialistische „Fränkische Tageszeitung": „Wir leben in einer großen Zeit. Die Saat, die wir gesät haben, geht auf. Die Würfel sind gefallen ...", verkündete der ehemalige Volksschullehrer.[32] Und unter dem frenetischen Jubel der „Volksgenossen" prophezeite er: „Es kommt eine Zeit, in der einmal die Judenfrage in der ganzen Welt radikal gelöst sein wird."[33] Dann rückte er sich in Herrscherpose und gab das Signal zum Abbruch: „Ihr Nürnberger Arbeiter, die ihr einst Sklaven der Juden gewesen seid und die ihr jetzt freudig mithelft, das neue Reich Adolf Hitlers zu bauen, nun gebe ich euch den geschichtlichen Auftrag: Fanget an!"[34] Nach der demonstrativen Demontage des großen Davidsterns von der mittleren Kuppel ging eine Baufirma mit acht Luftdruckhämmern ans Werk. Den erklärten Willen der NS-Führer, schon bis zum Parteitag wenige Wochen später fertig zu sein, konnte sie nicht erfüllen. Später ließen die braunen Machthaber auch das jüdische Gemeindehaus in der Neuen Gasse abreißen.

Dies war indes nur ein Vorspiel für den Pogrom vom 9./10. November 1938, der eine weitere Etappe in der gewaltsamen Umsetzung des antijüdischen NSDAP-Programms auf dem Weg zur „Endlösung der Judenfrage" darstellte. Der nächtliche Schlag gegen die Juden war wohl vorbereitet. Hanns Günther von Obernitz, seit 1933 Chef der fränkischen SA, leitete in Nürnberg den Gewalteinsatz.[35] Obwohl die Parteispitze längst grünes Licht zum Losschlagen gegeben hatte[36], wollte sich der Obergruppenführer pflichtschuldigst auch noch beim „Frankenführer" rückversichern. Doch der Mann, der wie kein zweiter gegen die Juden gehetzt hatte, schien von dem Pogromplan völlig überrascht. Obernitz traf den Gauleiter am späten Abend des 9. November im Bett an. Wenn es Goebbels wolle, sei es ihm auch recht, soll Streicher damals teilnahmslos geantwortet haben.[37] Erst am Abend des folgenden Tages triumphierte der „Frankenführer" bei einer Großkundgebung am Adolf-Hitler-Platz. In der Nacht zuvor ließ Obernitz herbeigetrommelte SA-Mannschaften auf dem Adolf-Hitler-Platz antreten. Die Befehle reichten bis zur Mordanstiftung. Mit Brechstangen, Hämmern, Äxten, Dolchen und Schußwaffen zogen die SA-Horden durch die Stadt. Sie zertrümmerten Schaufenster, plünderten, verwüsteten, raubten, was ihnen unter die Finger kam. Kein jüdisches Geschäft blieb verschont. Und auch vor den Menschen machten sie nicht halt. Die Zerstörung der Synagoge in der Essenweinstraße, seit 1902 Versammlungsstätte der orthodoxen Minderheit „Adas Israel", war der Auftakt. Die „spontane judenfeind-

liche Kundgebung", so die Presse am 11. November, war wohl vorbereitet. Die Feuerwehr kümmerte sich darum, daß die Nachbargebäude keinen Schaden nahmen, als SA-Leute die Synagoge in Brand steckten.

Nach der Vernichtung des Gotteshauses machten sich die SA-Leute über die jüdischen Bürger her. Unter dem Vorwand, nach Waffen zu suchen, fielen die Trupps in die von Juden bewohnten Häuser ein. Bernhard Kolb, damals Geschäftsführer der Israelitischen Kultusgemeinde, schrieb in seinen Erinnerungen: „Wer der Horde als erster in der Wohnung entgegentrat, ganz gleich, ob es sich um Männer, Frauen oder halberwachsene Kinder handelte, wurde schwer mißhandelt ... Die Polstermöbel und Betten wurden aufgeschnitten, in die letzteren wurden Marmeladen oder die zerschlagenen Eier geschüttet. Was an Porzellan und Glas vorgefunden wurde, wurde restlos zerstört, die betroffenen Familien hatten am Morgen des 10. November meistens keine Kaffeetasse mehr; auch Wertpapiere und Sparkassenbücher wurden mitgenommen ... Das Schlimmste waren aber noch die schweren Ausschreitungen gegen die Wohnungsinhaber ...160 Männer wurden von den SA-Männern unter ständigen Mißhandlungen und unter dem Gejohle der Menge zum Polizeigefängnis getrieben."[38]

Die Opfer wurden, eng aneinandergepreßt, in Zellen gesteckt. Am Abend des 10. November kam eine Anzahl von Juden aus Fürth hinzu. Auch in der Nachbarstadt wütete der Nazi-Mob. Anderntags wurden alle Personen unter sechzig Jahren ins Konzentrationslager Dachau verschleppt. Neun Nürnberger Juden wurden in der Schreckensnacht vom 9. zum 10. November 1938 umgebracht. Zehn Frauen und Männer nahmen sich verzweifelt das Leben. In einem Bericht vor den Ratsherren hob NS-Oberbürgermeister Liebel später sogar noch hervor, daß in der „Stadt der Reichsparteitage" 26 Juden den Pogrom nicht überlebt hätten.[39] Die massive und jahrelange

Judenhetze war in der Frankenmetropole auf besonders fruchtbaren Boden gefallen. Bei 91 Todesopfern im gesamten Reich war der Anteil in Nürnberg auffallend groß. Die Bilanz des Pogroms in Nazi-Deutschland: Nahezu jede Synagoge wurde geschleift. Rund 7000 Geschäfte wurden zerstört oder zumindest schwer beschädigt. 30.000 Menschen wurden verhaftet und in Konzentrationslager geschafft. Dabei hießen „fast nur Extremisten und Fanatiker in der Partei und ihren Gliederungen die ‚Judenaktion' uneingeschränkt"[40] gut. Die Bürger wandten zwar nichts gegen die Vertreibung der Juden aus Deutschland ein; der Terror der Pogromnacht rief jedoch große Abscheu hervor. „Für die Bevölkerung spielte die ‚Judenfrage' nur eine sehr untergeordnete Rolle. Die ideologische Funktion des NS-Antisemitismus in bezug auf die Masse der Bevölkerung bestand allenfalls darin, daß durch assoziative Gleichsetzung von Judentum und Bolschewismus oder Plutokratismus oder durch die symbolische Karikatur von antideutschen Wesen das deutsche, nationale Bewußtsein und Identitätsgefühl gestärkt werden konnte ... Die permanente Radikalisierung des NS-Regimes in bezug auf die ‚Judenfrage' entsprach keiner vergleichbar starken Wunschvorstellung der Bevölkerung."[41]

Mit der „Verordnung zur Wiederherstellung des Straßenbildes bei jüdischen Gewerbebetrieben" vom 12. November zwang die Reichsregierung die Opfer auch noch zu einer „Buße" von einer Milliarde Reichsmark. In dem etablierten NS-System von Scheinlegalität und Terror, von Verführung und Gewalt schien Widerspruch längst nicht mehr opportun, ja geradezu gefährlich. Dennoch: Am Sonntag nach der Pogromnacht nahm der Pfarrer in St. Lorenz, Wilhelm Geyer, klar gegen die Judenverfolgung Stellung. Von der Kanzel predigte er gegen das für jedermann sichtbare Unrecht. Als Zeichen des Protestes sprachen in einer Gemeinde alle Geistlichen vor dem Altar gemeinsam die Zehn Gebote.[42]

Die „Arisierung"

Die Verdrängung der Juden aus der Wirtschaft setzte in Nürnberg und Franken besonders früh ein. Die Aktionen liefen rücksichtslos, der Antisemitismus diente als ideologischer Vorwand für hemmungslose Bereicherung. Die engste Clique um Julius Streicher und Gauwirtschaftsberater Otto Strobl, gleichzeitig Präsident der Industrie- und Handelskammer, hatten die Fäden in der Hand. Seit dem Erlaß

der „Nürnberger Gesetze" war der Begriff der „Arisierung" immer weiter verbreitet. Die Pogromnacht vom 9./10. November 1938 bildete eine Zäsur in der Form der „Eigentumsübertragung" jüdischen Besitzes an „Arier". Von 1933 bis zum November 1938 waren die Arisierungen „freiwillig". Psychischer Terror und die von Streicher – gegen eine Anordnung aus dem Reichswirtschaftsministerium –

inszenierten Boykottwellen in der Vorweihnachtszeit 1934 und 1937 sorgten jedoch dafür, daß sich viele Geschäftsinhaber zum Verkaufe ihrer Betriebe an „arische" Interessenten gezwungen sahen. Auch schon in der Zeitspanne der „schleichenden" Arisierung wurden die Objekte unter dem Druck und Einfluß der Partei weit unter Wert verkauft. Die Firma Walter Lessing zum Beispiel, die älteste Fabrik galvanischer Kohle in Deutschland, wurde an einen Parteigänger namens Muschi, einen Bundesbruder des Nürnberger Polizeipräsidenten Benno Martin, im Jahr 1937 für 500 000 Mark verkauft – Parteistellen hatten die Firma mit 1 400 000 Mark bewertet. Der Firmenbesitzer Julius Langstadt mußte unter Druck – die Gestapo hatte ihn bereits einmal verhaftet – sein Textilgeschäft „Marmorecke" für 250 000 Reichsmark verkaufen – Schätzungen der Nationalsozialisten gingen von einem Mindestwert in Höhe von 700 000 Mark aus.[43]

Nach der „Kristallnacht" fanden nach staatlicher Anordnung „Zwangsarisierungen" statt. Die „Verordnung zur Ausschaltung der Juden aus dem deutschen Wirtschaftsleben" legte bereits am 12. November 1938 Einzelheiten fest. Die Käufer hatten oft nur Bruchteile des tatsächlichen Wertes der Unternehmen zu bezahlen. Gesamtzahlen über das Ausmaß der Gewinne gibt es jedoch nicht. „Im Januar 1933 hatte es im Deutschen Reich noch rund 100 000 Betriebe in jüdischem Besitz gegeben, darunter neben Privatbanken, Warenhäusern und Betrieben vor allem Arzt- und Anwaltspraxen, Handwerksbetriebe und Einzelhandelsgeschäfte. Nach den Boykottmaßnahmen zählte man im April 1938 nur noch 39 532 jüdische Betriebe. Fast 60 Prozent waren also schon vor dem Judenpogrom arisiert oder liquidiert worden – auch in Nürnberg."[44] Dabei war die „Entjudung" der Wirtschaft in der Streicher-Stadt bereits *vor* der „Kristallnacht" weitgehend abgeschlossen. Gauwirtschaftsberater Strobl hatte die Arisierungen vorangetrieben. Nach den Verordnungen vom April 1938 („Verordnung gegen die Tarnung jüdischer Gewerbebetriebe", „Verordnung über die Anmeldung des Vermögens") vereinbarte er mit der Bezirksregierung in Ansbach wider das Gesetz, daß alle Arisierungsanträge in seinem Büro eingereicht und bearbeitet werden mußten. Nach dem 9. November wurde Ansbach nicht einmal mehr formell am Verfahren beteiligt. Strobl übertrug die Geschäfte vielmehr treuen Parteifunktionären und vor allem der Deutschen Arbeitsfront (DAF). Im August schaltete sich Streichers Adjutant, SA-Oberführer Hanns König, ein und ließ sich von da an alle Anträge vorlegen. In skrupelloser Weise bereicherten

sich die NS-Führer. Die Nürnberger Vorgänge suchten im Reich ihres gleichen. Streicher deckte die Machenschaften und sorgte sich fraglos um seinen eigenen Vorteil, blieb selbst allerdings im Hintergrund. So ließ er von einem Juden, der ins KZ Dachau gebracht worden war, für 5600 Mark Aktien der florierenden Fahrradfabrik Mars-Werke im Nennwert von 112 500 Reichsmark kaufen. Die korrupte Gauleitung machte satte Gewinne: „Bereits einige Wochen vor der ‚Kristallnacht' wurde das Arisierungsverfahren bei den Lederwerken Cromwell eingeleitet (2.8.1938). Ihr Verkehrswert wurde auf 4,9 Millionen beziffert, der ‚vereinbarte' Kaufpreis auf 1,5 Millionen festgesetzt. Der Jahresgewinn des Betriebes betrug 1937 852 000 RM! Die Kreisleitung Nürnberg behielt vom Kaufpreis 174 360 RM ein, die DAF erhielt 9306 RM, der Gauwirtschaftsberater bekam von der Käufergruppe 22 500 RM ausbezahlt. Weniger kraß war z. B. der Fall ‚Benedict und Dannheißer', der Betrieb wurde auch noch kurz vor der Kristallnacht (am 2.11.1938) arisiert. Verkehrswert 364 328 RM, ‚vereinbarter' Kaufpreis 234 328 RM, Spende an den Gau Franken 7000 RM."[45]

Die Grundstücks- und Hausarisierungen leitete Karl Holz, stellvertretender Gauleiter und Schriftleiter des „Stürmer", noch rigoroser als die Betriebsarisierungen. Vom Wiederverkauf 569 arisierter Grundstücke bei einem geschätzten Reingewinn von bis zu 15 Millionen Mark sollte nach seinen Angaben eine Gauschule gebaut werden. Auch kleinere Parteifunktionäre sollten in Nürnberg von der „Entjudung" der Wirtschaft, sprich: der Enteignung der Juden, profitieren. Etwa 300 Kraftfahrzeuge wurden in Nürnberg arisiert. Rund sechzig davon konnten getreue Gefolgsleute für 20 bis 200 Mark erwerben. Der Eigentümer eines „Wanderers" im Wert von 2000 Mark bekam etwa 80 Mark bezahlt. Der SA-Obersturmbannführer Liebscher nahm für 130 Mark einen Wagen im Schätzwert von 1250 Mark in seinen Besitz.

Die Geschehnisse um die Arisierungen in Nürnberg sind besonders prägnante Beispiele für den dominanten Einfluß der NSDAP auf alle politischen und gesellschaftlichen Ebenen, die Ausschaltung geltenden Rechts und die Korruption quer durch alle Hierarchien. Die Vorgänge im Gau Franken wurden auch parteiintern ruchbar. Hermann Göring setzte am 9. Februar 1939 eine Untersuchungskommission ein. Obwohl sie eigentlich nur die Zeit zwischen dem 9. November 1938 und dem 9. Februar 1939 beleuchten sollte, förderten die Beamten des Reichsfinanz- und Reichswirtschaftsministeriums unter dem Vorsitz des SS-Obersturmbannführers Meisinger

auch noch weiter zurückreichende Fakten zutage.[46] Die Arbeit der Kommission dauerte mehrere Monate. Die Gauleitung versuchte, die Untersuchungen zu vereiteln. Am 5. Februar nahm sich SA-Oberführer König das Leben. Nach Einschätzung der Kommission hatte Streicher seinem Untergebenen den Befehl dazu gegeben, „um den Hauptzeugen für sein eigenes Verhalten zu beseitigen". Streicher mußte sich am 13. Februar 1940 vor dem Obersten Parteigericht in München verantworten. Das Gericht – mit dem Vorsitzenden Reichsleiter Walter Buch und sechs Gauleitern – befand den Frankenführer „zur Menschenführung nicht geeignet". Damit war das politische Ende des fanatischen Antisemiten besiegelt. Er behielt zwar formal sein Amt als Gauleiter, wurde aber aller Geschäfte enthoben. Bis Kriegsende lebte er auf seinem Gut Pleikershof bei Fürth. Der Internationale Militärgerichtshof erklärte Streicher als einen der 22 Hauptkriegsverbrecher des „Verbrechens gegen die Menschlichkeit" für schuldig und verurteilte ihn zum Tode. Am 16. Oktober 1946 fand die Hinrichtung im Nürnberger Justizgebäude statt.

Der Göring-Kommission war es 1939 allerdings nicht darum gegangen, die zwangsenteigneten Juden zu entschädigen. Die Arisierung wurde nur in geregelte Bahnen gebracht. Die Gelder sollten nicht in die Taschen der fränkischen Parteibonzen fließen, sondern die Staatskasse bereichern. Wie groß die Arisierungsgewinne in Nürnberg tatsächlich waren, läßt sich nicht mehr ermitteln. Allein bei 33 Betrieben betrug der Erlös knapp fünfzehn Millionen Mark.[47] Bei den Grundstücksarisierungen lag der Gewinn bei bis zu zwanzig Millionen Reichsmark. „Die Arisierung war ihrer Natur nach eine Quelle der Korruption, und die Vorgänge in Nürnberg-Fürth zeigen, in welcher Richtung sie sich auch in anderen Teilen des Reiches entwickelt hätte, wenn sie nach den Vorstellungen des größten Teils der mittleren und unteren Parteiführerschaft durchgeführt worden wäre. Das Beispiel Franken ist über seinen Bereich hinaus tendenziell gültig und führt besonders drastisch vor Augen, in welchem Maße die Juden der Willkür der Partei ausgeliefert waren. Daß sie unter solchen Umständen jeden Versuch des Widerstandes oder auch nur der Beschwerde für aussichtslos und gefährlich ansahen, liegt auf der Hand."[48]

Die „Arisierungen" vernichteten Existenzen. Die betroffenen Juden konnten auch nicht über die Minimalerlöse aus den Zwangsverkäufen verfügen. Die Gelder mußten meist auf Sperrkonten eingezahlt werden. Viele Menschen hatten zu diesem Zeitpunkt nicht zuletzt aus Mangel an den nötigen finanziellen Mitteln keine Chance mehr zur Auswanderung.[49]

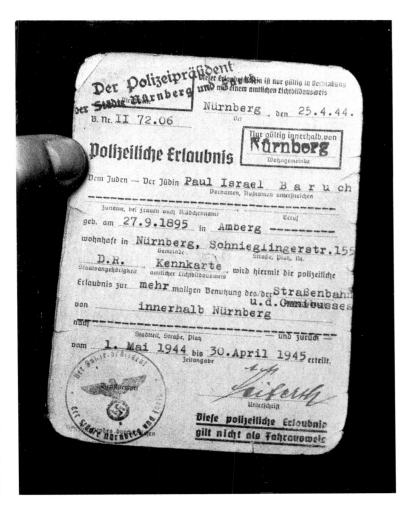

Die Juden sahen sich immer größeren Schikanen im Alltag ausgesetzt. Nur mit einer polizeilichen Erlaubniskarte durfte Paul Baruch, der Betreuer des jüdischen Friedhofs, mit der Straßenbahn fahren.

Deportation und Vernichtung

Nach den Daten des Statistischen Amtes der Stadt lebten am 1. Januar 1940 noch 2628 Juden in Nürnberg. 5638 Juden hatten der Stadt zwischen 1933 und 1939 den Rücken gekehrt.[50] Mit Beginn des Krieges verschärfte sich die Lebenssituation für die Menschen mosaischen Glaubens in der Stadt der Reichsparteitage noch einmal. Bereits am 30. Januar 1939 hatte Hitler vor dem Reichstag erklärt: „Wenn es dem internationalen Finanzjudentum in und außerhalb Europas gelingen sollte, die Völker erneut in einen Weltkrieg zu stürzen, dann wird das Ergebnis nicht die Bolschewisierung der Erde und damit der Sieg des Judentums sein, sondern die Vernichtung der jüdischen Rasse in Europa."[51]

430 Verordnungen und Ausführungsbestimmungen begleiteten und stützten den Prozeß des Terrors, der wirtschaftlichen Ausschaltung, der physischen Vernichtung. Die Menschen unterlagen Wohnbeschränkungen, der Mieterschutz für Juden wurde aufgehoben, ab 1. September 1939 mußten Juden ab 20 Uhr (sommers ab 21 Uhr) zu Hause sein, ab Februar 1940 erhielten Juden grundsätzlich keine Kleiderkarte mehr, Juden durften nicht mehr die Straßenbahn benutzen; selbst das Halten von Haustieren wurde ihnen verwehrt. Ab 15. September 1941 mußten alle Juden über sechs Jahre an der linken Brustseite den „Judenstern" tragen.

Im Herbst 1941 begannen in ganz Deutschland die Transporte in die Arbeits-, Konzentrations- und Vernichtungslager nach Polen. Die „Endlösung der Judenfrage" in Europa war schon vor der „Wannsee-Konferenz" vom 20. Januar 1942 in vollem Gange.[52] Am 18. Oktober 1941 erfuhr Bernhard Kolb, der Gemeindesekretär der Kultusgemeinde, von der Gestapo, daß auch in Nürnberg eine große Deportation von Juden vorgesehen war. 1835 Seelen umfaßte die Gemeinde noch zu diesem Zeitpunkt. Wenige Wochen später stellte die Polizei den ersten Transport zusammen. 512 Menschen aus Nürnberg und rund 500 weitere aus Fürth, Bamberg, Bayreuth und Würzburg wurden zunächst in Baracken des Reichsparteitagsgeländes nahe dem Märzfeld gebracht. Nach der Gestapo-„Organisationsanweisung zur Durchführung der Juden-Evakuierung am 29.11.1941" war der Transport für den Zielort Riga bestimmt. „Die Bevölkerung, der dies [die Deportationen] nicht verborgen blieb, nahm die Tatsache zustimmend zur Kenntnis", notierte der Generalstaatsanwalt beim Oberlandesgericht Nürnberg in seinem Lagebericht am 10. Dezember 1941.[53] Die meisten „Evakuierten" wurden später erschossen. Die zweite Deportationswelle am 25. März und 23. April 1942 betraf 449 Juden aus Nürnberg. Diesmal ging der Transport nach Izbica und Krasnicyn, beide im Kreis Lublin unweit des Vernichtungslagers Treblinka gelegen. Alle Opfer dieser Verschleppung wurden ermordet. In einem dritten großen Schub am 10. September 1942 erfaßten die Nationalsozialisten 533 Juden im Alter über 65 Jahren, die zunächst nach Theresienstadt geschafft wurden. In insgesamt sieben Transporten bis zum 17. Januar 1944 hatten Polizei und SS 1631 Juden aus Nürnberg in die Konzentrationslager verschleppt, von denen 72 Personen den Holocaust überlebten. „Die Kultusgemeinde und das Nürnberger Einwohnermelde- und Paßamt errechneten eine Gesamtzahl von 1626 jüdischen Opfern des Nationalsozialismus in Nürnberg."[54] Am Ende des von Hitler angezettelten Zweiten Weltkriegs waren in der „Stadt der Reichsparteitage" zwei Dutzend Juden unentdeckt geblieben.

1 Nürnberg-Fürther Israelitisches Gemeindeblatt, Jg. 13 (1933), Nr. 2

2 Ebd., Nr. 3

3 Vgl. Hermann Greive: Geschichte des modernen Antisemitismus in Deutschland, Darmstadt 1983; Léon Poliakov: Geschichte des Antisemitismus. 8 Bde., 1977-1988, Worms/ Frankfurt a. M.; Stefan Schwarz: Die Juden in Bayern im Wandel der Zeiten, München 1963

4 Vgl. Arnd Müller: Geschichte der Juden in Nürnberg 1146-1945, Nürnberg 1968. Die überaus materialreiche Arbeit von Arnd Müller stellt die wichtigste Untersuchung zu diesem Thema dar, von der bis heute viele Einzelbeiträge profitieren. Auch der vorliegende Aufsatz stützt sich darauf.

5 Nürnberg-Fürther Israelitisches Gemeindeblatt, Jg. 12 (1932), Nr. 3. Zit. nach Müller, a.a.O., S. 199

6 Vgl. Hermann Froschauer/ Renate Geyer: Quellen des Hasses. Aus dem Archiv des „Stürmer" 1933-1945. Ausstellungskatalog des Stadtarchivs Nürnberg, Nürnberg 1988; Manfred Rühl: Der Stürmer und sein Herausgeber, Nürnberg 1960 (unveröff. Diplomarbeit)

7 Vgl. Müller, a.a.O., S. 218

8 Vgl. Ian Kershaw: Reaktionen auf die Judenverfolgung, in: Martin Broszat/ Elke Fröhlich (Hrsg.): Bayern in der NS-Zeit. Herrschaft und Gesellschaft im Konflikt. Bd. 2, München/ Wien 1979, S. 294

9 Vgl. Froschauer/Geyer, a.a.O., S. 20

10 So das Urteil von Karl Wahl, des Gauleiters von Schwaben, selbst kein Judenfreund. Vgl. Kershaw, a.a.O., S. 294

11 Zit. nach Hans-Peter Schmidt: Julius Streicher. Aufstieg und Fall eines Gauleiters (unveröff. Zulassungsarbeit an der Universität Erlangen-Nürnberg 1986), S. 33

12 Froschauer/ Geyer, a.a.O., S. 21

13 Die NSDAP war nach dem 9. November 1923 verboten worden. Der bayerische Staat hob am 9. Februar 1925 das NSDAP-Verbot wieder auf. Am 27. Februar 1925 fand die Neugründungsversammlung im Münchner Bürgerbräukeller statt.

14 Vgl. Fritz Nadler: Eine Stadt im Schatten Streichers, Nürnberg 1969, S. 26

15 1938 nahm Streicher 698.257 Reichsmark ein, 1942 und 1943 lagen die Summen jeweils bei über zwei Millionen Reichsmark. Die Beträge resultierten jedoch nicht nur aus „Stürmer"-Erlösen, sondern sind auch den Gewinnen aus den „wilden" Arisierungen zuzuschreiben. Vgl. Froschauer/ Geyer, a.a.O., S. 22

16 Eine Abmachung mit DAF-Führer Robert Ley sorgte dafür, daß ab 1935 alle Betriebe entsprechend ihrer Belegschaft das Blatt abonnieren mußten. In allen Ortschaften hing die Zeitung in sogenannten „Stürmer-Kästen" aus. Rigide Werbemethoden der SA zwangen viele Gaststätten, Cafés oder Friseursalons, den „Stürmer" regelmäßig zu kaufen. „Stürmer-Gardisten" warben Abonnenten und betrieben den Straßenverkauf.

17 Vgl. hierzu den Aufsatz von Claudia Molketeller und Bernd Windsheimer in diesem Buch.

18 Israelitisches Gemeindeblatt vom 1. Mai 1933. Zit. nach Müller, a.a.O., S. 217

19 Martin Broszat/ Elke Fröhlich (Hrsg.): Bayern in der NS-Zeit. Herrschaft und Gesellschaft im Konflikt, Bd. 2, München 1979, S. 303ff.

20 Vgl. Lothar Gruchmann: „Blutschutzgesetz" und Justiz. Entstehung und Anwendung des Nürnberger Gesetzes vom 15. September, in Bernd Ogan/ Wolfgang Weiß (Hrsg.): Faszination und Gewalt, Nürnberg 1991, S. 51

21 Deutschland-Berichte der Sozialdemokratischen Partei Deutschlands (Sopade), Jg. 2 (1935), Frankfurt a. M. 1980, S. 800

22 Ebd., S. 996f.

23 Gruchmann, a.a.O., S. 53

24 Ebd.

25 Kershaw, a.a.O., S. 297

26 Bericht Kolb, zit. nach Müller, a.a.O., S. 231

27 Die Darstellung folgt Müller, a.a.O., S. 231ff., der sich wiederum auf Prozeßakten aus dem Nürnberger Prozeß im Jahr 1947 gegen führende Juristen des „Dritten Reiches" stützt. Im „Juristenprozeß" hatte sich auch Rothaug zu verantworten. Die Amerikaner verurteilten den Nürnberger Nazi-Richter zu lebenslänglichem Zuchthaus. Rothaug wurde jedoch nach neun Jahren Haft begnadigt. Später machte er Versorgungsansprüche beim Staat geltend.

28 Zit. nach Müller, a.a.O., S. 234

29 Ebd.

30 Der beschönigende Begriff tauchte bereits bald nach dem 9. November in Anspielung auf die Scherbenhaufen auf, die am Tag nach dem Pogrom vor jüdischen Geschäften zu sehen waren.

31 Liebel am 3. August 1938 in der Sitzung des Rats der Stadt. Zit. nach Froschauer/ Geyer, a.a.O., S. 55f.

32 Fränkische Tageszeitung vom 11. August 1938

33 Ebd.

34 Ebd.

35 Hanns Günther von Obernitz, vom 1.9.1933 bis 5.7.1934 auch kommissarischer Polizeipräsident von Nürnberg-Fürth, war seit dem Sommer 1934 Streicher treu ergeben. Der Gauleiter hatte ihn damals vor der Verfolgung im Zusammenhang mit dem „Röhm-Putsch" bewahrt.

36 Den Anstoß zum reichsweiten Pogrom hatte Joseph Goebbels in einer Rede anläßlich der alljährlichen Feier zur Erinnerung an den Putsch vom 9. November 1923 gegeben. Kurz nach 22 Uhr gab der Propagandaminister bekannt, daß in Paris der Jude Herschel Grynszpan den Legationssekretär Ernst vom Rath getötet habe. In einer wüsten antisemitischen Rede erwähnte Goebbels dann auch, daß es bereits in Kurhessen und Magdeburg-Anhalt zu „spontanem Volkszorn" gekommen sei. Die Partei habe solche Vergeltungsaktionen zwar nicht zu organisieren, aber auch nicht zu verhindern. „Goebbels schilderte dabei die Vorgänge so wohlwollend, formulierte die notwendigen Anweisungen an die Partei so geschickt, hetzte so bösartig gegen die Juden, und sprach so leidenschaftlich von Vergeltung, daß keiner der anwesenden Führer von Partei und SA einen Zweifel haben konnte, was von ihnen erwartet wurde. Den Satz, die Partei solle die Demonstrationen nicht organisieren, konnten sie nur so verstehen, daß die Partei als Organisator nicht in Erscheinung treten dürfe." (Hermann Graml: Reichskristallnacht, München 1988, S. 17)

37 Vgl. Utho Grieser: Himmlers Mann in Nürnberg. Der Fall Benno Martin: Eine Studie zur Struktur des Dritten Reiches in der „Stadt der Reichsparteitage", Nürnberg 1974, S. 139

38 Bericht Kolb, zit. nach Müller, a.a.O., S. 241

39 Vgl. Froschauer/ Geyer, a.a.O., S. 65

40 Kershaw, a.a.O, S. 329

41 Ebd., S. 345f.

42 Vgl. hierzu den Aufsatz von Helmut Baier in diesem Buch.

43 Vgl. Müller, a.a.O., S. 222ff.

44 Jörg Wollenberg: Enteignung des „raffenden" Kapitals durch das „schaffende" Kapital. Zur Arisierung am Beispiel von Nürnberg, in: Jörg Wollenberg (Hrsg.): „Niemand war dabei und keiner hat's gewußt", München/ Zürich 1989, S. 161

45 Müller, a.a.O., S. 246f.

46 Die Kommission legte zum Abschluß ihrer Tätigkeit einen 300seitigen Bericht vor. Er diente 1946 in den „Nürnberger Prozessen" als Anklagedokument und ist deshalb auch in den Prozeßakten veröffentlicht worden.

47 Vgl. Froschauer/ Geyer, a.a.O., S. 72. Die Autoren setzen in Relation zu diesem Ausschnitt die Tatsache, daß im Jahr 1935 von den 5700 Nürnberger Betrieben etwa 21 Prozent jüdische Eigentümer hatten.

48 Helmut Genschel: Die Verdrängung der Juden aus der Wirtschaft im Dritten Reich, Göttingen 1966, S. 248. Zit. nach Müller, a.a.O., S. 250

49 Lange Zeit hatten die braunen Machthaber die Auswanderung der Juden aus Deutschland gefördert. Von den 500 000 Juden, die 1933 noch im Reich lebten, waren bis 1938 etwa 180 000 emigriert. 1939 waren es noch einmal 80 000. Mit Kriegsbeginn sollte sich die Situation radikal verändern.

50 Vgl. Müller, a.a.O., S. 252

51 Zit. nach Froschauer/ Geyer, a.a.O., S. 73

52 Der Tag der Wannsee-Konferenz gilt immer noch als Eckdatum, an dem der millionenfache Mord an Juden beschlossen worden sei. Tatsächlich ging es in der Sitzung von vierzehn Staatssekretären und höheren Offizieren allenfalls darum, sie zu offiziellen Mitwissern zu machen, sofern sie es nicht schon waren. Kurz zuvor war Reinhard Heydrich, Chef des Reichssicherheitshauptamtes, von Göring „zum Beauftragten für die Vorbereitung der Endlösung der Judenfrage" ernannt worden.

53 Zit. nach Martin Broszat/ Elke Fröhlich/ Falk Wiesemann (Hrsg.): Bayern in der NS-Zeit. Band 1. Soziale Lage und politisches Verhalten im Spiegel vertraulicher Berichte, München/ Wien 1977, S. 484

54 Müller, a.a.O., S. 295

Die Judenfrage im Unterricht

Von Stadtschulrat Fritz Fink

Brauner Terror

Jürgen Franzke

Denunziation, Verfolgung und Widerstand

Die Überwachung der „Mitglieder der Volksgemeinschaft" durch den NS-Staat war nahezu allumfassend. Nicht nur, daß die Staatsorgane überall gegenwärtig waren und dadurch das Gefühl der ständigen Kontrolle erzeugten, noch wesentlich verstärkt wurde dies durch ein nahezu lückenloses System der gegenseitigen Bespitzelung, Verdächtigung und Denunziation.

Keiner sollte mehr dem anderen trauen können, jeder sollte sich beobachtet und kontrolliert wissen, niemand sollte sich mehr „frei" fühlen können. In den Jahren 1933 bis 1936 wurde dieses System sehr rasch aufgebaut und vervollkommnet. Es funktionierte bis weit in den Zweiten Weltkrieg hinein nahezu perfekt. Zur Grundlage für die Überwachung schuf sich der NS-Staat Gesetze, die sein Handeln legal erscheinen ließen. Bereits am 28. Februar 1933, nur einen Monat nach der „Machtergreifung", wurde die „Verordnung des Reichspräsidenten zum Schutz von Volk und Staat", „Reichstagsbrandverordnung" genannt, erlassen[1] – in Reaktion auf den Reichstagsbrand vom Tag zuvor. Sie setzte wichtige Grundsätze der Weimarer Verfassung außer Kraft, am schwerwiegendsten war die Aufhebung des Grundrechts der persönlichen Freiheit (Artikel 114 der Weimarer Verfassung). Damit hatten sich die Nationalsozialisten sofort eine gefährliche Waffe verschafft, um politische Gegner auszuschalten. Das Gesetz gab der Polizei die Möglichkeit, Systemgegner ohne jede richterliche Kontrolle für beliebige Zeit in polizeilicher Haft zu halten. Zuvor war eine Haft ohne richterliche Kontrolle und von unbestimmter Dauer in Deutschland rechtswidrig.[2]

Diese Rechtsentwicklung wurde ermöglicht durch den Artikel 48, Abs. 2 der Weimarer Verfassung, der als Grundlage der sogenannten „Notverordnungen" bereits 1923 von Reichspräsident Friedrich Ebert zur Unterdrückung politischer Unruhen verwendet wurde.

Dieses „Schutzhaftgesetz" war bereits eine Abkehr von rechtsstaatlichen Prinzipien, da hier die richterliche Kontrolle über polizeiliche Maßnahmen ausgesetzt wurde. Die Verhaftungswellen, welche durch die „Reichstagsbrandverordnung" legitimiert wurden, erfaßten bald alle politischen Gegner des Nationalsozialismus. Es sollten hier vor

allem Kommunisten und „staatsgefährdende kommunistische Bestrebungen im weiteren Sinne"[3] bekämpft werden, doch die Auslegung dieser Verordnung durch die Polizeibehörden geschah immer extensiver. Es wurden nicht nur sämtliche mißliebigen politischen Parteien und Gruppierungen verfolgt – also neben den Kommunisten vor allem Sozialdemokraten und Gewerkschaften – , sondern auch Kriminelle wie „Berufs-" oder „Gewohnheitsverbrecher", die in „Schutz-" oder „Vorbeugehaft" genommen wurden. Die Unterbringung erfolgte meistens in den dafür neu geschaffenen Konzentrationslagern. Bereits am 21. März 1933 richteten die Nationalsozialisten das erste KZ in Dachau ein.[4] Die „Reichstagsbrandverordnung" schuf somit die gesetzliche Voraussetzung zur Errichtung ständig weiterer Konzentrationslager, sie bildete auch die Rechtsgrundlage für die Einweisung.[5]

Am 31. März 1933 wurde die „Verordnung zur Abwehr heimtückischer Angriffe gegen die Regierung der nationalen Erhebung" erlassen, die am 20. Dezember 1934 durch das sogenannte „Heimtückegesetz" noch verschärft wurde. Der NS-Staat hatte nun ein formal-rechtliches Instrument, um jede Kritik an Partei und nationalsozialistischer Regierung mit härtesten Strafen zu belegen. Die Verfolgung von mißliebigen Äußerungen dem Staat gegenüber wurde damit jederzeit möglich. Der Bespitzelung und Denunziation, der Lüge und Verleumdung war jeder Spielraum gegeben. Persönliches Vertrauen, Freundschaft oder Nachbarschaft zählten nicht mehr, allgegenwärtig war die Gefahr, wegen einer unbedachten Äußerung verhaftet zu werden. Manchesmal reichte dafür schon der bloße Verdacht.

Instrument der Durchsetzung solcher „Verfehlungen" waren die sogenannten Sondergerichte, die auch schon im März 1933 eingerichtet wurden. Diese konnten Urteile fällen ohne Anhörung von Zeugen oder Sachverständigen, ohne Beweise geprüft zu haben. „Gegen Entscheidungen der Sondergerichte ist kein Rechtsmittel zulässig", hieß es in der Verordnung. Damit war diesen Gerichten ein Status verschafft, der sie außerhalb jedes Rechtsstaates stellte.

Die sehr rasche Einführung dieser Gesetze und die Einrichtung der Sondergerichte zeigt deutlich, wie machtbewußt die Nationalsozialisten handelten, mit welcher Schnelligkeit sie es verstanden, die Macht zu festigen und auszubauen und mit welcher Unnachsichtigkeit sie alles bekämpften, was sich ihnen in den Weg stellte. Nirgendwo wurde der „Wille zur Macht" entschiedener demonstriert als in den ersten Wochen und Monaten nach der „Machtergreifung".

Das Tempo des Gleichschaltungsprozesses überraschte selbst Goebbels, der am 24. April 1933 zufrieden feststellte: „Der Führer entscheidet. Alles geht viel schneller, als wir zu hoffen gewagt hatten."[6] Schon am 1. Februar hatte Hitler die Auflösung des Reichstages beim Reichspräsidenten erwirkt. Damit konnte er ohne parlamentarische Kontrolle – zunächst sieben Wochen – mit Notverordnungen regieren. Diese Möglichkeit war durch die autoritäre Verformung der Verfassungsordnung von Weimar, die seit 1929/30 stattfand, möglich geworden.[7] Der gesamte Februar 1933 war gekennzeichnet von Willkürakten der SA und SS gegen politische Gegner, blutigen Schlägereien vor allem in Berlin und ganz Preußen, von radikaler Verfügung über Polizei und Verwaltung zur Durchsetzung der eigenen Machtinteressen. „Eine Minderheitsregierung hatte sich die Möglichkeit geschaffen, willkürliche politische Konkurrenten auszuschalten und öffentliche Meinungsbildung bereits wesentlich einzuschränken. Das alles geschah unter dem Mantel einer scheinbaren Legalität."[8]

Zerschlagung der Arbeiterbewegung

Erster Höhepunkt dieses Machtergreifungsprozesses war die schonungslose Hetze gegen Kommunisten, die noch in der Nacht des Reichstagsbrandes begann: Göring, preußischer Innenminister, befahl die Verhaftung der Abgeordneten und führenden Funktionäre der KPD, die Schließung aller kommunistischen Parteibüros und ein unbefristetes Verbot der gesamten kommunistischen Presse; auch sozialdemokratische Blätter wurden verboten.

Ein fundamentaler Grund der Schwäche der Arbeiterbewegung und Opposition gegen den Nationalsozialismus war das massive Zerwürfnis der Parteiorganisation von SPD und KPD. Getreu der Linie der KPD, die dieser aus Moskau vorgegeben war, hatte sie die Sozialdemokratie in den Jahren 1929 bis 1933 als stärksten Feind der Arbeiterklasse ausgemacht und bekämpfte diese massiver und verbissener, als sie es je der NSDAP gegenüber tat.[9]

Es ist unbestritten, daß dieser Kampf, bei dem es in erster Linie um die Führungsfunktion innerhalb der Arbeiterbewegung ging, ganz wesentlich zum Erfolg des Nationalsozialismus beitrug. Noch im Februar 1933, also bereits nach der Ernennung Hitlers zum Reichskanzler und dem Beginn der Säuberungsaktionen durch die NS-Organisationen, bezeichnete das Zentralkommitee der KPD die SPD-Führung als „schmutzige Verräter". In der „Neuen Zeitung", der Tageszeitung der bayerischen KPD, wurde den Aufrufen zum Kampf gegen die SPD-Führung bald mehr Raum gewidmet als der Auseinandersetzung mit den immer gewalttätiger auftretenden Nationalsozialisten.[10] Diese bahnten sich ihren Weg zur absoluten Macht. „In größerem Umfang wurden die Wohnungsdurchsuchungen und Verhaftungen erst nach dem 9. März, dem Tag der nationalsozialistischen Machtübernahme in Bayern, weitergeführt. Die Verhaftungslisten waren inzwischen auch auf bekannte Reichsbannerführer ausgedehnt worden. Neben gezielten Verhaftungen der bekannten Funktionäre der Stadtteilgruppen und der kommunistischen Nebenorganisationen durch die Politische Polizei ergriffen vielfach SA- und SS-Leute selbst die Initiative und nahmen ihnen persönlich bekannte Kommunisten fest. Polizei und SA durchkämmten in den folgenden Wochen in großen Razzien systematisch ganze Häuserblocks und Wohnviertel. Bei solchen Aktionen wurden frühmorgens sämtliche Straßen und Fluchtwege abgesperrt, jedes Haus durchsucht und verdächtige oder durch die Nachbarschaft denunzierte Personen festgenommen".[11]

Nach den massiven Verhaftungswellen gegen kommunistische Funktionäre, gegen SPD-Leute und Gewerkschafter als Folge der Göringschen Anordnungen nach dem Reichstagsbrand gab es zunächst nur noch vereinzelt, zerstreut und unorganisiert Widerstandsregungen. In Nürnberg versuchten die noch nicht verhafteten KPD-Anhänger mit Flugschriften wie dem „Roten Sandberg" oder der „Roten Altstadt" Informationen zu verbreiten und zu agitieren.[12] Doch immer wieder gab es Verhaftungen, meist durch vorangegangene Denunziation. Im August wurde beispielsweise ein Schuster aus Gostenhof zu zwei Jahren Gefängnis verurteilt, lediglich aufgrund der Behauptung eines Denunzianten, der Handwerker habe eine kommunisti-

sche Stadtteilzeitung gelesen und ein Flugblatt weitergegeben. „Unter den noch vorhandenen Akten des Sondergerichts finden sich für den Zeitraum von April bis zum 31. Dezember allein 36 Verfahren gegen 57 Personen wegen Besitzes und Weitergabe kommunistischer Druckschriften und Broschüren. In diesen Verfahren wurden Strafen von zusammen 44 Jahren und 9 Monaten Gefängnis ausgesprochen."[13]

In einem Sonderbericht der Polizeidirektion Nürnberg-Fürth vom 15. September 1933 heißt es: „In der zweiten Augusthälfte gelang es, durch Festnahme von 35 führenden Funktionären der Bezirksleitung Nordbayern und der Nürnberger Stadtteilleitungen den Funktionärsapparat des KJVD [Kommunistischer Jugendverband Deutschland] sowie den Literaturvertrieb völlig lahmzulegen. Nachdem inzwischen ein neuer Funktionärsapparat gebildet wurde, mußte neuerlich polizeilich durchgegriffen werden. 10 Spitzenfunktionäre sind bereits festgenommen, die Festnahme von etwa 20 weiteren Funktionären erfolgt in nächster Zeit."[14]

Der KPD war es nach den ersten Verhaftungswellen im Februar/März 1933 gelungen, eine neue, illegale Parteiarbeit aufzubauen. Die Verhaftung eines wichtigen Informationsträgers der Partei, der mit Flugblättern, gedruckt in einer Höhle in Königstein im fränkischen Jura, ertappt wurde, führte zu der im obigen Sonderbericht der Polizeidirektion beschriebenen erneuten Verhaftungswelle. Durch brutale Folterungen – ein zweiter Kommunist erlag einen Tag später den erlittenen Verletzungen – waren aus dem KPD-Mann Namen und Organisationsdaten im wahrsten Sinn des Wortes herausgeprügelt worden. Im Oktober 1933 war die politische Widerstandsarbeit der KPD damit weitgehend zerschlagen. Den Mitgliedern des Nürnberger KJVD wurde am 29. Oktober 1934 vor dem Oberlandesgericht in München der Prozeß gemacht.

Die jungen Nürnberger Kommunisten Andreas Paul, Fanny Wiesenfeld, Ernst Müller, Andreas Döhlmann, Rudi Pilhofer, Rudolf Zahn, Ernst Müller, Arno Isner und Hans Meiler erhielten jeweils Gefängnis- oder Zuchthausstrafen zwischen zwei und drei Jahren. Damit war auch die Jugendorganisation der Kommunistischen Partei zertrümmert. Es gab zwar nach 1934 bis in den Zweiten Weltkrieg hinein immer wieder Versuche einzelner Gruppen, Widerstand aufzubauen, doch an der immer vollkommener werdenden Überwachung scheiterten alle Ansätze schon im frühesten Stadium.[15]

Die „Deutschland-Berichte" der Sozialdemokratischen Partei aus den Jahren 1934 bis 1939 wurden von Gewährsleuten in Deutschland gesammelt, in Prag von der Exil-SPD zusammengestellt und gedruckt und anschließend auf geheimem Weg wieder in Deutschland verbreitet. Sie zeichnen ein zwischen Hoffnung und Bangen schwankendes Bild der lokalen und regionalen Parteiorganisationen und ihrer Mitglieder. In einem Bericht über die „allgemeine Stimmung in Deutschland" vom Juli/August 1934 heißt es: „Die Nürnberger sehen keinen Ausweg mehr, es ist Weltuntergangsstimmung".[16] Und weiter: „Der Nürnberger [Genosse] sagte – und das voll innerer Wut über die eigene Ohnmacht – daß die Nürnberger Bevölkerung nicht mehr aus dem Nazirummel erwachen könne. Wer sich davor retten wolle, müsse daheim bleiben als hätte er Stubenarrest. Jeden Tag sei etwas anderes los, aus jeder Sache werde eine große Angelegenheit der Partei gemacht. Im letzten Juli-Drittel waren die ‚Deutschen Kampfspiele'. Dann kam ‚Die 5. Internationale Polizeisternfahrt'. Dazwischen hinein kam der Rummel mit dem 20. Gedenktag an die Mobilmachung 1914. In die gleichen Tage fiel die Hindenburgtrauer, die allerdings auf viele Leute wegen der spürbaren Scheinheiligkeit der Nazis abstoßend wirkte. In all diese Vorgänge hinein kommt in Nürnberg noch die Propaganda für den Nazi-Parteitag. Oberbürgermeister Liebel von Nürnberg sprach im Rundfunk über die gewaltigen Arbeiten, die vollbracht wurden und noch werden, um im Luitpoldhaus einen geeigneten Platz zur Abhaltung eines Parteitages zu bekommen. Daneben wird der Bahnhof Dutzendteich zu einem großen ‚Parteibahnhof' umgebaut, um die einfahrenden Züge reibungsloser entleeren zu können. Auch die Bettelei ist schon wieder da."[17]

Zu diesem Zeitpunkt (August 1934) war auch die sozialdemokratische Parteiorganisation in Nürnberg längst ausgeschaltet und arbeitete in der Illegalität. Bereits im März 1933 hatte der „Frankenführer" Streicher mit der Besetzung der Parteiräume und dem Verbot der SPD-Zeitung, der „Fränkischen Tagespost", die Parteiorganisation zerschlagen. Nur zehn Tage nach der letzten machtvollen Demonstration der „Eisernen Front" am 4. März 1933 mit nahezu 30.000 Personen auf der Deutschherrnwiese zeigten die Nationalsozialisten, wie man den politischen Gegner vernichtet. Mit Gewaltaktionen und Massenverhaftungen von Gewerkschaftern und Parteifunktionären und der kampflosen Niederlage der „Eisernen Front" wurden die Mitglieder und Wähler der SPD völlig demoralisiert.

Der Glaube der Sozialdemokraten an Rechtsstaatlichkeit und Ordnungspolitik wirkt aus heutiger Sicht naiv. Die Politiker der SPD erkannten ebensowenig wie die der KPD, daß es den Nazis einzig

darum ging, die Macht zu festigen, die demokratischen Instanzen so schnell wie möglich auszuschalten und mit allen Mitteln – insbesondere mit Gewalt – die Diktatur aufzubauen. Die sich häufenden Parteiaustritte resultierten, so ist zu vermuten, aus einer Mischung von Angst und Opportunismus – genaueres kann hierüber aufgrund fehlender Quellen nicht gesagt werden.[18] Sicher erzeugte auch das starke Spitzelwesen und Denunziantentum innerhalb der Parteiorganisation Ängste und Rückzugsverhalten.

Versammlungsorte und -termine wurden verraten, Mitgliedernamen preisgegeben und Verstecke angezeigt – so zum Beispiel das Waffenlager des „Reichsbanners", der Kampforganisation der Sozialdemokraten, am alten Kanal.[19] Es war häufig klar, daß die Verräter in den eigenen Reihen zu suchen waren, was eine starke psychologische Wirkung hatte und zur weitgehenden Lähmung der SPD führte.

Nach dem Aufbau der illegalen Parteizentrale in Prag wurden Informationen über eine neue Wochenzeitung und über die „Deutschland-Berichte" der „Sopade" – dies der Name der illegalen SPD – verbreitet. Auch von Nürnberg aus fuhren zuverlässige „Genossen" regelmäßig an die Grenze, um Informationsschriften in Empfang zu nehmen. Doch abgesehen davon, daß es sich nur noch um eine sehr kleine Zahl von „Genossen" handelte – geschätzt wurden etwa 200 bis 300 Personen[20] –, brach diese Arbeit durch die Verhaftungen, basierend auf Verrat, im Frühjahr 1934 zusammen.

Gegen 36 Mitglieder der illegalen sozialdemokratischen Organisation aus Nürnberg und Fürth wurde in zwei Verfahren wegen Vorbereitung und Beihilfe zum Hochverrat vor dem Oberlandesgericht in München verhandelt. Alle erhielten mehrjährige Freiheits- und Zuchthausstrafen mit anschließender Einweisung in Konzentrationslager.[21] Damit war dem größten und aktivsten Teil der bisher unbekannten jungen Sozialdemokraten die Möglichkeit der illegalen Arbeit entzogen. Ernüchtert und verängstigt sahen die noch Verbliebenen keine Möglichkeit der Reorganisation eines Parteisystems und beschränkten sich auf getarnte Verbindungen in kleinen Kreisen. Doch auch hieraus kam es, oft wieder durch Denunziation, zu Verhaftungen durch die Gestapo. Nach 1936 verblieb den noch übrig gebliebenen Sozialdemokraten nur noch die Möglichkeit, ihre Meinung im allerengsten Kreis mit den ganz persönlichen Freunden zu äußern und ihre Widerstandstätigkeit auf Einzelaktionen zu beschränken.

Gleichzeitig mit der Zerschlagung der politischen Organisation bemächtigten sich die Nazis ungeniert der Vermögen der Arbeiterorganisationen und nutzten die vorhandenen Einrichtungen, zum Beispiel den „Konsum". Im Juni/Juli-Bericht von 1934 liest man: „Der Konsumverein Nürnberg-Fürth ist zu einer Versorgstelle für die Familienangehörigen der Nazi-Oberbonzen Holz und Gradl geworden. Holz und Gradl sind Streichers beste Freunde. Holz ist stellvertretender Gauführer. Gradl hat ebenfalls eine hohe Nazistellung inne. Nun ist der Nazireichstagsabgeordnete Gradl Aufsichtsratsvorsitzender im geraubten Konsumverein. Die Schwägerin des Holz, ein Frl. Sill ist Kontrolleurin über die Konsumvereinskontrolleure (eine ganz neue Stelle). Auch diese Dame hat ihr eigenes Dienstauto."[22]

Die örtlichen Nazigrößen genossen nun das Leben in vollen Zügen, nicht selten gab es dabei innerhalb des eigenen Lagers unrechtmäßige Bereicherung, Veruntreuung von Geldern, so daß sogar Parteigenossen vor Gericht gestellt und verurteilt wurden. Je mehr sie sich in ihrer Machtfülle sonnten, umso rücksichtsloser wurde das Vorgehen gegen politische Gegner. Im „Deutschland-Bericht" vom Juni 1935 heißt es: „Die Vernehmungen durch die Gestapo in Nürnberg werden mit aller Brutalität geführt. Diese polizeiliche Vernehmung führt der Kriminalhauptwachtmeister Beetz. Mit Revolver und Gummiknüppel versucht man Geständnisse zu erpressen. Beetz selber sagte einmal zu einem Verhafteten: ‚Wenn ich dürfte, wie ich wollte, ich schlüge Sie, daß sie nicht mehr kriechen können.' Das Schlagen besorgten dann andere Gestapoleute, dabei wurden den Gefangenen die Hände über dem Kopf zusammengebunden."[23]

Resignierend wird in einem „Deutschland-Bericht" vom Januar 1936 festgestellt: „Die Weltöffentlichkeit ist abgestumpft gegen den politischen Terror im Dritten Reich. Die Tatsache, daß auch heute, 1936, genau noch wie Anfang 1933, willkürlich verhaftet wird, Geständnisse erpreßt, Gefangene gefoltert und gemordet werden, wird nicht zur Kenntnis genommen. Im Schutze dieser Teilnahmslosigkeit steigert sich der Terror gegen die Illegalen."[24] Damit war die Hoffnung aufgegeben, daß vielleicht von den europäischen Demokratien politische Unterstützung gegen den Terrorstaat zu erhalten wäre. Diese Hilfe von außen hatte man wohl insgeheim erwartet.

Im Inneren perfektionierte die Bespitzelung von „Staatsfeinden" durch ein immer weiter ausgebautes System der Blockwarte die Überwachungsmaschinerie des NS-Staates. Ein „Blockwart" oder „Blockleiter" hatte die Aufgabe, ein „Gebiet" von etwa 40 bis 60 Haushaltungen zu leiten. Ihm übergeordnet war der „Kreisleiter", der die jeweiligen Blockleiter einsetzte.

Viele Blockwarte waren gefürchtet, weil sie sich eifrig als Spitzel und

Denunzianten betätigten. Dies war eine von der Partei vorgegebene Anweisung. Im Organisationsbuch der NSDAP von 1936 heißt es über die Ziele der Arbeit des Blockleiters: „Die Verbreiter schädigender Gerüchte hat er festzustellen zu lassen und sie an die Ortsgruppe zu melden, damit die zuständige staatliche Dienststelle benachrichtigt werden kann ... . Der Blockleiter treibt nationalsozialistische Propaganda von Mund zu Mund ... . Es ist Ziel des Blockleiters, weitmöglichst zu erreichen, daß die Söhne und Töchter des Blockgebietes den entsprechenden Formationen der HJ, SA, SS, des NSKK wie auch den entsprechenden der Partei angeschlossenen Verbänden, wie DAF, angehören." Er war „Prediger und Verfechter der nationalsozialistischen Weltanschauung" und sollte dafür sorgen, daß die „nationalsozialistischen Veranstaltungen, Kundgebungen und Feierstunden" von allen Bewohnern des Blocks besucht wurden.[25]

„Das Spitzelsystem wird in Gestalt der Blockwarte in meinem Arbeitsgebiet auch auf dem Lande systematisch ausgebaut. In Nürnberg ist es mustergültig durchgeführt. Wer in Nürnberg einmal einen Verfehmten besucht, wird von da ab ständig beobachtet. Merkt man sonst noch halbwegs Verdächtiges an ihm, so wird er und der ganze Personenkreis, mit dem er verkehrt, verhaftet und die Prozedur zur Erzwingung von Geständnissen beginnt."[26]

Nicht wenige der Nürnberger Kommunisten und Sozialdemokraten haben Dachau von innen kennengelernt. Auch wenn viele nur ein paar Monate dort waren, die Erfahrungen waren gravierend, und darüber sprechen durfte man nach der Entlassung ebenfalls nicht - sonst bestand die Gefahr, wieder inhaftiert zu werden. „Halt's Maul, sonst kommst nach Dachau", war ein gängiger Spruch, heute Titel eines Buches, in dem Nürnberger über ihre Alltagserfahrungen aus der Terrorzeit berichten.[27]

Wie brutal und menschenverachtend das Vorgehen der Nazis war, belegen noch einige Beispiele: „Vor einiger Zeit mußten eine Anzahl Einwohner von Nürnberg-Gartenstadt zum NSDAP-Ortsgruppenvorsitzenden Rackelmann kommen. Er beschimpfte sie in der unflätigsten Weise, da sie Hitlergegner seien und erklärte, daß sie sofort aus der Gartenstadt ausziehen müßten. Das betraf zum Teil Gründungsmitglieder der Gartenstadt, die in ihrem Häuschen seit der Erbauung wohnten. Diese Baugenossenschaft Gartenstadt hat auch seine eigene Werkstätte für kleine Reparaturen usw. Dort arbeitete seit langer Zeit der Arbeiter Seiler. Auch er wurde von Rackelmann als Schwein, Schweinehund, Landesverräter usw. zusammengeschimpft, aus seiner Arbeit entlassen und erhielt den Auftrag, sich eine andere Wohnung zu suchen. Der alte Mann hat sich nach dieser ‚Aussprache' beim Nazi-Ortsgruppenleiter in seiner Wohnung mit Leuchtgas vergiftet. Ein anderer Mann, auch Mitglied der Baugenossenschaft Gartenstadt, wurde ebenfalls aufgefordert, seine Wohnung zu räumen, weil er im Frühjahr gegen Hitler gestimmt habe. Er klagte erfolgreich beim Amtsgericht in Nürnberg, wurde aber in das Konzentrationslager nach Dachau eingeliefert und von dort erst entlassen, als er erklärte, daß er ‚freiwillig' auf seine Wohnung in der Gartenstadt verzichte. Ein Nürnberger Arbeiter, der in einer Wirtschaft beim Bier nur so nebenbei erklärt hatte: ‚Na, Kraft durch Freude gabs doch früher auch schon!', wurde am anderen Tage verhaftet. Da das Delikt zur Anklageerhebung nicht ausreichte, wurde er freigelassen, erhielt aber Stadtverweis aus Nürnberg und mußte mit seiner Frau verschwinden. Ein alter Arbeiter, Invalidenrentner, der während des Parteitages in einer Wirtschaft in Nürnberg ein Glas Bier mit den anwesenden Nazis trank und sich humoristisch unterhielt, meinte nach einiger Zeit: ‚So, jetzt gehe ich heim, schließlich erzähle ich noch Witze, die mir nicht gut bekommen.' Die herumsitzenden Nazis lachten alle aus vollem Halse, da erhob sich ein Mann in Zivil, der auch mit am Tische saß, zog aus der Tasche seinen Ausweis als Kriminalbeamter heraus und sagte: ‚So, Herr..., Sie kommen mit mir!' Erst auf die sehr energischen Einwände der Nazis nahm der Beamte von der Verhaftung Abstand."[28]

Wie diese Beispiele zeigen, war nicht nur jegliche, auch illegale Parteiarbeit zerschlagen, auch die Meinungsäußerung in der Öffentlichkeit – selbst wenn nur ein Witz erzählt wurde – war äußerst riskant und barg ständig die Gefahr, verhaftet zu werden. Ein Spitzel, mit Zivilkleidung getarnt, konnte überall dabeisitzen und ehe man sich darüber klar wurde, war man verhaftet. Nicht wenige Nürnberger machten solche Erfahrungen.

Rechte Seite: Organisationsformen der NSDAP.

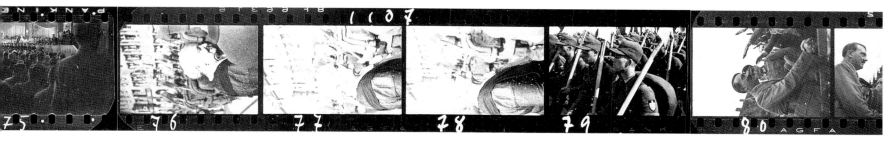

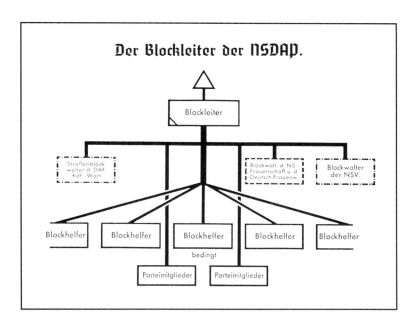

Der Blockleiter der NSDAP.

Blockleiter

Straßenblockwalter d. DAF. KdF.-Wart — Blockwalt. d. NS.-Frauenschaft u. d. Deutsch.Frauenw. — Blockwalter der NSV.

Blockhelfer — Blockhelfer — Blockhelfer — Blockhelfer — Blockhelfer

bedingt

Parteimitglieder — Parteimitglieder

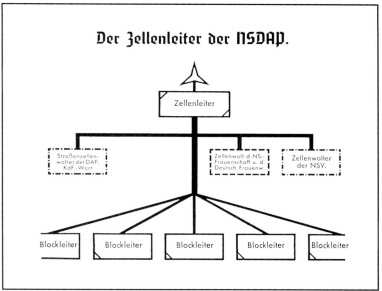

Der Zellenleiter der NSDAP.

Zellenleiter

Straßenzellenwalter der DAF. KdF.-Wart — Zellenwalt. d. NS.-Frauenschaft u. d. Deutsch.Frauenw. — Zellenwalter der NSV.

Blockleiter — Blockleiter — Blockleiter — Blockleiter — Blockleiter

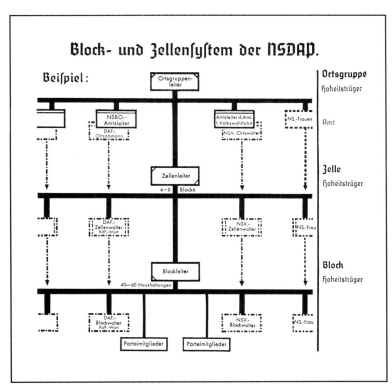

Block- und Zellensystem der NSDAP.

Beispiel:

Ortsgruppenleiter — Ortsgruppe — Hoheitsträger

NSBO.-Amtsleiter DAF.-Ortsobmann — Amtsleiter d. Amt. f. Volkswohlfahrt NSV.-Ortswalter — NS.-Frauen — Amt

Zellenleiter — Zelle — Hoheitsträger

4–8 Blocks

DAF.-Zellenwalter KdF.-Wart — NSV.-Zellenwalter — NS.-Frau

Blockleiter — Block — Hoheitsträger

40–60 Haushaltungen

DAF.-Blockwalter KdF.-Wart — NSV.-Blockwalter — NS.-Frau

Parteimitglieder — Parteimitglieder

Ortsgruppe der NSDAP.

Befehlsweg der Kreisleitung der NSDAP.

Zelle — Block

Terror im Krieg

Es wurde oben schon erwähnt, daß der NS-Staat zur raschen Abfertigung von Verfahren sogenannte „Sondergerichte" geschaffen hatte. In Nürnberg wurde bereits im Frühjahr 1933 ein solches Gericht beim Oberlandesgericht eingerichtet.

Es war wegen seiner scharfen Urteile berüchtigt und gefürchtet. Selbst das Reichsjustizministerium wunderte sich über die überdurchschnittlich vielen Todesstrafen, die das Sondergericht während der Kriegszeit verhängte. Verantwortlich dafür war in erster Linie der Vorsitzende, Dr. Oswald Rothaug, ein fanatischer Nationalsozialist, der als „Blutrichter" und „Henker von Nürnberg" verrufen war. Der Sozialdemokrat Fritz Munkert wurde nach Zuchthaus und KZ-Haft im Januar 1944 zum Tode verurteilt und hingerichtet. Das Urteil erfolgte wegen abfälligen Äußerungen gegen das Regime und wegen guter Kontakte zu Fremdarbeitern. Die Nürnberger Arbeiterin Therese Müller hatte ihren Sohn, einen Kommunisten, der an der Ostfront kämpfte, geraten, zu den Sowjets überzulaufen. Sie wurde zunächst zu fünf Jahren Zuchthaus verurteilt, doch eine erneute Verhandlung

vor dem Sondergericht brachte die Todesstrafe, vollstreckt im Mai 1943, zwei besonders brutale Beispiele.[29]

Mit dem Beginn des Krieges hatte sich die Urteilspraxis und der Strafvollzug nochmals verschärft. Es wurden neue Gesetze erlassen, wie zum Beispiel die „Rundfunkverordnung", mit der das Abhören ausländischer Sender verboten wurde. Für Verstöße gegen diese Verordnung waren wiederum die „Sondergerichte" zuständig. Schon vor Kriegsbeginn hatten die „Sondergerichte" aufgrund des Heimtückegesetzes vom 20. Dezember 1934 – es stellte Äußerungen gegen die NSDAP oder die Regierung unter Strafe – die Verbreitung ausländischer Nachrichten mit Gefängnis bestraft. Nun kam das Rundfunkverbot hinzu. Bereits in den ersten Kriegsmonaten gab es Prozesse und Verurteilungen. Doch Propagandaminister Dr. Goebbels rügte die anfangs milden Urteile, so daß 1940 unter anderem das Nürnberger Sondergericht Zuchthausstrafen für dieses Vergehen zwischen fünf und zehn Jahren aussprach. Gegen Ende des Krieges wurden auch Todesurteile verhängt.[30]

Persönliche Erinnerungen

Nürnberg war schon seit Beginn der Hochindustrialisierung eine Arbeiterstadt und damit eine „rote Hochburg". Es war daher ein besonderes Anliegen der Nationalsozialisten, in der „Stadt der Reichsparteitage" die politische Vormachtstellung der Sozialdemokraten schnell und gründlich zu brechen. In den „Lebenserinnerungen Nürnberger Metallarbeiter" – einem Oral-history-Projekt, das 1982 bis 1984 am Centrum Industriekultur durchgeführt wurde[31] – kommt die persönliche Erfahrung des Einzelnen zur Zeit der NS-Herrschaft zum Ausdruck.

Friedrich Klöß, Jahrgang 1900, erzählte von Hausdurchsuchungen in der Gartenstadt. „Und dann sind die Nazi kommen, 33. Ja, mir warn natürlich ... die Gartenstadt, des war die rote Gartenstadt, die rote Gartenstadt war des. Warn lauter Sozi, ne, und Reichsbanner und alles war da draußen. 33, einmal nachts sind s'kommen und habn dann da alles nachgeschaut, ne. Ja, nachts um zehn sind die kommen und habn alles durchsucht. Zeitungen nausgeschmissen, die sind alle anzunden wordn, sind vorm Haus verbrennt wordn, ne. Und no habn mir ein paar Tag vorher zufällig Postkartenbilder gehabt,

ne, vom Ebert und vom Liebknecht und so weiter, damals, ne, die habn mir da also so angeschaut und drüber gesprochen, no habn mir s'in mei Schubladen neigelegt. Der macht die Schubladen auf und sieht die Karten da, ein SAler, ne. ,Ja, so!' hat er gesagt, rauspackt und weg, ne. Zeitungen, die Tagespost nausgeschmissen, verbrennt, ne, alles durchsucht. Habn nix weiter gefunden, mir habn vorher schon alles weggeräumt."

Wilhelm Hasenkopf erinnert sich noch sehr genau daran, als seine Frau von einer anderen Person angezeigt und schließlich vor dem „Sondergericht" verurteilt wurde. Wilhelm Hasenkopf, Jahrgang 1910: „Da hat mei Frau a Kollegin ghabt, a ,liebe, nette' Kollegin und die hat an jeden angepumpt... Meine Frau wollte aber kein Geld ausleihen. No hat die es schreien und es schimpfen angfangt, ne, und hat no gsagt: ,Wirst scho sehen, wenn Dir der Streicher amal draufkommt, daß du beim Juden einkaufst!' Da habn mir beim Schocken drüben, habn mir immer einkauft, weil's am billigsten war, ne. Und: ,Der wird Dir's schon noch beibringen', und so weiter. Und no hat mei Frau gsagt: ,Der kann mir überhaupt nix beibringen, der hat es Maul zu

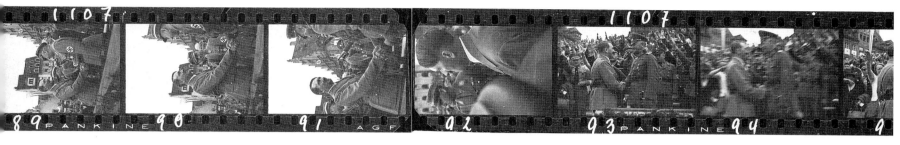

halten, denn der ist ja damals als Oberlehrer von der Schul gschanzt wordn, weil er's mit die Kinder ghabt hat', ne. Und dann hat s' amal angeblich noch den Witz erzählt: ,Erlangen macht die Tore auf, der Hitler kommt im Dauerlauf', und was halt da so rumgangen ist. Und des Weibsbild ist auf's Braune Haus nauf und hat da Anzeige erstattet. Da ist s' no vorgladen wordn, auf's Braune Haus, da ist no mei Schwiegervater mit nauf gangen. Habn s' ihn aber net mit neiglassen. Und da habn s' sie behandelt wie den letzten Dreck: ,Wie alt sind Sie, und wie lang sind S' jetzt scho verheiratet? No, Sie sind mir scho die richtige Schlampen. So alt und so lang verheirat und noch net amal a Kind, des ist scho es richtige!' Und mit allen möglichen gemeinen Ausdrücken habn sie s' behandelt. No ist s' zur Gerichtsverhandlung kommen, Sondergericht. Beim Sondergericht ist s' no verurteilt wordn zu neun Monat Gefängnis."

Beleidigung und persönliche Verunglimpfung, das war die Norm, wenn man einmal in die Maschinerie des NS-Staates gekommen war. Die Verurteilung von Frau Hosenkopf spricht Bände: Ohne konkreten Anlaß, nur auf eine Anschwärzung einer böswillig gesonnenen Frau erfolgte die Einweisung ins Gefängnis. Da konnte man im Alltag wahrlich nicht vorsichtig genug sein.

Besonders dramatisch und als Lebenserfahrung noch heute mit starken Gefühlsausbrüchen begleitet war die Erfahrung des Verrats der ehemaligen Genossen, die mittlerweile zu den Nationalsozialisten übergelaufen waren.

Heinrich O., der seit 1921 in der „roten" Gartenstadt wohnte, erlebte, wie sich SPD-Mitglieder bei den Nationalsozialisten „einkauften":

Heinrich O.: „Den haben wir dann natürlich da außen erlebt, den direkten Zusammenbruch, kann man sagen, der SPD. Die führenden, pfundigen Sozialdemokraten, die warn da bereits schon vordatiert bei der SA. Also, gegen Obulus wurde das erledigt. Der hat sein Parteibuch von der SA gekriegt und hat natürlich nichts verlauten lassen bis es soweit war, bis es dann öffentlich war."

Frage: „Ein SPDler, der im geheimen schon bei der SA war?"

Heinrich O.: „Ja, ja. Die sich freigekauft haben, ne. Vordatieren haben lassen, damit sie nicht erst seit heute, sondern schon seit 28 dabei waren. Das hat dann natürlich a weng was gekostet.

Frage: „Und diese Fälle kennen Sie also auch namentlich?"

Heinrich O.: „Ein Dutzend kann ich ihnen sagen, da außen."

Diese schwerwiegenden Aussagen Heinrich O.'s wurden von anderen Erzählern bestätigt, ohne daß wir die Namen überprüfen konnten, offizielle Unterlagen – archivalisch gesichertes Datenmaterial -waren darüber nicht aufzufinden.[32] So muß man von der Authentizität der Erzähler ausgehen und kann schlußfolgern: Wenn tatsächlich selbst führende Sozialdemokraten zu den Nazis übergelaufen sind, ja, sich sogar eingekauft hatten, dann muß wohl jegliches Vertrauen der ehemaligen Mitglieder der SPD untereinander weitgehend zerstört worden sein. Eine verläßliche Basis der Zusammenarbeit in der Opposition und im Widerstand war daher nicht mehr vorhanden. Die Fundamente der einstigen „roten Hochburg" waren damit endgültig vernichtet.

1 Reichsgesetzblatt 1933, I, S. 83
2 Günther Kimmel: Das Konzentrationslager Dachau, in: Martin Broszat und E. Fröhlich, Bayern in der NS-Zeit, Teil A, München Wien 1979, S. 349 ff.
3 Zitiert nach Kimmel; a. a. O., S. 351
4 Kimmel, a. a. O., S. 354
5 Kimmel, a. a. O., S. 353
6 Akten der Reichskanzlei. Regierung Hitler 1933 – 1938. Hrsg. v. U. Repgen und H. Boom, Teil I: 1933/34, Bd. 1, Boppard 1983, S. 2; zitiert nach: Hans-Ulrich Thamer: Verführung und Gewalt, Deutschland 1933 – 1945, Berlin 1986, S. 233
7 Thamer, a. a. O., S. 233/234
8 Thamer, a. a. O., S. 239
9 Vgl. Helmut Beer: Widerstand gegen den Nationalsozialismus in Nürnberg 1933 – 1945, Nürnberger Werkstücke zur Stadt und Landesgeschichte, Bd. 20, Nürnberg 1976
10 Beer, a. a. O., S. 74
11 Beer, a. a. O., S. 76
12 Beer, a. a. O., S. 80 – 83
13 Beer, a. a. O., S. 90
14 Martin Broszat (Hrsg.): Bayern in der NS-Zeit, München/Wien 1977, S. 215
15 Beer, a. a. O., S. 94
16 In: Sopade, 1934, Deutschland-Berichte der Sozialdemokratischen Partei Deutschlands (SOPADE) 1934 – 1940, Nachdruck, Frankfurt a. M. 1980, S. 296
17 A. a. O., S. 296
18 Beer, a. a. O., S. 176
19 Beer, a. a. O., S. 347, Fußnote 61
20 Beer, a. a. O., S. 185 f.
21 Beer, a. a. O., S. 205
22 Sopade, a. a. O., 1934, S. 245
23 Sopade, a. a. O., 1935, S. 819
24 Sopade, a. a. O., 1936, S. 42
25 Hilde Kammer u. a.: Nationalsozialismus. Begriffe aus der Zeit der Gewaltherrschaft 1933 – 1945. Reinbek bei Hamburg, 1992, S. 37 f.
26 Sopade, a. a. O., 1936, S. 62
27 Sabine Asgodom (Hrsg.): „Halts Maul sonst kommst nach Dachau", Köln 1983
28 Sopade, a. a. O., 1936, S. 1666/67.
29 Robert Fritsch: Nürnberg im Krieg, Düsseldorf 1984, S. 39/40
30 Vgl. Kammer, a. a. O., S. 185 f.
31 Zit. nach „Arbeitererinnerungen", Aufriß 4, Centrum Industriekultur, 1984, S. 57 u. S. 61
32 Vgl. auch Beer, a. a. O., S. 217

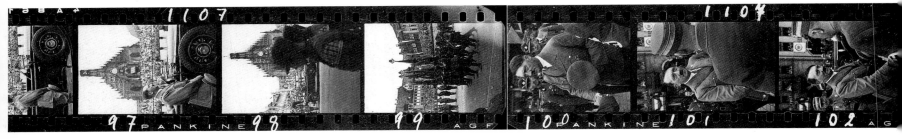

Arbeiter unterm Hakenkreuz

Zur Lage in den Großbetrieben

Rudolf Käs

In den dreißiger Jahren konnte Nürnberg seine Stellung als führende Industriestadt Bayerns vor Augsburg und München behaupten. Der Standort Nürnberg war in erster Linie geprägt vom Maschinen-, Apparate- und Fahrzeugbau sowie von der elektrotechnischen Industrie. Darüber hinaus waren am Ort ansässig: die feinmechanische, optische und Textilindustrie sowie das Holzgewerbe, die Spielzeugindustrie und das traditionelle Nahrungs- und Genußmittelgewerbe. Der Exportanteil des produzierenden Gewerbes war groß, denn die hochwertigen Güter des Maschinen- und Apparatebaus, der Fahrzeug- und Elektroindustrie fanden in vielen Ländern Europas und in Übersee Absatz. Zieht man darüber hinaus noch die herausragende Bedeutung der Großbetriebe wie MAN, Siemens-Schuckert und AEG sowie das gut ausgebaute Verkehrsnetz in Betracht, so ergibt sich für den Industriestandort Nürnberg in den zwanziger und dreißiger Jahren unter normalen wirtschaftlichen Bedingungen ein günstiges Bild. Moderne, leistungsfähige Betriebe mit einem Stamm qualifizierter Facharbeiter produzierten hochwertige Industriegüter für den Weltmarkt.

Nach der „Machtergreifung" setzten Adolf Hitler und die „Nationalsozialistische Deutschen Arbeiterpartei" (NSDAP) alles daran, das Herrschaftssystem durch Überzeugung und Verfolgung zu sichern. Die Feuertaufe erlebte diese Doppelstrategie im Arbeitsleben, in den Betrieben und Unternehmen. Der Auftakt war schon ein glänzender Erfolg: Der 1. Mai wurde 1933 zum „Feiertag der nationalen Arbeit" erhoben. Mithin war eine Forderung der Arbeiterbewegung erfüllt, die so alt war wie sie selbst. Anderntags aber wurden die Gewerkschaften zerschlagen, ihre Führer eingesperrt und das Vermögen beschlagnahmt. Der alles entscheidende Kampf um die Arbeiterschaft hatte mit ihrer Entrechtung begonnen. Der NSDAP, die entgegen ihrer Namensgebung niemals eine Arbeiterpartei war, hatten die führenden Köpfe eine entscheidende Rolle zugedacht. Das Instrument der Partei war die 1929 gegründete „Nationalsozialistische Betriebszellenorganisation" (NSBO). Als weltanschauliche Kampftruppe war sie unter der Parole „Hib" – „Hinein in die Betriebe!" –

angetreten, um die Rolle einer nationalsozialistischen Einheitsgewerkschaft zu übernehmen. Zuerst einmal ging es aber hinein in die Geschäftsstellen der freien Gewerkschaften – und zwar mit Gewalt. In Nürnberg führten am 2.Mai 1933 der „Gaubetriebszellenleiter" Georg Peßler, gleichzeitig „Obersturmbannführer" der SA, zusammen mit anderen Führern der NSDAP die „Gleichschaltung" der Arbeiterorganisationen durch, indem sie die bisherigen Geschäftsführer auf der Stelle ihrer Ämter enthoben und in „Schutzhaft" nehmen ließen. Dies geschah in der Geschäftsstelle des Metallarbeiterverbandes in der Vorderen Kartäusergasse, beim Zentralverband in der Ludwigstraße und beim Schuhmacherverband in der Essenweinstraße.[1] Das Haus dieser Organisation behielt man gleich und funktionierte es zum Haus der NSBO um.[2] Am 30. Juni rühmte sich Julius Streicher vor einer großen Versammlung von Angehörigen der NSBO, daß an diesem Tag alle bisherigen Arbeiterführer nach Dachau gebracht worden seien.[3] Die NSBO aber war mit der ihr zugedachten Aufgabe überfordert, denn es gelang ihr zu keinem Zeitpunkt, auch nur annähernd die Stellung der zerschlagenen Gewerkschaften einzunehmen. Sie war verurteilt, ein Schattendasein zu führen. Nicht zuletzt wegen ihres sichtlichen Mißerfolgs brachen sich nun vor allem in Nürnberg radikal-rassistische Elemente Bahn. Die „SA der Betriebe", wie sich die NSBO selbst gern nannte, lenkte nun ihre antikapitalistischen Ressentiments auf Juden und jüdische Unternehmen. Diese mußten nun als Grund allen Übels herhalten. In Nürnberg wurden jüdische Betriebe unter Druck gesetzt und nichtjüdische Firmen wurden gezwungen, jüdische Angestellte zu entlassen.[4] Die NS-Führung verordnete sehr rasch Ruhe und Ordnung im Wirtschafts- und Arbeitsleben, und das mancherorts laute Treiben radikaler Nationalsozialisten in den Betrieben konnte die anhaltende Skepsis vieler Arbeiter nicht ausräumen. So ergriff im Juni 1934 der „Gauführer Franken", Julius Streicher, auf einer großen Betriebsversammlung der MAN das Wort, beschimpfte den Werksleiter als Kapitalisten und hielt eine scharfe antikapitalistische Rede.[5] Gerade in den Großbetrieben aber schlug den Nationalsozialisten und ihren

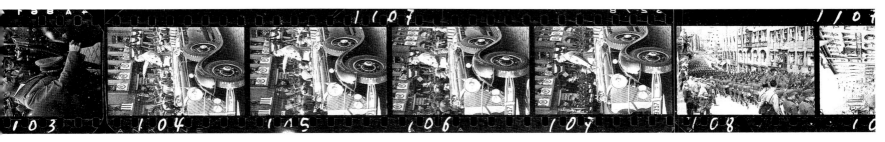

Organisationen oft vielfach Desinteresse und Ablehnung entgegen, die anfangs noch unverblümt gezeigt wurden: So besuchte im Mai 1934 der Führer der „Deutschen Arbeitsfront" (DAF), Robert Ley, die MAN. „Er ging durch die Fabrikräume und sprach auch ‚wohlwollend' mit einzelnen Arbeitern. Man begegnete ihm mit sehr geringem Interesse. Einzelne Arbeiter sahen kaum von der Arbeit auf. Ley wollte sich mit einem Schweißer, der gerade mit dem Helmverschluß bei der Arbeit stand, unterhalten. Der Arbeiter stürzte den Verschluß hoch und klappte ihn sofort wieder zu, als er Herrn Ley vor sich sah. Sichtlich unangenehm berührt ging Herr Ley weiter."[6]

Nach der gewaltsamen Auflösung sozialdemokratischer Gewerkschaften, der Selbstauflösung christlicher Arbeitnehmerorganisationen und dem Verschwinden der Arbeitgeberverbände mußte die Lohnbildung neu organisiert werden. Per Gesetz vom 19. Mai 1933 wurde diese Aufgabe den „Treuhändern der Arbeit" übertragen. Dieses und vor allem das am 20. Januar 1934 folgende „Gesetz zur Neuordnung der nationalen Arbeit", das bedeutendste sozialpolitische Gesetz des „Dritten Reichs", bestimmten fortan maßgeblich die Machtverhältnisse im Wirtschafts- und Arbeitsleben. Das Führerprinzip, das die NSDAP auf den Staat und die Behörden übertragen hatte, wurde nun auch dem Wirtschaftsleben aufgezwungen: Aus dem Unternehmer wurde der „Betriebsführer", aus der Belegschaft die „Gefolgschaft". Die innerbetriebliche Mitbestimmung war beseitigt. Übriggeblieben waren nur noch die sogenannten Vertrauensräte. Was die Nürnberger Arbeiter verschiedener Großbetriebe von ihnen hielten, bekundeten sie bei der „Vertrauensratswahl" 1935: In der Fränkischen Schuhfabrik (Belegschaft 1300 Personen) lag auch vierzehn Tage nach der Wahl noch kein Ergebnis vor, da der erste Kandidat, der Chauffeur des Unternehmers, vermutlich abgelehnt worden war;[7] in den Triumph-Werken waren von 1100 abgegebenen Stimmen 400 ungültig, und in der MAN wurde ebenfalls der Spitzenkandidat abgelehnt.[8]

Die alles entscheidende Frage unter den Arbeitern aber war, ob es den Nationalsozialisten gelingen würde, die Wirtschaftskrise und die Massenarbeitslosigkeit zu überwinden. Mit 29,9 Prozent hatte die Arbeitslosigkeit in Deutschland 1932 ihren Höhepunkt erreicht.[9] Zum Zeitpunkt der „Machtergreifung" im Januar 1933 registrierte man im Nürnberger Arbeitsamtsbezirk 86 747 Arbeitssuchende.[10] Zieht man die Beschäftigtenzahlen eines durchschnittlichen Nürnberger Industriebetriebes wie zum Beispiel der Nürnberger Schraubenfabrik heran, so wird deutlich, daß der Tiefstpunkt der Beschäftigung im Januar 1932 erreicht war: Nur 554 Personen waren noch beschäftigt.[11] 1930 hatte die Belegschaft noch 764 Arbeiter und Angestellte gezählt. Dieser Stand wurde jedoch im Dezember 1932 schon fast wieder erreicht. Ab März 1933 stiegen die Beschäftigtenzahlen sprunghaft an: Zählte man in diesem Monat schon 830 Personen, so waren es im August 1113 und im Oktober 1455 Beschäftigte. Dies war fast dreimal mehr als im Januar 1932. Die kräftige Gesundung in diesem Betrieb hatte also schon vor der „Machtergreifung" eingesetzt. Dies war kein Einzelfall, denn auch der Verwaltungsbericht der Stadt Nürnberg von 1932/1933 sah „eine fast durchgehend anhaltende leichte Verbesserung der wirtschaftlichen Gesamtlage".[12] Dennoch gab es in Nürnberg im Frühling des Jahres 1933 noch sehr viele Arbeitslose. Am 1.Mai waren fast 80 000 Arbeitssuchende im Arbeitsamt gemeldet. Vergleicht man die witterungsbedingten Höchststände der Arbeitslosigkeit in den Jahren 1933 – 1936 (jeweils Januar), so ergibt sich ein klares Bild: 1933: 86 747, 1934: 62 004, 1935: 44 217 und 1936: 34 441 Arbeitssuchende.[13] Dies entspricht einem Rückgang um etwa sechzig Prozent im Bereich des Nürnberger Arbeitsamtes. Dieser Erfolg ließ sich weidlich ausschlachten, denn die von Adolf Hitler lauthals verkündeten Versprechen schienen eingelöst. Wenngleich die Statistik ein geschöntes Bild von der wirklichen Lage gab und der Erfolg mithin nicht so strahlend war, wie er ausgegeben wurde[14], so hatte sich doch die wirtschaftliche Entwicklung merklich verbessert. Facharbeiter wurden als erste wieder eingestellt, und auch Unqualifizierte und Jugendliche konnten nun wieder etwas optimistischer in die Zukunft blicken.

Hatte sich die Beschäftigungslage auch in Nürnberg zweifellos zum Besseren gewendet, so ließen die Löhne sehr zu wünschen übrig. Da die Tarifautonomie mit der Zerschlagung der Gewerkschaften beseitigt worden war, somit die Löhne nicht mehr zwischen Unternehmern und Gewerkschaften frei vereinbart wurden, legten nun die sogenannten Treuhänder der Arbeit, staatliche Organe also, die Löhne fest. Die Lohnentwicklung wurde gebremst. Da für Nürnberg keine Daten vorliegen, muß allgemeines statistisches Material herangezogen werden. Berücksichtigt man die Lebenshaltungskosten, so erreichten die Stundenlöhne der abhängig Beschäftigten erst 1941 wieder das Vorkrisenniveau des Jahres 1928. Die Wochenlöhne entwickelten sich dagegen schneller. Sie hatten den alten Stand schon 1939 wieder erreicht und überschritten ihn in den folgenden Jahren.[15] Der Gund liegt in der Ausdehnung der Arbeitszeit, in den Überstunden und in der Schichtarbeit, zu der die Firmen in der

Auf den betrieblichen Alltag versuchten die Nationalsozialisten großen Einfluß zu nehmen. Das
Führerprinzip wurde auf die Unternehmen und
Betriebe übertragen: Unternehmer wurden „Betriebsführer", die Belegschaft wurde „Gefolgschaft". Die „Führer" entschieden allein über die
betrieblichen Belange. Die Aufnahme rechts zeigt
eine Besprechung in den Zündapp-Werken Ende
der dreißiger Jahre.

Die „NS-Gemeinschaft ‚Kraft durch Freude'"
organisierte den sogenannten Betriebssport, der
von 1936 an vor allem in den größeren Unternehmen forciert wurde. Manche Betriebe legten
Sportplätze an, errichteten Turnhallen oder bauten Freibäder. Die beiden Aufnahmen zeigten Arbeiter und Arbeiterinnen der Zündapp-Werke
beim Betriebssport.

74

Treue und Gehorsam gegenüber dem „Betriebsführer" traten an die Stelle des Arbeitsrechts.
Überhaupt bestimmten zunehmend Rituale aus
der Welt des Militärs den Ton in den Betrieben.
Dazu zählten beispielsweise die sogenannten
Betriebsappelle oder die angeordneten Aufmärsche mit Marschmusik bei bestimmten Gelegen-
heiten. Zum „Betreuungsprogramm" der Arbeiter
durch die „Deutsche Arbeitsfront" gehörten auch
die zahlreichen Konzerte, die in den Werkshallen
veranstaltet wurden. Alle Aufnahmen stammen
aus dem Eisenwerk Tafel.

Hochkonjunktur der späten dreißiger Jahre übergingen. Es ist ein Kennzeichen nationalsozialistischer Wirtschaftspolitik, daß die Löhne trotz Vollbeschäftigung kaum stiegen. Ausnahmen waren hochqualifizierte Facharbeiter vor allem der Rüstungsindustrie. Die Elektroschweißer der Siemens-Schuckert-Werke beispielsweise erhielten im Akkord 1938 2,60 RM in der Stunde, mit Überstundenzuschlägen verdienten sie bei einem zwölfstündigen Arbeitstag in der Woche 150 RM – für viele Arbeiter ein Traumlohn![16]

Gegen Lohnsenkungen waren die Arbeiter nahezu machtlos, da das Streiken verboten war. Als in einer Abteilung der Zündapp-Werke im März 1937 die Akkordlohnsätze herabgesetzt wurden, fanden die Arbeiter einen anderen Weg der Gegenwehr: „Die Belegschaft dieser Abteilung wußte, daß man im Dritten Reich nicht streiken darf. Deshalb ist man auf den Ausweg verfallen, daß sämtliche Arbeiter dieser Abteilung am nächsten Lohntag ihre Kündigung einreichen. Die Firma verstand, worum es sich handelte, und erklärte den Arbeitern, sie sollten dableiben, es würden die bisherigen Löhne weiter bezahlt."[17]

Welche Stellung nahm nun der Arbeiter im modernen Industrieunternehmen überhaupt ein? Die Betriebsordnung der TEKADE Nürnberg gibt dazu beispielhaft Auskunft.[18] Die regelmäßige wöchentliche Arbeitszeit betrug 48 Stunden. Gearbeitet wurde montags bis freitags von 7.00 bis 16.05 Uhr. Samstags begann die Arbeit um 6.45 und endete um 12.05 Uhr. Der Lohn wurde wöchentlich am Freitag ausbezahlt. Urlaub wurde vom 18. bis zum 49. Lebensjahr gestaffelt von sechs bis höchstens dreizehn Werktage im Jahr gewährt.[19] Ganz im Sinne der nationalsozialistischen Arbeitsauffassung hieß es in der Betriebsordnung: „Deutsches Leben ist Arbeit – Alle Arbeit nur für Deutschland!" Angesichts solcher übergeordneten, nationalen Ziele brauchten die „Betriebsführer" nicht mehr länger die Zustimmung der Arbeiter für bestimmte Maßnahmen einzuholen. So hieß es auch: „Überstunden können vom Betriebsführer angeordnet werden". Und: „Akkordarbeit muß auf Verlangen des Führers des Betriebes geleistet werden".[20] Daß davon im weiten Umfang auch in anderen Nürnberger Großbetrieben Gebrauch gemacht wurde, belegen die Produktionsziffern der Siemens-Schuckert-Werke Nürnberg. 1933 waren hier 5316 Betriebsangehörige beschäftigt, so hatte sich ihre Zahl bis 1938 etwa verdoppelt. Im Maschinenbau wurden 1933 nur 24 Einheiten, 1938 aber 135 Aggregate täglich produziert. Der Ausstoß hatte sich also versechsfacht. Im Apparatebau hatte sich die Produktion vervierfacht, im Transformatorenbau verfünffacht.[21] Eine solche

Vervielfachung der Güterherstellung bei nur doppelt sovielen Beschäftigten läßt sich nur zum Teil über Rationalisierungsmaßnahmen erklären. Es ist vielmehr anzunehmen, daß im großen Umfang Überstunden, Schicht- und Akkordarbeit von den „Führern des Betriebes" angeordnet wurden. Neu war im Arbeitsverhältnis auch folgender Grund für fristlose Entlassung: „Vergehen, welche die nationale Ehre verletzen (bewiesen durch böswillige Äußerungen oder Handlungen gegen Volk und Staat)".[22] Statt Mitbestimmung herrschte nun das Führerprinzip ohne Kontrolle und Gegengewicht von unten. Das Arbeitsrecht war gegenstandslos geworden, der Unternehmer war wieder „Herr im Hause". Den Standpunkt des Regimes machte DAF-Führer Robert Ley vor Arbeitern der MAN am 24. Oktober 1933 deutlich: „Arbeiter, Du mußt den Kopf wieder hoch tragen. Deine Augen leuchten wieder, vor allen Dingen bei unserer Jugend. Das ist ja das Herrlichste, sie leuchten wieder! Tut Dir unser Gegner etwas, komme, wir öffnen Dir die Arme, aber Du mußt rückhaltlos kommen; komme nicht mit Hintergedanken. Wir treten Dir auch als offene Menschen gegenüber, aber wehe, wenn Du uns hintergehen willst. Dann Freund ist es endgültig aus."[23] Diese Drohung wurde nur zu gut von den Zuhörern verstanden, brauchten sie sich doch nur die Ereignisse der vergangenen Monate in Erinnerung zu rufen. Was sie von den Versprechungen zu halten hatten, konnten sie jedoch noch nicht wissen. Die „Deutsche Arbeitsfront", die die Betreuung der Arbeiter übernehmen und die der Redner alsbald zur größten Massenorganisation des Nationalsozialismus ausbauen sollte, war erst im Aufbau begriffen.

Die populärste Gliederung innerhalb der DAF sollte alsbald die NS-Gemeinschaft „Kraft durch Freude" werden, die vor allem Einfluß auf die Freizeitbeschäftigung der Arbeiter nahm. Ihr „Amt Reisen, Wandern und Urlaub" erlangte die größte Propagandawirkung im „Dritten Reich". 1935 organisierte es für 684 000 Franken Wanderungen und sandte „220 000 Arbeitskameraden auf Urlaubs- und Erholungsreise".[24] Im Vorjahr waren es noch 50 000 Reisende gewesen. Die Abteilung „Feierabend und Freizeitgestaltung" gab an, im gleichen Jahr bei 1000 Veranstaltungen etwa eine halbe Million Besucher im Gau Franken erreicht zu haben.[25] Gemeint waren Konzerte, Kinovorführungen, Bunte Abende oder Theateraufführungen, für die verbilligte Eintrittskarten abgegeben wurden. Am spektakulärsten aber waren Urlaubsreisen. So brachen am 6. April 1000 Franken auf dem KdF-Dampfer „Der Deutsche" zu einer einwöchigen Nordseefahrt zur Insel Wright auf.[26]

Zweifellos machten die Arbeiter von solchen neuen Freizeitangeboten regen Gebrauch. In kürzester Zeit wurde „KdF" die größte Touristenorganisation Europas. Die attraktiven Reiseziele in den Bergen, am Meer oder mit dem Dampfer nach Norwegen bei erschwinglichen Preisen schürten das Reisefieber der „Volksgenossen". Doch auch für den Urlaubsanspruch sorgten die Nationalsozialisten. Im Vergleich zur Weimarer Zeit wurde die Urlaubsdauer von Arbeitern nicht nur erheblich verlängert, sondern auch der Kreis der Anspruchsberechtigten erweitert und die oft nach Betriebsgröße, Region usw. variierenden Bestimmungen angeglichen. Die Neuregelung des Urlaubsanspruchs war ein erheblicher sozialpolitischer Fortschritt, denn mehr Arbeiter konnten nun länger Urlaub machen. Zusammen mit den sehr attraktiven Reiseangeboten reüssierte „KdF" zum „Prunkstück" nationalsozialistischer Gesellschaftspolitik. Bezahlter Jahresurlaub und organisierter Tourismus bedeuteten das Ende des Privilegs des Reisens, schufen neue Lebensansprüche und ließen die moderne Freizeitgesellschaft in ersten Umrissen entstehen. Diese Leistung der Nationalsozislisten wurde selbst von den Gegnern anerkannt. Der ehemalige Nürnberger Facharbeiter Ewald Frommberger berichtet: „Naja, das einzige Butterbrot, was seinerzeit die Nazis gehabt haben, [war] die ‚Kraft durch Freude', net wahr, also Urlaub und so weiter".[27] Für viele Arbeiter aber waren solche Reisen nicht das reine Vergnügen, konnte man sich der Indoktrination gerade hier nicht entziehen: „Ich hab zwei Fahrten mitgemacht, aber es war für mich schwer. Man mußte erst die Ansprache anhören, dann die Nazi-Lieder singen. Und des war für mich keine Freiheit und kein Urlaub. Dann war der Ortsgruppenleiter da, und der hat seine Ansprache gehalten. Man hat sein Quartier gekriegt, aber abends war eine Versammlung."[28]

Neben der „Freizeitbetreuung" sollte auch im Betrieb Einfluß auf die Arbeiter und ihre Lage genommen werden. Dafür war das DAF-Amt „Schönheit der Arbeit" zuständig, dessen Aufgabe es insbesondere war, innerbetriebliche Verbesserungen und Verschönerungen anzuregen. Es veranstaltete beispielsweise in Nürnberg im Dezember 1934 eine Werbewoche. Alle Betriebe wurden aufgerufen, die Arbeitsstätten zu überprüfen, für Sauberkeit und Ordnung durch Anstrich und Schmuck der Werkstätten zu sorgen, ausreichende Nebenräume und sanitäre Anlagen einzurichten und die Höfe und Freiflächen neu zu gestalten.[29] Ein knappes Jahr später folgte die Werbewoche „Gutes Licht – Gute Arbeit", die reichsweit veranstaltet wurde. Im Zuge eines großangelegten Umbaus errichtete die AEG

1936 auf ihrem Betriebsgelände an der Muggenhofer Straße das „Julius-Streicher-Kameradschaftsheim". Im Mai wurde es der „Gefolgschaft" als Kantine und Freizeitstätte übergeben.[30] Der „Betriebsführer" der Siemens-Schuckert-Werke, Direktor Dr. Knott, rühmte auf der Maikundgebung 1938 in der „KdF-Stadt" am Valznerweiher vor 10 000 Beschäftigten mit ihren Angehörigen die sozialpolitischen Leistungen des Elektrounternehmens, das in wenigen Jahren elf neue Speisesäle geschaffen habe und den Bau eines Schwimmbades und Bergheimes plane.[31] Ob solche Beispiele betrieblicher Sozialpolitik dem Einfluß der Amtes „Schönheit der Arbeit" zuzuschreiben sind oder rein innerbetriebliche Maßnahmen waren, läßt sich ohne Einblick in die Firmenarchive nicht entscheiden. In besonderer Weise aber wurden die Arbeiter in solche Maßnahmen einbezogen. Bei der AEG durften sie beispielsweise die Verschönerung ihres Arbeitsplatzes selbst besorgen. Dort auf dem Betriebsgelände an der Muggenhofer Straße legten sie selber Grünflächen an, die ihrer Erholung dienen sollten.[32]

Ein ganz anderes Mittel, den Betriebsalltag zu beeinflussen, war die Einrichtung des Betriebsfunks und von Gemeinschaftsempfängern. Eine solche Empfangs- und Übertragungsanlage wurde im Dezember 1937 im Nürnberger Werk der MAN in Betrieb genommen. Großlautsprecher bedienten Werkstätten, und im Sommer wurden fünf dieser Lautsprecher im Freien aufgestellt. An drei Tagen in der Woche wurde in der Mittagspause Musik gespielt. Standkonzerte der „Werkscharkapelle" wurden ebenso übertragen wie Rundfunkreden von Adolf Hitler, Joseph Goebbels oder Hermann Göring zu besonderen Anlässen. Auch konnten auf diese Weise „wichtige Mitteilungen des Betriebsführers oder des Betriebsobmanns ... schnell durchgegeben werden"[33].

Ein bislang wenig beachtetes Feld der Einflußnahme auf das Arbeitsleben war das vielfältige berufliche und betriebliche Wettbewerbswesen, das die Nationalsozialisten schufen. Hierzu zählten die sogenannten Reichsberufswettkämpfe, die „Leistungsabzeichen der DAF" und insbesondere der Rummel um den Titel „Nationalsozialistischer Musterbetrieb". In den alljährlich stattfindenen „Reichsberufswettkämpfen" sollten die Lehrlinge in ganz Deutschland ihre Leistungen messen. Am 2. Februar 1936 hatten sich Tausende von Wettbewerbsteilnehmer geordnet nach Berufsgruppen und Betrieben auf dem Adolf-Hitler-Platz eingefunden, um den Wettkampf zu eröffnen. In fremden Werken hatten dann die Lehrlinge ihre theoretischen und praktischen Kenntnisse unter Beweis zu stellen.[34] Wurde hier die

Die beiden Aufnahmen zeigen beileibe nicht den Arbeitsalltag. Links Meister und Lehrling an einer Fräsmaschine in den Zündapp-Werken. Die Situation ist gestellt und propagiert das Ideal einer vorbildlichen Berufsausbildung. Rechts ein unbekannter Jubilar des Eisenwerks Tafel.

Arbeitsalltag im Eisenwerk Tafel, um 1940.

berufliche Leistung des Einzelnen ausgezeichnet, so stand das DAF-Leistungsabzeichen für die Qualität der beruflichen Bildung in den Betrieben. Im Januar 1937 erhielt die Werkschule der MAN-Nürnberg diese Auszeichnung „für vorbildliche Nachwuchserziehung"[35]. Am begehrtesten aber war der Titel „Nationalsozialistischer Musterbetrieb". Die Flagge der DAF mit goldenem Rad und goldenen Fransen

durften nur die Betriebe führen, die „eine vorbildliche nationalsozialistische Betriebsgemeinschaft" darstellten.[36] Diese alljährlich vom Stellvertreter des „Führers", Rudolf Heß, am Vorabend des 1. Mai verliehenen Urkunden erhielten in Nürnberg 1938 die AEG, Fabrik für Elektrobeheizung, und die Bast-AG, Hefefabrik. Reichsweit waren in jenem Jahr 103 Betriebe ausgezeichnet worden.[37]

Zur Lage der Fremdarbeiter

„Jedem Volksgenossen, der mit der Frage des Ausländer-Einsatzes zu tun hat, gilt tagtäglich die Mahnung: ‚GEDENKE, DASS DU EIN DEUTSCHER BIST!' Ob die Ausländer uns die Mühe, die wir uns mit ihnen geben, später einmal ‚lohnen' werden, ist nicht entscheidend, sondern allein unsere persönliche Genugtuung, für den Sieg der gemeinsamen Sache das Bestmögliche eingesetzt zu haben."[38]
Als Fremdarbeiter wurden Männer und Frauen bezeichnet, die zwischen 1939 und 1945 aus den von deutschen Truppen besetzten Gebieten oder befreundeten bzw. verbündeten Ländern als ausländische Arbeitskräfte nach Deutschland kamen. Dies geschah teilweise freiwillig, in vielen Fällen jedoch mit offenem oder verstecktem Zwang. Die Arbeiter und Arbeiterinnen waren vorwiegend in der Landwirtschaft oder in der Rüstungsindustrie beschäftigt, da hier Arbeitskräfte rar waren. Sie durften weder ihre Arbeitsstätte noch ihren Wohnort selbst bestimmen. Die erste Gruppe der Fremdarbeiter in Nürnberg waren Polen, die im Februar 1940 eintrafen.[39] Ihre Zahl ist bis heute unbekannt. Die Rechte der „Zivilarbeiter fremden Volkstums", so die offizielle Bezeichnung, waren von Anfang an vollkommen eingeschränkt.[40] So durften sie ihren Aufenthaltsort nicht verlassen, während des angeordneten Ausgehverbots mußten sie in ihren Unterkünften bleiben. Die Benutzung öffentlicher Verkehrsmittel war verboten. Überhaupt wollten die Behörden jeden Kontakt mit der deutschen Bevölkerung unterbinden, daher war den Polen auch der Besuch von Theatern, Kinos, Gaststätten und sogar Kirchen verboten. Zum Tanzen und Alkoholgenuß wurden besondere Gaststätten zugewiesen. Darüber hinaus waren sie stigmatisiert, denn sie mußten auf der rechten Brustseite der Straßen- und Arbeitskleidungsstücke ein Abzeichen mit dem Buchstaben „P" tragen. Selbst in den Betrieben wurden sie ebenso wie die „Ostarbeiter" isoliert, denn sie wurden räumlich getrennt eingesetzt. Bei Verstoß der Vorschriften drohten harte Strafen. Am schlimmsten aber wurde der Geschlechts-

verkehr mit einem deutschen Mann oder einer deutschen Frau geahndet, denn darauf stand die Todesstrafe. Die Fluchtraten waren schon wenige Monate nach dem Eintreffen der Polen in Nürnberg sehr hoch.[41]
Die zweite Gruppe der Fremdarbeiter waren Franzosen, Belgier und Niederländer, die nach dem Feldzug im Westen im Juni 1940 nach Nürnberg kamen. Bei den Arbeitern belgischer Herkunft handelte es sich um ehemalige Kriegsgefangene, die sich nach ihrer Entlassung als Fremdarbeiter in Nürnberger Betrieben verpflichteten. Die Arbeitsverträge waren auf die Dauer eines halben oder ganzen Jahres abgeschlossen. Danach konnten die meisten in ihre Heimat zurückkehren.[42] Die Behandlung von Fremdarbeitern aus den Westgebieten war besser, denn sie unterlagen nicht den äußerst strengen Bestimmungen und Strafen wie Polen und „Ostarbeiter". Dennoch galt auch für sie, wie für alle Fremdarbeiter, daß sie „nicht unmittelbar zur Betriebsgemeinschaft der deutschen Arbeitskameraden"[43] gehörten.
Für die dennoch unvermeidbaren Begegnungen im Arbeitsalltag wurden daher „Regeln" an die „deutschen Arbeitskameraden" ausgegeben. In den Siemens-Schuckert-Werken wurde 1943 folgende Anweisung erlassen: „Führe die Ausländer sicher und korrekt, behandle sie gerecht und ohne unnötige Schärfe. Zeigst Du ihnen, daß Du in Haltung und Leistung über ihnen stehst, so werden sie Deine Führungsaufgabe auch respektieren. Bedenke dabei, daß das Amt allein den Mann noch nicht ausmacht, sondern daß Können und Charakter dahinterstehen müssen. Die unter Arbeitskameraden bewährte Art, Anweisungen in die höfliche Form einer Bitte zu kleiden, wird von Ausländern zuweilen mißverstanden. Sei höflich, aber übertreibe Deine Höflichkeit nicht! Es ist zulässig, Ausländern, die sich durch Fleiß und Leistung besonders hervorgetan haben, die Führung von Gruppen ihrer eigenen Landsleute zu übertragen. Ein

Ausländer kann aber nicht deutschen Arbeitskameraden vorgesetzt werden. Wenn Du als Unterführer deutsche Kameraden zurechtweisen mußt, so tue dies niemals in Gegenwart von Volksfremden, weil dadurch leicht die Achtung vor der Nation beeinträchtigt wird. Auch persönliche Meinungsverschiedenheiten und Streitigkeiten mit anderen deutschen Arbeitskameraden dürfen nie im Beisein von Ausländern ausgetragen werden... Mische Dich nicht in persönliche Meinungsverschiedenheiten der Ausländer untereinander ein, solange sie nicht die Ordnung der Arbeit stören. Ihre Gegensätze kümmern uns nicht. Auch ihr Glaubensbekenntnis ist Privatsache. Enhalte Dich jeglicher Diskussion über politische oder gar militärische Fragen. Deine Haltung und Dein Tun allein sollen überzeugen. Wer genügend Urteilsfähigkeit besitzt, den Geist unserer Volksgemeinschaft aus den verschiedenartigsten Erscheinungen unseres Lebens herauszulesen, wird auch von selbst vor uns Achtung haben".[44]

In bezug auf die Bezahlung waren Fremdarbeiter außer Polen und Ostarbeiter in der Regel mit deutschen Arbeitern gleichgestellt. Der Grund für die unterschiedliche Behandlung lag in der nationalsozialistischen Rassenideologie. Danach waren Niederländer, Dänen, Norweger und Flamen „Arbeitnehmer germanischer Abstammung"[45]. Franzosen, Polen, Tschechen, Jugoslawen und Italiener wurden als „fremdvölkische Arbeitnehmer" angesehen. Auf der untersten Stufenleiter aber standen die Arbeiter und Arbeiterinnen aus Polen und den Ostgebieten. Die Gleichstellung von Ausländern in bezug auf die Bezahlung aber führte nicht selten zu Unmut unter deutschen Arbeitern: „In Nürnberg kam es ‚beim Bau der 220 KW Nord-Süd-Leitung wegen der zu hohen Entlohnung der an der gleichen Baustelle beschäftigten Holländer zu Verärgerungen deutscher Arbeiter', ebenso wie in zahlreichen anderen Baustellen und Fabriken".[46]

Seit Februar 1942 waren Arbeitskräfte aus der Sowjetunion in Nürnberger Betrieben tätig. Auffällig hoch waren die Fluchtraten in der zweiten Jahreshälfte 1942 und 1943.[47] Die Lebensbedingungen der „Ostarbeiter" waren ebenso schlecht wie die der Polen. Nicht selten waren sie vollkommen unzureichend ernährt. In der Nürnberger Schraubenfabrik berichtete der „Betriebsführer": „Am 12. März [1942] vormittags hätten sämtliche russische Arbeiterinnen in ihren Arbeitsräumen heulend gesessen und darüber geklagt, daß sie mit der völlig unzureichenden Verpflegung, die ihnen am Morgen verabreicht worden sei, nicht in der Lage wären, zu arbeiten."[48]

Die Nationalsozialisten taten alles, um Ausländer zu isolieren, denn sie fürchteten „volkstumspolitische Gefahren", die der Einsatz „fremdvölkischer Arbeiter" nach ihrer Meinung heraufbeschwor. Dennoch gelang es ihnen nicht, Kontakte zwischen Deutschen und Ausländern ganz zu unterbinden oder zu kontrollieren. Einzelfälle belegen, daß gerade am Arbeitsplatz allen Drohungen zum Trotz menschliche Beziehungen geknüpft wurden und die nackte Not der Fremdarbeiter das Gewissen der deutschen Kollegen rührte. Die Mutigen leisteten verdeckte Hilfe. Konrad Rüger, ein ehemaliger Facharbeiter, berichtet aus der MAN: „Also kurz und gut, ich hab ghabt: 18 Russen. Ich hab ghabt: zwei Italiener, zwei Franzosen, zwei Jugoslawen und vierzehn tschechische Frauen – Arbeit anweisen, einstellen, einrichten, nachschauen, kontrollieren, Arbeitskarten einschreiben, was die Leut gearbeitet habn, und so weiter und so fort. Ja, und wie gesagt, da warn mir no sechs Mann. Und fünf davon waren dreihundertprozentige Nazi, ne... Ich hab a Armbinden kriegt, ich hab an Waffenschein ghabt und eine Pistole. Hab ich aber nie braucht! Hab ich aber nie braucht!... Mei sämtliche, wo mir untergeben war, da war nicht einer dabei, der net gesagt hätt, wenn der Krieg vorbei ist, soll ich ihn no mal aufsuchen... Ach, und meine Russen! Da hab ich einen ghabt aus Leningrad, den Peter Klinski, – ich hab ihn bloß den Petrowitsch gheißen, wenn ich ihn ärgern hab wollen – und des war sozusagen mein Adjutant, a rechte Hand, ne. Und die Russen, die habn a schlechtes Essen kriegt! Wiesengras, des monatelang naß auf der Wiesen gelegen war, halb verfault, in blankem Wasser abgekocht, des war denen ihr Essen! Und da hätten die Leut zwölf Stunden am Tag oder zwölf Stunden bei der Nacht im Akkord arbeiten sollen!... Ich hab des eingsehn, daß des net geht. Amal is mei Russ wieder kommen, der Peter, hat er gsagt: ,Meister!' No bin i mitganga. No hat er mich an den Kübel hingführt und hat den Kübel aufgmacht. Da wär ich bald ohnmächtig gworden, so hat des gstunken! No hab ich gsagt: ,Ja, da kann mer net arbeiten!' No bin i rein und habs meim Betriebsleiter gsagt, im Büro vorne hab ich gsagt: ,Gehen S'amal mit!' Hat er gsagt: ,Des kann mer freilich net essen. Warten S'amal, ich ruf amal des Wachregiment an, die Kommandantur.' No hat er angrufen, no ist er kommen, hat er gsagt: ,Heiliger', hat er gsagt, ,so leid mir's tut, die sagen, des is genießbar. Da könnt mer gar nichts machen.' Jetzt bin ich her und hab zu meine Russen gsagt, wenn sie bei der Nachtschicht ihr Soll erfüllt habn, die übrige Zeit bis sechs Uhr früh, da können sie sich die War machen. Und zwar entweder so Fingerring aus Chrom, Nickel, Stahl, oder so Holzkästla mit Stroh

Polnische Arbeitskräfte werden in geschlossenen Abteilungen eingesetzt. Ihre Herkunft - Industrie oder Landwirtschaft - ist beim Werkstatteinsatz zu berücksichtigen.

Frauen aus den *Ostgebieten* — überwiegend ukrainischer Herkunft — sind im allgemeinen leistungsfähig und leistungswillig. Gesonderter Einsatz.

Maschinenarbeiterin an der Revolverbank.

Polnische Männer mit ausreichenden deutschen Sprachkenntnissen in einem Teillager.

Polnische Frauen an Bearbeitungsmaschinen.

Ehemalige Landarbeiterinnen waren als Drahtzieherinnen brauchbar.

34

35

Fremdarbeiter, auch Zwangsarbeiter genannt, wurden in großer Zahl in Nürnberger Betrieben „eingesetzt". Oben Auszug aus einer Broschüre der Siemens-Schuckert-Werke von 1943. Die Arbeiter und Arbeiterinnen aus dem Osten lebten unter schlechtesten Bedingungen und wurden unmenschlich behandelt. Sie hatten kaum Rechte, waren isoliert und stigmatisiert, da sie ein Abzeichen mit dem Anfangsbuchstaben ihrer Volkszugehörigkeit tragen mußten. Links Mädchengruppe aus einem Lager für „Ostarbeiterinnen", 22. Juni 1942.

Eine Gruppe russi-
scher Kriegsgefange-
ner wartet auf den
Transport am 16. Sep-
tember 1942. Kriegs-
gefangene wurden
häufig zu Aufräumar-
beiten nach Fliegeran-
griffen, wie hier in der
Knauerstraße, einge-
setzt. Diese Arbeiten
waren in der Regel
sehr gefährlich.

„Ostarbeiterinnen"
vor ihren „Herren" in
einem unbekannten
Lager in Nürnberg am
22. Juni 1942.

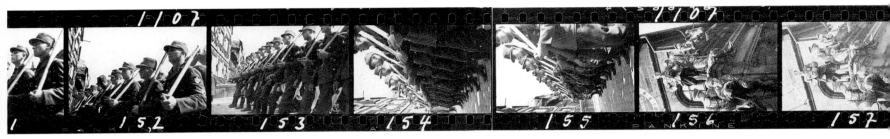

verziert und schön angestrichen, oder Dosen aus Aluminium mit so wunderbaren Gebirgsszenen drauf, oder sonst was. Und des habn die dann gegen Brot eintauscht. Aber die Leut warn zu feig, habn's ihnen des Geld und die Marken geben. Und alle vierzehn Tage nach der Nachtschicht kommt der Klinski da, der Peter da, der von Leningrad: ‚Meister wir brauchen Brot!' No hat er wieder a Händ voll Marken und Geld ghabt, ne. Und des waren die Vierpfünder Laib Brot, und no hab ich meistens vier Stück mitbracht, ne. Und die hab ich dann in der Werkstatt in so an Werkzeugkasten nei, da wo bloß ich an Schlüssel ghabt hab und dem hab ich gsagt: ‚Da hast an Schlüssel und da drin ist Dei Brot.' Weil, ich hab den andern fünf net trauen dürfen, denn wenn die was gespannt hätten, wär ich sofort aufgehängt worden oder ins KZ kommen, ne. Oder an die Front, an die vorderste Front. Naja, also ich hab mit meim Leben tatsächlich gespielt. Ich hab aa oft genug solche Ängste ghabt. Und in den Kasten hab ich's da rein. Und wenn dann einer von denen was gmerkt hätt, no hätt ich gsagt: ‚Ja, des Brot brauch ich für Meine daheim, im Fall a Angriff kommt, des ist Notproviant!'"[49]

Die Fremdarbeiter waren in Lagern untergebracht. Für Barackenlager waren folgende Einrichtungen vorgesehen: „Wohnbaracken, Küchenbaracken mit Speisesälen, Wirtschaftsbaracken, Wasch- und Toilettebaracken, Arzt- und Krankenbaracken, Räume für Vorräte, Geräte und Lagerbesucher, schließlich für die Lagerführung, das Wach- und Wirtschaftspersonal. In der Wohnbaracke hat jeder Lagerinsasse sein Bett, ferner einen verschließbaren Schrank, Tisch, Stuhl, Eßgeschirr usw."[50] Die Kosten für die Unterbringung waren von den Ausländern selbst zu tragen. Die Gemeinschaftsverpflegung erfolgte in den Großküchen der Lager. Auch die Kosten für die Gemeinschaftsverpflegung wurden ebenso wie das Wohngeld vom Lohn abgezogen.

Nach einer vorsichtigen Schätzung befanden sich in Nürnberg mindestens 200 Lager für Fremdarbeiter.[51] Neben Baracken dienten Wirtschaftssäle, Wohnheime und Obdachlosenheime als Unterbringung. Zu unterscheiden sind große Gemeinschaftslager der DAF und die sogenannten Werkslager der Firmen. Zur ersten Gruppe zählten beispielsweise die Lager Allersberger Straße 33, Dieselstraße, Witschelstraße, am Märzenweg in Buchenbühl oder Alte Regensburgerstraße 44. In der Sudetendeutschen Straße 80 war ein Lager der Siemens-Schuckert-Werke eingerichtet. Die MAN unterhielt Lager in der Katzwanger Straße 100, Nadlergasse 10 und in der Nimrodstraße 100. In der Veilhofstraße 93 bestand das Werkslager

des Eisenwerks Tafel, an der Brunecker Straße 110 das Lager der Deutschen Reichsbahn, in der Fürther Straße 212 das der Triumph-Adler-Werke, und in der Allersberger Straße 185 waren Fremdarbeiter der TEKADE untergebracht. Über die tatsächlichen Verhältnisse in den Lagern sowie über die Zahl der in Nürnberg untergebrachten Fremdarbeiter liegen keine gesicherten Kenntnisse vor. Ein Licht auf die Lage zumindest vieler Ostarbeiter in Nürnberg und die Brutalität, mit der die Nationalsozialisten oftmals gegen sie vorgingen, wirft folgendes Ereignis: „Auf einem freien Platz in Nürnberg, der sogenannten ‚Russenwiese', waren in einem Zeltlager etwa 1600 Ostarbeiterinnen und Ostarbeiter provisorisch untergebracht. Nach einigen Wochen stieg der Krankenstand plötzlich auf über 200 Personen an, alle hatten Blasen an Armen und Füßen, die sich in eitrige Geschwüre verwandelten. Da Lagerärzte und Gesundheitsamt annahmen, es handele sich um die sogenannte ‚Roscha-Krankheit' – eine infektiöse Hautkrankheit –, wurde das gesamte Lager unter Quarantäne gestellt, sämtliche Zelte, Betten und Kleider desinfiziert usw. Durch die russische Lagerdolmetscherin wurde dann aber in Erfahrung gebracht, daß die Symptome durch das Einreiben der Haut mit Hahnenfußpflanzen von den Lagerinsassen selbst hervorgerufen worden waren, die der Hoffnung waren, als Kranke in die Heimat zurücktransportiert zu werden. Lagerleitung und Gestapo reagierten darauf mit rabiatem Terror. Alle Männer und fünf Frauen, die sich selbst infiziert hatten, wurden in Konzentrationslager eingeliefert. Für fünf weitere Männer, ‚die als Rädelsführer anzusehen sind und sehr wahrscheinlich im Auftrag der Sowjets auf diese Art und Weise Wirtschaftssabotage trieben bzw. organisieren sollten', wurde die öffentliche Erhängung inmitten des Lagers beantragt".[52]

Der Kampf um die Arbeiter hatte mit ihrer Entrechtung begonnen. Das Vakuum, das die zerschlagenen Arbeiterorganisationen hinterließen, mußte aufgefüllt werden. Die Nationalsozialisten unternahmen vielfältige Versuche, die Arbeiterschaft zu gewinnen, um sie zu kontrollieren. Mit einem umfassenden System von Aktivitäten im Betrieb und in der Freizeit suchte die DAF, die Arbeiter zu binden und zu indoktrinieren. Die soziale Frage wurde von der sozialen Phrase übertönt, die symbolische Aufwertung der Arbeit camouflierte die Rechtlosigkeit am Arbeitsplatz. Noch entrechteter aber waren die Fremdarbeiter. Ihr Schicksal bestimmten die „braunen Machthaber" mit ihrer menschenverachtenden Rassenideologie. Die „Herrenmenschen" wiesen Polen und „Ostarbeitern" die Rolle von Arbeitssklaven zu.

1 Vgl. Stadtchronik Nürnberg 1935, S. 127
2 Ebenda, S. 160
3 Ebenda, S. 177
4 Vgl. Arnd Müller: Geschichte der Juden in Nürnberg, Nürnberg 1968, S. 219 und S. 222 f.
5 Deutschland-Berichte der Sozialdemokratischen Partei Deutschlands (SOPADE), Nachdruck, Frankfurt a. M. 1980, Bd. 1934, S. 134
6 Ebenda
7 Ebenda, Bd. 1935, S. 451
8 Ebenda, S. 547
9 Willi A. Boelcke: Die Deutsche Wirtschaft 1933 – 1945, Düsseldorf 1983, S. 1
10 Vgl. Stadtchronik Nürnberg 1933, S. 9
11 Vgl. SAN, E9/394
12 Verwaltungsbericht der Stadt Nürnberg 1932/33, S. 72
13 Vgl. Stadtchronik Nürnberg 1933, S. 9, S. 313, S. 546 und 1936, S. 72
14 Die Arbeitslosenstatistik wurde geschönt durch den raschen Ausbau des NS-Arbeitsdienstes und später des „Reichsarbeitsdienstes". Die in diesen Organisationen verpflichteten Arbeitskräfte wurden nicht länger als Arbeitslose geführt, der Arbeitsmarkt wurde entlastet. Vgl. Wolfgang Benz (Hrsg.): Legenden, Lügen, Vorurteile. Ein Wörterbuch zur Zeitgeschichte, München 1992, S. 1 f.
15 Vgl. Carola Sachse u. a.: Angst, Belohnung, Zucht und Ordnung, Opladen 1982, S. 104 f.
16 Vgl. SOPADE, Bd. 1938, S. 303. Die wöchentlichen Durchschnittslöhne lagen in der Nürnberger Metallindustrie 1938 bei etwa 40 bis 50 RM. Vgl. Statistisches Jahrbuch der Stadt der Reichsparteitage Nürnberg 1938, Nürnberg 1939, S. 75. Durch Akkord- und Schichtarbeit konnte der Arbeitslohn wesentlich verbessert werden. Welche Auswirkungen diese Lohndifferenzierung auf die Arbeiter und ihre Haltung im „Dritten Reich" hatte, ist bislang unerforscht.
17 Ebenda, Bd. 1937, S. 328
18 Vgl. Betriebsordnung der TEKADE Nürnberg, Nürnberg 1937, SAN, E 9/376 NW 61
19 Ebenda, S. 13 f.
20 Ebenda, S. 8 f.

21 Vgl. Fränkischer Kurier (FK) vom 4.5.1938
22 Betriebsordnung, S. 12
23 Zit. nach Werkzeitung der MAN vom 25.11.1933
24 Stadtchronik Nürnberg 1935, S. 760
25 Ebenda
26 Ebenda, 1935, S. 326.
27 Zit. nach Arbeitererinnerungen, Aufriß 4, Schriftenreihe des Centrum Industriekultur Nürnberg, Nürnberg 1984, S. 61. Im Rahmen eines Befragungsprojekts des Centrum Industriekultur Nürnberg wurden zwischen 1981 und 1984 53 ehemalige Metallarbeiter und -arbeiterinnen aus Nürnberg interviewt. Die Erzähler waren zwischen 1900 und 1912 geboren und schilderten ausführlich ihre Lebensgeschichte. Auszüge aus den Erzählungen und eine erste Auswertung des Materials wurden im Heft 4 der Schriftenreihe Aufriß des Centrum Industriekultur veröffentlicht.

28 Ebenda
29 Vgl. Stadtchronik Nürnberg 1935, S. 750
30 Vgl. FK vom 1.5.1937
31 Vgl. FK vom 4.5.1938
32 Vgl. FK vom 1.5.1937
33 Werkzeitung, vom 25.12.1937
34 Werkzeitung, vom 1.5.1936
35 Werkzeitung, vom 30.1.1937
36 FK vom 4.5.1938
37 Stadtchronik Nürnberg 1938, S. 502 u. S. 322
38 Hans Borchardt: Ausländer-Einsatz, Aufklärung, Ratschläge und Anweisungen für Unterführer im Betriebe, Siemens-Schuckertwerke AG, Berlin 1943, S. 23
39 Die Lage der „Fremdarbeiter" in Nürnberg 1939 – 1945 ist bislang vollkommen unerforscht. Die Quellenlage ist schlecht. Auskunft gibt einzig der Bestand Ausländerpolizei des Stadtarchiv Nürnberg (C31/III). Er enthält etwa über 25 000 Einzelakten mit personenbezogenen Angaben. Eine erste Sichtung hat Bernd Schneider vom Stadtarchiv Nürnberg vorgenommen. Die Ergebnisse sollen in einer Dokumentation zum Thema „Fremdarbeiter" in Nürnberg veröffentlicht werden. Bernd Schneider gab zahlreiche Angaben und Hinweise, wofür ihm an dieser Stelle gedankt sei.
40 Vgl. Pflichten der Zivilarbeiter und -arbeiterinnen polnischen Volkstums während ihres Aufenthaltes im Reich, Merkblatt für den dienstlichen Gebrauch, o.O. o. J.
41 Angabe von Bernd Schneider, siehe Fußnote 39
42 Ders.
43 Hans Borchardt, S. 10
44 Ebenda S. 16 f.
45 Ulrich Herbert: Fremdarbeiter. Politik und Praxis des Ausländereinsatzes in der Kriegswirtschaft des 3. Reiches, Berlin/Bonn 1985, S. 102
46 Ebenda, S. 386
47 Angabe von Bernd Schneider, siehe Fußnote 39
48 Zit. nach Ulrich Herbert, S. 162
49 Zit. nach Arbeitererinnerungen, S. 75
50 Hans Borchardt, S. 18
51 Angabe von Bernd Schneider, siehe Fußnote 39
52 Ulrich Herbert, S. 300

Broschüre der „Deutschen Arbeitsfront" zur innerbetrieblichen Führung, 1944.

Die Deutsche Arbeitsfront

Betriebs-Information

Die betriebliche Mannschaftsführung

Jahrgang 1944   Nummer 1b

Vertraulich

Sonderausgabe
für Betriebsführer und Betriebsobmänner

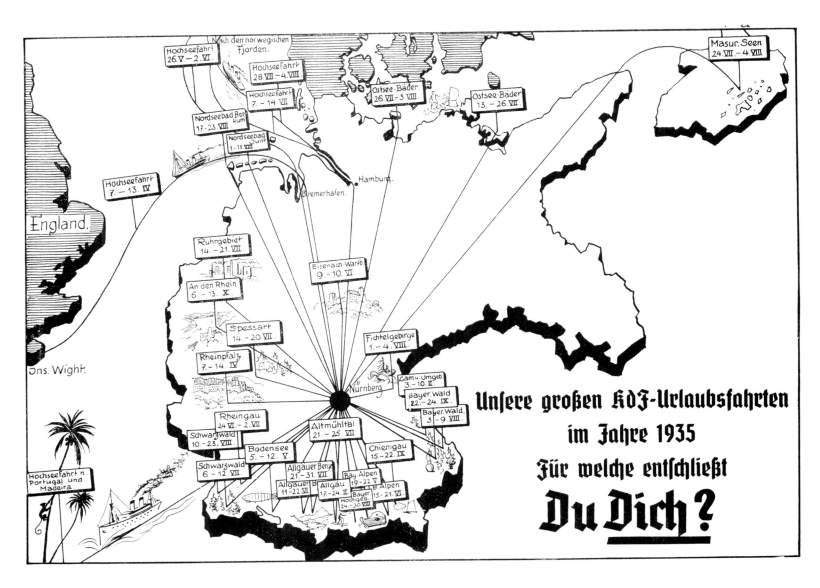

Hochseefahrt 7. – 13. IV

England.

Jns. Wight.

Hochseefahrt n. Portugal und Madeira

Hochseefahrt 26. V – 2. VI

Nach den norwegischen Fjorden.

Hochseefahrt 28. VII – 4. VIII

Hochseefahrt 7. – 14. VII

Nordseebad Borkum 17.–23. VIII

Nordseebad Juist 1–11. VIII

Ostsee-Bäder 26. VII – 3. VIII

Ostsee-Bäder 13. – 26. VII

Masur. Seen 24. VII – 4. VIII

Hamburg.

Bremerhaven.

Ruhrgebiet 14. – 21. VII

An den Rhein 6. – 13. X.

Spessart 14. – 20. VII

Rheinpfalz 7. – 14. IV

Eisenach-Wartb 9. – 10. VI

Fichtelgebirge 1. – 4. VIII

Nürnberg

Gam u. Umgeb 3. – 10. II.

Bayer. Wald 22. – 24. IX

Bayer. Wald 3. – 9. VIII

Rheingau 24. VI – 2. VII

Schwarzwald 10. – 23. VIII

Bodensee 5. – 12. V.

Schwarzwald 6. – 12. VII

Altmühltal 21. – 25 VII

Allgäuer Berg 21. – 31. VII

Allgäuer B. 11–22 VII

Allgäu 17.–24. II.

Chiemgau 15. – 22. IX

Bay. Alpen 19. – 22. V.

B. Alpen 15. – 21. VI.

Bayer. Hochgeb. 24. – 30. VIII

Unsere großen KdF-Urlaubsfahrten im Jahre 1935

Für welche entschließt

Du Dich?

Das „Prunkstück" nationalsozialistischer Gesellschaftspolitik war die „NS-Gemeinschaft ,Kraft durch Freude'". Das Amt „Reisen, Wandern und Urlaub" entwickelte sich in kurzer Zeit zum größten Touristikunternehmen Europas. 1935 schickte es aus dem Gau Franken „220.000 Arbeitskameraden auf Urlaubs- und Erholungsreise". Am populärsten waren die Seereisen. Am 6. April brachen 1000 Franken zu einer Hochseefahrt auf dem KdF-Dampfer „Der Deutsche" auf. Das einstige Privileg des Reisens war gebrochen, die moderne Freizeitgesellschaft nahm konkrete Gestalt an. KdF schuf den deutschen Urlaub: Das Erleben der Ferne in der sicheren Gemeinschaft.
Oben das Jahresprogramm des Gau Franken 1935, links das Bild einer Rheinfahrt 1934.

kraft durch freude

Nürnberg

DIE DEUTSCHE ARBEITSFRONT
GAU FRANKEN AUGUST 1937

Ist aber der Feierabend da, spielen wir Harmonika!

Schönheit der Arbeit

Nicht nur für die Maschine sondern vor allem für den Menschen

Das Amt „Schönheit der Arbeit", eine Unterabteilung der KdF, betrieb die symbolische Aufwertung der Arbeit und des Arbeiters. Gleichzeitig versuchte es, sozialpolitische Verbesserungen in den Betrieben durchzusetzen. Die Arbeit sollte geadelt, der Arbeiter ein echtes „Gefolgschaftsmitglied" werden.

Alle Abbildungen dieser Seite aus Broschüren der „Deutschen Arbeitsfront, Gau Franken" von 1935 und 1937.

Die neue Beweglichkeit

Das Auto, die Bahn und das Flugzeug

Franz Sonnenberger

In der an großen Feierlichkeiten gewiß nicht armen Zeit des „Tausend-jährigen Reiches" war das einhundertjährige Jubiläum der ersten deutschen Eisenbahnen eine der markantesten Darstellungen eines technischen Phänomens. Die Planungen hierfür hatten bereits vor dem Regierungsantritt Adolf Hitlers eingesetzt und waren von der Stadt Nürnberg und der Deutschen Reichsbahn gemeinsam voran-getrieben worden.[1] Den Auftakt des Jubiläumsjahrs bildete am 13. Juli 1935 die feierliche Wiedereröffnung des umgebauten Verkehrs-museums. Einen Tag später wurde in den neuen Güterhallen an der Allersberger Straße die große Ausstellung „100 Jahre deutsche Eisenbahn" der Öffentlichkeit zugänglich gemacht.[2] Besondere At-traktion war dabei die Fahrt mit dem eigens für diesen Zweck nachgebauten Adlerzug von 1835. Abschluß und Höhepunkt der Jubiläumsveranstaltungen war jedoch die große Lokomotiven- und Fahrzeugparade am 8. Dezember. Am selben Tag fand auch ein Festakt in den Räumen des Industrie- und Kulturvereins statt, bei dem auch Adolf Hitler als Redner auftrat.

Es konnte kaum überraschen, daß das Eisenbahnjubiläum zu einer imposant inszenierten Selbstfeier der Nationalsozialisten geriet. Der „Geburtstag einer neuen Zeit", wie der „Völkische Beobachter" den 7. Dezember 1835, den Tag der ersten Fahrt der „Ludwigsbahn" von Nürnberg nach Fürth, nannte, wurde in Analogie gesetzt zur national-sozialistischen „Machtübernahme" am 30. Januar 1933. Der Bau der ersten deutschen Eisenbahn erschien in dem NS-Blatt als ein Kampf gegen „Berge von Widerständen und Vorurteilen".[3] Ein im Juli 1935 vom Sender Nürnberg übertragenes Hörspiel hatte den bezeichnen-den Titel „Der Adlerkrieg. Ein Zeitbild aus den Kampftagen um die erste deutsche Eisenbahn".[4] Die Eisenbahnpioniere wurden in dieser Produktion dem biedermeierlichen Bürgertum, warnenden Pfarrern und Ärzten sowie eingebildeten „Studierten" gegenübergestellt. Die nationalsozialistische Abneigung gegen die alten Eliten erfuhr eine bedenkenlose Projektion in die Vergangenheit. In so gut wie keiner Veröffentlichung zum Thema fehlte beispielsweise der Hinweis auf das Gutachten eines bayerischen Ärztekollegiums, wonach die

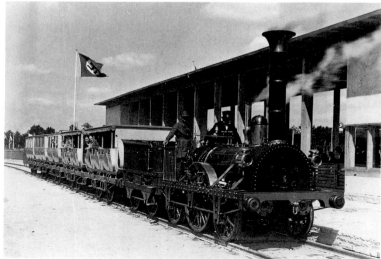

Bahnstrecke zwischen Nürnberg und Fürth mit einem Bretterver-schlag zu versehen sei, um das reisende Publikum vor Gehirnerkran-kungen zu bewahren. Dieses Schriftstück war zwar in keinem Archiv nachzuweisen und hat sehr wahrscheinlich auch niemals existiert[5], doch konnte sich die Presse in diesem Punkt auf den „Führer" selbst berufen. Der hatte nämlich in „Mein Kampf" dieses Beispiel ange-führt, um die „Vernageltheit" der Intellektuellen zu geißeln.[6]

Vor dem düster ausgemalten Hintergrund von Standesdünkel, Klein-geisterei und Aberglaube mußte das Licht der Eisenbahnpioniere um so heller strahlen. Im Mittelpunkt des Interesses im Jubiläumsjahr stand dabei die Person Johannes Scharrers, ab 1836 Direktor der Ludwigsbahn, vorher 2. Bürgermeister der Stadt Nürnberg. Er wurde in vielen Ansprachen und Zeitungsartikeln zum „deutschen Kämp-fer" hochstilisiert.

Ein besonderes Glanzlicht auf das Jubiläumsjahr sollte auch die Premiere des für die Reichsbahn produzierten Films „Das Stahltier" von Willy Zielke werfen. Die Eisenbahnpioniere, so hieß es vorab, werden „im Film wieder auferstehen und ihre längst zerfallenen Maschinen noch einmal besteigen. Das ‚Stahltier' [gemeint war damit der „Adler"] gewinnt Leben in diesem Film und wird unserem menschlichen Empfinden näher gebracht, damit wir in ihm künftig nicht nur die seelenlose Maschine, sondern die Schöpfung des menschlichen Genius sehen."[7]

Als Vorspiel zur Uraufführung war von der Reichsbahn ein szenisches Gedicht in Auftrag gegeben worden.[8] Es trug den bezeichnenden Titel „Eisernes Band". In dem Festspiel um die Erbauung der ersten deutschen Eisenbahn standen sich in symbolisch überhöhter Weise Freunde und Feinde des neuen Verkehrsmittels gegenüber. „Partiku-laristen" und anderen ewig Gestrigen wurde das Argument entge-gengehalten, es sei die Eisenbahn gewesen, die der deutschen Einheit den Weg bereitet habe:

„Den Weg zur wahren Nation
In tausend Jahren konnten wir ihn nicht erwandern.
Vielleicht, der neue Weg der Schienen
Die Kraft der stürmenden Maschinen
Zwingt ihn in hundert Jahren schon!"[9]

Der Verfasser des Festspiels war übrigens kein Nationalsozialist: Eugen Roth, später ein äußerst populärer Lyriker, war 1933 als Chef der Lokalredaktion der „Münchener Neuesten Nachrichten" von den Nationalsozialisten entlassen worden und mußte sich daraufhin mit

Die Jubiläumsausstellung von 1935 bot Historie, vor allem aber neueste Reichsbahntechnik: Nachbau des „Adlerzuges" von 1835 (linke Seite), Henschel-Wegmann-Stromlinienzug (daneben). Auch im Ausstellungsplakat von Jupp Wiertz dominierte die Moderne (unten).

Gelegenheitsarbeiten durchschlagen. Sein Text war denn auch frei von üblem nazistischen Gedankengut und spiegelte eher eine bürgerlich-nationale Geschichtsauffassung wider.[10]

Indes bekam das Publikum weder den Film noch das szenische Gedicht zu sehen. Das Propagandaministerium erließ überraschend ein Aufführungsverbot für Zielkes Werk, offenbar weil England, das Mutterland der Eisenbahn, darin zu positiv dargestellt wurde. Roths Festspiel scheint daraufhin ebenfalls abgesetzt worden zu sein.

Im Gegensatz zu agrarromantischen Blut-und-Boden-Tendenzen mit ihrer unterschwelligen Technik-Kritik war für das Eisenbahnjubiläum 1935 eine durchweg positive Sicht der Technik vorherrschend. Typisch hierfür war etwa ein Artikel im „Fränkischen Kurier": „Die Richtschnur nationalsozialistischen Handelns ist der Mensch, ist die Volksgemeinschaft. Wir wissen aber, daß die Maschine Europa seinen Weltrang verliehen hat. Erst die Maschine ermöglichte es, daß auf einem Raum, der Jahrhunderte und Jahrtausende hindurch nur

wenige Millionen Menschen ernähren konnte, heute Hunderte von Millionen leben. Und wir wollen nicht wieder ein Volk von zehn und zwanzig Millionen werden, von denen jeder einzelne seinen eigenen Kohl auf seinem eigenen Felde zieht, sondern wir wollen das Volk der Hundertmillionen Deutsche bleiben. Diese Menschen aber können nur leben, wenn wir auch in der Welt der Technik führend sind."[11]

Adolf Hitler selbst feierte in seiner Rede beim Festakt im Industrie- und Kulturverein die Eisenbahn als das „erste große sozialistische [Wirtschafts-] Unternehmen in Deutschland". Zugleich stellte er die Eisenbahn in eine Reihe mit der Armee und dem Berufsbeamtentum: Die Reichsbahn, so führte er aus, „ist eine Organisation unerhörtester Pflichterfüllung, angefangen vom Streckenarbeiter oder Weichensteller bis herauf zur höchsten beamteten Führung".[12] Hitler reihte sich damit ein in eine lange Tradition staatssozialistischen Denkens in Deutschland, das in den krisengeschüttelten zwanziger Jahren eine bedeutende Aktualisierung erfahren hatte.[13]

Motorisierung – die unerfüllte Sehnsucht

Die tiefe Verbeugung der nationalsozialistischen Machthaber vor der hundertjährigen deutschen Eisenbahn konnte aber nicht darüber hinwegtäuschen, daß für diese längst eine gefährliche Konkurrenz aufgetaucht war – das Kraftfahrzeug. Gewiß, der Schienenverkehr war dominierend, im Güter- wie im Personenverkehr, im Fernverkehr wie auch regional und innerstädtisch. Trotzdem befriedigte die Eisenbahn längst nicht alle Wünsche. Im Gegenteil, manche sahen in ihr bestenfalls eine Art Arbeitspferd, für das man weder Lust noch Liebe empfand.

Ganz anders das Automobil! Als sich etwa 1902 der Schriftsteller Otto Julius Bierbaum zu einer Reise mit einem Einzylinder-„Adler"-Auto nach Italien aufmachte, empfand er die neue Art der Fortbewegung als eine unerhörte Befreiung. Fahrpläne, Tarife, Billetts und Gepäckscheine spielten keine Rolle mehr. Vor allem aber: „Wir werden nie Gefahr laufen, mit unausstehlichen Menschen in ein Kupee gesperrt zu werden." Voller Begeisterung fügte der Autor hinzu: „Wir wollen wirklich wieder reisen, als freie Herren, mit freier Bestimmung in freier Luft... Wir werden nicht mehr gereist – wir reisen wieder selbst."[14]

In der Tat war der Individualverkehr seit der Jahrhundertwende stark im Kommen. Zahlenmäßig war dabei zunächst nicht das Automobil oder Motorrad entscheidend, sondern das Fahrrad, das schon bald

ebenso verbreitet wie beliebt war. Radsportvereine schossen beispielsweise wie die Pilze aus dem Boden. Schon 1884 hatte der „Nürnberger Velociped-Club" in der neuen Radrennbahn an der Fürther Straße Wettbewerbe veranstaltet. 1899 erbauten die Hercules-Werke für ihre Kunden ein „Velodrom", das zunächst als Radfahrschule, später als Ort für Rennsport- und andere Veranstaltungen diente. Tausende von Nürnbergern besuchten regelmäßig die Radrennen am Reichelsdorfer Keller. Die Sieger dieser Wettbewerbe waren die Heroen einer neuen, bewegten und scheinbar befreiten Zeit. Sie waren die Vorhut eines neuen Verkehrszeitalters und bestimmten für viele begeisterte Beobachter am Rand der Rennstrecken dessen Takt und Tempo.

Je alltäglicher das Fahrradfahren mit der Zeit aber wurde, desto mehr sah sich der Sportsfreund und Dandy veranlaßt, ein neues Steckenpferd zu reiten. Er entdeckte es im Motorrad, einem sündhaft teuren Vehikel. Bald wurden auch Wettkämpfe ausgetragen. In Nürnberg fand das erste Motorradrennen im Mai 1905 am Reichelsdorfer Keller statt. Vor allem in den zwanziger und dreißiger Jahren erfuhr das Motorrad eine rasche Verbreitung. 1933 wurden in Nürnberg bereits über viertausend Krafträder gezählt.[15] Während ihre Zahl bis 1939 kaum zunahm, erfreuten sich die Kleinkrafträder immer größerer

Beliebtheit, denn 1939 bewegten sich 7689 dieser knatternden Vehikel durch die Straßen der Stadt.[16]

Automobile waren lange Zeit ausgesprochene Luxusobjekte, von denen der einfache Mann noch nicht einmal zu träumen wagte. So gab es in Nürnberg 1902 erst 24 Kraftfahrzeuge.[17] Dreißig Jahre später waren es schon fünftausend.[18] Ganz erstaunlich ist die Zunahme der Personenkraftwagen in Nürnberg jedoch zwischen 1933 und 1939. Zählte man zu Beginn des „Dritten Reiches" noch 5049 dieser Fahrzeuge, so waren es 1939 bereits 12 623.[19] Dies entsprach einer Zunahme um das Eineinhalbfache in nur sieben Jahren. Noch deutlicher wird die Entwicklung, wenn man den gesamten Kraftverkehr betrachtet. 1933 fuhren 10 817 Motorfahrzeuge durch Nürnbergs Straßen.[20] 1939 hatte sich ihre Zahl fast verdreifacht: 29 057 Kraftfahrzeuge wurden nun in Nürnberg gezählt.[21] Die Sehnsucht nach einem neuen, von den Reglementierungen der Eisenbahn unabhängigen motorisierten Fortbewegungsmittel war ein Massenphänomen geworden. Freilich, erfüllen konnte sich diesen Traum nach wie vor nur eine kleine Minderheit.

Den Nationalsozialisten bot sich diese gespannte Erwartungshaltung als ein gigantischer Resonanzboden für ihre eigenen Motorisierungsbestrebungen an, die ganz andere Ursachen hatten. Für Adolf Hitler, der einmal bekannte, er habe die schönsten Stunden seines Lebens im Automobil zugebracht, spielte das Motorfahrzeug eine besondere Rolle bei der Wiederaufrüstung Deutschlands. Dies erklärte sich nicht zuletzt aus den strategischen Erfahrungen des Ersten Weltkriegs. Hitler zeigte sich bereits in „Mein Kampf" völlig sicher, daß in dem kommenden „technischen Krieg" die Verwendung von motorgetriebenen Fahrzeugen „kampfbestimmend in Erscheinung treten wird".[22] Motorfahrzeuge, darunter vor allem Panzer, sollten den Angreifer schneller machen als den auf Fuß- und Bahntransport angewiesenen Verteidiger.[23]

Nun hatte Deutschland im Vergleich zu den ehemaligen Kriegsgegnern einen sehr niedrigen Motorisierungsgrad. Während 1926 in den USA statistisch gesehen jeder sechste Einwohner ein Kraftfahrzeug besaß, in Großbritannien jeder 49. und in Frankreich jeder 54., traf im Deutschen Reich erst auf 211 Einwohner ein Motorfahrzeug.[24] Deshalb war es für die strategischen Köpfe unter den Nationalsozialisten beschlossene Sache, die Motorisierung mit Nachdruck voranzutreiben. Es dauerte nicht lange, bis die Kfz-Haltung steuerlich begünstigt und die Kraftfahrzeugindustrie durch vielfältige Unterstützungen in ihrer Leistungskraft gestärkt wurde. Bald nahm man Maßnahmen zur

Sicherstellung einer ausreichenden Treibstoffversorgung in Angriff. Vor allem aber galt es, dem Motorfahrzeug durch ein leistungsfähiges Straßennetz im wahrsten Sinn des Wortes den Weg zu bereiten. Dies war eines der zentralen Motive für den großangelegten Autobahnbau.

Wie geschickt die Nationalsozialisten bereits vor 1933 Kraftwagen und Motorräder in den Dienst ihrer „Bewegung" zu stellen wußten, zeigt die Geschichte des „Nationalsozialistischen Kraftfahrerkorps" (NSKK). Energischer als andere Parteien setzte die NSDAP die Kraftfahrzeuge ihrer Mitglieder oder Sympathisanten zur Beförderung von Rednern oder von Propagandamaterial ein.[25] Mitglied des 1930 gegründeten NSKK konnte jeder motorsportbegeisterte junge Mann werden, „sofern er die innere Bereitschaft zu kämpferischem Einsatz" mitbrachte. Das NSKK bildete zum Teil mit eigenen Fahrzeugen und in eigenen Werkstätten Fahrer und Mechaniker aus. So war diese Organisation für viele junge Männer von erheblichem Reiz. Dies zeigte sich in der Mitgliederzahl, die 1939 rund eine halbe Million betrug. Bis 1939 entließen die Schulungseinrichtungen des NSKK etwa 200 000 junge Männer, von denen die meisten nach der Einberufung zur Wehrmacht bei motorisierten Truppenteilen dienten. Eine wichtige Aufgabe des NSKK war die Veranstaltung von Sportwettbewerben. Um das Kraftfahrzeug noch populärer zu machen, förderte die Organisation Großveranstaltungen, bei denen Hunderte von Fahrern an den Start gingen. Nicht Spitzenfahrer und -fahrzeuge sollten herangezüchtet werden, sondern das Können des Durchschnittsfahrers erhöht und die Zuverlässigkeit von Serienmaschinen gesteigert werden.

In dem fatalen Traum von der „Wehrhaftmachung" der Nation mit Hilfe des Kraftfahrzeugs spielte das Motorrad eine besondere Rolle. Es war vergleichsweise billig und eignete sich hervorragend für den aus militärischen Gründen besonders gepflegten Geländesport. Eine Nebenabsicht der Nationalsozialisten war es dabei, die Industrie zu veranlassen, geländetüchtige Fahrzeuge zu bauen. So dröhnten die Wälder bald vom Motorendonner, und Abertausende von Zuschauern säumten begeistert die Strecken. Seit 1934 wurde etwa die „Fränkische Jura-Geländefahrt" veranstaltet, die schon nach fünf Jahren eine Rekordbeteiligung von 500 Fahrern verzeichnen konnte. Besonders beliebt war auch die „Nürnberger Hochleistungsprüfung für Krafträder", die alljährlich am Schmausenbuck stattfand.[26] Die Einheit von Mensch und Maschine - das Ausbildungsziel des NSKK - wurde gerne zur „Kameradschaft der Maschine" hochstili-

Während der Kinderwagen für nicht wenige Deutsche das einzige Vierrad-Fahrzeug war, das ihnen zu Gebote stand, präsentierte sich in den dreißiger Jahren ebenso unübersehbar wie unüberhörbar das Verkehrsmittel der Zukunft – das Kraftfahrzeug. Von vielen als Vehikel eines schnellen, individuellen Fortkommens ersehnt, wurde es von den Nationalsozialisten sogleich einem militärischen Reglement unterworfen. Doch nicht nur Mensch und Maschine wurden gefeiert, auch die neuen Reichsautobahnen – von Fotografen gern als neuer „Lebensraum" suggestiv ins Bild gesetzt.

Auf den Bildern oben von links nach rechts: Eine Großveranstaltung des NS-Kraftfahrkorps; Motorrad-Geschwindigkeitsprüfung auf der Autobahn München–Salzburg; Julius Streicher spricht zu den Teilnehmern der „Treuefahrt zum Führer", die NSKK-Stafette tritt vor dem „Gauhaus" in der Marienstraße an; alle Situationen um 1937.

Bild rechts: Angehörige des NS-Kraftfahrkorps präsentieren sich mit stolz geschwellter Brust neben ihren bulligen Zündapp-Maschinen – kein Wunder, denn Maschinen dieses Herstellers und Typs gehörten zur Luxusklasse und waren nur als Schulungsmaschinen des NSKK „erschwinglich", um 1937.

Die Wiege des Nürnberger Flughafens stand in – Fürth. Schon 1920 wurde der ehemalige Militärflughafen Fürth-Atzenhof dem zivilen Luftverkehr übergeben. Der erste reguläre Flug erfolgte auf der Strecke Berlin-Johannisthal-Magdeburg-Nürnberg/Fürth-München. Schon bald war allen Beteiligten klar, daß nur eine größere Nähe zur Großstadt Nürnberg für genügend Passagiere sorgen konnte. Bereits 1927 hatte der Nürnberger Stadtrat einen entsprechenden Antrag gestellt, doch die Weltwirtschaftskrise verhinderte zunächst eine Realisierung der „hochfliegenden" Pläne. Erst im Frühjahr 1933 begannen die Bauarbeiten zwischen Großreuth hinter der Veste und Marienberg. Im August wurde der neue Flughafen eröffnet, der bald eine erhebliche Steigerung der Fluggastzahlen erlebte – von 17 614 im Jahr 1934 auf 35 076 im Jahr 1937. Durch Bombenangriffe im August 1943 wurden die Anlagen – gerade zehn Jahre alt – zerstört.
Auf der Aufnahme von 1934 ist links die berühmte viermotorige Junkers-Passagiermaschine „Generalfeldmarschall von Hindenburg" zu sehen (vergleiche auch Seite 118).

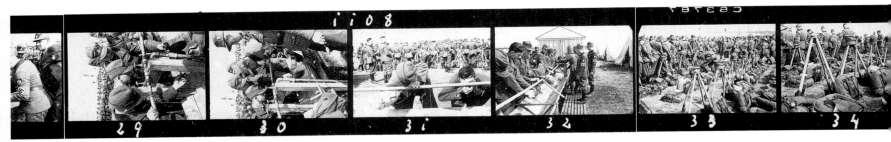

siert. Die Geländefahrer erschienen dabei wie Helden neuer Art, die der Gefahr trotzten und Unerbittlichkeit gegen sich und den sportlichen Gegner - andere sollten allzubald folgen - bewiesen: „Natürlich ist das Eisen hart", so hieß es in einem Jubelbuch über des „Führers Straßen", „und die Maschine kein Zucker. Aber das Gesetz des Lebens ist der Stahl und nicht der Zucker, nicht Brei und Mus. Und nur das Herz und die Seele aus Stahl gewinnen das Leben …"[27] Ernst Jünger ließ grüßen. So war es alles andere als ein Widerspruch, wenn auch auf dem weihevollen Boden des Reichsparteitagsgelän-

des Motorsportveranstaltungen stattfanden. Das Rundstrecken-Motorradrennen um den „Preis der Stadt der Reichsparteitage Nürnberg" entwickelte sich in den späten dreißiger Jahren zu einem Motorsport-„Klassiker". „Es ist in der Tat ein wundervoller Gedanke", so schrieb die „Nürnberger Schau", „in der Umgebung der gewaltigen Denkmale des nationalsozialistischen Aufstiegs einen motorsportlichen Wettbewerb durchzuführen. Diese Veranstaltung kann ihren tiefsten Sinn, nämlich die Jugend zur Einsatzbereitschaft für Führer und Volk zu erziehen, vielfältig erfüllen."[28]

Ein Volk hebt ab

Zu den Reichsparteitagen pflegte Adolf Hitler mit dem modernsten Verkehrsmittel anzureisen, das es damals gab – dem Flugzeug. In Leni Riefenstahls Film „Triumph des Willens" schwebt er – einem Götterboten aus Walhall gleich – in die Stadt, zu Wagner-Klängen versteht sich. Vorbei an der Kaiserburg, dem baulichen Symbol einer imperialen Tradition, an die er anzuknüpfen gedachte. Die Eröffnungssequenz dieses Films ist bildhafter Ausdruck eines Luftfahrt-Mythos, der für das „Dritte Reich" typisch war. Deutschlands Zukunft lag nicht mehr wie zu Kaisers Zeiten auf dem Wasser, sondern über den Wolken.

Auch hier schufen die Nationalsozialisten nichts Neues, sondern knüpften an einen weit verbreiteten Enthusiasmus an, der sich schon in den zwanziger Jahren gezeigt hatte. Die bedeutenden Jagdflieger des Ersten Weltkriegs – von Richthofen, Immelmann, Boelcke und andere – waren jedem Kind bekannt. In Nürnberg wurden sogar die Straßen der zwischen 1922 und 1926 erbauten Siedlung für Kriegsbeschädigte und Kriegshinterbliebene an der Regensburger Straße nach ihnen benannt. Flugtage mit Kunstfliegern und Weltkriegshelden wie Ernst Udet und anderen „Assen" zogen Zehntausende von Menschen an.

Dabei war von Anfang an eine starke nationalistische Komponente spürbar. Dies klang auch im August 1933 an, als der neue Nürnberger Flughafen am Marienberg das Ziel des bekannten „Deutschlandflugs" war: „Bereits am Vormittag um 9.00 Uhr waren alle verfügbaren Plätze von Zuschauern besetzt. Das herrliche Wetter, das den ganzen Tag über andauerte, ließ alle mit Geduld die drei Stunden Verspätung ertragen, mit welcher um 11.30 das erste Flugzeug von Rudolstadt kommend unter lautem Jubel das Ziel überflog. Um 12.00

erschienen dann weitere 8 Maschinen … Die große Flugveranstaltung … zeigte an Maschinen die verschiedenen deutschen Fabrikate wie Klemm, Junkers, Messerschmitt, Heinkel, Fieseler usw. und bewies den vielen begeisterten Zuschauern, daß Deutschlands Flugsport an Maschinenmaterial und jungen Fliegern trotz der Fesseln von Versailles Außerordentliches leistet."[29] Ein Jahr darauf stiftete die MAN der Stadt Nürnberg bei einem Großflugtag sogar ein Messerschmitt-Flugzeug, das auf den Namen „Stadt Nürnberg" getauft wurde. Die Schuckert-Werke mochten nicht nachstehen und übereigneten der „Fliegerortsgruppe" (eine Unterabteilung des Nationalsozialistischen Fliegerkorps) ein Segelflugzeug.[30]

Schon während der Weimarer Republik hatte die Segelfliegerei einen in jeder Hinsicht bedeutenden „Auftrieb" erhalten. Diese Art zu fliegen war billig und bot zugleich die Möglichkeit, das Versailler Abkommen zu umgehen, das unter anderem auch die Schulung von Motorflieger-Nachwuchs einschränkte. Franken entwickelte sich bald zu einem Zentrum des Segelflugs in Deutschland. Auf dem Hesselberg in der Rhön, auf der Bindlacher Höhe bei Bayreuth, auf der Friesener Warte, auf der Wülzburg bei Weißenburg, ja selbst auf dem Walberla probten die Segler den Aufschwung. „Wollten wir im näheren oder weiteren Umkreis Nürnbergs Ausschau halten", so schrieb damals ein kundiger Beobachter, „wir würden wohl fast auf keinen irgendwie in Frage kommenden Berg stoßen, der nicht schon von Segelfliegern in Beschlag genommen wurde."[31]

Die Nationalsozialisten lösten nach der „Machtergreifung" alle luftsporttreibenden Organisationen auf und konzipierten den gesamten Luftsport neu: Sechzehn Flieger-Landesgruppen wurden eingerichtet, die sich aus Fliegerortsgruppen zusammensetzten. Ihre

wichtigsten Gebiete waren: der Segelflug, der Motorflug und die „Vorbildung der Jugend".[32] Schon bei Schulkindern und Jugendlichen sollte Begeisterung für die Fliegerei geweckt werden. Ein wichtiges Mittel war dabei der Flugmodellbau. So fand etwa im März 1933 im Nürnberger Hauptbahnhof (!) eine sorgfältig vorbereitete Ausstellung mit Preisverleihungen statt. Schulen wurden zum Besuch der Schau angehalten, die unter dem Motto stand: „Jugend fliege – Jugend siege!"[33]

Mit Veranstaltungen wie diesen gelang es den Nationalsozialisten, die Faszination der Technik, die nicht zuletzt auf viele junge Menschen wirkte, für sich nutzbar zu machen. Wer sich politisch loyal verhielt, konnte sich eine Chance ausrechnen, am Fortschritt der Zeit und ihren Segnungen teilzuhaben. Manche Versprechungen wurden dabei eingehalten, viele jedoch nicht. Dies beweist das Beispiel des Volkswagens, den die Deutschen, so bereitwillig sie hierfür auch ihre Ersparnisse geopfert hatten, bestenfalls in militärischer Form – als Kübelwagen – kennenlernten.

Überhaupt war es tragisch, welch hohen Preis insbesondere junge Menschen für die Förderung ihrer technischen Interessen und Neigungen durch die Nationalsozialisten zu zahlen hatten. Vielen, die in Wehrmachtsuniform beispielsweise auf die Sättel schwerer Solo- oder Gespannmaschinen gesetzt wurden, trübte die Liebe zu diesen Fahrzeugen zunächst den Blick auf die Konsequenzen von Rüstung und Wehrdienst. Das schreckliche Ende ließ aber nicht auf sich warten: Zahllose Kradfahrer verloren im Zweiten Weltkrieg ihr Leben, viele ruinierten ihre Gesundheit. Jagdflieger, U-Bootfahrer und andere vielbewunderte Elitesoldaten, die ihren Dienst in hochmodernen Kampfmaschinen versahen, hatten einen hohen Blutzoll zu entrichten. Dies hinderte junge Männer bis Kriegsende jedoch nicht daran, sich in Scharen zu diesen Waffengattungen zu melden.

Die Begeisterung der Deutschen gerade für die modernen Verkehrsmittel, insbesondere für den Pkw, erwies sich auch nach dem Krieg als ungebrochen. Die Sehnsucht nach den eigenen vier Rädern, die von den Nationalsozialisten so geschickt geweckt, gesteigert und dann doch nicht erfüllt wurde, verschaffte sich nun nachhaltig Geltung.

1 Vgl. Fränkischer Kurier vom 21.5.1935
2 Vgl. Alfred B. Gottwaldt: Die Deutsche Reichsbahn im Dritten Reich. Chronik einer Abhängigkeit, in: Zug der Zeit - Zeit der Züge. Deutsche Eisenbahn 1835 - 1985, hrsg. von der Eisenbahnjahr-Ausstellungsgesellschaft m.b.H., Bd. 2, S. 674 f.
3 Völkischer Beobachter vom 3.1.1935
4 Acht Uhr-Blatt vom 3.7.1935
5 Vgl. dazu Anton J. Liebl: Die Privateisenbahn München-Augsburg 1835-1844. Entstehung, Bau und Betrieb (= Neue Schriftenreihe des Stadtarchivs München, MBM), München 1982, H. 103, S. 37/38
6 Adolf Hitler: Mein Kampf, Bd. 1, München 1935, S. 233f. Vor Hitler hat dieses angebliche Gutachten des Historiker Heinrich von Treitschke erwähnt. Vgl. Wolfgang Kurt Mück: Deutschlands erste Eisenbahn mit Dampfkraft. Die Kgl.-Priv. Ludwigs-Eisenbahn zwischen Nürnberg und Fürth, Phil. Diss. Würzburg 1967, S. 24 (Anmerkungsteil)
7 Offizieller Werbeprospekt für „Das Stahltier". SAN, HR 890
8 Vgl. SAN, HR 893
9 Ebenda

10 Zu Eugen Roth vgl. Rolf Flügel: Eugen Roth, München 1957
11 Fränkischer Kurier vom 9.12.1935
12 Zit. nach Deutsches Nachrichtenbüro vom 8.12. 1935. SAN, HR 892
13 Etwa bei Oswald Spengler und Werner Sombart; vgl. dazu Franz Sonnenberger: Mensch und Maschine. Techniklob und Technikfurcht am Beispiel Eisenbahn, in: Zug der Zeit - Zeit der Züge, Bd. 1, Berlin 1985, S. 24 - 37
14 Otto Julius Bierbaum, zitiert nach die tageszeitung vom 15.8.1992
15 Vgl. Statistisches Jahrbuch der Stadt Nürnberg 1933, Nürnberg 1934, S.58
16 Ebenda
17 Nürnberger Schau, Jg. 1940, S. 79
18 Vgl. Statistisches Jahrbuch …, S. 59
19 Vgl. Statistisches Jahrbuch der Stadt der Reichsparteitage Nürnberg 1940, Nürnberg 1941, S. 74
20 Vgl. Statistisches Jahrbuch der Stadt Nürnberg 1933, Nürnberg 1934, S. 58
21 Vgl. Statistisches Jahrbuch der Stadt der Reichsparteitage Nürnberg 1940, Nürnberg 1941, S. 77

22 Zit. nach Karl-Heinz Ludwig: Technik und Ingenieure im Dritten Reich, Düsseldorf 1979, S. 313
23 Ebenda
24 Vgl. Karl Hörber: Die Entwicklung des Straßennetzes und Straßenverkehrs in und um Nürnberg, in: Verkehrsentwicklung Nürnbergs im 19. und 20. Jahrhundert (= Nürnberger Forschungen, Bd. 17), Nürnberg 1972, S.18
25 Vgl. Franz W. Seidler: Das Nationalsozialistische Kraftfahrkorps und die Organisation Todt im Zweiten Weltkrieg, in: Vierteljahrshefte für Zeitgeschichte, Jg. 32 (1984), H. 4, S. 624 - 628
26 Nürnberger Schau, Jg. 1939, H. 1, S. 197ff.
27 Kurt Schuder: Granit und Herz. Die Straßen Adolf Hitlers – ein Dombau unserer Zeit, Braunschweig 1940, S. 12
28 Nürnberger Schau, S. 199
29 Verlautbarung des Nachrichtenamts der Stadt Nürnberg vom 28.8.1933. SAN, C 80/13
30 SAN, Stadtchronik vom 17.6.1934, S. 416/17
31 Nürnberger Gesellschaft und Leben, 1934, H. 4
32 Vgl. Werkzeitung MAN, Jg. 1934, Nr. 8, S. 6
33 Fränkischer Kurier vom 27.3.1933

High Tech der dreißiger Jahre: Die Nürnberger Firma TEKADE war in der Beschallungstechnik und im Verstärkerröhrenbau führend in Deutschland. Oben: Lautsprecher auf dem Dach eines Gebäudes; unten: Doppeltrichterlautsprecher der TEKADE auf einem Versammlungsplatz. Oben rechts: Titelblatt einer Broschüre und Steuerpult der TEKADE-Beschallungsanlage im Nürnberger Stadion. Rechts: Werbeanzeige für AEG-Rundfunkgeräte. Alle Abbildungen zwischen 1933 und 1936.

Massen erfassen

Im Gleichschritt mit unserer Zeit

AEG

1933/34
RUNDFUNK-GERÄTE

Parteitagsbauten und Wohnungsnot

Bauen gegen den Bedarf

Gerd Dieter Liedtke

„Der deutsche Arbeiter ist glücklich. Er merkt, der Staat kümmert sich um ihn. Das größte Glück für ihn ist es, eine Heimat, eigenen Grund und Boden zu haben. Und – o Wunder – überall in Deutschland entstehen neue Siedlungen. Hier findet das deutsche Volk die wahre Volksgemeinschaft. Nicht in der Großstadt, sondern auf eigener Scholle, und ist das Heim auch klein und bescheiden, kommt der deutsche Mensch doch wieder zu sich selbst. Und vor allem die Kinder brauchen Licht, Luft und Sonne, um starke Menschen zu werden."[1]

Schon 1933 verkündete die neue Führung, daß die Stadt Nürnberg mit Unterstützung der „Deutschen Arbeitsfront" (DAF) und der „Gaubetriebszellenleitung Mittelfranken" in großem Umfang neue Siedlungen zu schaffen beabsichtige.[2] Ein Teil der Siedlungen sollte bei Buchenbühl und östlich des Südfriedhofes entstehen, ein anderer Teil war bei Schwaig und Behringersdorf geplant. Hier war der Bau von Eigenheimen vorgesehen, während im erstgenannten Teil sogenannte Selbsthilfe-Siedlungen errichtet werden sollten.

Beide Siedlungstypen sollten dazu beitragen, die Wohnungsnot zu bekämpfen. Der Bau von mehrstöckigen Mietshäusern war in der Anfangszeit des Nationalsozialismus verpönt. In der Zusammenballung von größeren Menschenmassen sah man die Ursache aller sozialen Probleme der modernen Industriegesellschaft, die in Zeiten der Arbeitslosigkeit noch verschärft wurden. Mit Selbsthilfe-Siedlungen sollte auch den finanzschwachen Bevölkerungsschichten mit geringen oder gar keinen Ersparnissen die Möglichkeit gegeben werden, dem Moloch Stadt zu entrinnen. Das fehlende Eigenkapital mußten die Siedler durch Eigenleistungen beim Bau der Häuser ersetzen.

Diese Wohnungs- und Siedlungspolitik verkauften die Nationalsozialisten propagandistisch geschickt als großartige Leistung ihrer Politik. Tatsächlich war die Idee der Umsiedlung sozialschwacher Familien aus den Städten hinaus in sogenannte Stadtrand-Siedlungen bereits in der Weimarer Republik unter der Regierung Brüning entstanden. Der Kerngedanke lag darin, Kurzarbeiter und Arbeitslo-

se vor der Verelendung zu bewahren, indem man ihnen die Möglichkeit gab, in Stadtrand-Siedlungen die Lebenshaltungskosten durch den Wegfall der Miete und die Bewirtschaftung des eigenen Bodens drastisch zu senken. In Nürnberg waren 100 Holzhäuser in Großreuth und Gebersdorf der Anfang eines geplanten Rings von Einfach-Siedlungen aus Holz, der um die steinerne Stadt gelegt werden sollte. Die Stadtrand-Siedlungen waren zu Beginn der dreißiger Jahre kein spezifisch deutsches Phänomen. So hatte zum Beispiel die kroatische Hauptstadt Zagreb einen internationalen Wettbewerb für einen Generalbebauungsplan ausgeschrieben. Als Sieger ging die Stuttgarter Architektengruppe Kotzer und Liedecke hervor. Mit ihr stand der Nürnberger Oberbaurat Reinhold Prell in regem Kontakt, um speziell für die hiesigen Gegebenheiten geeignete Siedlungsmodelle zu entwickeln. Prell war Leiter des Stadterweiterungsamtes und 1940 für die Aufstellung des Wirtschaftsplanes der „Stadt der Reichsparteitage" zuständig.

Der Siedlungsgedanke des Nationalsozialismus unterschied sich indes stark von dem der Weimarer Republik. Unter der Regierung Brüning war er ausschließlich von sozialpolitischen Erwägungen geprägt. Der Siedlungsbau war Beschäftigungsprogramm für Arbeitslose und Kurzarbeiter und zugleich Hilfe zur Selbsthilfe. Die Nationalsozialisten hingegen vergaben Selbsthilfe-Siedlerstellen nicht an Arbeitslose und Kurzarbeiter, sondern nur an gute Arbeiter und „verdiente Volksgenossen". Diese mußten für die Zeit des Hausbaus, drei bis vier Monate lang, ihren Arbeitsplatz für einen Arbeitslosen freimachen. Dahinter stand das Prinzip von Leistung und Belohnung und das Prinzip der Auslese. Somit pervertierte der Siedlungsgedanke von der Hilfsmaßnahme zum Disziplinierungsinstrument: Es fand – wie der Leiter des Gauheimstättenamtes Nürnberg, Hans Baier, versicherte – „schärfste Auswahl der Familien" nach charakterlichen, fachlichen und „erbbiologischen" Gesichtspunkten statt.[3] Anders als in der Weimarer Zeit gingen die Siedlerstellen nach einigen Jahren vollständig in den Besitz ihrer Erbauer über, „um die Siedler auch rechtlich mit ihrer Scholle zu verbinden".[4] Der Erfolg dieser Politik lag

für die Nazis auf der Hand, etwa in der Siedlung Buchenbühl: „Die Buchenbühler Siedler haben ohne Ausnahme geschlossen ihr Bekenntnis zum Nationalsozialismus abgelegt."[5]

In Buchenbühl wurde 1934 zum ersten Mal die „Volksheimstätte" als Versuchstyp gewählt.[6] Dieses Normhaus war mit 44 Quadratmetern Grundfläche besonders klein. Die Zimmer waren winzig, die Toilette bestand aus einem sogenannten Trockenklosett, aber immerhin: Das ganze Gebäude war unterkellert. Die Baukosten betrugen einschließlich 600 Quadratmeter Grund 9000 RM. Das Siedlungswerk Nürnberg errichtete zunächst 88 Häuschen, nicht nur im Rahmen von Erwerbslosen-Programmen, sondern auch für Mittelständler, Angestellte, Beamte und Arbeiter.

Ebenfalls 1934 und 1935 wurden 300 Doppelhäuschen südlich der Werderau fertig. Es war dies eine sogenannte Primitivsiedlung. „Das Primitive der Bauweise besteht insbesondere darin, daß Unterkellerung sowie Wasser- und Lichtanschluß im Hause fehlten."[7] Die Häuschen wurden als Holzfachwerkbauten in Selbsthilfe ausgeführt. Die Aborte wurden aus hygienischen Gründen außerhalb der Häuser aufgestellt. Das Grundstück war 600 qm groß. „Die Siedlung ist nach Art einer Dorfsiedlung gedacht, bei der sich die Siedler das Wasser ohne besondere Verrechnung am Dorfbrunnen holen ...".[8] Bestimmt waren diese Häuschen für Familien, die obdachlos waren oder in ungesunden Wohnungen lebten. Dagegen waren die 150 Häuser, die die Stadt Nürnberg 1933 in Mühlhof, Eibach, Lohe und Leyh fertigstellte, als Siedlerhäuser mit 50 qm Grundfläche gebaut.

Bis 1935 war die nationalsozialistische Wohnungsbaupolitik auf die Bindung der Bevölkerung an die eigene Scholle ausgerichtet. Dies geschah durch eine aktive Siedlungspolitik in drei Bereichen: dem Bau von Eigenheim-, Kleinhaus- und sogenannten Primitivsiedlungen. Aber entgegen aller NS-Propaganda mußten die verantwortlichen Regierungsstellen Mitte 1935 einsehen, daß ihre Wohnungspolitik zum Scheitern verurteilt war: „So unterliegt es keinem Zweifel, daß mit dieser Maßnahme allein den dringendsten Wohnungsnotständen nicht begegnet werden konnte."[9] Zum einen genügte die Mehrzahl der Wohnungssuchenden nicht den nationalsozialistischen Auslesekriterien, zum anderen mangelte es an Bauland.

Anfang 1936 bewilligte die Reichsregierung 5,7 Millionen Reichsmark als Fördersumme zur Teilung und zum Umbau von Wohnungen. Die Stadt Nürnberg erhielt davon ganze 30 000 RM. Der gemeinnützige Wohnungsbau in der Zeit des Nationalsozialismus hat in Nürnberg zu keinem Zeitpunkt auch nur annähernd die Größenordnung der Weimarer Zeit erreicht. So wurden im Jahr 1928 auf dem Höhepunkt der Wirtschaftskrise 1925 Wohnungen fertiggestellt und im Jahr darauf immerhin noch 1391. Zwischen 1932 und 1934 kam der gemeinnützige Wohnungsbau dann praktisch zum Erliegen, stieg dann 1935 auf 942 fertiggestellte Wohnungen an, erreichte 1936 mit 1191 seinen Höhepunkt und sank bis 1938 auf 447 Wohnungen ab.[10] In diesem Jahr fehlten bereits 15 000 Wohnungen, 1941 sogar 25 000. Im gesamten Reich ergab sich ein Wohnungsfehlbestand von 6 Millionen.

Je weniger sich die Wohnungsnot verheimlichen ließ, desto hektischer wurden die Reaktionen der Verantwortlichen. „Verkaufte" man die in den Anfangsjahren der NS-Herrschaft fertig gewordenen Siedlungshäuser, die noch in der Weimarer Republik geplant worden waren, dreist als Beweise einer erfolgreichen NS-Politik, so schob man jetzt umgekehrt die Schuld an der sich immer weiter verschlechternden Wohnungssituation auf „die Versäumnisse der Systemzeit".[11] Oberbürgermeister Willy Liebel umschmeichelte die Nürnberger Hauswirte, daß sie freistehende Wohnungen an die städtische Wohnungsfürsorge weitermelden sollten, mögliche Zwangseinweisungen bräuchten sie dann nicht zu befürchten. „Asoziale Mieter faßt eine andere städtische Geschäftsabteilung so hart und rücksichtslos an, wie es die Gesetze des nationalsozialistischen Staats ermöglichen und wie es diese das Gemeinwohl schädigenden Einwohner verdienen."[12] 1938 wurden einige Hausbesitzer im städtischen Amtsblatt offen an den Pranger gestellt, weil sie jungen Ehepaaren und Paaren mit Kindern keine geeigneten Wohnungen zur Verfügung gestellt hatten. „Es geht nicht an, daß ein derartiges Verhalten länger geduldet werden kann, das den Zielen des heutigen Staates so grundsätzlich zuwiderläuft und teils einer volksgemeinschaftsfremden Bequemlichkeit, teils vielleicht auch einer ablehnenden Einstellung gegenüber dem Staat entspringt."[13] Deswegen wurden von solch feindseliger Einstellung betroffene Mieter aufgefordert, die entsprechenden Hausbesitzer zu melden, um „bei nachweislich staatsfeindlicher Einstellung die Angelegenheit auf ihre politische Seite prüfen zu lassen".[14]

Mit solchen Manövern ließ sich gut ablenken von der eigenen Verantwortung. Die Wohnungsnot konnte jedoch hier wie andernorts nicht gelindert werden. Stattdessen war das Regime gezwungen, entgegen der eigenen Ideologie Zugeständnisse zu machen. Waren bislang industrielle Fertigungstechniken im Wohnungsbau tabu, galt jetzt: „Wir müssen rationell bauen und wir können das auch. Der

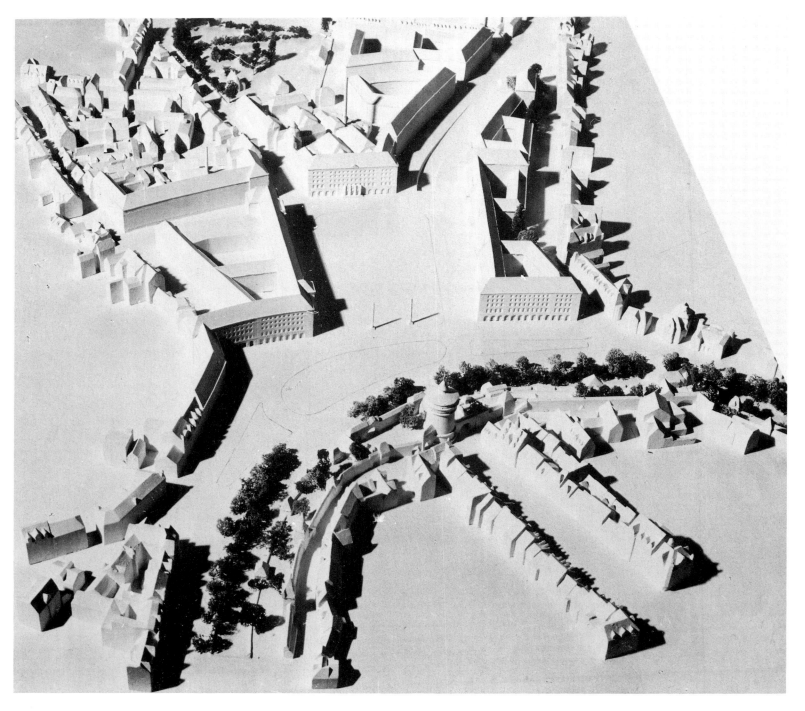

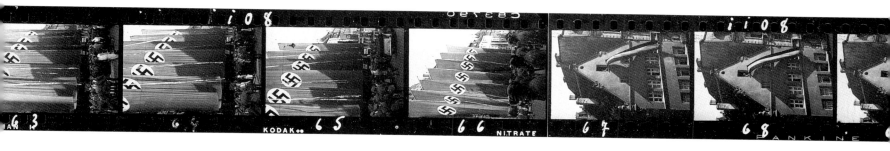

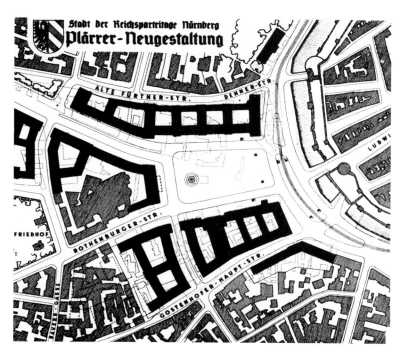

Die Umgestaltung des Plärrers im Rahmen der „Neugestaltung der Stadt der Reichsparteitage Nürnberg" galt Ende der dreißiger Jahre als eine der vordringlichsten Aufgaben der Stadtplanung. Schon damals bedeutendster Verkehrsknotenpunkt Nürnbergs, erwies sich der Platz insbesondere zuzeiten der Reichsparteitage als vollkommen unzureichend, um die Verkehrsströme aufzunehmen, zumal er einer der Endpunkte der zum Parteitagsgelände führenden Schnellbahnen war. Zugleich sollte der Platz in seiner städtebaulichen Gestalt zu einem würdigen Vorraum der Altstadt werden. Der Entwurf zur Umgestaltung des Plärrers stammte von Stadtbaurat H. Schmeißner und Oberbaurat W. Schlegdendal. Er basierte auf einem Vorentwurf, der unter Federführung von Schmeißners Vorgänger Prof. W. Brugmann entstanden war und die Aufgabenstellung auf ebenso markante wie rücksichtslose Weise lösen sollte. Trotz drückender Wohnungsnot wären den Umgestaltungsmaßnahmen zuliebe einige hundert Wohnungen geopfert worden. Das sogenannte Hopfenjudenviertel zwischen den beiden Fürther Straßen, auf dem sich auch zwei Brauereien befanden, sollte – wie der Stadtplan zeigt – ganz verschwinden. Das Plärrer-Hochhaus war

weiter westlich an anderer Stelle vorgesehen, als es heute steht. Die Mitte des Platzes wurde bei diesem Entwurf durch einen Brunnen akzentuiert. Die östliche, zwangsläufig zur Altstadt hin offene Platzseite sollte durch Gebäudevorsprünge und zwei Säulen markiert werden, die Handel und Verkehr symbolisieren. Die Straßenbahn sollte als sogenannte Unterpflasterstrecke geführt werden. Die Umgestaltung des Plärrers war in zwei Bauabschnitte gegliedert. Als vordringlich sah Oberbürgermeister Liebel den Bereich Spittlertorgraben, Dennerstraße und Fürther Straße an. Die westlichen und südlichen Platzwände sollten erst zu einem späteren Zeitpunkt folgen. Am 31. Mai 1939 wurde das bezeichnete Gebiet zum „Bereich" im Sinne des „Gesetzes zur Neugestaltung deutscher Städte vom 4. Oktober 1937" erklärt. Die Verhandlungen mit den Grundeigentümern gestalteten sich indes schwierig. So hat offenbar ein Grundbesitzer die Rechtmäßigkeit der vorgesehenen Umgestaltungsmaßnahmen am Plärrer angefochten, weil hierbei auch öffentlicher Straßenraum überbaut werden sollte. Erst eine Nachbesserung der „5. Anordnung über die Neugestaltung der Stadt der Reichsparteitage Nürnberg" konnte hier Abhilfe schaffen.

Westwall mag als Beispiel dienen ... Mit der alten Arbeitsmethode, nach der man Ziegelstein auf Ziegelstein setzte und so allmählich den Bau vollendete, könnten wir unser Vorhaben nicht durchführen."[15] Das Vorhaben hieß: für den Anfang 300 000 Wohnungen im Jahr, 600 000 als Normziel im Rahmen eines Zehnjahresplanes, der unmittelbar nach Beendigung des Krieges einsetzen sollte. „Größtmögliche Rationalisierung und Typisierung sowohl der Baumethoden als auch der einzelnen Bauteile"[16] war jetzt angesagt. Denn zum einen galt es, die Baukosten drastisch zu senken: 30 bis 40 Prozent waren das Ziel. Zum anderen waren die Baustoffe knapp. Rohstoffmangel und das Fehlen bestimmter Baumaterialien im ganzen Reich kündigten sich bereits mit einer Genehmigungspflicht für Nichteisenmetalle 1936 an.[17] Endgültig offenbar wurden die Versorgungsschwierigkeiten mit der Bausperre vom 4. August 1939 und dem „Verbot neuer Bauvorhaben" vom 20. November 1939. Von da an waren nur kriegswichtige Bauvorhaben und zweckgebundener Wohnungsbau zugelassen. Trotz der gigantischen Wohnungsbauprogramme, die für die Zeit nach dem Krieg beschworen wurden, gab man sich keinerlei Illusionen hin: „Die Baustoffe selbst werden auch im späteren Wohnungsbau kontingentiert bleiben."[18] Die Materialien wurden nach einem nicht ganz einfachen Schlüssel den einzelnen Gauen zugeteilt. Für Franken rechnete man 1941 mit

einem Fehlbedarf von etwa 50 000 Wohneinheiten und einem jährlichen Bedarfszuwachs von 3000 bis 4000 Wohneinheiten. Nach Bedarf und vorhandenen Baustoffen wurde die eigentliche Bauquote von Robert Ley als Reichswohnungskommissar und Fritz Todt als für die Bauwirtschaft Zuständigem für das ganze Reich ermittelt. Dabei genoß das sogenannte Ostbauprogramm absolute Priorität.
Eine Kehrtwende in der Baupolitik war dringend geboten. Bislang wurden Prestigebauten trotz drückender Wohnungsnot aus ideologisch-erzieherischen Gründen für wichtiger gehalten als der Bau von Wohnungen. Nun gestand man offen ein, daß das Wohnungsproblem eines der dringendsten sei: „Gerade hier in der Stadt der Reichsparteitage wird nach Kriegsende sicher sofort wieder mit den Parteitagbauten begonnen werden. Der Soldat oder Arbeiter, der von der Front zurückkehrt, würde mit Recht erstaunt sein, wenn nicht gleichzeitig auch mit dem Wohnungsbau begonnen würde. Der einfache Mann würde dies nicht verstehen, wenn er sich auch noch so müht."[19] Die Aussage ist insofern bemerkenswert, als das Schwergewicht der Bautätigkeit in Nürnberg bis 1939 auf den Bauten des Reichsparteitagsgelände lag. Dieses Volumen band praktisch die gesamte Bauwirtschaft der Region. Zwischen 1933 und Kriegsbeginn wurden etwa 600 Millionen RM für diese Repräsentationsarchitektur ausgegeben.

Gesetz zur Neugestaltung

Am 4. Oktober 1937 erließ Hitler das „Gesetz zur Neugestaltung deutscher Städte". Es war dies ein reines Willkürgesetz, das vor allem die Grundlage für Enteignungen geben sollte, wenn etwa widerspenstige Grundeigentümer die beabsichtigten tiefgreifenden Umgestaltungsmaßnahmen zu verzögern drohten. Ursprünglich war das Gesetz nur für die „Führerstädte" Berlin, München, Nürnberg und Hamburg gedacht, wurde aber schließlich auf zahlreiche weitere Städte, insbesondere die sogenannten Gauhauptstädte, ausgedehnt.[20] Vorrangiges Ziel nationalsozialistischer Stadtplanung war – trotz fortschreitender Wohnungsknappheit – die Realisierung eindrucksvoller Prestigeprojekte und die Neugliederung der Stadtstruktur. Dies war erklärter „Führerwille": „Sie werden vielleicht das eine oder andere Mal hören, ... daß es doch nicht notwendig sei, in einer solchen Zeit große Bauten zu machen, daß es nicht notwendig sei, gerade diese gigantischen Straßen, diese riesenhaften Brücken usw.

anzulegen ... Also das geschieht bei mir auch nicht aus Großmannssucht, sondern es geschieht aus der kältesten Überlegung, daß man nur durch solche gewaltigen Werke einem Volk das Selbstbewußtsein geben kann."[21] Das staatliche Baugeschehen des „Dritten Reiches" war das psychologische Begleitprogramm zur Aufrüstung, um mit „grandiosen Einzelleistungen" den Deutschen allmählich die Überzeugung zu vermitteln, daß sie als zahlenmäßig weltgrößtes „Kulturvolk" allen anderen Nationen mindestens ebenbürtig seien. Das „Gesetz zur Neugestaltung deutscher Städte" war reines Flickwerk und stand in keiner Weise mit den bestehenden Gesetzen in Einklang. Insbesondere mußten die Städte, für die es gelten sollte, noch eigens ausgewiesen werden. Für Nürnberg geschah dies mit einem Erlaß des „Führers" vom 9. April 1938.[22] Diesen Erlaß interpretierte Nürnbergs Oberbürgermeister Willy Liebel in der Folgezeit recht großzügig. Er sah in ihm vor allem die Möglichkeit, ehrgeizige

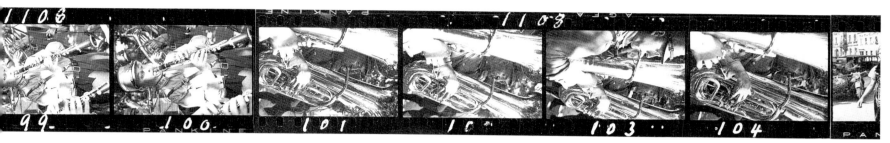

Planungsziele – unter stetem Hinweis auf die besondere Rolle Nürnbergs – kostengünstig, daß heißt zu Lasten der Reichskasse zu realisieren. Das Stadtoberhaupt stellte zwischen dem 23. Juli 1938 und dem 19. Juli 1939 insgesamt sechs Projektanträge zur Durchführung des „Gesetzes zur Neugestaltung deutscher Städte" in Nürnberg. Alle Anträge wurden vom Leiter des Zweckverbandes Reichsparteitag Nürnberg, Reichsminister Hanns Kerrl, in Berlin genehmigt und als Anordnung nach Nürnberg zurückgegeben. Das geschah oft innerhalb weniger Tage.

Die Anwendung dieses Gesetzes eröffnete rechtliche Möglichkeiten bisher nicht gekannten Ausmaßes. So erging die „Erste Anordnung über die Neugestaltung der Stadt der Reichsparteitage Nürnberg" nicht etwa zur Lösung dringlicher Aufgaben im Zusammenhang mit den Reichsparteitagen, sondern deswegen, weil „die Bereinigung des Bildes der eigentlichen Altstadt von stilwidrigen, störenden und anstößigen Bauwerken notwendig"[23] geworden sei: „Die schlimmste Bausünde aus vergangenen Jahrzehnten bildet die am Hans-Sachs-

Platz gegenüber der Heilig-Geist-Kirche, dem historischen Aufbewahrungsort der Reichskleinodien, am nördlichen Pegnitzufer gelegene Synagoge." Kurz zuvor hatte „Der Stürmer" gegeifert: „Protzig, seelenlos und frech erhebt sich die Synagoge über dem Häusermeer Nürnbergs. Über dem Häusermeer des ‚Schatzkästleins des Deutschen Reiches' und der ‚Stadt der Reichsparteitage'. Inmitten der deutschesten Stadt aller Zeiten ein Stück Orientalismus, ein Stück in Stein gesetzte Schande."[24] Die „Fränkische Tageszeitung" druckte die Hetztiraden des „Stürmers" nach und ergänzte unter anderem: „Die Wiederherstellung des Altstadtbildes, die mit soviel Sorgfalt, Einfühlung und zäher Kleinarbeit besorgt wurde, darf vor diesem Denkmal, das sich eine Fremdrasse mitten in dieser deutschen Stadt gesetzt hat, nicht halt machen."[25] Diese beiden Zeitungsartikel legte Oberbürgermeister Liebel seinem Antrag an Reichsminister Kerrl auf Beseitigung des „unerträglichen Fremdkörpers" bei. Vier Tage später erfolgte – ganz in Liebels Sinne – die „Erste Anordnung" aus Berlin.

Verkehr

Vier von sechs Anordnungen hatten umfangreiche Maßnahmen zur Verbesserung des Verkehrsflusses zum Inhalt. So regelte die „Zweite Anordnung über die Neugestaltung der Stadt der Reichsparteitage Nürnberg" die Verbreiterung der Bahnhofstraße und den Bau der Girozentrale der Bayrischen Gemeindebank am Standort der heutigen Landeszentralbank. Die dritte Anordnung bezog sich auf ein Gebiet nördlich und nordöstlich des Großen Dutzendteiches im Bereich von Bayern- und Seumestraße. Dieses Gebiet wurde auf Wunsch Liebels dem Zweckverband Reichsparteitage zugeschlagen. Hier sollte die Wohnbebauung neuen Verkehrswegen weichen, „die den gewaltigen Verkehr von und zur Kongreßhalle, Zeppelinwiese und Luitpoldarena aufzunehmen haben".[26] Etwa 300 Wohnungen hätten dieser Maßnahme zum Opfer fallen sollen. Die vierte Anordnung diente der Lösung von Verkehrsproblemen im Bereich der Regensburger Straße.[27]

Der umfangreichste Antrag auf eine Anordnung zur Neugestaltung Nürnbergs war indes der fünfte: Er sollte das Gebiet rund um den Plärrer grundlegend verändern. Der Plärrer war bereits damals einer der bedeutendsten Verkehrsknotenpunkte der Stadt. „Dieser Platz war vor der Machtübernahme, zu einer Zeit des geschäftlichen und

industriellen Niederganges, schon völlig unzureichend. Heute ist er der ungestümen Entwicklung des Verkehrs in keiner Weise mehr gewachsen. Die Platzverhältnisse sind unhaltbar: Zu enge Verkehrswege überschneiden sich mehrere Male. Straßenbahnlinien durchkreuzen den Fern- und Nahverkehr. Der Strom der Kraftwagen und Straßenbahnen stockt. Zu Zeiten geschäftlichen Hochbetriebes wirkt sich der hier unruhig pulsierende Verkehr spürbar und lästig auch auf die kilometerweit entfernten Verkehrszentren rings um den Graben und insbesondere in der Innenstadt aus."[28] Die Situation verschärfte sich alljährlich während des Reichsparteitages. Auch hatte der damalige Oberbaurat Wilhelm Schlegtendal recht mit seiner Feststellung, daß rings um den Platz eine chaotische Bebauung entstanden sei, „die in gar keiner Weise den Versuch machte, aus dem Zusammenfluß der wichtigen Verkehrsadern einen geordneten Platz zu schaffen".[29] Ziel der geplanten Umgestaltungsmaßnahmen am Plärrer war also die Bewältigung des immensen Verkehrs. Zugleich sollte vor dem Eingang zur Altstadt („die in ihrer mittelalterlichen Gestalt weitgehend belassen bleibt")[30] ein „würdiger Vorraum" entstehen. Die Lösung der Verkehrsprobleme suchte man – dem Wirtschaftsplan von 1940 zufolge – vor allem in einer radikalen Entflechtung von

1941: Um zu zeigen, „daß die kulturelle Arbeit auch im Kriege in Deutschland nicht ruht", stellt die Stadt Nürnberg eine umfangreiche Architektur-Ausstellung zusammen. Verantwortlich für die Schau waren Männer, die die Architektur vor und nach 1945 entscheidend geprägt haben: der damalige Baudirektor Heinz Schmeißner und die Oberbauräte Friedrich Seegy und Wilhelm Schlegtendal. Die „Fränkische Ausstellung für Architektur und Kunsthandwerk" gab vom 20. September bis Ende Oktober 1941 mit über 300 Lichtbildern und anderen Exponaten einen Überblick über das gesamte Bau- und Planungsgeschehen seit 1933. Oben: Deutlich ist im zweiten Bild links neben dem Durchgang der Turm mit dem Haupteingang des Hermann-Göring-Schulhauses, der heutigen Schule an der Oedenberger Straße, zu erkennen, daneben ein Teil der Hofseite. Rechts neben dem Durchgang

hängen drei Lichtbilder von der SS-Kaserne: Teilansicht mit Haupteingang, der Haupteingang selbst und ein Blick vom Exerzierplatz auf die Rückseite des Hauptbaus. – Oben, links: Im Raum IV der Architektur-Ausstellung von 1941 waren Tonvasen, Krüge und Schalen von Arnulf Holl von der Keramischen Kunstwerkstätte Nürnberg altarähnlich auf einem Tisch aufgebaut. – Das Leitmotiv zu dieser Ausstellung gab ein Satz von Adolf Hitler ab: „Wir wollen in das willkürliche Bauen eine klare Ordnung bringen." Belegt wurde der Anspruch vor allem mit Beispielen von Offizialbauten. Der Wohnungsbau nahm eine eher untergeordnete Stellung ein. So ist die Siedlung Buchenbühl lediglich mit einer Deckenmalerei der Schulturnhalle, einem Adler, vertreten. Kein Wunder: die „klare Ordnung" dieser Siedlung ging noch auf die ungeliebte „Systemzeit" zurück (unten, links).

Kraftfahrzeug-, Straßenbahn- und Fahrradverkehr. Wären die damaligen Planungen zum Zuge gekommen, wäre am Plärrer die Keimzelle für Nürnbergs U-Bahn entstanden. Die Straßenbahnen sollten nämlich als sogenannte Unterpflasterstrecken geführt werden. Lediglich die Ringlinie hätte noch bis auf weiteres überirdisch den Platz gekreuzt. Langfristig war geplant, die Straßenbahn in der gesamten Altstadt unter die Erde zu verlegen.

Stadträumlich ist der Plärrer immer ein schwieriger Platz gewesen, denn ihm fehlten klare Gebäudekanten und eine beruhigte Mitte. Deshalb sollten in den Planungen von 1939 weite Bereiche rund um den Plärrer abgebrochen und der Platz neugefaßt werden. Das dreieckige Areal mit Wohnbebauung zwischen Spittlertorgraben, Denner- und Fürther Straße wäre vollkommen verschwunden, ebenso das sogenannte „Hopfenjudenviertel" zwischen Fürther- und Südlicher Fürther Straße. Schließlich stand der gesamte Bereich

Rothenburger- und Gostenhofer Hauptstraße bis an die Bauerngasse zur Disposition. Die neue Bebauung in geschlossener viergeschossiger Blockbauweise sollte straff, fast kasernenartig um den neuentstehenden trapezförmigen Platz herumgeführt werden, wobei die Gebäudefluchten deutlich hinter die ursprüngliche Linienführung zurückgesetzt worden wären. So wäre genügend Raum für Verkehr und beruhigte Platzmitte entstanden. Subtile Gebäudevorsprünge und zwei Säulen auf der offenen östlichen Platzseite, die an die Altstadt grenzt, hätten dem Platz ein klares Gepräge gegeben. Die beiden Säulen sollten übrigens die Zeichen des Handels und des Verkehrs tragen und an die erste deutsche Eisenbahn erinnern, die von dieser Stelle aus nach Fürth fuhr. In der Erdgeschoßzone rund um den Platz waren neben einem Großkino durchwegs Läden, Ausstellungsräume und Restaurants vorgesehen. Für das heutige Plärrerhochhaus findet sich bereits in den Planungen von 1939 ein Vorläufer.

Planungen im weiteren Stadtgebiet

Der Idealplan von Nürnberg hatte Großes vor mit der Fürther Straße. Vom Plärrer kommend auf der rechten Seite sollte ein Regierungsviertel entstehen, das sich bis zur Kreuzung der heutigen Sigmund-/Adolf-Braun-Straße erstreckt hätte. Ihm gegenüber auf der linken Seite der Fürther Straße war in gleicher Ausdehnung ein Hochschul- und Geschäftsviertel vorgesehen. Bei diesen Planungen scheint es sich allerdings um Projekte einer fernen Zukunft gehandelt zu haben. Nähere Angaben dazu enthält der Wirtschaftsplan aus dem Jahr 1940 nicht. Diese Feststellung gilt auch für die entlang der Marienstraße geplante „Gaustadt". Der für das Reichsparteitagsgelände verantwortliche Architekt Albert Speer schrieb im Februar 1941: „Die städtebauliche Grundplanung ist an sich beendet und vom Führer genehmigt. Ein Gauforum ist vorgesehen, jedoch wird auf mein Verlangen und im Einvernehmen mit Oberbürgermeister Liebel die Neugestaltung der Stadt Nürnberg im wesentlichen erst nach Beendigung der Bauten auf dem Reichsparteitagsgelände, also nicht vor sechs bis acht Jahren begonnen, da eine gleichzeitige Bautätigkeit meiner Ansicht nach eine wirtschaftliche Unmöglichkeit bedeutet."[31]
Der Idealplan von Nürnberg zeigt eine wohlgeordnete Stadt. Anders als in Hamburg oder Berlin verbot es sich im Falle Nürnbergs, Nord-Süd- und West-Ost-Achsen „durchzuschießen". Gegen derlei martialische Grundmuster nationalsozialistischer Städteplanung war die

Altstadt ein wirksamer Schutzschild. Auch hatte die historische Entwicklung die Stadt in ihrem Grundraster bereits die Form annehmen lassen, die von den Nationalsozialisten als idealtypisch angesehen wurde. „Das große System von Radialen und Ringverbindungen ist in seinen Grundzügen historisch vorgezeichnet."[32] Die künftige Stadtplanung brauchte es nur noch zu akzentuieren. Der Durchgangsverkehr sollte aus der Altstadt verbannt und um sie herum geleitet werden. Die Straßen entlang der Stadtmauer sollten ringförmig ausgebaut werden. Vom neugeschaffenen Altstadtring aus verlaufen – so der Idealplan – weitgehend kreuzungsfreie Verkehrsstraßen 1. Ordnung strahlenförmig nach außen und folgen vornehmlich den früheren Staatsstraßen. Verkehrsstraßen 2. Ordnung verbinden die Radialen in mehreren Ringen untereinander. Damit sollte vor allem der Überlandverkehr aus den Wohngebieten ferngehalten werden.

Ziel aller Verkehrsplanung war es, mit möglichst wenigen, aber gut ausgebauten Straßen den Verkehr zu kanalisieren, um die Wohnbevölkerung zu entlasten. Deswegen war eine klare Trennung von Durchgangs- und beruhigten Wohnstraßen angestrebt. Ein Netz von möglichst eigenständigen Radwegen war zur Sicherheit der Radfahrer für Stadt- und Außengebiete geplant. Der Übergang der Häusermasse zur Natur sollte „organisch" sein, das heißt, das Umgebungs-

grün von Wiesen und Wäldern ist in zusammenhängenden Flächen soweit in die Stadt hereingezogen, daß man es von jedem beliebigem Wohnquartier aus schnell zu Fuß erreichen kann. Ungestört vom Autoverkehr sollte der Fußgänger praktisch von der Stadtmitte bis in die umliegenden Wälder gelangen können.

Die Planung der Gesamtstadt Nürnberg in den Jahren der nationalsozialistischen Herrschaft konnte im Rahmen dieses Aufsatzes nur kurz angerissen werden. Dennoch ist wohl auch aus der knappen Darstellung deutlich geworden, daß das – jenseits ideologischer Zielsetzungen – angestrebte Grundmuster der Stadt heutigen Leitvorstellungen entspricht, ja ihnen nachgerade avantgardistisch vorauseilt. Es sind dies Leitvorstellungen, die bereits in den zwanziger Jahren der Weimarer Republik entwickelt wurden und durch das „Dritte Reich" hindurch bis in die Bundesrepublik Bestand hatten. Auch auf Nürnberg trifft damit zu, was der Architekturhistoriker Werner Durth zur Baupolitik im „Dritten Reich" festgestellt hat: „Die Stadt- und Verkehrsplanung war am modernsten Stand internationaler Entwicklungen orientiert und konnte – nach ‚Entnazifizierung' der verräterischen Planerterminologie – bruchlos in die Nachkriegszeit übernommen werden."[33] Meist waren es nicht nur die Planungen, sondern auch die Personen, die nach dem Kriege bruchlos weiterarbeiten konnten.

1 Nürnberg-Fürther Neueste Nachrichten vom 30.9.1934
2 Nürnberg-Fürther Neueste Nachrichten vom 4.12.1933
3 Bauen-Siedeln-Wohnen, Jg. 19 (1939), Heft 12, S. 647f.
4 Ebd., S. 635
5 Ebd.
6 Städtisches Amtsblatt vom 28.6.1934
7 Städtisches Amtsblatt vom 29.10.1934
8 Ebd.
9 Verfügung des Reichs- und Preußischen Arbeitsministers vom 27.7.1935. Zitiert nach: Städtisches Amtsblatt vom 9.9.1935
10 Erläuterungsbericht zum Wirtschaftsplan der Stadt der Reichsparteitage Nürnberg, Nürnberg 1940
11 Städtisches Amtsblatt vom 12. Juli 1937
12 Ebd.
13 Städtisches Amtsblatt vom 18. Februar 1938
14 Ebd.
15 Gauwohnungskommissar Zimmermann, in: Bericht über die Tagung des Gauwohnungskommissars am 29.5.1941, Nürnberg 1941, S. 14
16 Leiter des Gauheimstättenamtes Baier, in: Bericht über die Tagung des Gauwohnungskommissars, a.a.O., S. 10
17 Joachim Petsch: Baukunst und Stadtplanung im Dritten Reich, München/ Wien 1976, S. 169
18 Leiter des Gauheimstättenamtes Baier, in: Bericht über die Tagung des Gauwohnungskommissars, a.a.O., S. 13
19 Gauwohnungskommissar Zimmermann, in: Bericht über die Tagung des Gauwohnungskommissars, a.a.O., S. 14

20 Vgl. Horst Matzerath: Nationalsozialismus und kommunale Selbstverwaltung. Schriftenreihe des Vereins für Kommunalwissenschaft e. V., Berlin/ Stuttgart/ Köln/ Mainz 1970, S. 335

Sonderdruck einer Heimatzeitschrift, 1935

21 Adolf Hitler, Rede am 10. Februar 1939 in Berlin an die Truppenkommandeure des Heeres. Zitiert nach Jost Düffler/Jochen Thies/Josef Henke: Hitlers Städte-Baupolitik im Dritten Reich, Köln/Wien 1978, S. 296 f.
22 Reichsgesetzblatt 1938, Teil 1, S. 379
23 Erster Antrag zum Vollzuge des Gesetzes über die Neugestaltung deutscher Städte in der Stadt der Reichsparteitage Nürnberg vom 23. Juli 1938 von Oberbürgermeister Willy Liebel an den Leiter des Zweckverbandes Reichsparteitag Nürnberg, Herrn Reichsminister Kerrl, S. 1. SAN, C 7/1, Nr. 4670
24 Zitiert nach Fränkische Tageszeitung vom 22.7.1938, S. 6
25 Ebd.
26 Dritter Antrag zur Neugestaltung vom 9.1.1939, S. 2. SAN, C 7/1, Nr. 4670
27 Vierter Antrag zur Neugestaltung vom 21.4.1939. SAN, C 7/1, Nr. 4670
28 Fünfter Antrag zur Neugestaltung vom 16.5.1939, S. 3. SAN, C 7/1, Nr. 4670
29 Bauten in der Stadt der Reichsparteitage Nürnberg. Zusammenfassung von vier Einzelheften des „Baumeister" mit Arbeiten des Hochbauamtes der Stadt der Reichsparteitage Nürnberg, Nürnberg 1942, S. 57
30 Ebd.
31 Zitiert nach Werner Durth: Deutsche Architekten. Biografische Verflechtungen 1900-1970, Braunschweig/ Wiesbaden 1988, S. 166
32 Erläuterungsbericht zum Wirtschaftsplan der Stadt der Reichsparteitage Nürnberg, Nürnberg 1940, S. 69
33 Werner Durth, a.a.O., S. 13

Zwischen 1901–1905 hatte der Berliner Architekt Heinrich Seeling das neue Nürnberger Opernhaus errichtet. Entgegen der heute üblichen Auffassung, es hätte sich im Innern um ein Jugendstilgebäude gehandelt, wies das Haus so gut wie nichts von dem Witz und der Kühnheit des neuen Stils auf, es stellte im Gegenteil das besonders klägliche Beispiel eines verspäteten Historismus dar (Bild in der Mitte).

Seit dem Reichsparteitag von 1933 war das Theater mit Aufführungen der Oper „Die Meistersinger" Teil dieser Veranstaltungen. Vermutlich störte Hitler die Diskrepanz zwischen dem spießigen Theater und den pathetischen Architekturvisionen, die er für Nürnberg besaß. Er ordnete deshalb einen Umbau des Inneren an, der 1935 im Verlauf weniger Monate vollzogen wurde. Auf seinen Wunsch hin führte ihn der Architekt Paul Schultze-Naumburg (1869–1949) aus, der sich dafür kaum durch sein Werk als kompetent erwiesen hatte, jedoch durch seine schon lange gepflegte konservativ-heimattü-

melnde Gesinnung. Möglicherweise hatte er sich selbst angedient. Das im wesentlichen bis heute erhaltene Ergebnis weist einen etwas dünnblütigen, weißgoldenen Nobelstil auf, der das Haus lichter und straffer erscheinen läßt als vorher. Einzelheiten, etwa die Treppengeländer, besitzen handwerkliche Qualität. Weitab davon, eine moderne Lösung zu sein, stellte der Umbau dennoch eine Verbesserung dar. Ganz neu war die baldachinüberdachte „Führerloge" in der Mitte des ersten Ranges.

Unterschiedliche Auffassungen des Architekten und Hitlers – vor allem über einen blauen, vom „Führer" jedoch rot gewünschten Teppich im Foyer – hatten schon vor der Eröffnung eine peinliche Auseinandersetzung zur Folge. Schultze-Naumburg fiel in Ungnade, wurde offiziell nicht mehr erwähnt und in Zukunft nicht noch einmal mit einem Staatsauftrag bedacht.
Das antikisierende Relief oberhalb der Bühnenöffnung (Bildfries oben) hatte der Bildhauer Emil Figge geschaffen.

Lebensberuf Frau

Rudolf Käs

Die Frau, die Familie und das Heim

Die Ansicht, Frauen hätten es im Nationalsozialismus besser als je zuvor gehabt, behauptet sich bis heute ebenso hartnäckig wie die weitverbreitete Meinung, Frauen hätten sich nachts sicherer auf den Straßen bewegen können als heute. Beides ist falsch.[1] Hinter dieser Haltung steckt jedoch mehr als nur verblassende Erinnerung oder, schlimmer, verklärende Rückschau. Glanz und Schein einer Epoche werden hier mit den wirklichen Verhältnissen verwechselt, denn die auftrumpfende Staatsmacht suggerierte Sicherheit, und der öffentliche Aufwand, der um die deutsche Frau getrieben wurde, verfehlte seine Wirkung nicht. Richtig ist: Vergewaltigungen gab es damals ebenso wie heute – und: Die erreichten Rechte und Möglichkeiten für ein selbstbestimmtes Leben der Frau wurde von den Nationalsozialisten massiv eingeschränkt. Ganz abgesehen davon hatten die Frauen die Lasten des Krieges und seiner Folgen zu tragen und zu bewältigen. Die von den Nationalsozialisten so gern im Mund geführte Vokabel der „Volksgemeinschaft" erhielt hier einen späten, zynischen Sinn.

Seit der Weimarer Republik war die Frau als politische Größe nicht mehr länger zu leugnen, hatte ihr doch die Verfassung von 1919 das Wahlrecht erstmals garantiert. Gerungen aber wurde in der öffentlichen Diskussion jener Jahre um die Frage ihrer gesellschaftlichen und sozialen Stellung im modernen Leben. Die Nationalsozialisten blieben eine Antwort schuldig. Sie wichen dieser Frage aus, um sie auf andere Weise zu beantworten. Die Frauenfrage wurde kurzerhand zur „Mutterfrage" erklärt und eindeutig positiv beantwortet: ja zur Mutterschaft, ja zur kinderreichen Familie, ja zur „gesunden Ehe". Die Überhöhung des Mutterdaseins und die Verklärung der Familie im gleichgeschalteten öffentlichen Leben des nationalsozialistischen Deutschland gaben den Alltagsmühen der Mütter den milden Glanz einer anderen, höheren Sinngebung: Das Opfer würde nicht vergebens sein. Die immer wieder zelebrierte Verehrung der deutschen Mutter – die Verleihung der Mutterkreuze beispielsweise hatte staatsaktähnlichen Chrarakter – verfing in breiten Kreisen. Gleichzeitig wurden die rechtlichen und sozialen Voraussetzungen geschaffen,

um Ehe und Familie wieder zum alleinigen Lebensmittelpunkt der Frau zu machen. Hierzu mußten zunächst die „lästigen Reste der Systemzeit" beseitigt werden, um das „Aufbauwerk" beginnen zu können.

Der 1928 gegründete „Verein für Sexualhygiene und Lebensreform" in Nürnberg wurde gleich nach der Machtübernahme verboten. Dies war auch nicht anders zu erwarten gewesen, hatte er sich doch seit seiner Gründung vehement für die Geburtenregelung eingesetzt, den Mutterschaftszwang bekämpft und sexuelle Aufklärung betrieben. Er organisierte Vorträge von fortschrittlichen Ärzten, den Verkauf von Verhütungsmitteln und gab die Zeitschrift „Sexualhygiene" heraus. Seine Haupttätigkeit aber lag zweifellos in der Bekämpfung des Paragraphen 218. Der Verein war reichsweit organisiert und hatte seinen Sitz in der Rohledererstraße 12 in Nürnberg. Unter dem 1. Vorsitzenden Franz Gampe gehörten den 18 bayerischen Ortsgruppen mehr als 1300 Mitglieder an, davon etwa 500 allein aus Nürnberg. Die Begründung für das Verbot war fadenscheinig, hieß es doch in Polizeiakten, der Verein habe „kommunistische und anarchosyndikalistische Verbindungen" gehalten.[2]

Ganz anders die Eheberatungsstelle des Cnopfschen Kinderspitals an der Hallerwiese, die ebenfalls seit 1928 bestand. Sie war von den neuen Machthabern zunächst geduldet und konnte daher ihre Arbeit fortsetzen. Ihr Ende war am 2. Januar 1936 gekommen, an dem Tag, als die Beratungsstelle für Erb- und Rassenpflege im Rathaus der Stadt Nürnberg ihre Tätigkeit aufnahm.[3]

Nach dem Willen der Nationalsozialisten waren Ehe und Sexualität nicht mehr länger ausschließlich Angelegenheit zweier Liebender, sondern Sache des Staates und seiner Rassen- und Bevölkerungspolitik, wie es Adolf Hitler schon 1925 formuliert hatte: „Die Ehe kann nicht Selbstzweck sein, sondern muß dem einen größeren Ziele, der Vermehrung und Erhaltung seiner Art und Rasse dienen. Nur das ist ihr Sinn und ihre Aufgabe."[4] Die Wahnvorstellung vom Schutz der deutschen Rasse, dem Ehe und Familie fortan dienen sollten, setzten die Nationalsozialisten in konkrete Politik um. Diese Vorstellungen

waren nicht neu, denn schon lange vor der Machtergreifung befaßten sich Vereinigungen wie die „Deutsche Gesellschaft für Rassenhygiene" und der „Bund für Volksaufartung" mit solchen Überlegungen. Wie sehr dieses Gedankengut bereits in den zwanziger Jahren auch in Nürnberg Verbreitung gefunden hatte, zeigt das Beispiel des Vortrags des Obermedizinalrats Dr. Karl Kaspar im Luitpoldhaus am 15. Mai 1927. Anläßlich der Eröffnung der Eheberatungsstelle im Cnopfschen Kinderspital sprach er über „Rassenbiologische Probleme und Eheberatung".[5] Eingeladen hatte dazu der renommierte Verein für öffentliche Gesundheitspflege. Der Redner führte aus, daß „dem Verfall des Volkes vorzubeugen sei, indem man die guten Erbqualitäten von den schlechten Erbqualitäten trenne". Und weiter: „...nur die gesunde Konstitution gebe eine gesunde Ehe". Er beendete seine Ausführungen mit dem Hinweis, daß die Inanspruchnahme der Eheberatungsstelle zunächst freiwillig sei. Der Berichterstatter der „Nürnberger Zeitung" drückte sein Unverständnis über diese Bemerkung mit einem Fragezeichen aus – die Wirklichkeit sollte ihn jedoch bald eines Besseren belehren. Ein anderer Journalist der gleichen Zeitung hatte die Zeichen der Zeit besser gedeutet und ein gutes Gespür für das Kommende bewiesen, als er mit Hinweis auf die „ungeheueren Verluste von wertvollem Menschenmaterial in den Kriegsjahren und die Zunahme von Geschlechtskrankheiten" Forderungen nach „staatlichen oder sonstigen Maßnahmen" erhob.[6] Der

Gruppe Nürnberger Mädchen, um 1935

Referent des Vortrags, Dr. Karl Kaspar, war im übrigen der stellvertretende und spätere Leiter des Cnopfschen Kinderspitals. Dies erklärt, warum die dortige Beratungsstelle noch so lange tätig sein konnte. In das Vakuum, das die Krisenzeit der späten zwanziger Jahre hinterließ, stießen solche rassistischen Vorstellungen ohne große Mühe hinein und wurden nicht nur von konservativen Kreisen freudig aufgegriffen, entlastete doch die überpersönliche Sinnstiftung die eigene Sinnsuche. Bürgerliche Moral und christliche Ethik fanden sich, wohl eher zur Überraschung ihrer Vertreter, auf neuer Grundlage wieder. Wie der „Kampf gegen die moderne Sexualreform" ausgehen sollte, war noch ungewiß. Und so hieß auch der Vortrag der Oberin Guida Diehl, den der „Ortsverband der Nürnberger evangelischen Vereine" am 17. April 1929 im Katharinenbau organisiert hatte. Optimistische Töne hinsichtlich des Ausgangs dieses Kampfes enthielt dieser Vortrag nicht. Im Gegenteil, denn die Oberin machte gleich zwei Gefahren aus: „Im Osten zerbröckelt die Ehe, verschwindet die Sittlichkeit, während man im Westen unter dem Namen ‚Kameradschaftsehe' wenigstens die Form zu wahren sucht." Angespielt wurde hier auf die sexuelle Revolution in der Sowjetunion und den vermeintlichen Verfall der Ehe in den USA. Das eigentliche Übel der Zeit war aber schnell ausgemacht: „Man sucht überall nach neuen Formen, besonders im Eheleben." Die sogenannte Reformehe aber sei „nur eine Umschreibung des Konkubinats... Zwischen Ost und West aber stehe das Vaterland mit seinen sittlichen Reserven." Nicht nur auf politischem und wirtschaftlichem Feld, sondern auch hier auf ethischem Gebiet wird also der „dritte Weg" zwischen Kapitalismus und Sozialismus als einziger Ausweg aus der Gesellschaftskrise ausgerufen – und angesprochen ist die Frau als sittliche Trägerin, denn nur sie sei dazu berufen, dank ihrer Bestimmung: „In den Beruf der Gattin und Mutter tritt sie ein durch die große Liebe", so die Oberin am Ende ihrer Ausführungen.[7]

Das Frauenbild und die Familienideologie des Nationalsozialismus fanden in der Gesellschaftskrise der Weimarer Republik einen fruchtbaren Nährboden und konnten sich in bürgerlichen und kirchlichen Kreisen zunächst weitgehender Zustimmung sicher sein. Im Kern bedeutete dies, daß das Experiment der Berufstätigkeit und Selbstbestimmung der Frau für gescheitert erklärt wurde, weil es naturwidrig sei. Die Frau sollte zurück an den Herd, um eine gute Mutter, Ehefrau und Hausfrau zu sein. Haushalt, Familie, Ehe und Mutterschaft sollte sie nach Jahren der Verunsicherung als ihre natürliche Bestimmung anerkennen und darin ihre Erfüllung finden.

„Nationalsozialistische Rassen- und Erbgesundheitspolitik"

Dem verhaßten Liberalismus und der sozialdemokratischen Frauenbewegung schrieben die Nationalsozialisten die Emanzipationsversuche der Frau zu. Und hatte nicht die Weimarer Republik, die „Systemzeit", den Frauen zum Wahlrecht verholfen und vielen von ihnen den Weg in das Berufsleben eröffnet? Und war nicht die Folge dieser bedenklichen Entwicklung, die man ja mit allen Mitteln bekämpft hatte, der Zerfall der Ehe und ein dramatischer Geburtenrückgang, der den Bestand des Volkes bedrohte? In Wahrheit war der Geburtenrückgang in erster Linie eine Folgeerscheinung der Wirtschaftskrise. In Nürnberg nahm die Zahl der Lebendgeborenen in den Jahren 1930 bis 1932 von 5702 auf 4496 ab; gleichzeitig gingen die Eheschließungen von 4337 im Jahr 1930 auf 3778 im Jahr 1932 zurück.[8] Erstmals seit langer Zeit waren die Bevölkerungszahlen Nürnbergs wieder rückläufig. Solche Daten schienen das Horrorszenario vom aussterbenden Volk zu bestätigen. Mit ihnen ließen sich Existenzängste schüren und Haß auf das „System" lenken, das man für den Verfall der Familie, des Volkes und der Moral verantwortlich machen konnte.

Für Dr. Ebner von Eschenbach vom Städtischen Gesundheitsamt Nürnberg erforderten solche Entwicklungen der Vergangenheit das entschlossene Vorgehen des Staates. Ganz im Geist nationalsozialistischer Weltanschauung führte er im „Städtischen Amtsblatt" vom Dezember 1935 aus: „Die Zukunft unseres Volkes, sein Bestand, seine Wohlfahrt und seine Weltgeltung werden bestimmt durch seine zahlenmäßige Stärke, seine Eigenschaften und inneren Werte. In klarer Erkenntnis dieser Tatsachen führt der Nationalsozialismus im Rahmen seiner Weltanschauung tatkräftig Maßnahmen durch, welche einerseits rassische Verderbtheit, volkszerstörerische Geburtenbeschränkung und verbrecherische Abtreibungen bekämpfen, andererseits ausreichendes Wachstum des Volkes fördern, kranken Nachwuchs aber sorglich hintanzuhalten trachten".[9] Der Beamte war offensichtlich ganz davon überzeugt, daß die neuen „rassenpolitischen Maßnahmen" greifen würden. Seine Hoffnungen waren nicht unbegründet, denn zu jener Zeit waren tatsächlich die entscheidenden Weichen schon gestellt. Bereits im „Gesetz zur Verhütung erbkranken Nachwuchses" vom 16. Juli 1933 waren die Grundlagen für staatliche „Erb- und Rassenpflege" gelegt worden.[10] Die Zwangssterilisierung in bestimmten Fällen wurde hier gesetzlich verankert. Dies war nicht nur eine Anmaßung des Staates, die die Menschen-

würde zutiefst verletzte, zu Stigmatisierung und Ausgrenzung der Betroffenen führte, sondern auch ein Eingriff in die Ehe, rangierte doch von nun an der „völkisch wertvolle" Nachwuchs höher als persönliche Belange. Nach dem „Gesetz zum Schutz des deutschen Blutes und der deutschen Ehre" vom 15. September 1935, das Eheschließungen und außereheliche Geschlechtsverkehr zwischen „Ariern" und Juden verbot, folgte am 18. Oktober 1935 das „Gesetz zum Schutz der Erbgesundheit des deutschen Volkes". „Gesundheitlich unerwünschte Ehen" waren von nun an verboten, denn es machte die Erlaubnis zur Eheschließung von „erbbiologischen Voraussetzungen" abhängig. Wo diese nicht erfüllt waren, wurden Ehen nicht genehmigt und bereits geschlossene Ehen für nichtig erklärt.[11] Die „Ehetauglichkeit" zu verweigern oder zu bestätigen, war Sache des Städtischen Gesundheitsamtes und seiner Beratungsstelle für Erb- und Rassenpflege, dessen Leiter eben jener Dr. Ebner von Eschenbach war. Das gesetzliche Instrumentarium war nun soweit entwickelt, daß die Gesundheitsämter und die neueingerichteten „Erbgesundheitsgerichte" die nationalsozialistische Wahnvorstellung von der „Reinheit der Rasse" in die Tat umsetzen konnten: Die Selektion von „wertem und unwertem Leben" hatte einen rechtlichen und organisatorischen Rahmen erhalten und wurde mit deutscher Gründlichkeit betrieben. Nicht nur wurde Schizophrenen, Schwachsinnigen, erblich Blinden, Tauben, Epileptikern und Alkoholikern die Ehe verboten, sondern sie sollten auch gezwungen werden, sich unfruchtbar machen zu lassen. Dies war die Sache der „Erbgesundheitsgerichte", die die Anträge auf Zwangssterilisation stellten. Das Nürnberger „Erbgesundheitsgericht" war eines von 205 im ganzen Reichsgebiet eingesetzten Gerichten dieser Art und war dem Amtsgericht angegliedert.[12] Es stellte die oft umfangreichen Ermittlungen an, vernahm Zeugen und Sachverständige, entband Ärzte von der Schweigepflicht und forderte von anderen Behörden Auskünfte an. Diese Ermittlungen erfolgten auf Anzeigen von Ärzten, Hebammen, Nachbarn und anderen Personen.

Alle Ehewilligen mußten ein Gespräch mit dem Amtsarzt in der Beratungsstelle im Rathaus führen. Dieser klärte sie über die „Gesetzmäßigkeiten der Vererbung" auf und ging dann auf die beabsichtigte Eheschließung ein. Schließlich war er gehalten, „die Ratsuchenden auf den hohen völkischen Wert einer gesunden Ehe und der Aufzucht eines gesunden Nachwuchses eindringlich hinzuweisen".

In der Regel waren Psychiater und Frauenärzte tätig, die „über entsprechende Erfahrungen, wissenschaftliche und weltanschauliche Schulung auf dem Gebiete der Erb- und Rassenpflege"[13] verfügten. Dann folgte die Erhebung anhand eines „Sippenfragebogens", die bis zu den Großeltern zurückging, um eine sogenannte „Sippentafel" mit Angaben über die Personalien, Wohnort, Krankheiten, Beruf, Sterbedaten und -ursachen, Eltern und Geschwister anzulegen.[14] Solche Erhebungen waren aufwendig, denn sie erforderten die Zusammenarbeit verschiedener Ämter und die Befragung von Privatpersonen. Das Jugend- und Sozialamt Nürnberg hatte ebenso Akteneinsicht zu gewähren wie die Gerichte und andere Behörden; darüber hinaus wurden Nachbarn, Freunde und Familienangehörige der Antragsteller befragt. Ein exakt arbeitender Informationsapparat wurde installiert, um die Heiratswilligen zu erfassen und ihre Herkunft zu durchleuchten. Auch das Stadtarchiv Nürnberg und die Pfarrarchive waren beteiligt, gaben sie doch Auskunft über die Ahnen der Antragsteller. Allein im Zeitraum vom 1. April 1939 bis 31. März 1940 wurden über 6 400 Personen „beraten", davon wurden über 2 000 auf ihre „Ehetauglichkeit" überprüft. In diesem Zeitraum waren für 1821 Sippen „Sippentafeln" erstellt. Die sogenannte Erbkartei (Wohnort- und Geburtsortkartei) umfaßte zu diesem Zeitpunkt rund 261 200 Erbkarteikarten und die Aktensammlung 95 975 Personenakten.[15] Die Ausstellung des „Ehetauglichkeitszeugnisses", das dem Standesbeamten vorzulegen war, wurde von der Nürnberger Beratungsstelle jedoch nicht nur wegen festgestellter Erbkrankheiten, sondern auch wegen sogenannter „asozialer Lebensweise", Gefängnisstrafen oder „falscher politischer Einstellung" verweigert.[16] Schließlich ging man sogar gegen Eheschließungen bei großem Altersunterschied mit Entschlossenheit vor: „Der Staat ist ... nicht länger willens, derartige Eheschließungen zu dulden. Sofern die Verlobten einer Belehrung und Aufklärung durch die Eheberatungsstellen nicht zugänglich sind, wird deshalb in Zukunft das gesetzliche Eheverbot für solche Eheschließungen ausgesprochen werden."[17]
Neben diesen Zwangsmaßnahmen spielten in der nationalsozialistischen Rassenpolitik „Aufklärung und Volksbelehrung" eine bisher weit unterschätzte Rolle. Das vom Gesundheitsamt geleitete „Museum für Soziale Hygiene" im Alten Fleischhaus an der Fleischbrücke versuchte mit Ausstellungen, Vorträgen und ärztlichen Führungen nicht ohne Erfolg, rassenpolitische Überzeugungen mit modernen

Anschauungsmitteln einer breiten Öffentlichkeit näherzubringen. Die Ausstellung „Leben und Gesundheit", die vom Deutschen Hygiene Museum Dresden übernommen worden war und im Oktober 1934 gezeigt wurde, zählte dabei noch zu den harmlosen Veranstaltungen dieses Hauses, wenngleich die Propagierung der Volksgesundheit nicht ohne höheren Zweck auskam, nämlich den Zweck des „völkischen Durchhaltens und Gedeihens".[18] Ein ganz und gar rassenpolitisches Propagandaunternehmen war jedoch die Dauerausstellung „Vererbung-Rasse-Volk", die am 27. Juni 1936 im „Museum für Soziale Hygiene" eröffnet wurde.[19] In den drei Abteilungen „Erbbiologie, Rassenkunde und Bevölkerungspolitik" wurde mittels der Mendelschen Vererbungslehre und der Darstellung verschiedener Erbkrankheiten die „Gefahr des Niedergangs des deutschen Volkes" beschworen. Tafeln über das Sterilisationsgesetz gaben Aufschluß über den von diesem Gesetz betroffenen Personenkreis, und das Gespenst des Geburtenrückgangs mußte wieder einmal herhalten, Kinderreichtum als Pflichtaufgabe einer jeden gesunden Ehe zu beschwören. Bereits in den ersten Wochen besuchten diese Ausstellung mehr als 4 000 Personen. Allein beim Reichsparteitag 1937 waren in der zweiten Septemberwoche angeblich fast 34 000 Besucher im Haus.[20] Hinzuweisen ist auch auf die Reichsschau „Ewiges Volk", die vom 20. Mai bis 18. Juni 1939 in der Norishalle veranstaltet wurde. Das Deutsche Hygiene Museum Dresden und das „Hauptamt für Volksgesundheit der NSDAP" zeigten hier auf einprägsame Weise die „Grundlagen der nationalsozialistischen Gesundheits- und Rassenpolitik" auf.[21] Erwähnenswert sind darüber hinaus die Vortragsreihen von Amtsärzten, die Referate von Gastrednern sowie die laufenden Stellungnahmen im Städtischen Amtsblatt zu solchen Fragen. In kurzen Artikeln wurde hier immer wieder die Bevölkerungsentwicklung Nürnbergs kommentiert, der Altersaufbau der Einwohnerschaft untersucht und die Geburtenhäufigkeit genau beobachtet. Zwischen bangen Mitteilungen wie „Bedeutet die gegenwärtige Bevölkerungszunahme schon einen Geburtenüberschuß?", zuversichtlichen Meldungen wie „Erfolgreiche Bekämpfung der Säuglingssterblichkeit in Nürnberg" und menschenverachtenden Beiträgen wie „Sterilisation Erbminderwertiger – eine kulturschöpferische Tat" war ein Geist unruhig wirksam, der die Kollektivängste immer wieder schürte und schließlich besänftigte, um sie dann aufs Neue zu entfachen.[22]

Trauung in der St. Lorenzkirche 1934. Der Bräutigam ist offensichtlich Mitglied des „Nationalsozialistischen Kraftfahrkorps", denn Angehörige der Organisation, erkennbar an den Lederhelmen, stehen Spalier.

Kriegstrauung 1941. Im Krieg wurden sogenannte Fern- oder Nottrauungen vollzogen, wenn der Bräutigam im Feld stand und nicht persönlich anwesend sein konnte. War er zum Zeitpunkt der Eheschließung bereits gefallen, konnte dennoch die Ehe geschlossen werden, denn als Termin galt der Tag, an dem der Mann seinen Willen schriftlich niedergelegt hatte.

Trauungen wurden im altehrwürdigen Rahmen
des historischen Standesamtsaales im Alten Rathaus vollzogen. Die Innenausstattung des Saales
bestand aus einer reichen Kassettendecke, einer
aufwendigen Vertäfelung und Fenstern mit Glas-
malereien. Der Stuhl des Standesbeamten trägt
das Stadtwappen von Nürnberg, über der Tür ein
Bildnis von Adolf Hitler.

Bemühen um die Frau als Mutter

Innerhalb der nationalsozialistischen Rassenpolitik nahm die Förderung der „deutschen Familie" einen vorrangigen Platz ein. Das Ehestandsdarlehen war dabei das Kernstück nationalsozialistischer Familienpolitik. Es sollte junge Paare zum Heiraten bewegen, die deutscher Abstammung, bei körperlicher und erblicher Gesundheit waren und politisch als zuverlässig galten. Es war ein zinsloses Darlehen in einer Höhe bis zu 1000 RM, das gewährt wurde, wenn die berufstätige Braut ihren Arbeitsplatz aufgab. Bei jedem neugeborenen Kind ermäßigte sich die Rückzahlungssumme um 250 RM. Diese Maßnahme war ein politisches Meisterstück, denn es verfolgte gleichzeitig ein arbeitsmarktpolitisches und ein wirtschaftspolitisches Ziel. Von August 1933 bis September 1934 wurden in Nürnberg 1218 Ehestandsdarlehen gewährt.[23] Die Zahlung erfolgte in Form von Bedarfsdeckungsscheinen, die bei 680 Nürnberger Firmen in Zahlung genommen wurden. Für den Umsatz des Nürnberger Einzelhandels bedeutete dies eine Steigerung von 720 000 RM. In den Jahren 1933 bis 1941 wurden in Nürnberg „rund 10 000 Darlehensbeträge mit einer Summe von rund fünf Millionen Mark gestellt".[24] Neben solchen materiellen Zuwendungen und einer Reihe steuerlicher Vergünstigungen, die die Eheschließungen fördern sollten, propagierten die Nationalsozialisten Regeln, die die Heiratswilligen zu beachten hatten: 1. Bedenke, daß Du ein Deutscher bist. 2. Du sollst, wenn Du erbgesund bist, nicht ehelos bleiben. 3. Halte deinen Körper rein. 4. Du sollst Geist und Seele rein erhalten. 5. Wähle als Deutscher einen Gatten gleichen oder nordischen Blutes. Auch die in Mode kommenden Massentrauungen verfehlten ihre ehestiftende Wirkung nicht. So feierten beispielsweise fünfzehn Brautpaare aus der Firma Photo-Porst am 15. September 1934 gemeinsam Hochzeit. Zur weltlichen Feier hatte die Firma die Brautleute, die Angehörigen und die gesamte Belegschaft eingeladen. Am nächsten Morgen brachen die Brautpaare in einem Reisebus zu einer einwöchigen gemeinsamen Hochzeitsreise durch Süddeutschland auf. Der „Fränkische Kurier" berichtete begeistert von dem „Massenansturm auf das Standesamt", und die „Illustrierte Monatszeitschrift Nürnberger Gesellschaft und Leben" widmete der „Fahrt ins Glück" gleich drei Seiten mit Abbildungen. Und auch Oberbürger-

meister Liebel ließ es sich nicht nehmen, die Brautleute im Rathaus zu begrüßen.[25]

Die Nationalsozialisten machten aus ihrer Absicht keinen Hehl, Frauen aus der Politik und den Parlamenten auszuschließen. Der „Fränkische Kurier" berichtet von einer Rede Liebels anläßlich einer Feierstunde für die „Mütterhilfe Nürnberg" am 5. Februar 1934, in der er ausführte: „Wenn nach der Machtergreifung die deutsche Frau aus der Politik und den Parlamenten verdrängt worden sei, so einzig und allein deshalb, um ihr wieder den gebührenden Platz im Haus und in der Familie als Frau und Mutter zu verschaffen. Das nationalsozialistische Deutschland sei auf dem besten Weg, die deutsche Frau der deutschen Familie zurückzugeben."[26]

Das Bemühen um die „deutsche Frau" als Mutter bestimmte die nationalsozialistische Rathauspolitik und setzte gleich nach der Machtübernahme ein. Neben den Ehestandsdarlehen zählte zu den Sofortmaßnahmen auch die Gewährung von Erholungsurlaub für besonders abgearbeitete Mütter. Solche Zuwendungen wurden publikumswirksam inszeniert, bot sich dem Regime hier doch besonders Gelegenheit, die „Volksgenossen" vom „Geist der neuen Zeit" zu überzeugen. Am 14. Mai 1933 ehrte die Stadt in einer Morgenfeier im Ufa-Palast 61 Mütter mit einem vierzehntägigen Erholungsurlaub.[27] Im Jahr darauf lud das „Amt für Volkswohlfahrt" 1 500 Mütter zu einem Ausflug in die nähere Umgebung ein, 1935 waren es bereits doppelt so viele.[28]

Das am 16. Dezember 1938 von Adolf Hitler gestiftete „Ehrenkreuz der deutschen Mutter" wurde erstmals am Muttertag 1939 verliehen. In sechzehn Sälen versammelten sich 9396 Nürnberger Mütter, die alle über sechzig Jahre alt waren, um das „Ehrenkreuz" entgegenzunehmen. Die Hauptfeier fand im Kulturvereinssaal am Frauentorgraben statt.[29] Das „Ehrenkreuz" wurde vom vierten Kind an entsprechend der Kinderzahl in drei Stufen verliehen. Wie die verschiedenen Ausführungen dieses Ordens zu tragen waren, bestimmte im übrigen Adolf Hitler selbst. Alljährlich wurden die Mutterkreuze feierlich überreicht. Und noch am Muttertag 1944, im vorletzten Kriegsjahr, wurden 200 Mütter geehrt – vorzugsweise solche, die ihre Söhne im Krieg verloren hatten.[30]

Hilfen für die Mütter

Das Bemühen um die „deutsche Frau" als Mutter beschränkte sich jedoch nicht auf einmalige Zuwendungen und Ehrungen. Es erstaunt heute, in welchem Umfang die Stadt und nationalsozialistische Organisationen Mütter und ihre Familien förderten. Zunächst sind hier die „Mütterberatungsstellen" zu nennen. 1940 bestanden im ganzen Stadtgebiet 25 dieser Einrichtungen, von denen einige in neuerrichteten Schulhäusern untergebracht waren.[31] Hier wurden Schwangere beraten, und jede Mutter konnte unentgeltlich ärztlichen Rat für Pflege und Ernährung von Säuglingen und Kleinkindern einholen. Die Beratungsstellen wurden sehr gut angenommen, denn mehr als drei Viertel aller Neugeborenen wurden in der „Mütterberatung" vorgestellt. Allein 1940 wurden hier 6 000 Untersuchungen vorgenommen. Nicht zuletzt infolge dieser Maßnahmen sank die Säuglingssterblichkeit von 13 Prozent im Jahr 1919 auf 5,28 Prozent im Jahr 1940 (1907: 20 Prozent).[32]

Ein weiteres Beispiel für die Förderung der „jungen Mutter" ist die Einrichtung von „Stillgelegenheiten". Im Stadtpark und am Luitpoldhain, Wodanplatz 1, wurden Räume eingerichtet, wo Säuglinge gestillt und gewickelt werden konnten.[33] Schon ganz im Zeichen des Krieges stand eine andere gesundheitsfürsorgerische Neuerung der Stadt, die „Frauenmilchsammelstelle". In der städtischen Säuglingsklinik am Kirchenweg sollten stillende Mütter ihren Milchüberschuß gefährdeten oder kranken Säuglingen zur Verfügung stellen. Die Spenderinnen, die auch regelmäßig untersucht wurden, bekamen Lebensmittelkarten und ein Entgelt.[34] 1942 rechnete man es unter anderem dieser Einrichtung an, daß die Säuglingssterblichkeit noch einmal zurückging, nämlich auf 4,6 Prozent gegenüber 5,28 Prozent im Jahr 1940.[35]

Für die Geburt selbst standen neben den klinischen Einrichtungen zusätzlich sogenannte „Geburtssäcke" allen Schwangeren zur Verfügung. Diese wurden in den Polizeiwachen bereitgehalten und enthielten Wäsche, Desinfektionsmittel und Pflegegegenstände, die für die Entbindung und Versorgung des Neugeborenen notwendig waren.[36] Hier sind auch die sogenannten „Stillprämien" zu nennen. Die Ernährungswissenschaft hatte festgestellt, daß Muttermilch alle wichtigen Nährstoffe für das Neugeborene enthielt. Daher versuch-

ten die Krankenkassen und das Gesundheitsamt Nürnberg, junge Mütter mit Prämien zum Stillen zu bewegen. In bestimmten Fällen gewährte die Stadtverwaltung „Stillgelder" aus städtischen Mitteln.[37] Im Kriegsjahr 1942 wurden diese Leistungen nach dem neuen Mutterschutzgesetz von zuvor 44 auf 52 Wochen erhöht.[38]

Die Nationalsozialisten schufen in Nürnberg ein relativ gut ausgebautes System der Gesundheitsvorsorge und der Fürsorge für Mutter und Kind, das nicht nur bis in die Kriegsjahre hinein bestand, sondern teilweise noch verbessert wurde. Es dürfte wohl keinen Zweifel daran geben, daß diese Leistungen in weiten Kreisen der Bevölkerung, insbesondere jedoch bei vielen Frauen Anerkennung fanden. Die propagierte „Volksgesundheit" und „Volksgemeinschaft" wurden scheinbar greifbar, denn sie erhielten hier ganz praktische Gestalt. Mit der erfolgreichen Durchführung dieser Maßnahmen ließ sich freilich der Ursprung der modernen sozialen Fürsorge umso leichter leugnen und camouflieren, lag er doch in der Weimarer Zeit, die die Nationalsozialisten gewaltsam bekämpft und jäh beendet hatten. Zwei Beispiele mögen dies belegen. Im Bereich der Jugendfürsorge hatte sich vor allem die 1920 gegründete „Nürnberger Kinderhilfe e. V.", die erste Einrichtung dieser Art in Bayern, sehr hervorgetan.[39] In großem Umfang betrieb sie die Erholungs- und Heilfürsorge Nürnberger Kinder; sie führte Speisungen für Kinder, Mütter und Jugendliche durch, organisierte Reihenuntersuchungen und unterhielt eigene Erholungsheime in der näheren Umgebung. 1935 mußte der Verein seine sehr erfolgreiche Arbeit einstellen. Er wurde aufgelöst, und seine Dienste wurden vom „Amt für Volkswohlfahrt" übernommen.[40] Die Einrichtung der „Mütterberatungsstellen" reicht sogar noch weiter zurück, denn 1907 gab es in Nürnberg bereits fünf städtische Beratungsstellen. In der Weimarer Zeit wurde die größte Anzahl dieser Einrichtungen geschaffen, so daß bei dem Machtwechsel im Nürnberger Rathaus schon zahlreiche „Mütterberatungsstellen" bestanden.[41] In diesem Bereich kommunaler Politik fielen also die entscheidenden Neuerungen in die zwanziger Jahre. Der nationalsozialistische Stadtrat schloß diese Einrichtungen nicht. Im Gegenteil, er baute sie weiter aus, um seine rassen- und gesundheitspolitischen Ziele umzusetzen.

Die selbständige, ungebundene Frau widersprach dem Frauenbild vieler Nationalsozialisten. Geduldet war sie allenfalls noch in der Kunst, insbesondere im Film- und Bühnenmetier. Die Wirklichkeit korrigierte alsbald nachhaltig eine Politik, die der Frau das Haus und die Familie als Lebensmittelpunkt zuwies und sie nur noch als für soziale Berufe geeignet erklärte. Hochrüstung und Krieg trieben mehr Frauen an die Werkbänke, in die Büros und zu den öffentlichen Diensten, als den Nationalsozialisten lieb war.

Schaffnerin bei der Deutschen Reichsbahn, Hauptbahnhof Nürnberg, 1941

Inge Birkmann und Rolf Gerth in „Ehe in Dosen" von Leo Lenz im Schauspielhaus Nürnberg, August 1940

Titelblatt der Illustrierte „Nürnberger Gesellschaft und Leben" vom Juni 1934

Lola Grahl, die beliebte Nürnberger Bühnenkünstlerin, in ihrem Haus, Oktober 1933

118

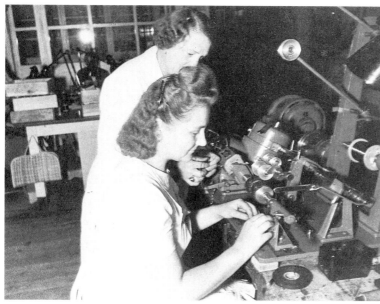

Rot-Kreuz-Helferinnen versorgen verwundete Soldaten, Hauptbahnhof Nürnberg, 1940

„Arbeitseinsatz der Frau", 1941

Unbekannte Nürnbergerin im Einsatz bei der Straßenbahn, Juni 1942

Frauenberuf als Lebensberuf

Neben dieser „Vorsorgepolitik" nahm auch die Schulung von Frauen und Müttern großen Raum ein. Im Herbst 1933 wurden die bisher selbständigen Frauenverbände in der „Arbeitsgemeinschaft Mütterhilfe Nürnberg" zusammengeschlossen. Sie organisierte zahlreiche Mütterkurse für Gesundheitspflege, für hauswirtschaftliche und Erziehungsfragen. Das Bemühen um die „deutsche Frau" als Mutter aber war den Nationalsozialisten zu wichtig, als daß sie es solchen Organisationen überlassen hätten. Der „Reichsmütterdienst im deutschen Frauenwerk", der im Mai 1934 von der Reichsfrauenführerin Gertrud Scholtz-Klink gegründet wurde, übernahm in Nürnberg im Spätherbst diese Arbeit. Die Mütterschulung umfaßte: Säuglings- und Kleinkindpflege, Gesundheits- und häusliche Krankenpflege, hauswirtschaftliche und volkswirtschaftliche Fragen, Erziehungslehre und Basteln, Nähen und Flicken. Dabei waren die Schulungskräfte gehalten, im Unterricht Fragen der „Erb- und Rassenlehre" sowie der „nationalsozialistischen Bevölkerungspolitik" zu behandeln. Um dies zu gewährleisten, wurden die Lehrkräfte vom Gauschulungsamt in den „weltanschaulichen Grundlagen des Nationalsozialismus" unterwiesen.[42]

Zwei Jahre später, im März 1936, wurde die erste „Mütterschule Frankens" in der Weidenkellerstraße 6 eröffnet. Neben den dezentralisierten Kursen in den Stadtteilen fanden nun hier nachmittags und abends Lehrgänge statt. Anläßlich der Eröffnung war in der Sonntagsausgabe des „Fränkischen Kurier" zu lesen: „Im 3. Reich ist die Mutter die erste Staatsbürgerin." Der Beitrag schloß mit dem Aufruf: „Deutsche Frauen, gebt am Wahltag dem Führer freudig Eure Stimme!"[43] In zehn Jahren führte der „Reichsmütterdienst Franken" angeblich 4 500 Kurse mit fast 90 000 Teilnehmerinnen durch.[44]

Eine weitere Einrichtung war die „Bildungsstätte für Frauenarbeit" in der Pilotystraße 4 in Nürnberg. Aus dem „Städtischen Offenen Zeichensaal" hervorgegangen, erhielt diese hauswirtschaftliche Schule 1935 nicht nur einen eigenen Namen, sondern wurde vom Stadtrat in besonderer Weise gefördert. Die allgemeine Aufwertung hauswirtschaftlicher Arbeit war vom nationalsozialistischen Gedanken getragen, „den Frauenberuf als Lebensberuf" zu progagieren: „Die höchste Aufgabe der Frau ist das Muttersein. Sie trägt die Verantwortung dafür, daß sie ihre Kinder zu Menschen erzieht, die ihrem Vaterland die Gewähr geben, daß sie Volk und Staat nützlich sind."[45] Die Schule bot Kurse für Kochen, Waschen, Bügeln, Nähen, Servieren, Handarbeiten, Kunstgewerbe, Kranken- und Säuglingspflege, Basteln und Erziehungskunde an. Etwa 3 000 Hausfrauen besuchten jährlich die Tages- und Abendkurse. Außerdem konnten junge Mädchen auch eine Berufsausbildung in der Textilwerkstätte, der Hauswirtschaftsschule und Haushaltspflegerinnenschule absolvieren.[46] Sie konnten dann in Mütter- und Kinderheimen der Nationalsozialistischen Volkswohlfahrt, in Kliniken und Krankenhäusern arbeiten, sich zur Haushaltspflegerin oder Wirtschaftslehrerin ausbilden lassen oder, im Falle des Besuchs der Textilwerkstätten, eine Lehre in Schneidereien, in Kunstgewerbe- oder Handarbeitsgeschäften beginnen. Der Krieg stellte besondere Anforderungen an die Schule, galt es doch nun, Frauen und Mütter den sorgsamen Umgang mit Gütern des täglichen Bedarfs zu lehren, denn sparsamere Haushaltsführung war nun ein Gebot der Stunde. Es wurden alte, unbrauchbare Wäsche- und Kleidungsstücke umgearbeitet, Tips für einen eingeschränkten Speiseplan gegeben und die Umnutzung alter Materialien geübt. Auch aus diesen Gründen setzte die Bildungsstätte ihre Arbeit in den Kriegsjahren fort und wurde gut besucht.

Die Frau und ihre zugedachte Rolle im Haus

Ein von den Nazis bevorzugtes Medium waren die zahlreichen Ausstellungen. In sehr populärer Weise wendeten sie sich an die deutschen Hausfrauen, um über Fragen der Gesundheitspflege, Erziehung und Hauswirtschaft Auskunft zu geben. Allein zwischen 1935 und 1938 waren in Nürnberg folgende Ausstellungen zu sehen: „Die Frau im Haus" im Herkules-Saalbau 1935, „Deutscher Hausrat" in der Norishalle 1937/38 und „Deutsches Haus und Heim", ebenfalls in der Norishalle 1937. Der erzieherische Auftrag solcher Veranstaltungen war unverkennbar, ging es doch darum, den „Frauenberuf als Lebensberuf", ein Schlagwort der Zeit, populär zu machen und gleichzeitig die Frauen zu qualifizieren und weltanschaulich auszurichten. Berta Lämmermeyer, „Gauamtsleiterin der NS-Frauenschaft",

Die Ausstellung

„Deutscher Hausrat"

in der Norishalle, vom 1. Dezember bis 30. Januar,

welche das Gauheimstättenamt der DAF. unter Mithilfe der N.S.=Frauenschaft veranstaltet, wird am Dienstag, den 30. November eröffnet. Gauleiter Julius Streicher wird die Eröffnung der Ausstellung vornehmen. Damit unter= streicht er, welchen Wert er darauf legt, dem schaffenden Menschen einen Weg zur schönen und schlichten Gestaltung seines Heimes zu zeigen.

Die Deutsche Arbeitsfront hat es sich zur Aufgabe gesetzt den schaffenden deutschen Menschen zu betreuen. Dazu ge= hört auch die Gestaltung des Wohnens. Wir wollen wieder den Weg finden zum guten und schönen deutschen Hausrat. Es ist unser Ziel den Möbelmarkt von untauglichem Hausrat zu befreien und auch die Herstellung und das Angebot ein= wandfreier Stücke zu fördern. Ein Mittel hiezu ist die Aus= stellung und wird weiterhin das gediegene Heftchen sein, welches den Besuchern der Ausstellung als Anregung mit= gegeben wird.

Es darf uns nicht gleichgültig sein wie das Heim ausge= staltet ist, in dem unsere Kinder aufwachsen. Bekundet auch Ihr durch den Besuch der Ausstellung Euer Interesse an dieser kulturellen Aufgabe.

Zwei Seiten eines Faltblattes aus einem Heft der Zeitschrift „Kraft durch Freude" des Gau Franken. Es warb für die Ausstellung „Deutscher Hausrat" in der Norishalle. Leitbild war das „gediegene Heim mit den technischen Errungenschaften". Hier wurde ein Siedlerhaus gezeigt, dessen unteres Stockwerk eingerichtet war. Es umfaßte Vorraum, Kleiderablage, Wohnküche, Schlafzimmer und Kinderstube. Die Einrichtungsgegenstände wurden vom „Gauheimstättenamt der Deutschen Arbeitsfront" entworfen, dessen Aufgabe es war, auf die „Volksgenossen" geschmacksbildend zu wirken.

führte bei der Eröffnung der Ausstellung „Die Frau im Haus" dazu aus: „Die oberste Aufgabe der Ausstellung ist eine erzieherische; die Hausfrau muß geschmacklich zum Beispiel im Sinne echter deutscher Kleidgestaltung geschult werden; sie muß den Wert der Qualitätswaren verstehen lernen und die große Erzeugungsschlacht, in deren Zeichen wir stehen, dadurch unterstützen helfen, daß sie deutschen Erzeugnissen stets den Vorzug gibt."[47] In der Ausstellung „Deutscher Hausrat" wurde ein in seinem unteren Stockwerk eingerichtetes Siedlerhaus mit Vorraum, Kleiderablage, Wohnküche, Schlafzimmer und Kinderstube gezeigt. Die Einrichtungsgegenstände wurden vom „Gauheimstättenamt der Deutschen Arbeitsfront" entworfen. Leitbild war das „gediegene Heim mit den technischen Errungenschaften".

Die Hausfrau sollte der „arteigenen" Geschmacksbildung ebenso aufgeschlossen sein wie der modernen, rationalen Haushaltsführung. Die Parole, die beides verband, lautete: „praktisch und einfach". Unter Geschmacksbildung verstand man eine Hinwendung zur „Volkskultur und ihren Wurzeln" und die strikte Ablehnung von Kitsch und „volksfremden" Vorbildern. Folglich sollten die Möbel aus deutschen Hölzern und in einfachen Formen gefertigt sein, und die Kleidung hatte in erster Linie der Gesundheit zu dienen und mußte praktisch sein. In den Worten des Oberbürgermeisters Willy Liebel bei einer Ausstellungseröffnung in Nürnberg: „Gesunde Kleidung ohne Einengung und Schnürung …, keine ‚Kosaken-Mützen', keine ‚Russen-Blusen' oder ‚Pagoden-Ärmel', auch dürfe die Damenkleidung nicht den Geschlechtsunterschied verwischen durch Betonen eines breiten Ober- und schmalen Unterkörpers nach männlichem Vorbild."[48]

Es erstaunt heute, daß im gleichen Atemzug mit der Beschwörung längst vergangener Geschmacksmuster der moderne, hochtechnisierte Haushalt und das rationale Wirtschaften propagiert wurden. Denn in den meisten der genannten Ausstellungen wurden die neuesten technischen Errungenschaften gezeigt, insbesondere die neuzeitliche Elektroküche und die modernen Hilfsmaschinen im Haushalt: Zu sehen waren hier neben handgeschnitzten Tellern elektrische Küchenmaschinen und Elektroherde, neben Bastarbeiten die Höhensonne und der Fön und neben Korbflechtarbeiten der elektrische Staubsauger und das Radiogerät.

Die neuzeitliche Elektroküche war der Traum aller Hausfrauen. Die Vorteile lagen ja auf der Hand: Der Herd mußte nicht mehr umständlich befeuert, die Brennstoffe nicht mehr mühsam herangeschafft

Werbeanzeige für einen AEG-Kühlschrank, 1938. Die Werbebotschaft wird holzschnittartig vorgetragen: Der Landmann ringt der deutschen Erde die Früchte der Natur ab, die der Städter nicht verderben lassen darf: „Kampf dem Verderb!" Als unerläßlicher technischer Helfer in der „Erzeugungsschlacht" tritt der Kühlschrank auf den Plan.

Moderne Küchengeräte, wie sie hier auf einer Aufnahme eines weihnachtlich geschmückten Schauraums der Städtischen Werke zu sehen sind, waren der Traum der Hausfrau. An der Wand ein Heizgerät und zwei Boiler, auf dem Herd (rechts) das sogenannte „Backwunder", ein vielseitig verwendbares Backgeschirr, und (links) ein Flötenkessel, der dank seiner modernen Formgebung heute noch hergestellt und vertrieben wird.

werden; der Boiler spendete jederzeit warmes Wasser, und der Kühlschrank nahm den Hausfrauen die stete Sorge um die Haltbarkeit der Speisen. Mit Schlagwörtern wie „Bequemlichkeit" und „Hygiene" warben die Gerätehersteller schon in den zwanziger Jahren. Ein neues trat nun hinzu: „Kampf dem Verderb". In Ausstellungen und Anzeigeaktionen begann der „Reichsnährstand" 1936 eine große Werbeaktion zur kühlen Lagerung verderblicher Lebensmittel. Man ging davon aus, daß durch unsachgemäße Lagerung jährlich etwa zehn Prozent des gesamten Lebensmittelverbrauchs Deutschlands verdarben. Dies paßte ganz und gar nicht in die Autarkiebemühungen auf dem Gebiet der Ernährungswirtschaft. Um die „Sicherung der deutschen Nahrungsfreiheit", ein Schlagwort der Zeit, zu garantieren, galt es, die Hausfrauen zu mobilisieren. Werbekampagnen wie „Kampf dem Verderb" und technische Hilfsmittel wie der „Volkskühlschrank" waren strategische Positionen in der „Ernährungsschlacht".[49]

Die Kampagnen bezogen bald auch andere Verbrauchsgüter mit ein. Der Werberat der Deutschen Wirtschaft kreierte Symbolfiguren wie „Dr. Weigt", den „Kalkteufel", „Frau Lässig" oder den „Übeltäter", die sehr schnell populär wurden. Auf lustige Weise informierten sie in Anzeigen aller Tageszeitungen über den schonenden und sparsamen Einsatz von Waschmitteln, die schädlichen Folgen von Kalk für die Wäsche und die erfolgreiche Art der Schädlingsbekämpfung. Die Kampagnen appellierten immer wieder an das Gewissen der Frauen. „Deutscher spare! Tubensammlung / Gebt auf jene Kästchen acht, / die an Kiosken angebracht! / Kampf dem Verderb!" Eine andere

Kampagne widmete sich der „Aufklärung über richtiges Heizen". Die Symbolfigur „Flämmchen" erschien nun in den Nürnberger Tageszeitungen, Broschüren gaben Heizungstips, und selbst auf der Kinoleinwand erschien nun das „Flämmchen".[50]

„Kampf dem Verderb" war freilich ganz im Sinne der Hersteller von Kühlschränken: „Kühle elektrisch! Du sparst und schützest Deine Gesundheit, deshalb Kampf dem Verderb!" Nach dem Vorbild des Volksempfängers und des Volkswagens planten die Nationsozialisten, auch einen Volkskühlschrank auf den Markt zu bringen, der dank seines günstigen Preises für alle erschwinglich sein sollte. Gleichzeitig wurde eine umfangreiche Werbekampagne für elektrische Geräte, insbesondere für den Kühlschrank, in Gang gesetzt. In Nürnberg wurde am 29. Oktober 1934 die „Elektrogemeinschaft", ein Zusammenschluß der Städtischen Werke, der Installateure und der Fachgeschäfte, gebildet, um gemeinsam für die Vorteile elektrischer Geräte zu werben. Die Städtischen Werke schalteten Zeitungsanzeigen, informierten immer wieder ausführlich im Städtischen Amtsblatt und betrieben eigens eingerichtete Ausstellungs- und Vorführräume am Marientorgraben 17.[51] Schlagzeilen wie „Die Elektrizität im Dienste der Hausfrau", „Elektrische Beleuchtung ist billig" und Kochvor-träge und Kochvorführungen auf Elektroherden sollten zunächst das Interesse der Hausfrau wecken. Da die modernen Helfer im Haushalt gemeinhin noch als Luxus galten, wurden neben dem Verweis auf die praktischen Vorzüge und die Zeitersparnis immer wieder die Anschaffungs- und Betriebskosten genau erörtert, um zu zeigen, daß aus den einstigen Luxusgütern nun „Volksgüter" geworden seien. Insbesondere der Kühlschrank, eines der teuersten Haushaltsgeräte der Zeit, war für viele ein Prestige-Objekt und galt geradezu als Symbol des Luxus. Gerade hier bedurfte es also der Aufklärung und der Werbung in ganz besonderer Weise. Man suchte die noch unentschlossene Hausfrau zu überzeugen und an ihr Gewissen zu rühren mit so suggestiven Formeln wie „Kühlen heißt Sparen", „Nichts verderben lassen!" und „Der Elektrokühlschrank ist ein Helfer im Kampf dem Verderb". Es liegt nahe, daß solche Bemühungen nicht ohne Erfolg blieben und sich allmählich eine Sensibilität in Fragen rationaler Haushaltsführung bildete, vielleicht sogar ein vernünftiges Verbraucherverhalten eingeübt wurde. Sicher ist, daß das Gelernte nur beschränkt umgesetzt werden konnte, fehlten doch schließlich die Mittel, nämlich die billigen Geräte, da sie der Markt nicht zur Verfügung stellte.

Kochkurs in einer Nürnberger Haushaltsschule, 1941

Schluß

Frauenpolitik war im Nationalsozialismus Familienpolitik. Aus dieser Prämisse bezog sie ihre Vorgaben und Ziele. Eine solche Politik konnte sich der Zustimmung bürgerlicher und kirchlicher Kreise wohl sicher sein, galt doch auch ihnen die Familie als ethische Grundlage gesellschaftlicher Stabilität. Nach der Machtergreifung wurden weitreichende „rassenpolitische Maßnahmen" ergriffen. Die Selektion von erwünschten und unerwünschten Ehen wurde von den Beamten an den Schreibtischen des Gesundheitsamtes Nürnberg betrieben. Die Richter des „Erbgesundheitsgerichts" erzwangen bei Hunderten von Nürnbergern die Sterilisierung. Dieser Ausgrenzung und Verfolgung mit amtlichem Sperrvermerk entsprach auf der anderen Seite die öffentliche Anerkennung und Förderung der „gesunden deutschen Frau". Die Politik für die Frau als Mutter umfaßte in Nürnberg nach 1933 verstärkte Gesundheitsfürsorge, finanzielle Hilfen, Aufklärung und Qualifizierung. Die fortschrittlichen Ansätze kommunaler Sozialpolitik wurden von den neuen Machthabern umstandslos übernommen und unter dem Vorzeichen nationalsozialistischer Rassenpolitik fortgeführt und erweitert.

Das Werben für die rationale Haushaltsführung und den modernen Haushalt mitsamt seinen technischen Hilfsmitteln – aus Luxusgütern sollten „Volksgüter" werden – ging einher mit der Propagierung volkstümlicher Geschmacksmuster und dumpfer Gemütswerte, um die „deutsche Wohnung" behaglich zu machen. Die Rationalisierung der Hausarbeit und die Qualifizierung der Hausfrauen, ja selbst Kampagnen wie „Kampf dem Verderb" erscheinen aber aus retrospektiver Sicht wie Vorübungen für den nationalen Ernstfall. Und es mag als schreckliche Ironie der Geschichte erscheinen, daß die Nationalsozialisten jene Mittel schufen, mit denen sie die Agonie des Endes unerträglich lang hinauszögern konnten. Allen Entbehrungen zum Trotz wiederholten sich die Hungerkrawalle nicht, die Nürnberg im Ersten Weltkrieg erlebte: Die „Heimatfront" stand fest. Nach dem Ende des Krieges waren es wieder Frauen und Mütter, die standhielten, standhielten in der vollkommenen Hoffnungslosigkeit. So erhält der Begriff „Trümmerfrauen" einen tieferen Sinn, denn es war an ihnen, den unbehausten Kindern Geborgenheit zu schenken und die zurückkehrenden Männer an der Hand zu nehmen.

1 Wie sehr das Rad der Geschichte für Frauen zurückgedreht wurde, zeigt unter anderem der Rechtsstatus der Frau im Nationalsozialismus: Verstöße gegen den Paragraphen 218 wurden mit aller Härte verfolgt, die Empfängnisverhütung erschwert und die Versorgungsrechte nach einer Scheidung beschnitten. Vgl. Dorothee Klinksiek: Die Frau im NS-Staat, Stuttgart 1982, S. 70 f. und S. 80. Eine der hartnäckigsten Legenden, nämlich Frauen hätten sich nachts sicherer auf den Straßen bewegen können, ist durch die Kriminalstatistik rasch zu widerlegen. Siehe hierzu Wolfgang Benz: Legenden, Lügen, Vorurteile, München 1992, S. 132 ff.
2 Akten der Polizeidirektion Nürnberg-Fürth, StAN, Rep. 218/1, Nr. 890, 1918 und Nr. 274, 1932
3 Vgl. Stadtchronik Nürnberg, 02.01.1936, und Fränkischer Kurier (FK) vom 3.1.1936
4 Adolf Hitler: Mein Kampf, zit. nach Norbert Westenrieder: Deutsche Frauen und Mädchen. Vom Alltagsleben 1933 – 1945, Düsseldorf 1984, S. 30
5 Vgl. Nürnberger Zeitung (NZ) vom 16.5.1927
6 Vgl. NZ vom 26.7.1927
7 Zit. nach NZ vom 18.4.1929
8 Vgl. Amtsblatt der Stadt Nürnberg, 1935, Nr. 49

9 Amtsblatt, a. a. O., 1935, Nr. 98
10 Vgl. den Aufsatz von Bernd Windsheimer und Claudia Molketeller in diesem Band.
11 Vgl. Dorothee Klinksiek, a. a. O., S. 70 ff.
12 George L. Mosse: Der nationalsozialistische Alltag, Königstein/Ts. 1978, S. 92
13 Rechenschaftsbericht der Stadtverwaltung Nürnberg, 1935/36, VI 5
14 Vgl. Sippenakten. SAN, C 48, Band 1
15 Vgl. Amtsblatt, a. a. O., 1940, Nr. 50
16 Vgl. SAN, C 48, Band 1, S. VI
17 Vgl. Amtsblatt, a. a. O., 1940, Nr. 25
18 Vgl. Amtsblatt, a. a. O., 1934, Nr. 83
19 Vgl. Amtsblatt, a. a. O., 1936, Nr. 64
20 Vgl. Amtsblatt, a. a. O., 1937, Nr. 81
21 Vgl. Amtsblatt, a. a. O., 1939, Nr. 26
22 Vgl. Amtsblatt, a. a. O., 1936, Nr. 45; 1938, Nr. 23; 1934, Nr. 20
23 Vgl. FK vom 29.9.1936, S. 7
24 Vgl. Amtsblatt, a. a. O., 1941, Nr. 29
25 FK vom 17.9.1934, S. 7; Illustrierte Nürnberger Gesellschaft und Leben, Oktober 1934, S. 9
26 FK vom 5.2.1934
27 Vgl. Stadtchronik Nürnberg, 1933, 14. Mai/141
28 Vgl. Stadtchronik Nürnberg, 1935, 12. Mai/623

29 Vgl. Stadtchronik Nürnberg, 1939, 21. Mai/508
30 Vgl. Stadtchronik Nürnberg, 1944, 20. Mai/684
31 Vgl. Amtsblatt, a. a. O., 1941, Nr. 60
32 Vgl. Amtsblatt, a. a. O., 1940, Nr. 85
33 Vgl. Amtsblatt, a. a. O., 1937, Nr. 44
34 Vgl. Amtsblatt, a. a. O., 1941, Nr. 51
35 Vgl. Amtsblatt, a. a. O., 1942, Nr. 10
36 Vgl. Amtsblatt, a. a. O., 1940, Nr. 41
37 Vgl. Amtsblatt, a. a. O., 1940, Nr. 41
38 Vgl. Amtsblatt, a. a. O., 1942, Nr. 53
39 Rechenschaftsbericht der Stadt der Reichsparteitage Nürnberg, 1935/36, VI 40 f
40 Vgl. Stadtchronik Nürnberg, 1936, 18. März/45
41 Vgl. Rechenschaftsbericht, a. a. O., VI 35
42 Vgl. FK vom 30.06.1935
43 Vgl. FK vom 18.3.1936
44 Vgl. Stadtchronik Nürnberg, 1944, 2. Mai/684
46 Vgl. Amtsblatt, a. a. O., 1938, Nr. 73
47 Zit. nach FK vom 25.03.1935
48 Zit. nach FK vom 01.04.1935
49 Ullrich Hellmann: Künstliche Kälte. Die Geschichte der Kühlung im Haushalt, Gießen 1990, S. 109 f.
50 Vgl. Uwe Westphal: Werbung im Dritten Reich, Berlin 1989, S. 144 f.
51 Vgl. Amtsblatt, a. a. O., 1934, Nr. 98

Freudig unters Hakenkreuz

Isolde M.Th. Kohl

Kindheit und Schule

„Männer und Frauen! Geht nun zurück zu Euren Kindern, sagt ihnen, daß auch in Nürnberg eine neue Zeit begonnen hat. Aus den Augen der Kinder kommt Euch der Dank zurück."[1] Mit diesen Worten beschloß „Frankenführer" Julius Streicher seine Rede in der Nürnberger Stadtratssitzung am Donnerstag, dem 27. April 1933, bei der mit der „Wahl" der Bürgermeister Willy Liebel, Walter Eickemeyer und Christian Kühn die Machtübernahme der Nationalsozialisten auch in Nürnberg vollzogen wurde. Die Bemühungen um die Kinder ließen die Nationalsozialisten schnell in das Schulwesen eingreifen und ihren politischen Zielen entsprechend neu definieren. Die Umformung vollzog sich in unterschiedlichen Phasen, wobei in den ersten Jahren mit einer Durchdringung der Schule von innen her mittels Weisungen und Anordnungen begonnen wurde. Danach folgte von etwa 1937 bis 1942 die planmäßige Ausrichtung. In der Endphase richteten sich die Bemühungen eigentlich nur mehr auf die Aufrechterhaltung des Schulbetriebs im Kriegsgeschehen.

Mit dem „Gesetz über den Neuaufbau des Reichs" vom Januar 1934 wurde die Kulturhoheit der Länder auf das Reich übertragen. Ein wichtiger Schritt bei der Gleichschaltung des Schulwesens war die Errichtung des Reichserziehungsministeriums im Mai 1934, das der bisherige preußische Kultusminister Bernhard Rust übernahm. Anfängliche Widerstände einzelner Länder, insbesondere Bayerns und Sachsens, die ihre traditionellen Rechte in der Schulverwaltung zu wahren suchten, schwanden immer mehr.[2] In Nürnberg vollzog sich die Vereinnahmung des Schulwesens durch die Nationalsozialisten zunächst unter dem Schul- und Kulturreferenten der Stadt Nürnberg, Johann Dürr, der das Amt von 1928 bis 1938 innehatte. Die Funktion des Stadtschulrats mußte Dürr 1935 an den Stadtrat und „restlos überzeugte(n) Sachwalter des Hitler-Regimes"[3] Friedrich Fink abgeben, der sie bis 1945 ausübte.

Von Anfang an bekämpften die Nationalsozialisten die Bekenntnisschule mit aller Kraft, denn sie favorisierten die Gemeinschaftsschule. Wenngleich die katholischen Eltern die neue Schule stärker ablehnten als evangelische, war der „Erfolg" der Nationalsozialisten doch durchschlagend: Durch Einschüchterungen und Repressalien gelang es ihnen, den Anteil der Bekenntnisschulkinder von 21 Prozent auf sechs Prozent zu senken.[4] Auch der Religionsunterricht wurde immer mehr zurückgedrängt.

In den Folgejahren wurde auch das höhere Schulwesen vereinheitlicht. Das Ergebnis war die achtklassige Oberschule,[5] in der drei Grundtypen vorgesehen waren: sprachlicher und naturwissenschaftlicher Zweig für Jungen und als Sonderform der hauswirtschaftliche Zweig für Mädchen, wahlweise für sie auch der sprachliche Zweig. Zum Schuljahr 1938/39 trat die Schulreform für das höhere Schulwesen in Kraft: „Nach ihr wird es in Nürnberg für Knaben nur noch staatliche Oberschulen und Gymnasien, für Mädchen nur noch städtische Oberschulen geben."[6] Die Privatschulen wurden aufgelöst, die beiden humanistischen Gymnasien (das Melanchthongymnasium in der Sulzbacher Straße und das Neue Gymnasium an der Frauentormauer) hatten sich – wenn auch sehr gefährdet – erhalten können. Das Rustsche Ministerium versuchte bis 1945 – allerdings mit nachlassendem Erfolg – die Veränderung der Schule gemäß der nationalsozialistischen Weltanschauung in den Griff zu bekommen. Besonders wirkungsvoll war die Vereinnahmung der Schule durch die nationalsozialistischen Organisationen, die vehement in die Erziehungsaufgaben von Elternhaus und Schule eingriffen. Die NSDAP-Jugendorganisationen breiteten sich unaufhaltsam aus: In der Hitlerjugend waren die 14- bis 18jährigen Jungen organisiert, die 10- bis 14jährigen gehörten ihr als Pimpfe im Deutschen Jungvolk an. Die Mädchen waren zunächst im Jungmädelbund, um dann ab 14 Jahren zum Bund Deutscher Mädel (BDM) überzuwechseln. In der Chronik des Rechenschaftsberichts der Stadt Nürnberg heißt es am 18. Mai 1936: „42 Nürnberger Volksschulen hißten die HJ-Flagge, ... 99 v.H. der gesamten Jugend stehen in der HJ."[7] In den Gymnasien entwickelte sich die Organisation ebenso rasant. Der Jahresbericht des Melanchthongymnasiums bilanzierte 1937: „Der Hitlerjugend gehören nunmehr sämtliche arischen Schüler an."[8] Zur Ehrung bei der Flaggen-Hissung wurde dem Neuen Gymnasium von der Ge-

126

bietsführung Franken eine Urkunde ausgehändigt, die den Mechanismus für die rasche Rekrutierung erklärbar macht: „Im Auftrage des Reichsjugendführers danke ich der Anstaltsleitung und dem Lehrkörper für ihre Mitarbeit an den Bestrebungen der nationalsozialistischen Jugendbewegung."[9]

Nationalsozialistische Organisationen nahmen auch Einfluß auf den Stundenplan. Zwar wurde der erst 1934 eingeführte „Staatsjugendtag" bereits 1936 wieder abgeschafft,[10] dennoch konnte die Hitlerjugend ihren Einfluß bewahren, indem ihr für die „Dienstausübung" das Recht auf zwei hausaufgabenfreie Nachmittage gewährt wurde. Der Einfluß der Hitlerjugend führte immer wieder zu schwerwiegenden Spannungen im Verhältnis zwischen Elternhaus, Schule und HJ, die auch in den Krieg hinein immer wieder Ursache für Erlasse und Erklärungen aus dem Reicherziehungsministerium waren.

Der Zwang zum Beitritt in nationalsozialistische Organisationen hatte auch vor der Lehrerschaft nicht haltgemacht: 97 Prozent der Lehrer aller Schularten waren 1937 im Nationalsozialistischen Lehrerbund (NSLB) vereinigt.[11] Seine Hauptaufgabe war die Integration und Schulung der Lehrerschaft mit Blickrichtung auf die Ziele der NSDAP. Für jüdische Schüler war bald kein Platz mehr in den Klassenzimmern. Für Nürnberg wurde am 8. April 1936 gemeldet: „Volkshauptschulen judenfrei"[12], die „Entjudung" der städtischen Mittelschulen sollte in diesem Jahr noch folgen. Auch die höheren Schulen verzeichneten dieselben „Erfolge", beispielsweise das Neue Gymnasium: „Im Laufe des Schuljahres 1938/39 haben die letzten drei Israeliten die Schule verlassen, so daß sie völlig judenfrei in das 6. Jahrzehnt ihres Bestehens eintreten wird."[13] In der Mädchenoberschule in der Labenwolfstraße gab es 1933/34 noch 84 jüdische Schülerinnen, 1935/36 noch 58. Danach existiert die Berichtsspalte in der Statistik nicht mehr, denn nach der „Reichskristallnacht" wurde jüdischen Schülern der Besuch deutscher Schulen verboten.

Die Einführung des „Deutschen Grußes" an den Schulen war der Auftakt für das Eindringen nationalsozialistischer Rituale in den Schulalltag. Bereits 1933 erging ein entsprechender Erlaß des Reicherziehungsministeriums. An allen Nürnberger Schulen mußte ab Herbst 1933 der „Deutsche Gruß" entboten werden: Die Schüler hatten bei Beginn und Ende der Unterrichtsstunde ihre Lehrer durch Aufstehen, Einnehmen einer aufrechten Haltung und Heben des rechten Armes zu grüßen. Die Lehrer mußten den Gruß erwidern, auch gegenüber anderen Lehrern. Dies galt auch im Schulhof und bei Schulwanderungen.

Auch der Ablauf des Schuljahres wurde genau festgelegt: Das beständige Feiern von Gedenktagen und Ereignissen beherrschte den Schulalltag. Im Terminplan der Mädchenschule in der Labenwolfstraße standen 1934/35 folgende Feiertage: „Geburtstag des Führers und Reichskanzlers (20.4.), Erinnerung an die Begründung deutscher Kolonien (25.4.), Feier des Muttertags (12.5.), Versailles-Gedenken (28.6.), Schillerfeier (10.11.), Saarabstimmung (15.1.), Reichsgründungsfeier (18.1.), Saareingliederung (1.3.), Trauerfeier für Herrn Kultusminister Schemm (9.3.)." Ferner wurde noch am 31. Oktober ein Reformationsgottesdienst abgehalten. Der Tag der Arbeit wurde mit einem Besuch der Jugendkundgebung im Stadion begangen, das Fest der Deutschen Jugend folgte am 23. Juni. Am Tag des Deutschen Volkstums am 29.9. nahm die Schule im Stadion geschlossen teil. Daneben gab es noch eine Fülle sportlicher und kultureller Ereignisse, wozu auch die zahlreichen Filmvorführungen zu rechnen sind.[14]

Neben den Veranstaltungen prägten auch viele Sammlungen für unterschiedlichste Zwecke den Alltag der Schüler: Winterhilfswerk, Kriegsgräberfürsorge, Sammlungen für den Volksbund für das Deutschtum im Ausland, die Pfundsammlung, bei der Lebensmittel eingeholt wurden und so weiter. Auch mußten die Schüler Altmaterial sammeln, das wiederverwendet werden sollte. Während des Kriegs mußten die „Mädel" als „Strickopfer" Soldatenstrümpfe herstellen, für die der Oberbürgermeister die Wolle gestiftet hatte: „Unser Schulleben steht ganz im Zeichen des dem Volke aufgezwungenen Krieges. Der Unterricht ist auf die wehrgeistige Erziehung unserer Jugend ausgerichtet ... Je mehr die Wollvorräte zusammenschrumpfen, um so höher werden die Bündel der Strümpfe, die in Hunderten von Schulschränken sich häufen. An Weihnachten werden sie fein säuberlich verpackt unseren Soldaten übergeben werden. Die Freude, unseren Soldaten dies Geschenk machen zu können, leuchtet jetzt schon unseren Nürnberger Schulmädchen aus den Gesichtern."[15]

Die Uniformen, Grußformen, Feiern und Pflichtübungen, die den Schulalltag immer mehr bestimmten und die Klassenzimmer beherrschten, sorgten für die nach außen sichtbare ständige Präsenz der NS-Weltanschauung. Den neuen schulischen Auftrag, der das nationalsozialistische Gedankengut in die Büchermappen, den Unterricht und in die Köpfe der Schüler tragen sollte, beschrieb Johann Dürr in seinem Aufsatz „Wandlungen im Nürnberger Schulwesen" so: „Die bisherige Vorherrschaft der Verstandesschulung und der bloßen Wissenskultur wurde gebrochen. An ihre Stelle trat eine ganzheitliche

Erziehung, die sich aufbaut auf den drei Säulen: körperliche Ertüchtigung, charakterliche Formung und weltanschauliche Ausrichtung."[16] Auch in den höheren Schulen verlagerten sich die Schwerpunkte: Die mathematischen und fremdsprachlichen Fächer traten zugunsten der geisteswissenschaftlichen Fächer und der Biologie zurück. Die Lehrpläne wandelten sich. Leibeserziehung trat in den Vordergrund, statt bisher zwei Stunden wurden fünf Stunden wöchentlich festgelegt. Die entscheidendste Veränderung war die Einführung der Rassenkunde, die 1935 mit einem Erlaß auf das gesamte Reich ausgedehnt wurde. In der als Handbuch für den Lehrer herausgegebenen Schrift „Die Judenfrage im Unterricht" (siehe Abbildung Seite 63) von Stadtschulrat Fritz Fink schrieb Julius Streicher im Vorwort: „Der nationalsozialistische Staat verlangt von seinen Lehrern die Unterrichtung der deutschen Kinder in der Rassenfrage. Die Rassenfrage aber ist für das deutsche Volk die Judenfrage." Der Verfasser selbst gibt die Anweisung: „Rassenkunde und Judenfrage müssen sich durch den Unterricht aller Altersstufen wie ein roter Faden durchziehen."[17]

Auch andere Fächer wurden okkupiert. In einem Rechenbuch für Nürnberger Volksschulen im Jahr 1935 wurde unter dem Titel „Von schwerer Sorge um das kommende Geschlecht" folgende Aufgabe gestellt: „Von einer Gruppe von Erbkranken wurden die Ausgaben zusammengezählt, die für sie in einem Jahr notwendig waren. Nach dieser Zusammenstellung wurden für 125 000 Geisteskranke und Schwachsinnige 106 Millionen, für 20 000 Körperbehinderte 13,4 Millionen Mark ausgegeben. 2,2 Millionen Mark erforderte die Betreuung von 3000 Blinden und 1 3/4 Millionen Mark die Pflege von 3000 Taubstummen und Tauben.

a) Wieviel Ausgaben verursachte im Durchschnitt jeder dieser beklagenswerten Menschen im Jahr und wieviel im Tag?

b) Für einen Volksschüler gibt der Staat jährlich 125 M aus. Wie viele Kinder könnten für die ausgegebene Gesamtsumme Erziehung und Unterricht erhalten?

c) Prüfe, für wen durchschnittlich am meisten ausgegeben werden muß, für einen Geisteskranken, für einen Körperbehinderten, für einen Blinden oder für einen Taubstummen!"[18]

Beschränkten sich Rust und sein Ministerium zunächst auf Kontrolle und Aussonderung unliebsamer Bücher – wenige wurden ganz verboten –, ist das „Reichslesebuch" für Volksschulen das herausragende Beispiel für ein systemkonformes NS-Lehrbuch. Bereits ab 1934 war es in Regie des Reichserziehungsministeriums vorbereitet

worden. Dies ist ein Zeichen dafür, wie wichtig das „Gesinnungsfach" Deutsch bei der Schulbildung genommen wurde. Die ersten Bände des Lesebuchs wurden ab 1935 sukzessive an den Schulen eingeführt. Das „Reichslesebuch" erschien in vier aufsteigenden Bänden für die achtklassige Volksschule. Jeder Band bestand aus einem Kernteil, der ungefähr zwei Drittel umfaßte, das verbleibende Drittel machte den Heimatteil aus, der einer der jeweils 22 „Lesebuchlandschaften" zugeordnet war. In diesem Lesebuch waren die Richtlinien für den Deutschunterricht getreu umgesetzt, die 1940 für die Volksschulen in Kraft traten. Weltkriegsdichtung und Kampftexte der nationalsozialistischen Bewegung sollten bei der Auswahl des Schrifttums besondere Berücksichtigung finden.[19] So enthielt der dritte Band für die 5. und 6. Klasse[20] in der Ausgabe für Mittelfranken Beiträge wie „Vor der Feldherrnhalle", „Horst Wessels Sturm in Nürnberg" und „Eine Erinnerung an den Reichsparteitag in Nürnberg 1929".

In den Aufsatzthemen an Nürnberger Schulen traten Loblieder auf „Führer" und Nationalsozialisums in den Vordergrund, kampfbetonte und appellative Formeln herrschten vor: „Die berühmten allgemeinen Themen und die früher so häufig in Auswertung des deutschen und fremdsprachigen Klassenlesestoffs verlangten literarischen Beurteilungen, überhaupt Aufgaben, die den Erfahrungskreis, den Wissenstand und das Kunstverständnis der Schüler übersteigen, sind heute unmöglich. Der Aufsatz hat Anschluß gewonnen an das sprudelnde Leben der Gegenwart."[21] Die Reifeprüfungsthemen am Melanchthon-Gymnasium 1939 lauteten beispielsweise: „a) Der Fortschritt und die Kultur der Menschheit sind nicht ein Produkt der Majorität, sondern beruhen ausschließlich auf der Genialität und Tatkraft der Persönlichkeit (Adolf Hitler, Mein Kampf). b) Die Blutopfer eines Volkes sind die ewigen Mahner für die Erhaltung seiner Ideale (v. Ribbentrop). c) Die Bedeutung der Achse Berlin – Rom."[22]

Amtliche Richtlinien, Präsentationen, Lehrmittel oder Prüfungsthemen geben deutlich die Marschrichtung der Schulen an. Über die tatsächliche Umsetzung der Lehrinhalte könnten eigentlich nur die Schüler dieser Zeit selbst Auskunft geben. Doch auch beim Durchlesen von Schulheften und Aufsätzen aus den Jahren nach 1933[23] zeichnet sich ein zwar nicht vollständiges, aber sehr konturiertes Bild der Schulrealität jener Zeit ab. Als Beispiel mag das Aufsatzheft eines Nürnberger Schülers der 8. Klasse dienen, das von April 1935 bis März 1936 geführt wurde. Es scheint sich um einen außerordentlich fleißigen und auch begabten Schüler zu handeln. Das Heft ist

Beim „Tag der Wehrmacht" am 4. April 1943.

NSV-Kindererholungsheim in Rückersdorf bei Nürnberg

sorgfältig geführt, häufig an den Rändern ausgemalt und zeigt kaum rote Korrekturen. Die Einträge beginnen am 30.4.1935 mit dem Aufsatz „Ein Ferienerlebnis", in dem Ostervergnügungen geschildert werden. Es geht weiter am 13.5.1935 mit dem Text „Der erste Mai". Berichtet wird von den Maifeierlichkeiten, in deren Mittelpunkt die Radioübertragung von der Kundgebung der deutschen Jugend im Lustgarten in Berlin steht: „Endlich kündeten die Klänge des Baden-weiler Marsches das Nahen des Führers an. Nach nicht endenwol-lenden Heilrufen hielt der Führer eine kurze Ansprache und mahnte uns abermals zur Treue zum dritten Reich." Es folgt am 27.5.1935 ein Aufsatz über den Sinn des bevorstehenden Schullandheimaufent-halts: „Drei Wochen werden wir in Maibrunn verbringen, dort Land und Leute, Sitten und Gebräuche der bayerischen Ostmark kennen-lernen. Weiter [werden] wir uns von ihrer Armut und von ihrer harten und schweren Arbeit überzeugen. Die Jugend, die schon von ihrer Kindheit auf zu schwerer Arbeit angehalten wird, werden wir bedau-ern." Am 6.6.1935 kommt ein Aufsatz zum Tiergartenbesuch, dann ein Bericht über einen berufskundlichen Vortrag vom 22.7.1935: „Wir deutschen Jungen werden treu de(m) Willen des Führers folgen und das Handwerk erlernen, zu welchem wir uns eignen und das uns lohnenden Verdienst bringt." Danach folgt am 29.7.1935 ein langer Aufsatz über den bereits erwähnten Schullandaufenthalt, der sich jedoch in erster Linie mit dem Abenteuer der Fahrt beschäftigt, genauso wie der Aufsatz vom 3.10.1935 über den Reichsparteitag,[24]

wobei das Clubspiel mindestens genauso wichtig erscheint, wie der Parteitag selbst. Am 18.11. und am 2.12.1935 ist eine zweiteilige Sequenz über „Wieland, der Schmied" zu lesen, am 17. Dezember ein Aufsatz „Weihnachten naht", am 13.1.1936 ein Aufsatz unter dem Titel „Silvester in meinem Dorf" (der Schüler lebte in Ochenbruck und besuchte in Nürnberg eine höhere Schule): „Allmählich näherte sich die 12. Stunde. Beim Glockenschlag zündeten wir unser Feuer und verbrannten nach alter Sitte Kalender und Reisigbesen. Alle Anwe-senden sangen nun das Lied: ‚Nun danket alle Gott', Feuerwerkskör-per erhellten das Dunkel der Nacht, Schüsse krachten in der Nähe und in der Ferne und die Kirchenglocken stimmten mit ein." Am 21. Januar wird die Geschichte vom „Schmied von Kochel" erzählt. Am 10. Februar folgt eine Leistungsbilanz des Hitlerregimes unter der Überschrift „Drei Jahre Aufbauarbeit Adolf Hitlers", die mit den Worten endet: „Doch mit all den Aufführungen ist die Arbeit am Aufbau Deutschlands noch nicht vollendet, große Schwierigkeiten sind noch zu überwinden u. unser Volk hat auch in Zukunft schwer u. opferreich zu kämpfen u. zu arbeiten. Aber ein Volk, das solche drei Jahre hinter sich hat, darf guten Mutes auch in eine kampferfüllte Zukunft schreiten!" Ein Aufsatz über das Holzziehen im Wald be-schließt am 3. März 1936 das Heft des Schülers.[25]
Das Geschichtsheft einer Schülerin der 5. Klasse enthält zur Französischen Revolution folgende Aufzeichnungen: „Die französische Revolution (1789) brachte die gefährlichen Lehren von Freiheit,

Die Hitlerjugend trat in der Erziehung neben Elternhaus und Schule. Die Gemeinden waren verpflichtet, für die HJ Räumlichkeiten zu schaffen, damit sie bei ihren Schulungen und Heimabenden ihre Erziehungsaufgaben wahrnehmen konnten. Das HJ-Heim in der Pfälzer Straße in Nürnberg wurde am 1. 6. 1940 feierlich eingeweiht. Aufmarschieren und Strammstehen waren nicht nur bei offiziellen Anlässen gefordert, sondern füllten viele Stunden in den Dienstnachmittagen. Daneben halfen die Hitlerjungen aber auch bei der Verteilung der Lebensmittelmarken und von Propagandamaterial. Selbst in Kriegszeiten 1942 gab es noch die HJ-Werkabende, bei denen Nürnberger Pimpfe mit Feuereifer Spielzeug bastelten, das beim Winterhilfswerk verkauft oder verschenkt wurde.

Die Kleidung der Hitlerjugend war bis ins Detail festgelegt und an den Militäruniformen orientiert. Besonders Jugendliche, die Führungspositionen in der Hitlerjugend innehatten, zeigten sich gerne und stolz in ihrer Uniform. Die Ränge der Führer in HJ und Jungvolk folgten dem militärischen Vorbild und konnten an den Abzeichen und unterschiedlichen Farben der Schnüre unterschieden werden. Auf den Schulterklappen führten die Hitlerjungen die Nummer des Bannes oder Jungbannes, dem sie angehörten. Auch im BDM waren Uniformen genau vorgeschrieben. Die Mädel trugen bei der BDM-Schulung in Hersbruck 1934 ihre Sommertracht. Die älteren Mädchen wurden vorrangig auf ihre zukünftige Rolle als Ehefrau und Mutter vorbereitet. Dazu gehörten neben Gesundheitserziehung und gründlichem Rassekundeunterricht auch Volkstanz und Nähunterricht.

Gleichheit u. Brüderlichkeit. 1. Freiheit ist aber nicht Selbstsucht u. Zügellosigkeit. Deutsche Freiheit ist die Bereitwilligkeit im Dienst der Gemeinschaft sich den sittlichen u. völkischen Forderungen des Staates unterzuordnen: Gemeinnutz geht vor Eigennutz! 2. Die Natur kennt keine Gleichheit. Die Menschen sind rassig verschieden u. somit nicht gleichwertig in ihren Kräften Fähigkeiten u. Leistungen: ‚Jedem das Seine!' 3. Brüderlichkeit ist nicht Weltverbrüderung. Der blutsverwandte Volksgenosse ist erster und nächster Bruder."[26]

Die Aufzeichnungen dieses Mädchens stammen aus der Zeit kurz vor dem endgültigen Zusammenbruch der Schulen. Der Krieg machte einen regulären Schulbetrieb ab 1942 nahezu unmöglich. Bis Herbst 1943 zählte das Nürnberger Stadtschulamt 55 Luftwarnungen und acht Angriffe. Eine große Anzahl von Schulhäusern war bereits umgenutzt worden für die Wehrmacht, als Lazarette, für Internierungen oder Obdachlose. Die schweren Angriffe in den letzten beiden Kriegsjahren ließen von 114 städtischen Schulhäusern nur noch zwei am Stadtrand gelegene unbeschädigt.[27] Die Eltern wurden ab 1942/43 aufgefordert, ihre Kinder im Rahmen der „Kinder-Land-Verschickung" (KLV) in Sicherheit zu bringen, wobei dieser Aufruf Zwangscharakter hatte.

Über die Schulzeit in diesen Jahren sind eindrucksvolle Zeugnisse erhalten geblieben. Otto Barthel, Oberschulrat der Stadt Nürnberg nach dem Kriege, hatte im November 1946 eine Aktion initiiert, bei der Nürnberger Schüler (schwerpunktmäßig zunächst in den Volksschulen) Aufsätze verfassen sollten. Die Themen lauteten beispielsweise „Meine Lebensgeschichte, unvergeßliche Erlebnisse sowie Alltagserlebnisse" oder auch „Aus meinem Leben". Das Ergebnis waren über 7000 Aufsätze.[28] Die kleinen Schriften spiegeln das Erleben von Nationalsozialismus, Krieg und Nachkriegszeit in der dürren Sprache von Schulaufsätzen. Im Nachlaß Barthels sind Aufsätze einer 5. Klasse des Neuen Gymnasiums erhalten. Die Schüler sind zwischen 1929 und 1933 geboren. Am Schicksal dieser Klasse läßt sich skizzieren, in welcher Weise Nationalsozialismus und Krieg das Schülerleben geprägt hatte.[29] Sie erinnern sich nach etwa 1 1/2 Jahren an diese Zeit unter dem Titel: „Meine Lebensgeschichte". Ein Schüler leitet in trockenen Worten seinen Aufsatz ein: „Da es nun heute Schicksal der Deutschen ist, Fragebögen und Lebensläufe zu schreiben, so will auch ich jetzt meine Lebensgeschichte aufzeichnen."[30] (W.H.) Ein anderer Bub schreibt über seine Volksschulzeit: „Unser Lehrer hatte die Gabe, auch die trockensten Gegenstände seinen Schülern so schmackhaft zu machen, so daß sie diese mit

Freuden annahmen und lernten. Dafür, daß wir das 1x1 mit Panzern und Flugzeugen lernten, konnte dieser Mann nichts. Das lag im Geiste der Zeit und im Rechenbuch stand es ja genauso." (R.W.) Der Kriegsausbruch wurde schmerzlich wahrgenommen, klingt aber in der Schulrealität fast harmlos: „Sonst merkten wir nichts vom Krieg, außer daß wir in der Schule ein Tagebuch führten und dort sämtliche Siege unseres Heeres eintrugen." (R.W.) Der Eintritt ins „Jungvolk" unterbrach die Kindheit jäh: „Am 20. April 1941 wurde ich in das ‚Deutsche Jungvolk' aufgenommen. Ich bekam dann auch eine Uniform, auf die ich, wie sicherlich alle Jungen sehr stolz war, und ich freute mich schon auf die Fahrten, von denen die älteren Kameraden so begeistert erzählten. Aber der Ernst des Krieges war schon zu groß geworden und das ewige Exerzieren gefiel mir nicht sonderlich." (K) Mit diesen Beitritten, die klassenmäßig durchgeführt wurden, waren auch familiäre Spannungen verbunden, wie sich der Schilderung eines Schülers – Sohn einer christlichen Mutter und eines nationalsozialistischen Vaters – entnehmen läßt: „Mit 10 Jahren sollte ich das erste Mal [beim Jungvolk] antreten. Mein Vater schmeichelte mir, meine Mutter wollte mich nicht gehen lassen. Es gab Streit! Jetzt wurden die häuslichen Auseinandersetzungen immer häufiger, ja alltäglich. Mein Verständnis wuchs von Tag zu Tag; nun sah ich auch die Kehrseite des Krieges und des dritten Reiches, nämlich Leid und Tränen." (W.B.) Der Krieg beeinträchtigte das Schulleben zusehends: „In der Schule war jetzt auch nichts mehr los. Statt Aufgaben zu machen, mußte man tagelang Altmaterial sammeln. Der Lehrer lobte uns dafür, indem er sagte, die Besiegung Polens in so kurzer Zeit sei bestimmt auch auf unsere Bemühungen im Sammeln zurückzuführen." (H.Z.) Die ersten Bombenangriffe erlebten die Schüler noch in Nürnberg: „Im August 1942 kam dann auch unsere Stadt dran. Ich saß mit meinen Eltern und den übrigen Hausbewohnern im Keller und wir lauschten auf das Brummen der Bomber und das Donnern der Flak. Als es dann plötzlich herabpfiff und eine Detonation in der Nähe aufbrüllte, zogen wir unwillkürlich die Köpfe ein und glaubten, jetzt müsse das gesamte Haus zusammenkrachen. Als es nach einer halben Stunde etwas ruhiger geworden war, hörten wir lautes Prasseln und Krachen und ein fataler Brandgeruch machte sich bemerkbar. Rasch eilten wir nach oben. Welch ein Anblick bot sich da! Ringsum wurde die Nacht schaurig von brennenden Häusern erhellt, die wie riesige Fackeln gen Himmel brannten. Unsere Straße war von Bombenanschlägen aufgerissen und wurde vom Wasser eines zertrümmerten Hydranten überflutet." (W.L.)

1943 begannen die Nationalsozialisten die Kinderlandverschickung. Manche Eltern hatten allerdings vorher bereits versucht, durch den Umzug in Kleinstädte und aufs Land ihre Kinder vor dem Zugriff des NS-Staates zu bewahren. Die Schüler der 5. Klasse des Neuen Gymnasiums wurden im Oktober 1943 ins Lager „Wildbad" in Rothenburg o.T. gebracht und in ein strenges, militärisch ausgerichtetes Erziehungskorsett gepreßt. Der Kontakt zu den Eltern beschränkte sich auf Briefe, Besuch war nur alle acht Wochen erlaubt. Selbst an Weihnachten konnten viele Kinder nicht nach Hause. Der tägliche Ablauf wurde folgendermaßen beschrieben: „Wecken, Waschen, Morgenappell, Kaffeetrinken und Schule. Dann Mittagessen, Bettruhe, Arbeitsstunde oder H.J. Dienst und Abendessen. Danach noch Freizeit. Um 21 Uhr Zapfenstreich." (R.W.) Nach einem halben Jahr wurden die Kinder nach Eichstätt ins Priesterseminar verlegt und sahen dort dem Kriegsende entgegen: „An den Elternbesuchstagen bestürmten wir Vater und Mutter, uns doch mit heim zu nehmen. Doch dies war nicht so leicht, denn wer aus den Lagern ausriß, kam angeblich nie mehr in eine höhere Schule. Trotz dieser Drohung wurden immer mehr Schüler von ihren Eltern heimgeholt oder gingen auch so durch." (R.W.) Ein Schüler schließt seinen Aufsatz trocken ab: „Vorbei ist nun der Traum vom Großdeutschen Reich, dessen Errichtung uns in der Schule und in der H.J. als größtes Ziel vor Augen gehalten wurde. Und nun müssen wir wieder versuchen, durch Leistung, Fleiß und Achtung des Wertes und der Rechte anderer Nationen uns das Ansehen vor der Welt zu erlangen, welches wir vor dem Kriege überall besessen haben. Aber ebenso wichtig ist für uns deutsche Jugend der Wiederaufbau Deutschlands, unseres geliebten Vaterlandes. – ENDE! -" (K)

1 Bericht über die Arbeit der Stadtverwaltung Nürnberg im ersten Jahr des nationalsozialistischen Deutschlands, März 1933 – März 1934, S. 18

2 Siehe dazu: Zentralisation in der Schulverwaltung, in: Rolf Eilers, Die nationalsozialistische Schulpolitk, Köln und Opladen 1963, S. 54 f.

3 Otto Barthel: Die Schulen in Nürnberg 1905–1960, im Auftrage des Stadtrats/Schulreferat, Nürnberg 1964, S. 61

4 Vgl. hierzu den Aufsatz von Helmut Bauer in diesem Band.

5 Das 13. Schuljahr wurde 1936 aus wehr- und wirtschaftspolitischen Erwägungen heraus abgeschafft.

6 Rechenschaftsbericht 1938/39 der Stadt der Reichsparteitage Nürnberg, XV Chronik, S. 9

7 Jahresbericht 1936/37 der Stadt der Reichsparteitage Nürnberg, XII Chronik, S. 10 f.

8 Jahres-Bericht über das Melanchthon-Gymnasium Nürnberg für das Schuljahr 1936/37, Nürnberg 1937, S. 20

9 50 – Jahresbericht des Neuen Gymnasiums Nürnberg für das Schuljahr 1938/39, Nürnberg 1938, S. 41 f.

10 Es hatte sich – schon allein aus organisatorischen Gründen – nicht durchsetzen hatte lassen, daß alle organisierten Schüler am Samstag schulfrei hatten, um ihren HJ-Dienst zu verrichten, während die nichtorganisierten Schüler in dieser Zeit weltanschaulichen Unterricht erhalten sollten.

11 Rolf Eilers, a.a.O., S. 128. Es kann davon ausgegangen werden, daß von den im NSLB organisierten Lehrern über ein Drittel auch Parteimitglieder waren.

12 Jahresbericht 1936/37 der Stadt der Reichsparteitage Nürnberg, XII Chronik, S. 4 f.

13 50 – Jahresbericht des Neuen Gymnasiums Nürnberg für das Schuljahr 1938/39, S. 42f. Der Schulleiter Dr. Radina wurde nach diesem Schuljahr außer Dienst gesetzt, angeblich weil im Jahresbericht noch die jüdischen Schüler genannt wurden, obwohl diese die Schule bereits verlassen hatten. 1946 bis 1948 leitete Dr. Radina abermals die Schule. Vgl. zu diesem Vorfall: Otto Barthel, a.a.O. S. 332.

14 Alle Angaben wurden entnommen aus: Jahresbericht des Städtischen Mädchenlyzeums mit Mädchenoberrealschule, Labenwolfstraße 10, Nürnberg, für das Schuljahr 1934/35, S. 10. Die Filmtitel sind leider nicht genannt.

15 Artikel von Fritz Fink, in: Nürnberger Schau, Heft 12 (1940), S. 382 ff.

16 Johann Dürr, Wandlungen im Nürnberger Schulwesen, in: Bericht über die Arbeit der Stadtverwaltung Nürnberg im zweiten Jahr des nationalsozialistischen Deutschlands, März 1934 – März 1935, S. 66 f.

17 Zitiert nach Dieter Rossmeissl, „Ganz Deutschland wird zum Führer halten ...". Zur politischen Erziehung in den Schulen des Dritten Reiches, Frankfurt am Main 1985, S. 117

18 Viktor Wolfinger (Hrsg.), Rechenbuch für die Volksschule, 7. Schülerjahrgang, bearbeitet von Georg Heider, Nürnberg. Mit einem Anhang neuzeitlicher Aufgaben, München um 1935. In diesem Anhang ist die zitierte Aufgabe enthalten.

19 Renate Fricke-Finkelnburg (Hrsg.), Nationalsozialismus und Schule. Amtliche Erlasse und Richtlinien 1933–1945, Opladen 1989, S. 37

20 Deutsches Lesebuch für Volksschulen, 3. Band, 3. Auflage, Nürnberg 1940, S. 360 ff.

21 50-Jahres-Bericht des Neuen Gymnasiums Nürnberg für das Schuljahr 1938/39, S. 43

22 Jahresbericht über das Melanchthon-Gymnasium Nürnberg für das Schuljahr 1938/39, Nürnberg 1939, S. 15

23 Schulgeschichtliche Sammlung der Universität Erlangen Nürnberg, Schulhefte. Dieter Rossmeissl, a.a.O, hat sich einer umfassenden und materialreichen Analyse des Erziehungssystems, der Schulgemeinschaft und der Erziehungsziele für die deutschen Schulen angenommen.

24 Hier fehlen zwei Aufsätze, die als lose Blätter beiliegen. Die Themen lauten: „Stadt und Land" (15.10.1935), wobei es um die Verbundenheit der Stadt- und Landbevölkerung in der Volksgemeinschaft geht. Am 13.11.1935 folgt ein Aufsatz unter dem Titel „Winterhilfswerk 1935/36".

25 Schulgeschichtliche Sammlung der Universität Erlangen Nürnberg, Aufsatzsammlung 1.8.3.1./ 26

26 Ebd., 1.8.6./ 9

27 Otto Barthel, a.a.O., S. 527

28 Vgl. dazu SAN, Nachlaß Barthel, E 10

29 Viele der Schüler waren aus dem Nürnberger Umland und hatten bereits seit 1940 oder später das Neue Gymnasium besucht und waren dorthin nach Kriegsende zurückgekehrt. Die Klassen 1 bis 4 waren im Rahmen der „Kinder-Land-Verschickung" bereits 1943 nach Rothenburg o. T. und danach nach Eichstätt evakuiert worden.

30 Alle folgenden Zitate entstammen dem Nachlaß Otto Barthels, Stadtarchiv Nürnberg, E 10, Nr. 101.

Gesund und leistungsfähig

Bernd Windsheimer/Claudia Molketeller

Von der helfenden zur richtenden Medizin

„Heute steht über diesem Recht des Menschen auf seinen eigenen Körper das Recht des deutschen Volkes, und daraus entstehen für den Einzelnen nicht Rechte, sondern Pflichten."[1] (Reichsärzteführer Gerhard Wagner auf dem Reichsparteitag 1937)

In seinen jährlichen Reden auf den Nürnberger Reichsparteitagen erläuterte Dr. Wagner die gesundheitspolitischen Vorstellungen der Nationalsozialisten. Kerngedanke war die Vorstellung eines „Volkskörpers", der durch Geburtenrückgang, die Zunahme „kranker und untüchtiger Erbanlagen" sowie „blutsmäßige Vermischung" erkrankt sei. Verantwortlich dafür sei die soziale und medizinische Fürsorge, die die „natürliche Auslese" durch den Tod der Schwachen und Kranken außer Kraft gesetzt habe. Mit der Aufrechnung der Kosten für die Versorgung psychisch Kranker und dem Schreckensbild einer „Degeneration der Rasse" schürte man wirtschaftliche und soziale Ängste. Die Rassenhygiene teilte Menschen in „nützlich" und „schädlich", in „hoch- und minderwertig", in „lebenswert" und „lebensunwert" ein.

Die Nationalsozialisten versuchten zwei bereits seit der Jahrhundertwende diskutierte „Therapieansätze" zur Gesundung des „Volkskörpers" radikal umzusetzen. Sogenannte fremdrassische oder erbkranke Menschen sollten systematisch ermordet werden. Die so angeblich geschaffene erbgesunde und „rasssereine" Volksgemeinschaft sollte durch eine Vorsorge- statt Fürsorgemedizin und die Postulierung einer Gesundheitspflicht zu einer Leistungs- und Kampfgemeinschaft geformt werden.

In der Umsetzung dieser Vorstellungen entwickelten die Nationalsozialisten sofort einen vielfältigen gesundheitspolitischen Aktivismus. Im Juli 1933 wurde das „Gesetz zur Verhütung erbkranken Nachwuchses" erlassen. Im Oktober 1935 trat das „Gesetz zum Schutz der Erbgesundheit des deutschen Volkes" in Kraft.[2] 1935 erfolgte die Selbstgleichschaltung der Ärzte- und Schwesternverbände. Jüdische und regimekritische Ärzte und Ärztinnen wurden entlassen und diffamiert, bis ihnen 1938 die Approbation entzogen

wurde. Nach Kriegsbeginn tötete man geistig und körperlich Behinderte in einer als „Euthanasie" beschönigten Mordaktion.

Voraussetzung aller Maßnahmen war die Erfassung und Überprüfung des Gesundheitszustandes der gesamten Bevölkerung. Diese Aufgabe sollten die 1934 durch das „Gesetz zur Vereinheitlichung des Gesundheitswesens" geschaffenen staatlichen Gesundheitsämter erfüllen. Die Ärzte, zu „Wächtern am Ufer des Erbstroms" stilisiert, und die Krankenpflege wertete man im Konzept einer nationalsozialistischen „Gesundheitsführung" zu Stellvertretern des Staates auf.

Ab 1933 wurde die Bevölkerung mit großangelegten Aufklärungs- und Erziehungskampagnen über die gesundheitspolitische NS-Ideologie belehrt. Aufrufe, Ausstellungen, Vorträge, Zeitungsartikel und Wochenschauberichte versuchten, jeden einzelnen „Volksgenossen" persönlich anzusprechen. So wurde das „Volksschauspiel" „Der Erbstrom" nach über 1400 reichsweiten Vorführungen im Februar und März 1936 auch in Nürnberg dreißigmal aufgeführt.[3] Vorträge Nürnberger Ärzte über Rassenhygiene und das Sterilisationsgesetz hatten Hochkonjunktur. Mit Kampagnen gegen die „Genußgifte" Alkohol und Tabak – von 1933 bis 1938 hatte sich der Branntweinverbrauch fast verdoppelt und der Zigarettenkonsum war um 25 Prozent gestiegen – sollte auf die mangelnde Leistungsfähigkeit und mögliche Schädigung des Erbguts hingewiesen werden.

Die Gleichschaltung und „Arisierung" des Gesundheitswesens in Nürnberg

Bereits im 1. Halbjahr 1933 wurden jüdische und regimekritische Ärzte und Ärztinnen, aber auch zum Beispiel Fürsorgerinnen und Verwaltungspersonal aus kommunalen Einrichtungen entlassen. Am städtischen Klinikum sollte „im Zeichen der ‚nationalen Erneuerung' der übergroße (!) nichtarische Prozentsatz der Ärzte und Medizinalpraktikanten" beseitigt werden.[4] Betroffen waren der renommierte Leiter der Klinik für Haut- und Geschlechtskrankheiten Professor Ernst Nathan, der Ende März 1933 gezwungen wurde, „seinen

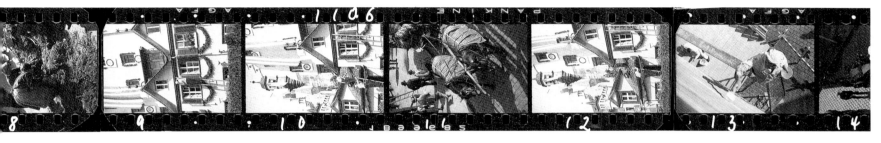

Urlaub sofort anzutreten", und zwei Medizinalpraktikanten.[5] Entlassen wurden weiterhin der städtische Schularzt und Psychiater Dr. Julius Mainzer und acht jüdische Ärzte, die nebenberuflich als Schul- und Fürsorgeärzte tätig gewesen waren sowie der zweite Vertrauensarzt am Nürnberger Theater und die Leiterin der Familienfürsorge, Dr. Elsbeth Georgi.[6] Auch in der AOK-Nürnberg wurden vier Vertreter des Kassenvorstandes zwangspensioniert und durch überzeugte Nationalsozialisten ersetzt.[7] Aus dem Ärztlichen Bezirksverein, der sich kurzfristig mit der Medizinischen Gesellschaft und Poliklinik zusammenschließen mußte, wurden 64 „nichtarische" Ärzte ausgeschlossen, so daß der Mitgliederstand von 201 um nahezu ein Drittel auf 144 sank.[8] Besonders die Poliklinik litt nach 1933 an akutem Geldmangel, da die großzügigen Spenden der ausgeschlossenen jüdischen Mitglieder ausblieben.

Auch viele andere gesundheitliche Einrichtungen lebten zu einem beträchtlichen Teil vom persönlichen und finanziellen Engagement der jüdischen Mitglieder, wie zum Beispiel der 1909 von Dr. Leonhard Rosenfeld gegründete und bis 1933 geleitete „Verein für Krüppelfürsorge". Dieser wurde 1933 auf das „Führerprinzip" umgestellt[9] und zwei Jahre später dem Hauptamt für Volkswohlfahrt[10] angegliedert. Die Bestrebungen dieses Amtes, private und karitative Einrichtungen zu absorbieren, veränderten das Bild der Nürnberger Gesundheits-

fürsorge grundlegend. An den Rand gedrängt, aufgelöst oder vereinnahmt wurden außerdem die Nürnberger Kinderhilfe, die Arbeiterwohlfahrt und die konfessionelle Bahnhofsmission.

Der seit 1906 bestehende „Verein zur Bekämpfung der Tuberkulose in Nürnberg" verlor Mitte 1935 seine Selbständigkeit und wurde dem Gesundheitsamt angegliedert. Sein Vermögen fiel an den Staat, darunter das seit 1910 bestehende Kinderwalderholungsheim in Rückersdorf.[11]

Während die wenigen jüdischen Ärzte in städtischen und staatlichen Funktionen ersetzt werden konnten (wenn auch nicht durch Ärzte mit gleicher Qualifikation und gleichem Engagement wie in den Fällen Nathan und Mainzer[12]), sah es bei den niedergelassenen Ärzten und Kassenärzten ganz anders aus. Die ärztliche Versorgung in Nürnberg wurde trotz gegenteiliger Beteuerungen der Nationalsozialisten[13] von Jahr zu Jahr schlechter. So gaben bereits im Jahr 1933 63 Ärzte und Ärztinnen[14] – darunter viele jüdischen Glaubens – ihre Praxen auf. Die Zahl der niedergelassenen Ärzte und Ärztinnen in Nürnberg sank rapide von 411 im Jahr 1931 auf 264 im Jahr 1938.[15]

Die „arische" Ärzteschaft, ohnehin als Berufsgruppe überproportional in den verschiedenen Formationen der NSDAP repräsentiert, wurde mit Schulungen und Vorträgen überhäuft: Der Jahresbericht des ärztlichen Bezirksverein konstatiert für 1934 die „große Inan-

Die Tabelle veranschaulicht anhand von Zahlenmaterial aus den statistischen Jahrbüchern der Stadt Nürnberg, daß die Zahl der in Nürnberg praktizierenden Ärzte bei nahezu gleichbleibender Bevölkerung um mehr als ein Drittel zurückging. Die stark verschlechterte ärztliche Versorgung ist eindeutig auf die Verdrängung jüdischer Ärzte aus ihrem Beruf seit 1933 zurückzuführen. Bemerkenswert

Jahr	Bevölkerung (SJB 1940)	Ärzte	neu	weg	Zahnärzte	Hebammen
1930	411 200	396	17	11	87	92
1931	412 000	411	27	12	89	86
1932	411 700	406	9	14	94	82
1933	410 300	363	20	63	114	75
1934	408 600	341	13	35	118	75
1935	407 500	338	15	18	127	72
1936	405 600	311	11	38	122	67
1937	407 200	296	10	25	123	64
1938	413 800	264	24	56	121	49
1939	423 500	273	18	9	111	46
1940	427 700	267	–	6	113	44

ist, daß die Zahlen – zumindest für Nürnberg – die NS-Propaganda widerlegen. Reichsweit stieg jedoch die Ärztezahl. Auch für die in Nürnberg tätigen Hebammen ist zwischen 1930 und 1940 ein Rückgang um fast fünfzig Prozent festzustellen. Er ist hauptsächlich darauf zurückzuführen, daß zunehmend mehr Schwangere die Geburt in der Klinik der Hausgeburt vorzogen.

spruchnahme eines Großteils der Ärzte in der SS, SA, NSV. Gegen Jahresschluß fanden für alle Ärzte durch den Verein für Rassenhygiene und Rassenforschung offizielle Schulungsvorträge statt."[16]

Eine Sterbestätte? Das Städtische Krankenhaus Nürnberg 1933–1939

Die Veränderungen im Städtischen Krankenhaus beschränkten sich beim Arzt- und Pflegepersonal anfänglich auf die wenigen erwähnten Entlassungen. Die Kranken wurden 1935 von acht Chefärzten, 26 Assistenz- und Oberärzten sowie einem Volontärarzt und 22 Medizinalpraktikanten betreut.[17] Als Pflegepersonal standen 63 Pfleger (davon 60 Prozent Diakone) und 95 Schwestern (davon 90 Prozent Diakonissen) zur Verfügung. Lediglich an der 2. Medizinischen Klinik und an der Frauenklinik wurden die Diakonissen durch ideologisch geschulte NS-Schwestern ersetzt.[18] Das Ende der dreißiger Jahre war geprägt durch einen Personalmangel im Pflegebereich. Mit dem „Gesetz zur Ordnung der Krankenpflege" von 1938, das die Ausbildung von zwei auf eineinhalb Jahre verkürzte, und einer Werbekampagne versuchte man, Abhilfe zu schaffen. Der Schwesternberuf wurde als Lebensaufgabe und schönste Erfüllung für die deutsche Frau heroisiert, da er ihrem „natürlichen Platz" im Leben, nebst Ehe und Mutterschaft, am nächsten käme.

Bereits seit den zwanziger Jahren verfügte das Klinikum über eine eigene Krankenpflegeschule. Die Ausbildung wurde vom Chef der 2. Medizin, Prof. Eduard Scheidemandel, geleitet. Ab 1937/38 nahmen an den jährlichen Lehrgängen jeweils etwa vierzig bis fünfzig Personen teil. Die meisten von ihnen waren weiterhin Diakonissen und Diakone aus Neuendettelsau, etwa ein Viertel gehörte der NS-Schwesternschaft an.

Nach der Krise der Krankenversicherung im Jahr 1930, die nur durch massive staatliche Zuschüsse ausgeglichen werden konnte, waren die Einweisungen in Krankenhäuser stark erschwert worden. Auch in Nürnberg sanken sie von 1930 auf 1931 um etwa 25 Prozent.[19] Bis 1933 gingen die Neuaufnahmen nochmals um fast 15 Prozent zurück und blieben bis 1939 auf relativ niedrigem Niveau. Die Propaganda deutete dies als „eine erfreuliche Bestätigung der wirtschaftlichen Erstarkung des neuen Deutschlands und des gewaltigen Erfolges der Arbeitsschlacht. Die wieder zu Arbeit und Brot gekommenen Volksgenossen vermeiden es, länger als unbedingt notwendig die Krankenanstalt aufzusuchen, um möglichst bald wieder in den Arbeitsprozeß eingeschaltet zu werden."[20]

Tatsächliche Gründe waren wohl: „Verschärfte Vorschriften der Fürsorgeverbände über die Krankenhausbehandlung für Unterstützungsempfänger" und die „von den Krankenkassen getroffenen scharfen Maßnahmen zur Abkürzung der Behandlungsdauer".[21] Außerdem gab es ab 1933 eine Warnkartei über „Asoziale" und „Krankenhausbummler", die abgewiesen werden sollten.[22] Diese Maßnahmen hatten zur Folge, daß nur noch schwere und schwerste Erkrankungen im Klinikum behandelt wurden, da Krankenhauseinlieferungen zu lange hinausgeschoben wurden. Die deshalb hohe Zahl der Todesfälle gab den Verantwortlichen zu der Sorge Anlaß, „daß die der Volksgesundheit und Wiedererlangung der vollen Arbeitskraft dienende Anstalt bei der Bevölkerung in den Ruf einer Sterbestätte kommen könnte."[23]

Krankenpflege im Bunker: Das Städtische Krankenhaus Nürnberg im zweiten Weltkrieg

Während des Krieges verschlechterte sich die Situation durch häufige Luftangriffe zunehmend. Von den 35 Gebäuden wurden zwölf total zerstört und sechzehn stark beschädigt. Die Frauenklinik war zu 90 Prozent, die Säuglingsklinik zu 50 Prozent zerstört. Der Betrieb beider Kliniken mußte in einem 1943 fertiggestellten Hochbunker weitergeführt werden, dem einzigen neuerbauten Gebäude seit 1933. Auch der Tiefbunker war mit Kranken belegt. Der enorm gestiegene Bedarf an Krankenbetten während der letzten Kriegsjahre und die starken Zerstörungen im Klinikum führten zur Einrichtung von zahlreichen Hilfskrankenhäusern in Nürnberg (Alter Tiergarten, Gesellschaftshaus Colleg, Märzfeld) und Umgebung (Ansbach, Weißenburg), in denen etwa 2750 Betten zur Verfügung standen. So mußte zum Beispiel die gesamte 2. Medizinische Klinik unter Leitung von Prof. Karl Kötschau 1944 nach Ansbach ausgelagert werden. Da viele Ärzte, Krankenpfleger und Rotkreuzschwestern zum Dienst an der Kriegsfront abkommandiert waren und trotz der Werbekampagnen der Mangel an weiblichem Pflegepersonal fortbestand, kam es vielfach zu Engpässen in der medizinischen Versorgung. Das Recht auf Behandlung im Krankenhaus, das bereits 1937 den Juden genommen worden war, wurde nun immer mehr eingeschränkt: „Die Zeitverhältnisse verbieten es, daß alte sieche Leute, die durch ärztliche Behandlung voraussichtlich doch nicht wieder gesunden können, oder solche Volksgenossen aufgenommen werden, deren Pflege zu Hause zwar schwierig, aber doch durchführbar ist."[24] Im April 1945 befanden sich nur noch 112 Kranke im Klinikum.

Karl Kötschau, seit 1937 Leiter der 2. Medizinischen Klinik am Städtischen Krankenhaus, begrüßt seinen Förderer Julius Streicher anläßlich einer Veranstaltung im Hotel Deutscher Hof.

Nur in Ausnahmefällen durften ausländische Zwangsarbeiter/-innen, von denen es Zehntausende in Nürnberg gab, im Klinikum ärztlich versorgt werden. Für sie wurden 1943 zusätzliche Krankenbaracken auf einem abgeschlossenen Teil des Klinikgeländes errichtet. Die Versorgung der Kranken erfolgte durch Ärzte und Krankenschwestern aus den Reihen der Zwangsarbeiter unter Leitung von NS-Schwestern.[25] Frauen durften grundsätzlich nicht zur Entbindung in die Frauenklinik gebracht werden. 1942 wurden ausführliche Richtlinien für die gesundheitliche Überwachung und Behandlung der „Fremdarbeiter" in einem Merkblatt für die Nürnberger „Betriebsführer" zusammengestellt, die für die Untersuchungen – vor allem zur Erkennung von Fleckfieber – verantwortlich waren.[26] Befreit werden konnten mit Genehmigung des Gesundheitsamtes Arbeiter „aus den nördlichen, westlichen und südlichen Ländern", nicht jedoch Menschen aus dem Osten oder Südosten, die aufgrund der rassistischen Weltanschauung als minderwertig galten. Betriebe, die hundert und mehr Arbeiter aus diesen Herkunftsgebieten beschäftigten, mußten eine eigene Entlausungsanlage besitzen.

Gesundheitshaus statt Krankenhaus: Karl Kötschau und die 2. Medizinische Klinik

Am 10. April 1937 übernahm Prof. Karl Kötschau, von Julius Streicher protegiert, die 2. Klinik für innere Krankheiten am Nürnberger Krankenhaus. Kötschaus Vorgänger, Prof. Konrad Bingold, war im Dezember 1936 auf Betreiben Streichers zwangsweise in den Ruhestand versetzt worden. Als Vorwand genügte die Weigerung Bingolds, sich von seiner Frau, einer getauften Jüdin, scheiden zu lassen. Kötschau war überzeugter Nationalsozialist und galt als profiliertester Vertreter einer Symbiose von Schulmedizin und Naturheilkunde. Kötschaus Verständnis der Naturheilkunde war von radikalen rassenhygienischen, sozialdarwinistischen und leistungsmedizinischen Einstellungen getragen.

Gegen die stillen Bedenken der anderen Chefärzte führte er an seiner Klinik neue „natürliche" Heilmethoden ein. Im Juni 1938 wurde durch Einzäunung eines Wiesenstückes sowie die Anlage von Wassertretbecken und Toiletten ein „Luftpark" geschaffen, den Kötschau in vielen Publikationen als „Gesundheitshaus" anpries.[27] Im Gegensatz

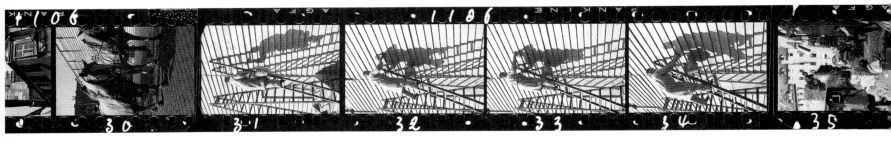

In zahlreichen Publikationen propagierte Köt-schau seine Therapie und sein Medizinverständ-nis. Den „Luftpark" neben der 2. Medizinischen Klinik pries er als „Gesundheitshaus": „Wer im Sommer bei schönem Wetter das Städtische Krankenhaus Nürnberg vormittags besucht, der findet zu seinem Erstaunen auf einer Wiese eine ganze Anzahl Menschen, die, zum Teil nur mit Badehose bekleidet, Faustball spielen oder Gymnasitk und Leichtathletik treiben … Es sind keineswegs nur Leichtkranke, die hier versammelt sind, sondern Menschen, die ihre Kraft zum Einsatz gebracht haben und die durch diesen heroischen Einsatz gesund werden wollen. Zunächst hat es gewaltige Selbstüberwindung gekostet, das schützende Bett zu verlassen. Man

fühlte sich so behütet und geborgen, und es war so schön, sich dem träumerischen Nichtstun hingeben zu dürfen. Wir Ärzte waren aber anderer Ansicht und behaupteten …, daß Kraft nur durch Leistung zu erringen ist … Mit Vergnügen rennt

der Magengeschwürkranke, der Rheumatiker, der Nieren- und Blasenkranke barfüßig über die Wiese, um den Ball zu erhaschen … und sie werden durch die beste Medizin geheilt, die es gibt: durch die Natur und ihre Heilkräfte."

In diesem belehrenden Stundenplan eines großen Industrieunternehmens zeigt sich ein wichtiges Ziel nationalsozialistischer Gesundheitspolitik. Der gesamte Tagesablauf ist minutiös eingeteilt und auf die Arbeitszeit ausgerichtet: Freizeit besitzt keinen Wert für sich, sondern soll ausschließlich der Aufrechterhaltung der Gesundheit und der Arbeitskraft dienen.

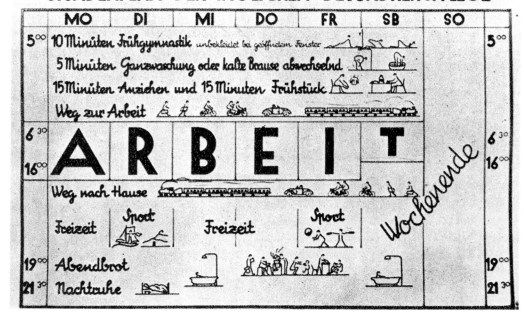

dazu sah er das Krankenhaus „als Brutstätte des Elends und Leides und der Rentensucht."[28] Im „Gesundheitshaus" sollten Patienten ihre zum Teil schwerwiegenden Krankheiten mit Bewegungsspielen, Wassertreten und Ballspielen kurieren. Anders als die Patienten hatten die Kinder der Umgebung ihren Spaß daran, die Kranken von der Wetzendorfer Straße aus heimlich zu beobachten. Auch die vom „Grasfresserprofessor", wie er von nicht wenigen Patienten abschätzig genannt wurde, verabreichte Roh- und Vollwertkost verstieß zu dessen Ärger gegen den fränkischen Geschmack. Indem Kötschau schwerkranke Menschen mit natürlichen Mitteln unangemessen behandelte, zum Beispiel bei einer Nierenbeckenentzündung mit heißen Wickeln und Tee,[29] nahm er ihren Tod mit der Begründung bewußt in Kauf, daß Menschen, die selbst keine Kraft zu ihrer Gesundung hätten, kein „Lebensrecht" besäßen.

Streichers „Verein Deutsche Volksheilkunde"

Kötschau repräsentierte mit seinen Methoden und Ansichten auch das – gescheiterte – Experiment, im nationalsozialistischen Staat eine „Neue Deutsche Heilkunde"[30] zu etablieren. Während der vielbeschworenen „Krise der Medizin" in der Weimarer Republik hatten sich Millionen von Menschen von einer sich zunehmend spezialisierenden Medizin abgewandt und waren zu Anhängern der Volks- und Naturmedizin geworden, die die nationalsozialistische Medizin mit einer Synthese aus Schulmedizin und Naturheilkunde zurückgewinnen wollte.[31] Auch der fränkische Gauleiter Julius Streicher engagierte sich als überzeugter Anhänger der Natur- oder Volksheilkunde stark auf gesundheitspolitischem Gebiet. Sein eindimensionales Weltbild, das auch seine medizinischen Ansichten prägte, läßt sich mit zwei Schlagzeilen umreißen: „Die Juden sind an allem schuld" und „Gesundheit aus Blut und Boden". Der „Verein Deutsche Volksheilkunde" (VDV) war nach der Einstellung der von Streicher seit 1933 herausgegebenen Zeitschrift „Deutsche Volksgesundheit aus Blut und Boden" 1935 zum Zentrum der Gesundheitspolitik Streichers geworden. Dem Gauleiter war es gelungen, den Vorstand mit bekannten Nürnberger NS-Persönlichkeiten zu besetzen.[32] Den Posten des Vorsitzenden hatte der einzige Arzt inne, der von Streicher eingesetzte „Gauamtsleiter" des Amtes für Volksgesundheit, Dr. Will. Streichers offizielle Rolle war die des Gründers und Schirmherrn, „nach dessen Weisungen der Verein geleitet wird": „In Nürnberg lebt Julius Streicher, der große Volkserzieher, die Verkörperung des Natürlichen."[33] Von seinen Anhängern ließ er sich als

„Garant des Sieges der Deutschen Volksheilkunde" stilisieren. Propagiert wurden im VDV eine auf „Licht, Luft, Sonne, Wasser und Leibesübungen" basierende vorbeugende Naturheilkunde, die den angeblichen Materialismus und Mechanismus in der herrschenden Schulmedizin überwinden helfen sollte. Als Idealtyp des arischen deutschen Naturheilers galt Paracelsus.[34] So erschienen in der Schriftenreihe des VDV eine Paracelsus-Biographie und zwei Paracelsus-Dramen.

Der erste größere Erfolg des Vereins war die Eröffnung eines „Paracelsus-Institutes" am katholischen Theresienkrankenhaus[35] im November 1935. Das von der Stadt Nürnberg mit stattlichen 30 000 Reichsmark geförderte „Institut" sollte der Krebsforschung dienen. Ein gewisser Dr. Brehmer hatte eine neue Krankheitstheorie entwickelt, die sich nahtlos in Streichers Blut-und-Boden-Weltbild einfügte. Brehmer hatte angeblich ein Bakterium entdeckt, das im kranken Boden entstehe, von dort in das Blut des Menschen gelange und letztendlich der Verursacher von Krebs sei. Allerdings sollte nur „verdorbenes Blut", hervorgerufen „durch Ernährungsunsitten und ungesunde Lebensmittel", von dem Erreger befallen werden.[36] Dadurch wurde praktisch dem Krebskranken die Schuld an der Krankheit zugeschrieben. Streicher behauptete nun, Brehmer sei damit der erste, der einen Teil der Volksheilkunde wissenschaftlich bewiesen habe. 1937 wurde dem Paracelsus-Institut eine Abteilung zur Prüfung biologischer Heilmittel angegliedert, die 1939 unter Beteiligung der Fachgruppe Pharmazeutische Industrie zu einem Institut unter Leitung Kötschaus ausgebaut wurde. Auch Kötschau war stark im VDV engagiert und hatte sein gesundheitspolitisches Konzept in zahlreichen Schriften des Vereins verbreitet.

Pfingsten 1936 richtete der VDV die „Jahrhundertfeier" der Deutschen Volksheilbewegung in Nürnberg aus. In der „Reichsarbeitsgemeinschaft der Verbände für Heil- und Lebensreform"[37] war angeblich eine Million Mitglieder organisiert. Die Feier begann mit der Uraufführung eines Paracelsus-Schauspiels im Fürther Stadttheater. Am Pfingstsonntag fand ein Festakt in allen Sälen des Kulturvereins statt, und Oberbürgermeister Liebel begrüßte „Tausende von Gästen". Die begleitende Ausstellung „Natur und Volk" in der Norishalle wurde von ca. 30 000 Personen besucht. Bereits 1935 hatte sich der VDV mit den beiden Gesundheitsausstellungen „Die Macht des Blutes" und „Heilsäfte der Natur" hervorgetan.

Der VDV spielte bis zu seiner Auflösung im Juni 1941 mit seiner radikalen und offenen Formulierung nationalsozialistischer Gesund-

Mädel komm zum Deutschen Schwesterndienst

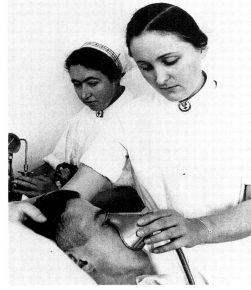

In der Broschürte „Mädel komm zum deutschen Schwesterndienst" wurde der Schwesternberuf als schönste Lebensaufgabe einer Frau gepriesen, solange sie nicht Ehefrau und Mutter war. Laut Propaganda sollte die Krankenschwester an der „Heimatfront" für das „wertvollste Gut der Volksgemeinschaft, die Volksgesundheit" kämpfen. Dies bedeutete eine Politisierung und scheinbare Aufwertung des Pflegeberufes, indem zum Beispiel ideologisch geschulte NS-Schwestern Erziehungs- und Überwachungsfunktionen vor allem in der Gemeinde übernehmen sollten. „Kampf für die Volksgesundheit" hieß im Nationalsozialismus nicht nur Pflege und Heilung von Kranken, sondern auch Mitwirkung bei Zwangssterilisationen und an der Ermordung von geistig und körperlich behinderten Menschen. Rot-Kreuz-Schwestern und -Helferinnen wurden bei Massenveranstaltungen eingesetzt und auf die Kriegskrankenpflege, wie hier auf der Insel Schütt, vorbereitet.

heitspolitik eine Vorreiterrolle. Aufgrund der wiedergewonnenen Vorherrschaft der Schulmedizin seit 1936 und aufgrund der Schwächung der Position Streichers im nationalsozialistischen Machtgefüge Ende der dreißiger Jahre erreichte der Verein allerdings nur eine begrenzte regionale gesundheitspolitische Bedeutung.

„Vorbeugen heißt, die Produktivität zu steigern": Das Amt für Volksgesundheit

Die Erfolgslosigkeit der „Neuen Deutschen Heilkunde" markierte bereits die zweite Niederlage des Reichsärzteführers Wagner im Machtkampf um die führende Position im Gesundheitswesen. Mit dem „Gesetz zur Vereinheitlichung des Gesundheitswesens", das die Durchsetzung der nationalsozialistischen Gesundheits- und Rassenpolitik staatlichen Gesundheitsämtern übertrug, war Wagners Konzept gescheitert, diese Aufgabe in die Hände von parteipolitischen Hausärzten zu legen.

Mitte der dreißiger Jahre versuchte die Reichsärzteführung mit der Gründung der Ämter für Volksgesundheit der NSDAP die Dominanz des Staates zu brechen. Diese widmeten sich vor allem denjenigen Familien, die den Kriterien „erbgesund", deutsch und „förderungswürdig" standhielten. Voraussetzung für diese Selektion war die totale Erfassung der Bevölkerung in Form eines beliebig benutzbaren Katasters. Parallel zu der Registrierung durch die Gesundheitsämter sollten Hausärzte, Hebammen, aber auch Massenuntersuchungen der „Hitlerjugend" Daten für „Gesundheitsstammbücher" und -„pässe" liefern.

Ziel war die Erstellung einer „Leistungsbilanz des deutschen Volkes". Der erschreckende Befund einer regional beschränkten Untersuchungsaktion wurde 1937 auf dem Nürnberger Reichsparteitag bekanntgegeben. 37 Prozent der deutschen Arbeiterschaft müßten sofort in ärztliche Behandlung, der Rest zeigte bereits Frühschäden.[38] Doch nicht der Leistungsdruck und die Ausbeutung der (Vor-)Kriegszeit wurden vermindert, sondern mit steigendem Arbeitskräftemangel umso vehementer die Pflicht zur Gesundheit postuliert: Die Freizeit wurde in Stundenplänen auf die Arbeitszeit ausgerichtet. Krankheiten sollten durch Betriebssport verhindert werden, MAN-Klimaanlagen sollten die Luft am Arbeitsplatz verbessern.

Doch der Krankenstand der Versicherten bei der Nürnberger AOK kletterte im Januar 1940 auf den Rekordwert von 5,78 Prozent.[39] Ob auch in Nürnberg Betriebs- und Vertrauensärzte wie in anderen Städten[40] in gewissenloser Weise „gesund" schrieben, ist noch nicht bewiesen. Insgesamt ist aber festzuhalten, daß die geplante systematische Kontrolle der arbeitenden Bevölkerung aufgrund des Ärztemangels in weite Ferne gerückt war.

Im Gegensatz dazu meldeten 1942 die Gesundheitsämter, die personell wie finanziell weitaus besser ausgestattet waren als die Ämter für Volksgesundheit, daß sie bisher zehn Millionen Karteikarten[41] über den Gesundheitszustand der Bevölkerung erstellt hatten.

Erfassung und Selektion: Das Nürnberger Gesundheitsamt

Das Nürnberger Gesundheitsamt wurde am 9. Mai 1936 im Sinne des „Gesetzes zur Vereinheitlichung des Gesundheitswesens" anerkannt und bestand in seiner alten Form als kommunale Einrichtung mit staatlichem Amtsarzt an der Spitze weiter. Dies ist unter anderem auf die führende Position des Nürnberger Amtes innerhalb des Prozesses der zunehmenden kommunalen und staatlichen Einflußnahme und Kontrolle der Gesundheit zurückzuführen.

Das bereits im Oktober 1919 errichtete städtische Wohlfahrtsamt galt als eines der vorbildlichsten in Deutschland. Unter der Leitung Dr. Heinrich Heimerichs wurde es zum Mittelpunkt der öffentlichen und privaten Fürsorge zur Linderung der Nachkriegsnot. Neben der wirtschaftlichen und Jugendfürsorge besaß auch die Gesundheitsfürsorge einen hohen Stellenwert.[42]

Im Juni 1920 setzte Heimerich die Errichtung eines eigenständigen Gesundheitsamtes, des ersten in Bayern, durch. Dessen erfolgreiche Arbeit basierte auf der in Bezirken tätigen Familienfürsorge, die ergänzt wurde durch eine Spezialfürsorge, vor allem für Lungen- und Geschlechtskranke. Gerade hier zeigte sich die Notwendigkeit der Koordination mit der Vielfalt der privaten und karitativen Vereine, der Fürsorge in Großbetrieben und den Versicherungsträgern in Arbeitsgemeinschaften.

Heimerich, schon während seiner Amtszeit immer wieder von den Nationalsozialisten diffamiert, verließ 1925 Nürnberg. Der Sozialdemokrat Eichenmüller, der das Wohlfahrtsreferat übernommen hatte, mußte 1933 seinen Dienst quittieren. Der administrative Leiter Dr. Robert Plank hingegen begrüßte die neuen Zielsetzungen der nationalsozialistischen Gesundheits- und Rassenpolitik. Mit Befriedigung stellte er fest, daß bereits alle Aufgaben des neuen Gesetzes erfüllt wurden. Schon 1933 war, um das „Gesetz zur Verhütung erbkranken Nachwuchses" ausführen zu können, eine Abteilung „Erbgesundheit" eingerichtet worden, die vor allem die Aufgabe hatte, die gesamte Bevölkerung „erbbiologisch" zu beraten und gleichzeitig zu

erfassen. Dabei hob er hervor, daß nun der wichtigste Aufgaben-
bereich „betrachtet vom Standpunkte des völkischen Staates, der
die Heranbildung eines erbgesunden, von artfremden Bestandteilen
freizuhaltenden, kräftigen und leistungsfähigen Volkskörper zum
Ziele hat, ... die Erb- und Rassenpflege sowie die Fürsorge für Mutter
und Kind" darstellt.[43]

Der im Verwaltungsbericht von 1927/28 an erster Stelle stehende
traditionelle Fürsorgegedanke hatte mit der Dominanz der Erb- und
Rassenpflege seinen Inhalt verloren. Um die Volksgesundheit zu
heben, sollte Fürsorge nur noch Erbgesunden zugute kommen. Das
Urteil, wer erbgesund oder erbkrank war, lag beim Amtsarzt. Sein
Gutachten entschied darüber, ob ein Mensch „ehetauglich" oder
„eheuntauglich" war, ob er es „wert" war, finanziell gefördert zu
werden oder nicht, ob ein Mann Kinder zeugen und eine Frau Kinder
gebären durfte/sollte. Sein Zeugnis war ausschlaggebend dafür, ob
er/sie sterilisiert wurde oder ihr Kind abgetrieben werden sollte[44] oder
die Abtreibung hoch bestraft wurde.

Mit der Gesetzgebung des nationalsozialistischen Staates und dem
personellen und organisatorischen Ausbau des Gesundheitsamtes
gelang, wenn auch mit Problemen und Verzögerungen, der gewalt-
same und massive Zugriff auf das sexuelle und generative Verhalten
und den Körper der Menschen.

Kein Recht auf Kinder: Das „Gesetz zur Verhütung erbkranken Nachwuchses"

Seit der Mitte der zwanziger Jahre wurden immer mehr Fälle in
Deutschland bekannt, daß Ärzte ohne gesetzliche Grundlage und
zum Teil ohne strafrechtliche Verfolgung aus rassenhygienischen
Gründen Sterilisationen durchführten. 1932 wurde im preußischen
Gesundheitsrat über einen vorgelegten Gesetzentwurf beraten, der
diese Eingriffe auf grundsätzlich freiwilliger Basis erlauben sollte. Die
erste Partei, die die Rassenhygiene als zentrale Forderung in ihr
Programm aufnahm, war die NSDAP. Hitler hatte nie einen Zweifel
daran gelassen, daß er die Sterilisation erbkranker Menschen unter
Zwang und im großen Maßstab durchsetzen wollte: „Die Forderung,
daß defekten Menschen die Zeugung anderer ebenso defekter
Nachkommen unmöglich gemacht wird, ist eine Forderung klarster
Vernunft und bedeutet in ihrer planmäßigen Durchführung die hu-
manste Tat der Menschheit."[45]

Im Namen der Volksgesundheit und der „Menschlichkeit" beraubte
der nationalsozialistische Staat Menschen ihres Rechts auf Fortpflanzung und ihres Rechts auf Leben. Aufgrund des „Gesetzes zur
Verhütung erbkranken Nachwuchses" vom 14. Juli 1933 wurden
etwa 475 000 Menschen zwangssterilisiert. Dabei starben 5000–
6000 Frauen und 600 Männer.

Erbkrankheiten im Sinne dieses Gesetzes waren: „angeborener
Schwachsinn, Schizophrenie, zirkuläres (manisch-depressives) Irre-
sein, erbliche Fallsucht, erblicher Veitstanz, erbliche Blindheit und
Taubheit, schwere erbliche körperliche Mißbildung und schwerer
Alkoholismus".

Während eine der wenigen Krankheiten, bei der die Vererbung
einwandfrei festgestellt war, nämlich die Bluterkrankheit, nicht in das
Gesetz aufgenommen war, reichte es bei den oben genannten
Diagnosen aus, „wenn nach Erfahrungen der ärztlichen Wissen-
schaft mit großer Wahrscheinlichkeit zu erwarten ist, daß seine
Nachkommen an schweren körperlichen oder geistigen Erbschäden
leiden werden."[46]

Bei zwei Drittel aller Zwangssterilisierten wurde die Diagnose
„Schwachsinn" gestellt, davon waren mehr als 60 Prozent Frauen.
Gerade für diese Diagnose aber kannte die medizinische und
psychiatrische Welt keine exakten Kriterien, sondern meinte damit
eine „Abweichung vom Normalen". Damit war bewußt die Möglichkeit geschaffen, soziale, moralische und Werturteile über Menschen
zu fällen, und mit Gewalt in deren Leben einzugreifen. Die Macht des
Staates, der Gesundheitsämter und der Ärzte, das „Normale" zu
definieren – den Grad der Intelligenz, soziales und vor allem bei
Frauen sexuelles und familiäres Verhalten – konnte ständig ausgeweitet werden und schließlich jede/n treffen, die/der sich nicht
konform verhielt.

„. . . ist als schlampig bekannt": Die Durchführung des „Gesetzes zur Verhütung erbkranken Nachwuchses" in Nürnberg

Eine exakte Zahl der zwangssterilisierten Frauen und Männer kann
für Nürnberg nicht ermittelt werden. Viele, auf die das Gesetz
angewandt werden konnte, zum Beispiel geistig und körperlich
Behinderte, Fürsorgezöglinge oder Prostituierte, wurden in Heil- und
Pflegeanstalten,[47] Fürsorgeheime und Arbeitshäuser verbracht.[48]

Die noch erhaltenen Sippenakten des Nürnberger Gesundheitsamtes belegen 1619 Zwangssterilisationen für den Großraum Nürnberg-
Fürth-Erlangen. Antragsteller waren vor allem die Amtsärzte. Sie
fertigten aufgrund von medizinischen Untersuchungen, Intelligenz-
prüfungen, Familienanamnesen, Einsicht in das Strafregister, Zeug-

nissen der Schule und der Arbeitgeber, Auskünften von anderen Ämtern und vor allem der zuständigen Familienfürsorgerin, Gutachten an. Hatte das zuständige Erlanger Erbgesundheitsgericht, beziehungsweise bei Einspruchserhebung die übergeordnete Instanz beim Nürnberger Oberlandesgericht über den Antrag positiv entschieden, wurde der chirurgische Eingriff beispielsweise in der Nürnberger Frauenklinik durchgeführt, wohin die Patientinnen auch mit Gewalt gebracht wurden. Von 1934 bis Ende 1937 wandte dort der Klinikleiter Prof. Gänßbauer bei 490 Frauen das sehr seltene und komplizierte Verfahren der Tubenknotung an. Dabei kamen sieben Frauen ums Leben.[49]

Auch das Nürnberger Gesundheitsamt verstand „Schwachsinn" als eine soziale Diagnose, die aufgrund der Lebensführung beziehungsweise „Lebensbewährung" gestellt wurde. Besonders bei Frauen wurden Verhaltensweisen und Charaktereigenschaften, die in Nürnberg nicht geduldet werden sollten, akribisch aufgelistet: Uneheliche Mutterschaft, Besuch der Hilfsschule, frühere Fürsorgeerziehung, Unordentlichkeit in der Wohnung, „unwirtschaftlicher" Umgang mit Geld, Vernachlässigung der Kinder, Leiden an einer Geschlechtskrankheit, Vorstrafen, Prostitution, geschlechtliche Frühreife, nicht monogames, homosexuelles und außereheliches Sexualleben (= „Triebhaftigkeit und Hemmungslosigkeit") und das Rauchen im Wochenbett wurden zu Indizien und konnten zu einem Antrag auf Sterilisation führen.

Viele Informationen erhielt das Gesundheitsamt von den Fürsorgerinnen. In deren Berichten, aus denen die Ärzte für ihre Antragsbegründungen zitierten, heißt es: „Sie ist als schlampig und dreckig und unwirtschaftlich bekannt, sieht selbst ungepflegt und schwachsinnig aus"[50] oder: Sie ist „wenig mütterlich eingestellt".[51]

Bei der Diagnose „Schwachsinn" bemühte man sich oft nicht einmal um medizinische Kriterien oder den Beweis der Vererbbarkeit. In der Spalte „körperlicher Befund" wurde vermerkt: „Sehr lebhafte Reflexe und ein nichtssagendes Puppengesicht".[52] Die festgestellte Intelligenzschwäche anhand des reichseinheitlichen Testes und eine „hochgradige, moralische Minderwertigkeit" genügten, um eine vierundzwanzigjährige Prostituierte unfruchtbar zu machen. Die angebliche „Hemmungslosigkeit und Triebhaftigkeit" eines jungen Mädchens deutete ein anderer Arzt als: „Ausgesprochener Schwach-

sinn. Nach dem Ergebnis der Intelligenzprüfung steht sie an der Grenze vom leichten zum mittleren Schwachsinn, praktisch gesehen aber schon mehr mittelschwachsinnig … Eindeutig degenerativ psychopathisch."[53]

Das Erbgesundheitsgericht zeigte dagegen doch noch in einigen Fällen Skrupel und wies das Gesundheitsamt darauf hin, daß das Ziel des Gesetzes „die Ausmerzung von Erbkrankheiten und nicht die Bekämpfung von asozialen und antisozialen Elementen"[54] ist.

„Euthanasie": Die Ermordung geistig Behinderter

In den zwanziger Jahren wurden in Deutschland bereits eugenische Maßnahmen diskutiert.[55] Dabei meldete sich auch der Nürnberger Sozialdemokrat und Leiter des Wohlfahrtsreferates Heimerich zu Wort: „Viele Millionen (Reichsmark) würden für andere Zwecke frei werden, wenn wir die geistig Toten, die unheilbar Blödsinnigen nicht mehr zu versorgen hätten. Doch sind hier nicht nur ökonomische, sondern auch ethische Gesichtspunkte von Bedeutung."[56] Während Heimerich sich noch an moralische und ethische Maßstäbe gebunden fühlte, setzten sich die Nationalsozialisten darüber hinweg.

Durch die Kürzung der Mittel in der offenen Fürsorge und die engere Definition von geistiger Gesundheit wurden immer mehr Menschen zu „Geisteskranken" erklärt. Von 1933 bis 1939 stieg die Zahl der in Anstalten untergebrachten Personen von 258 000 auf 340 000.

Während die Verfolgung der Juden und die Zwangssterilisationen gesetzmäßig abgesichert waren, nutzten die Nationalsozialisten für die während der sogenannten „Euthanasie" ermordeten 200 000 Menschen den Ausnahmezustand des Krieges. Das Urteil über Leben und Tod fällten Ärzte aufgrund des Kriteriums der Arbeitsfähigkeit.

Da die psychiatrische Station am Nürnberger Klinikum vorrangig Akutkranke versorgte, wurden Patienten, die einer längeren Behandlung bedurften oder als unheilbar galten, in die staatlichen Heil- und Pflegeanstalten Erlangen und Ansbach oder in die Neuendettelsauer Diakonieanstalten gebracht. Fast 5000 Kranke aus diesen Anstalten wurden ermordet. Bis 1941 wurden sie in eine von sechs Tötungsanstalten transportiert und dort vergast. Nach dem offiziellen Ende der Euthanasieaktion ließen Ärzte und Pflegepersonal die Patienten in Erlangen und Ansbach verhungern oder spritzten sie zu Tode.[57]

Die von Julius Streicher in Nürnberg von 1933–1935 verlegte Zeitschrift „Deutsche Volksgesundheit aus Blut und Boden" ist Ausdruck für die Nürnberger Sonderrolle auf dem Gebiet der nationalsozialistischen Gesundheitspolitik. Sie verband eine rassistische und aggressive antisemitische Weltanschauung mit einer radikalen Ablehnung pharmazeutischer Me-

Preis 30 Pfg.

911

Deutsche Volksgesundheit
...aus Blut und Boden!
Gesundheitserziehung auf raffischer Grundlage

Organ des „Kampfbundes für Deutsche Gesundheits- und Rassenpflege", Sitz Nürnberg

Nr. 4 • Nov. 1933, 2. Folge | Unter Mitwirkung einer Gruppe nationalsozialistischer Politiker, Geistlicher, Lehrer, Ärzte und Heilkundiger herausgegeben von Dr. H. Will. | Verlagsort: Nürnberg

dikamente und Therapien. Wegen ihrer Impfgegnerschaft war die Zeitschrift 1934 kurzfristig verboten. Die Karikaturen des berüchtigten Stürmer-Zeichners Philipp Rupprecht („Fips") sollen die angeblich von Juden und jüdischem Kapital dominierte Schulmedizin und Pharmazie darstellen, die die „arische Naturheilkunde" zu unterdrücken versuchen.

Haltet den Dieb
Die Rolle des Juden in der Medizin.

4.

Wie lange noch darf jüdischer Geist die Deutsche Reform knebeln?

„Du bist das auserwählte Volk!" „Du sollst alle Völker fressen." So lautete die Verheißung des Gottes Jahve an sein geliebtes Judenvolk vor Tausenden von Jahren. Und durch die Jahrtausende hindurch haben die Juden sich an diese Verheißung geklammert, haben ihre Seelen damit imprägniert; sie ist ihnen in Fleisch und Blut übergegangen und ist heute ein fester Bestandteil ihrer Rasse. Die Stimme des Blutes sagt heute dem Juden, daß er alle Völker fressen muß. Und da die Stimme des Blutes mächtiger ist, als Erziehung, Bildung oder Religion, gibt es keinen Juden, auch keinen „anständigen" oder getauften, der nicht ganz instinktiv auf diesen Menschen- und Völkerfraß ausginge.

In jahrtausendelanger fanatischer Befolgung dieser religiösen und rassischen Ziele hat das Judentum die Weltherrschaft tatsächlich beinahe erreicht. Sehen wir uns um unter den Staaten der Welt, besonders unter den Großmächten: alle sind sie mehr oder weniger in Judenhand, sei es direkt von Juden regiert, sei es durch demokratische oder marxistische Systeme indirekt beherrscht. Nur ein Volk hat den Weltherrschaftsgelüsten des Judentums immer wieder einen Strich durch die Rechnung gemacht:

Zusammenfassung

Die Nationalsozialisten interpretierten Bedeutung und Aufgabe der Medizin und Gesundheitspolitik in zweifacher Hinsicht radikal um: Vorsorgemedizin und Gesundheitspflicht sollten die fürsorgerische, heilende Medizin ersetzen. Nicht mehr die Gesundheit des Individuums, sondern der Gesellschaft, die als Volkskörper gesehen wurde, stand im Mittelpunkt der Gesundheitspolitik. In Nürnberg versuchten Kötschau und Streicher mit dem VDV dies mit aller Radikalität umzusetzen, allerdings auf dem Außenseitergebiet – das es spätestens seit 1936 wieder war – der Naturheilkunde. Nürnberg wurde zu einer Hochburg in diesem Bereich. Den Erfordernissen der nationalsozialistischen Wirtschaftspolitik mit ihrem totalen Arbeitseinsatz und dem immer größer werdenden Arbeitskräftemangel versuchte Kötschau gerecht zu werden, indem er sein Engagement mit der Propagierung einer extremen Leistungsmedizin verband. Die Verknüpfung von Arbeitseinsatz- und Gesundheitspolitik brachte Wagner in einer Rede auf dem Reichsparteitag 1937 auf die Formel, „daß der Mensch Maschinen, Autos, Motore laufend kontrollieren läßt, bei seinem eigenen Motor aber immer wartet, bis er nicht mehr funktionstüchtig ist".[58] Die Anspannung aller Kräfte und Ausreizung der Leistungsfähigkeit aufgrund der ungeheuren Aufrüstung führte jedoch dazu, daß immer mehr Menschen krank wurden. Für Nürnberg läßt sich außerdem nachweisen, daß die Ausschaltung jüdischer und regimekritischer Ärzte zu einer deutlich schlechteren ärztlichen Versorgung führte, die durch den Krieg noch verstärkt wurde. Sparmaßnahmen der Krankenkassen erschwerten die Einweisung in die Krankenhäuser. Mittels totaler Erfassung der Bevölkerung sollten die Leistungs- und Arbeitsunfähigen ausgesondert werden. Sie wurden durch die Gesundheitsämter oder in den Anstalten erfaßt und selektiert. Geistig und körperlich Behinderten sprach man das Recht auf Leben und Fortpflanzung ab. Sie wurden zwangssterilisiert oder ermordet. Kranke „Volksgenossen" wurden oft gesundgeschrieben und wieder in den Arbeitsprozeß eingegliedert.

Während zum Beispiel Zwangssterilisierte bis heute nicht als Verfolgte im Sinne des Bundesentschädigungsgesetzes anerkannt werden und deshalb keinen Anspruch auf finanzielle Wiedergutmachung besitzen, wurde ein Großteil der NS-Täter nie zur Verantwortung gezogen. Auch für Kötschau stellte seine NS-Vergangenheit kein Hindernis dar. Nach seiner Entlassung aus einem amerikanischen Internierungslager 1948 machte er auf dem Gebiet der Gesundheitsvorsorge bis zu seinem Tod 1982 Karriere. Obwohl er seine Veröffentlichungen vom NS-Vokabular reinigen mußte, blieb er seinen gesundheitspolitischen Ansichten treu.

1 Gerhard Wagner: Die Wandlung der Gesundheitspolitik im Dritten Reich, in: Der Parteitag der Arbeit, München 1938, S. 115.

2 Zum sogenannten Ehegesundheitsgesetz siehe den Beitrag „Lebensberuf Frau".

3 StAN Rep 503, Sammlung Streicher Nr. 170.

4 Verwaltungsbericht der Stadt Nürnberg 1933/34, S. 60.

5 SAN Rep C 23/I, Nr. 208, 253 f.; vgl. Geschichte Für Alle e.V./ÖTV-Jugend-Nürnberg/KJR-Nürnberg-Stadt (Hrsg.): Krankenpflege und Medizin im Nationalsozialismus am Beispiel des Nürnberger Klinikums, Faltblatt Nürnberg 1992.

6 Arnd Müller, Geschichte der Juden in Nürnberg, Nürnberg 1968, S. 214.

7 Städt. Amtsblatt Nürnberg 1933, Nr. 39; Ursula Singer: Nationalsozialismus und Gesundheitspolitik in der „Stadt der Reichsparteitage" im Spiegel der „Nürnberger Zeitung" in der Zeit von 1933 bis 1938, Med. Diss. München 1979, S. 8.

8 55. Jahresbericht der Nürnberger Medic. Gesellschaft und Poliklinik, Nürnberg 1934.

9 SAN Rep E6, Nr. 374.

10 Die Ämter für Volkswohlfahrt wurden als Konkurrenzorganisationen der NSDAP zu den staatlichen Gesundheitsämtern eingerichtet. Sie wurden von der Deutschen Arbeitsfront (DAF) und der Nationalsozialistischen Volkswohlfahrt (NSV) getragen.

11 SAN Rep E 6 Nr. 322; Ursula Singer: a.a.O., S. 7.

12 Dr. Mainzer hatte mit eigenen finanziellen Mitteln einen Sonderkindergarten für psychisch geschädigte Kinder in Nürnberg errichtet. Müller, Arnd: a.a.O., S. 214.

13 So hatte Wagner in seiner Reichsparteitagsrede 1938 verkündet: „Es ist dabei selbstverständlich, daß wir die Ausschaltung der jüdischen Ärzte erst vorgenommen haben in dem Augenblick, in dem wir die absolute Garantie dafür übernehmen konnten, daß die ärztliche Versorgung der deutschen Bevölkerung überall sichergestellt ist." in: Der Parteitag Großdeutschland, München 1938 S. 123.

14 Aus den statistischen Quellen ist leider nicht ersichtlich, wieviele Ärztinnen in Nürnberg praktizierten bzw. gezwungen wurden, ihren Beruf aufzugeben.

15 Siehe Tabelle. Bemerkenswert ist, daß dieser Rück-
gang der niedergelassenen Ärzte scheinbar im
Widerspruch zur Reichsentwicklung steht. Der Me-
dizinhistoriker Kudlien schätzt, daß die Zahl der
Ärzte zwischen 1934 und 1943 von 40 000 auf
60 000 gestiegen ist, wovon die Hälfte niederge-
lassene Ärzte waren. Ob und wenn ja, warum
Nürnberg hier eine Ausnahme ist, läßt sich nicht
nachweisen. Vgl. Fridolf Kudlien: Fürsorge und
Rigorismus, in: Norbert Frei (Hrsg.): Medizin und
Gesundheitspolitik in der NS-Zeit, München 1991,
S. 99–111, hier S. 109.

16 56. Jahresbericht der Nürnberger Medic. Gesellschaft und Poliklinik für 1934, Nürnberg 1935.

17 Die Nationalsozialisten hatten das Städtische Krankenhaus mit 8 Kliniken und 1600 Betten übernommen.

18 Siehe unten.

19 Verwaltungsbericht der Stadt Nürnberg 1935/36,
Teil VI, S. 24.

20 Ebd. S. 22 f.

21 Ebd. S. 25.

22 SAN Rep. C 23/I, Nr. 244.

23 Verwaltungsbericht 1937/38, Teil VII, S. 14.

24 Amtsblatt 1944/45, Nr. 10, Februar 1944.

25 SAN, Rep C 23/I, Nr. 520.

26 Städt. Amtsblatt Nürnberg 1942, Nr. 32.

27 Siehe hierzu auch Kötschaus zahlreiche Veröffentlichungen in der Schriftenreihe des Vereins Deutsche Volksheilkunde.

28 Karl Kötschau: Neue Wege zu Gesundheit und
Leistung durch kämpferische Schulung der Jugend, Nürnberg 1938.

29 Gesprächsprotokoll Frau B., ehemalige Patientin
der 2. Medizinischen Klinik. Archiv Geschichte Für
Alle e.V.

30 Vgl. hierzu: Alfred Haug, Die Reichsarbeitsgemeinschaft für eine Neue Deutsche Heilkunde (1935/
36), Husum 1985.

31 Am 25. Mai 1935 wurde in Nürnberg im Rahmen
der ersten großen Reichstagung der deutschen
Volksheilbewegung von Reichsärzteführer Wagner
die „Reichsarbeitsgemeinschaft Neue Deutsche
Heilkunde" gegründet und Prof. Kötschau mit ihrer
Leitung beauftragt. Letztlich konnten aber die propagandistisch lautstark vorgetragenen Ansprüche
nicht verwirklicht werden. Deshalb wurde sie Anfang 1937 von Wagner wieder aufgelöst, da nach
Verkündung des Vierjahresplans im Zuge der
Kriegsvorbereitungen die „bewährte" Schulmedizin ihre Vorrangstellung wieder hatte zurückgewinnen können.

32 So waren die Posten des 1. und 2. Schriftführers mit
Oberbürgermeister Liebel und SA-Gruppenführer
von Obernitz besetzt, 1. Kassenwart war der Polizeipräsident Dr. Martin, als Geschäftsführer fungierte der Verkehrsdirektor Jochem.

33 Ziel und Weg des VDV, Jahresbericht 1935/36,
Nürnberg 1936, S. 11.

34 Paracelsus (1493–1541), Arzt und Philosoph, war
in verschiedenen süddeutschen Städten tätig und
bekämpfte in seinen zahlreichen Veröffentlichungen die Schulmedizin.

35 Der VDV erklärt seine Wahl des Theresienkranken-
hauses folgendermaßen: „In der Kampfzeit des
Nationalsozialismus wurden in diesem Krankenhaus die Verwundeten der Partei aufgenommen,
nachdem sie von allen anderen Krankenhäusern
zurückgewiesen worden waren. Daraufhin besuchte
der Führer selbst das Theresienkrankenhaus . . . So
hat dieses Krankenhaus eine nationalsozialistische
Tradition." in: VDV (Hrsg.), Paracelsus-Institut,
Band I, S. 13 f., Nürnberg 1936.

36 VDV (Hrsg.), Paracelsus-Institut, Band 1 und 2.

37 Diese Arbeitsgemeinschaft wurde am 26. 5. 1935
nach der Gleichschaltung der Naturheilverbände
im Nürnberger UFA-Palast gegründet.

38 Siehe hierzu: Ulrich Knödler: Von der Reform zum
Raubbau. Arbeitsmedizin, Leistungsmedizin, Kon-
trollmedizin, in: Norbert Frei: Medizin und Gesundheitspolitik in der NS-Zeit, a.a.O., S. 113–136, S.
120.

39 Ebd. S. 129.

40 Ebd., S. 129 ff.

41 Etwa 30 000 Sippenakten sind in Nürnberg noch
heute erhalten.

Provisorische Krankenstation, Juli 1940

42 Siehe hierzu: Susanne Krauß: Kommunale Wohl-
fahrtspolitik in der frühen Weimarer Republik am
Beispiel der kommunalpolitischen Tätigkeit Dr. Hermann Heimerichs in Nürnberg vom ersten Weltkrieg bis 1925. Mag. arb. Erl.-Nbg. 1984.

43 Verwaltungsbericht der Stadt der Reichsparteitage Nürnberg 1934/35, S. 85.

44 Rassenhygienische Abtreibungen waren aufgrund
des Änderungsgesetzes zum Gesetz zur Verhütung erbkranken Nachwuchses vom 26. Juni 1935
bis einschließlich dem sechsten Schwangerschafts-
monat erlaubt. Siehe hierzu Gisela Bock, Zwangssterilisation im Nationalsozialismus. Studien zur
Rassenpolitik und Frauenpolitik, Opladen 1986,
S. 99.

45 Zitiert nach: Gisela Bock, a.a.O., S. 23.

46 Gesetz zur Verhütung erbkranken Nachwuchses,
Abs. 1 RGBl. I, S. 529.

47 Vor allem nach Erlangen und Ansbach.

48 Siehe dazu den Absatz „Euthanasie: Die Ermordung geistig Behinderter"

49 Gerhard Leuthold: Veröffentlichungen des medizinischen Schrifttums in den Jahren 1933–1945 zum
Thema: „Gesetz zur Verhütung erbkranken Nachwuchses vom 14. 7. 1933", Med. Diss. Erl.-Nbg.
1975, S. 86 f.

50 SAN Rep. C48/II, Nr. 1155.

51 Ebd., Nr. 4184.

52 Ebd., Nr. 4259.

53 Ebd., Nr. 1155.

54 Ebd., Nr. 1155.

55 Karl Binding/Alfred Hoche: Die Freigabe der Vernichtung lebensunwerten Lebens. Ihr Maß und ihre
Form, Leipzig 1920. Der Ausdruck „lebensunwert"
wird von ihnen erstmals verwendet.

56 Zit. nach Susanne Krauß, a.a.O., S. 215.

57 Zu Erlangen: Hans-Ludwig Siemen, Menschen blieben auf der Strecke. . . Psychiatrie zwischen Reform und Nationalsozialismus, Gütersloh 1987.
Zu Ansbach: Reiner Weisenseel, „Euthanasie" im
NS-Staat, Die Beteiligung der Heil- und Pflegean-
stalt Ansbach an den „Euthanasiemaßnahmen"
des NS-Staates, Med. Diss. Erlangen-Nürnberg,
1990.
Zu den Neuendettelsauer Anstalten: Christine Mül-
ler/Hans-Ludwig Siemen, Warum sie sterben mußten. Leidensweg und Vernichtung von Behinderten
aus den Neuendettelsauer Pflegeanstalten im „Dritten Reich", Neustadt/Aisch 1991.

58 Gerhard Wagner: Die Wandlung der Gesundheitspolitik im Dritten Reich. In: Der Parteitag der Arbeit,
München 1938, S. 124.

Gut Heil Hitler!

Sport in Nürnberg

Matthias Murko

In der Weimarer Zeit begann, wenn auch noch etwas vage, die politische Funktionalisierung des Sports, die dann im „Dritten Reich" in die vollständige Abhängigkeit von der Politik mündete. Seine Vereinnahmung für die ideologisch-politischen Absichten des Nationalsozialismus ist Gegenstand der folgenden Betrachtungen. Am Beispiel Nürnbergs soll gezeigt werden, wie der in Vereinen organisierte Breitensport auf regionaler Basis diese Unterordnung unter neue Ziele zu spüren bekam, wie verboten, aufgelöst und „gleichgeschaltet" wurde und wie Gliederungen der NSDAP – SA, SS, HJ, KdF und andere – gleichsam als Konkurrenten etabliert wurden.

Wichtigste Quellen sind Presseberichte, Stadtchronik und Vereinspolizeiakten. Alles hierin Aufscheinende ist gefiltert, ja teilweise verzerrt. So geben Polizeiberichte oder dem Registergericht vorgelegte, offizielle Stellungnahmen der Vereine wohl kaum das wirkliche Vereinsleben preis. Dies gilt in abgeschwächter Form auch für Presseberichte, besonders für jene der „gleichgeschalteten" Presse, und damit zugleich für die hierauf basierende Stadtchronik. Daher wird, die genannten Quellen ergänzend, auf mündlich wiedergegebene Erinnerungen ehemaliger Vereinssportler zurückgegriffen.[1]

Nürnberg war in den zwanziger Jahren wie kaum eine andere deutsche Stadt vom Sport geprägt. Daß die Stadt als die deutsche Sporthochburg galt, verdankte sie wohl in erster Linie den spektaku-

lären Erfolgen des Nürnberger Fußballs. Der 1. FCN errang in den zwanziger Jahren fünfmal die Deutsche Meisterschaft, und die Nationalmannschaft setzte sich mehrmals nur aus Nürnberger und Fürther Spielern zusammen. Große Erfolge hatten auch die Nürnberger Turner, Schwimmer und Athleten. Oberbürgermeister Hermann Luppe unterstützte das rege Nürnberger Sportleben durch eine gezielte Sportförderung, die dem Stadtoberhaupt über alle Parteien hinweg große Zustimmung einbrachte. Mit dem Ziel der Verbesserung der Volksgesundheit und einer sinnvollen Freizeitnutzung errichtete Nürnberg als eine der ersten deutschen Städte 1921 ein „Stadtamt für Leibesübungen". Die Behörde sollte vermittelnd zwischen verschiedenen Gruppen und Vereinen, so auch zwischen den bürgerlichen und den Arbeitersportvereinen wirken. Die bis dahin bedeutendste Leistung städtischer Sportförderung in Nürnberg war der Bau des Stadions, das am 10. Juni 1928 feierlich eröffnet wurde. Die gesamte Sportanlage – eine der größten und modernsten ihrer Art – wurde anläßlich der Olympischen Spiele 1928 mit einer Goldmedaille ausgezeichnet. Nun waren in Nürnberg sportliche Großveranstaltungen in ganz neuen Dimensionen möglich. Ereignisse wie der „8. Reichsarbeitersporttag" oder das „Deutsche Arbeiter-Turn- und Sportfest 1929" bestätigten Nürnbergs Ruf als Hochburg besonders des Massensports der Arbeiterbewegung.

Wendepunkt 1933

Arbeitersport. Am 12. Februar 1933 fand auf dem Nürnberger Hauptmarkt die letzte Großdemonstration der „Eisernen Front" (60 000 Teilnehmer) gegen den Nationalsozialismus statt. Am 9. März stürmte und zerstörte die SA das Gebäude der sozialdemokratischen Zeitung „Fränkische Tagespost". Am 16. März wurde der nationalsozialistische Stadtrat Willy Liebel zum 1. Bürgermeister ernannt. Es folgte die Zerschlagung aller Arbeiterorganisationen. Deren Turn- und Sportvereine wurden den linken Parteien, SPD und KPD, zugeordnet

und sollten als „Brutstätten des Widerstands" schnellstmöglich ausgeschaltet werden. Vereinspolizeiakten und mündliche Überlieferungen werfen ein Licht auf diese Ereignisse. Auf die Vorarbeit der Vereinspolizei konnten die neuen Machthaber von Beginn an zurückgreifen. So heißt es schon in einem Bericht der Polizeidirektion Nürnberg-Fürth vom April 1926, daß „die Vereinsmitglieder [des Turn- und Sportvereins St. Leonhard-Schweinau e. V.] in der Hauptsache mehrheitssozialistisch eingestellt [sind]. Einzelne davon wer-

den als kommunistisch gesinnt bezeichnet. Politisch rechts eingestellte Personen gehören dem Verein nicht an ... Ein Teil der Mitglieder
gehört dem Reichsbanner S-R-G an ...".[2] Fast gleichlautende Mitteilungen existieren über eine Reihe weiterer Arbeitersportvereine.

Das Innenleben der Arbeiterturn- und Sportvereine war also weitgehend bekannt – ihr Verbot hatte sofortige Wirkung. Die Vereinsvermögen wurden eingezogen, Sportplätze und Vereinsunterkünfte enteig-
net. Übertritte der Aktiven solcher „marxistischer" Vereine in bürgerliche Sportclubs waren nicht erlaubt. Ein ehemaliges Mitglied des
Turnvereins Gleißhammer, des ältesten Nürnberger Arbeitersportver-
eins, erinnert sich: „Die SA-Aufmärsche wurden immer bedrohlicher
... Einzelne [Vereinsmitglieder] wurden überfallen, und das Mißtrauen
im Verein war groß, da keiner gewußt hat, wer bereits SA-Mitglied
war ...". [3]. Ende März 1933 wurden Turnhalle und Sportplatz des TV
Gleißhammer von der SA (Ortsgruppe Zabo) beschlagnahmt, die
Geräte größtenteils zerstört und dem „marxistischen Verein ... bis auf
weiteres jegliche Betätigung untersagt".[4] Nur wenige hatten damit
gerechnet und das Vereinsvermögen zum Beispiel vorher an die
Mitglieder verteilt oder, wie sich ein Arbeiterathlet erinnert: „.... haben
wir schnell die ganze War eingerissen und das Holz, das haben wir
damals gebraucht, das haben wir heim gefahren ...".[5] Auf die von der
Vereinspolizei detailliert protokollierten Schicksale der mindestens
dreißig reinen Arbeitersportvereine in Nürnberg, die im „Arbeiter
Turn- und Sportbund" (ATSB) zusammengeschlossen waren, kann
hier nicht im einzelnen eingegangen werden. Verboten wurden
jedenfalls alle dem ATSB zugehörigen Vereine. Die überwiegende
Mehrheit dieser Arbeitersportler gehörte der jüngeren Generation an
und war keineswegs gewillt, auf ihren Sport zu verzichten. „Am
härtesten hat man empfunden, daß man den Sport nicht mehr
ausüben konnte, daß man den Arbeitersportverein zertrümmern
mußte."[6]

In wenigen Fällen traf man sich weiterhin auf privater Basis als
sogenannter „wilder" Verein. Häufiger waren, trotz des Verbots,
Übertritte Einzelner oder ganzer Gruppen und Abteilungen in bürgerliche Vereine. Gerade deshalb wurden sie von der Vereinspolizei
mißtrauisch überwacht und bekamen besondere Auflagen: „Über
jede Neuaufnahme ist separat abzustimmen ... Mitglieder, welche
irgendwelche heimliche Oppositionspolitik treiben wollen, sind sofort
auszuschließen und der Polizei namhaft zu machen ... Wirte der
Vereinslokale haben den strengen Auftrag, darüber zu wachen, daß
keinerlei gegenpolitische Gespräche oder Abmachungen getätigt

werden ...".[7] Andere Arbeitersportler versuchten ihren Verein mit
neuer Satzung wiederzugründen und notfalls den Vereinsvorstand
mit Parteigenossen zu besetzen. Jedenfalls läßt sich die Geschichte
des Arbeitersports nach 1933 nicht nur in den Kategorien „Widerstand und Verfolgung" beschreiben. Zur Lebenswirklichkeit der
Arbeitersportler gehörte auch die zeitweilige Attraktivität des NS-
Sports in den Parteigliederungen HJ, BdM, KdF, im Betriebssport und
in den gleichgeschalteten Vereinen des „Deutschen Reichsbundes
für Leibesübungen" (DRL).

Bürgerliche Vereine. Im Juli 1933 schrieb die „Fränkische Tageszeitung" unter der Überschrift „Zur Gleichschaltung der Vereine": „Die
täglich einlaufenden Anfragen von Vereinen über die Art der Durchführung der Gleichschaltung veranlassen den Kampfbund für die
Kultur zur Veröffentlichung nachstehender Weisung: Gemäß den von
der Reichsregierung ... herausgegebenen Richtlinien ist die Gleichschaltung der Vereine derart durchzuführen, daß die Mehrzahl der
Vorstandsmitglieder der NSDAP angehören ... Im einzelnen ist zu
beachten:

- Der 1. Vorsitzende soll schon seit längerer Zeit der NSDAP
  angehören.
- Gemäß dem Führerprinzip bestimmt der 1. Vorsitzende seine
  Mitarbeiter.
- Umgestaltung der Vereinsstatuten im nationalsozialistischen Sinn
  ... (arische Abstammung der Mitglieder) ...
- Vereinsmitglieder, die sich ... widersetzen ... sind auszuschließen ...
- Vereine ..., welche die Gleichschaltung nicht durchführen, werden
  in ihren Bestrebungen als gegen die nationalsozialistische Bewegung gerichtet betrachtet."[8]

Niederschlag fand die Durchführung der „Gleichschaltung" in den
Protokollen der Nürnberger Sportvereine, die dem Registergericht
und der Vereinspolizei beziehungsweise der Politischen Polizei zu-
geleitet werden mußten: 28 von 70 hier betrachteten bürgerlichen
Vereinen wählten in der ersten Hauptversammlung nach der „Gleichschaltung" einen personell geänderten Vorstand, bei weiteren
28 blieb die Besetzung des Vorstandes konstant, entsprach also
bereits vor 1933 den für die „Gleichschaltung" angeführten Bedingungen. Die restlichen vierzehn Vereine fusionierten entweder mit
übergeordneten Verbänden oder wurden aus den unterschiedlich-

sten Gründen aufgelöst. Dies war der erste Schritt der neuen Machthaber auf ihrem Weg der Okkupation des Breitensports. Ein Schritt, der weder bei den Vereinen noch auf Verbandsebene auf nennenswerten Widerstand stieß. So hatte bereits im April 1933 der Verband der „Deutschen Turnerschaft" (DT), bindend für alle angegliederten Sportvereine, den „Arierparagraphen" eingeführt und das „Führerprinzip", das freie Wahlen ausschloß, in seine Satzung aufgenommen. Auf manchem Brief wurde der Gruß der bürgerlichen Turner „Gut Heil!" einfach zu „Gut Heil Hitler!" erweitert.

Konfessionelle Sportvereine. Kirchliche Organisationen spielten zahlenmäßig in Nürnberg so gut wie keine Rolle. Die wenigen hier bestehenden Sportvereine waren fast alle Mitglieder des „Deutsche Jugendkraft (DJK) Reichsverbandes", dem der katholischen Kirche zugehörigen Dachverband. Man grenzte sich stark nach außen ab, Wettkämpfe fanden nur zwischen den Mitgliedsvereinen der DJK

Fahnenturm am Eingang des Festplatzes zum Turnfest in Stuttgart 1933. Bei dieser Massenveranstaltung zeigten die NS-Führer erstmals ihr Interesse an den Deutschen Turnern. Hier erklärte Hitler seinen „Statthalter", Hans von Tschammer und Osten, zum „Führer" der Turner. Der eigentliche Turnerführer, Edmund Neuendorff, gab erst im nachhinein sein Einverständnis dazu.

statt. So war auch das Verhältnis zwischen dem größten konfessionellen Nürnberger Sportverein, dem DJK-Falke, zu den in direkter Nachbarschaft lebenden Arbeitersportlern des TV Gleißhammer von gegenseitigem Mißtrauen gekennzeichnet. 1933 hatte der DJK-Falke 240 Mitglieder und blieb, wie die anderen konfessionellen Vereine, zunächst verschont. Doch bereits im Mai 1934 wurden alle konfessionellen Sportvereine verboten, um auch die kirchlichen Aktivitäten unter die Kontrolle der Parteiorganisationen zu bringen.[9]

Turnerische Vorführung der „Deutschland-Riege" (oben) und einer Turnergruppe der Landespolizei Baden (links) bei den „Deutschen Kampfspielen" in Nürnberg 1934. Diese Vorform der „NS-Kampfspiele" fand in unmittelbarem Anschluß an das „18. Bayerische Turnfest" im Nürnberger Stadion statt. Am Schlußtag war die „Hauptkampfarena" mit rund 55 000 Besuchern gefüllt.

Der Weg in die Abhängigkeit

Nach der Ausschaltung mißliebiger Gruppierungen und der „Gleich-schaltung" des organisierten Breitensports war der Weg frei, den Sport als Instrument zur „völkischen Gesundung" und „Aufartung des Volkskörpers" sowie zur „Verbesserung der Wehrkraft" zu nutzen. Im Juli 1933 wurde der SA-Führer Hans von Tschammer und Osten zum „Reichssportführer" ernannt. Schon beim „Deutschen Turnerfest" in Stuttgart marschierte das „weiße Heer" der Turner unter den Fahnen der SA ins Stadion. Hitler forderte in seiner Ansprache „körperliche Ertüchtigung als Voraussetzung für geistige Gesund-heit". Goebbels schwadronierte über den „erkrankten Volkskörper ..., der durch die deutsche Kraft Jahn'schen Turnens zu heilen sei ... Die deutsche Seele könne an Richard Wagner genesen ...".[10]

Die Erlasse der neuen Sportführung galten für alle Sportvereine: So gab es zuerst eine „verbindliche Empfehlung" des Nürnberger Stadtamtes für Leibesübungen an die Sportvereine, einen „Erfah-rungslehrgang in Gelände- und Wehrsport bei der HJ" zu besu-chen.[11] In den nächsten Monaten folgten Erlasse, „die Gleichschal-tung konsequent umzusetzen"[12] und nur mit solchen Vereinen „Spiele oder Wettkämpfe auszutragen ... oder sonstige sportliche Beziehun-gen zu pflegen", die im entsprechenden nationalsozialistischen Verband organisiert waren.[13] 1934 erfolgte die Gründung des „Deut-schen Reichsbundes für Leibesübungen" (DRL). „Nichtarier" wur-den vom Vereinssport ausgeschlossen, die Sportjugend wurde zum HJ-Dienst verpflichtet. Nach und nach wurde die „Deutsche Turner-schaft" vollständig in den DRL eingegliedert, der Verband löste sich selbst auf. Auch in anderer Hinsicht veränderte sich der Charakter der Vereine. So wurde bereits 1933 beim größten Nürnberger Turn-verein, dem TSV 1846, eine „Wehr-Abteilung" eingerichtet. Andere Vereine zogen nach, so daß im Rahmen einer „Morgenfeier mit Totenehrung" schon Anfang 1934 festgestellt werden konnte: „Die deutschen Turner marschieren im gleichen Schritt wie die braune Armee."[14]

Als wichtigstes sportliches Ereignis dieses Jahres in Nürnberg erwähnt die Stadtchronik das „18. Deutsche Landesturnfest und Deutsche Kampfspiele", an denen über 8000 Turner sowie Verbän-de der SA und SS, der Landespolizei und der Reichswehr teilnah-men. Die Stadtchronik macht aber auch klar, daß nach wie vor Fußball und Radsport die attraktivsten Sportarten waren.

Zur Absicherung der neuen Ideologie im Vereinsleben wurde die regelmäßige Durchführung von „Volkstumsarbeit" im Rahmen soge-nannter „Dietarbeit" angeordnet: Jeder Verein mußte einen „Dietwart" bestimmen, der in wöchentlichem Turnus anläßlich von „Dietaben-den" „Themen unseres geschichtlichen und kulturellen Lebens" zu behandeln hatte.[15] Die Richtlinien für die Durchführung der „Dietar-beit" kamen vom DRL. Teilnahme war für die Vereinsmitglieder „freiwillige Pflicht", wie das Mitteilungsblatt des TSV 1873 vermeldet. Als Themen werden unter anderem erwähnt: „Reichsgründungsfeier, am deutschen Wesen muß die Welt genesen, das deutsche Volks-lied".[16] Dabei wird immer wieder der schwache Besuch der „Diet-abende" beklagt, eine Tatsache, die von den mündlichen Überliefe-rungen ehemaliger Sportler bestätigt wird und wohl für das gesamte „Dietwesen" Gültigkeit hat. Die „Dietwarte" konnten die an sie gestell-ten hohen Anforderungen nicht erfüllen. So wurden „Dietabende" zwar bis 1939 veranstaltet, dienten aber immer weniger der „völki-schen Aussprache", sondern wurden zu Bunten Abenden und Vereinsfeiern umfunktioniert. Die politische Indoktrinierung des Sports durch das „Dietwesen" „fand in Wirklichkeit nur spärlich statt".[17]

KdF-Sportlehrgänge, HJ-Schwimmausscheidungen, SA-Waldläufe oder NSKK-Orientierungsfahrten: Das sind die Überschriften, die neben Fußball, Radsport und Schwerathletik die einschlägige Pres-seberichterstattung der Jahre ab 1933 bestimmten.[18] Sie zeigen, daß sich die Gliederungen der NSDAP zunehmend des Sports bemächtigten.

Im Jahresbericht der DRL-Ortsgruppe Nürnberg wird ein Rückgang der Vereine von 250 im Jahr 1936 auf 220 im Jahr 1937 festgestellt, die Zahl der Mitglieder allerdings blieb weitgehend konstant.[19] Dahin-ter verbirgt sich eine immense Mitgliederbewegung. Einerseits wa-ren zahlreiche, besonders kleinere Vereine aufgelöst worden, weil entweder die Richtlinien zur „Gleichschaltung" nicht eingehalten worden waren oder weil sie ganze Abteilungen verbotener „marxisti-scher" oder „wilder" Vereine übernommen hatten. Die Polizeidienst-stellen waren angewiesen, „... mit aller Schärfe darauf zu achten, daß sich in den anerkannten Sportorganisationen keine ehemaligen Marxisten und Kommunisten zu staatsfeindlichen Zellen zusammen-schließen ...".[20] Über die Welle von Denunziationen in den Vereinen legen die Protokolle der Politischen Polizei in den Vereinspolizeiakten beredtes Zeugnis ab. Außerdem durfte seit 1936 die Sportjugend (10 – 14 Jahre) dem DRL nicht mehr angehören, da sie der HJ zugeführt

1938 sahen gut
50 000 Zuschauer im
Nürnberger Stadion
das Länderspiel
Deutschland-Ungarn.
Es fand im Rahmen
der Weltmeisterschaft
1938 statt und endete
1:1 (oben). In der Mitte
eine Zweikampfszene
und unten die Deut-
sche Mannschaft vor
dem Spiel.

1939 endete die Nürn-
berg-Fürther Städte-
meisterschaft mit ei-
nem klaren Sieg für
die Fußballer des
1. FCN. Der Spieler
Seppl Schmitt hält den
Siegerpreis des Ober-
bürgermeisters.

wurde. Dies wäre ohne die Unterstützung des DRL selbst kaum durchführbar gewesen, da die HJ viel zu wenig „Personal" hatte, um die gesamte Sportjugend einfach zu übernehmen. Nur die Personalunion der DRL- und HJ-Übungsleiter ermöglichte diese Fusion. In den Jahren nach 1936 erfolgte ein großer Aufschwung des Jugendsports, ausgelöst durch den beständigen Zustrom aus der HJ. Berichte der Nürnberger Presse belegen diese Entwicklung auch für die hiesige Region. Die trotzdem weiterhin hohen Mitgliederzahlen der DRL-Vereine beweisen die Vitalität des gewachsenen Vereinssports.

Neben der HJ betrieb auch die SA Sport, besonders das „SA-Sportabzeichen" war in Nürnberg sehr begehrt. Die dazu notwendigen Prüfungen waren in drei Bereiche aufgeteilt: Leibesübungen, Wehr- und Geländesport. Einzeldisziplinen waren Läufe über verschiedene Distanzen, Gepäckmärsche, Kleinkaliberschießen, Handgranatenwurf, Querfeldeinlauf mit und ohne Gasmaske, aber auch Geländebeobachtung, Tarnen, Melden und andere militärische Tätigkeiten. Eine Konkurrenz zu den herkömmlichen Sportarten war das allerdings nicht. Wohl kein Sportler hat jemals aufgehört, Fußball zu spielen, um das „SA-Sportabzeichen" zu erwerben.

Die SA war für den Vereinssport zunächst kein ernstzunehmender Gegner. Dies begann sich zu ändern, als Hitler 1936 in Nürnberg die jährliche Durchführung von „NS-Kampfspielen" im Rahmen der Parteitage befahl. Die SA war für die Organisation verantwortlich und stand nun vor dem Problem, daß solche sportlichen Großveranstaltungen ohne Beteiligung des nach wie vor im DRL organisierten Breitensports nicht möglich waren. Zwar wurde 1938 eine offizielle Abgrenzung eingeführt, bei der „körperliche Ertüchtigung" und „Wehrkampf" der SA, Leistungssport und Wettkampf dem DRL zugesprochen wurden. In der Praxis jedoch starteten die Spitzensportler des DRL in Parteihemden bei den „NS-Kampfspielen".[21] Nach Abschluß der regionalen Ausscheidungskämpfe fanden in Nürnberg im Rahmen der Reichsparteitage die Endkämpfe statt; feste Programmpunkte waren: „Einmarsch der Kämpfer, Appell zum Kampf, Gruß an Fahne und Standarte, Treuegelöbnis auf den Führer, Kampfspielmusik, Kämpfe, Siegerehrung und Kampfhymne der fränkischen SA, Beendigung der Kampftage durch die Kampfspielmusik, Gelöbnis".[22] Allerdings belegen sowohl Berichte in Stadtchronik und Presse als auch die Aussagen ehemaliger Sportler, daß diese „NS-Kampfspiele" nie die bei ihrer Einführung so lautstark geforderte Bedeutung erlangten.

Unmittelbar vor Kriegsausbruch wurde der Nürnberger Kurt Hornfischer deutscher Meister der Schwergewichtsringer, der Radrennfahrer Georg Umbenhauer, ein weiterer Nürnberger, gewann den „Großen Preis von Nürnberg" im Reichelsdorfer Keller. Die Betriebssportgruppe der MAN wurde Reichssieger beim KdF-Sporttag in Hamburg. Dies nennt die Stadtchronik als sportliche Höhepunkte des Jahres 1939 in Nürnberg, als einer für die Aktivitäten der Freizeitorganisation KdF vorbildlichen Stadt.

Bereits im Januar 1934 hatte Julius Streicher bei einer Morgenfeier im „Ufa-Palast" die „NS-Gemeinschaft Kraft durch Freude" (KdF) auch in Nürnberg gegründet. Sie sollte all jene erfassen, die nicht bereits in organisierter Form Sport betrieben. Freizeitgestaltung sollte mit Sport kombiniert werden – ein Fitneßprogramm mit durchaus modernem Charakter.

Unter der Überschrift „Sport für alle" wurden in der „Fränkischen Tageszeitung" vom 5. Dezember 1934 gerade auch „elitäre" Sportarten wie beispielsweise Reiten, Tennis, Skilauf oder Jiu-Jitsu als KdF-Sportarten und damit für jedermann zugänglich angepriesen. In großem Maßstab angenommen wurden solche Sportarten zwar nicht, dennoch machte die Auflösung schichtspezifischer Strukturen den KdF-Sport auch in Nürnberg und besonders bei Frauen sehr populär. Eine Domäne des KdF-Sports war hier der Eiskunstlauf. Mit der Eröffnung des Linde-Eisstadions 1936 hatte Nürnberg die damals modernste Kunsteisbahn in Europa und führte 1938 als erste deutsche Stadt Eislauf in den Schulen als Pflichtfach ein. Die bekanntesten Eissportler der Welt traten hier auf: Sonja Henie, Maxie Herber, Ernst Baier, Lydia Wahl und andere.[23] Besonders erfolgreich waren die Nürnberger Rollschuhläufer, die mehrere Welt- und Europameister hervorbrachten. So wurden die Nürnberger Lydia Wahl und Fritz Händel 1939 und 1940 Europameister im Rollschuh-Kunstlauf.

Als weitere beliebte Veranstaltungen des KdF-Sports erwähnt die Nürnberger Stadtchronik den Erwerb des „Deutschen Reichssportabzeichen" und die Sportprüfungen der „Berufswettkämpfe". Allmählich erfolgte eine Verlagerung dieser „Volkssportbewegung" vom Freizeitsport hin zum Betriebssport.[24] Vor dem Hintergrund wirtschaftlichen Aufschwungs entdeckten immer mehr Unternehmer den subventionierten KdF-Betriebssport zur Erhöhung der Arbeitsmotivation. Anläßlich des Jubiläums „4 Jahre KdF" richteten mehrere Nürnberger Betriebe wie die Margarine-Werke, die Aluminium-Werke, die Firma Bast und die Tekade für ihre „Gefolgschaften" Sportplätze, Turnhallen und – zunehmend beliebt – Kleinkaliberschießplätze

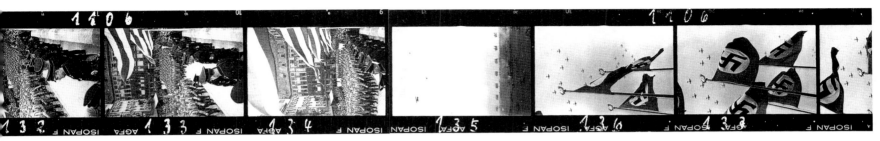

ein. Diese Nürnberger Beispiele belegen, wie dem DRL und seinen Vereinen durch die KdF immer mehr das Wasser abgegraben wurde. In dieser Situation sahen die Führer des DRL Ende 1938 offenbar keine andere Möglichkeit mehr, als die Umwandlung zum „Nationalsozialistischen Reichsbund für Leibesübungen" (NSRL) und damit den Anschluß an die NSDAP zu vollziehen. Sie gaben mit diesem Schritt für sich selbst und für die mehr als vier Millionen Mitglieder den letzten Rest an Selbständigkeit auf. Robert Ley, Führer der „Deutschen Arbeitsfront" und ihrer Feierabendorganisation KdF, erteilte nun die Direktiven der „Gleichschaltung" auf oberster Verbandsebene.[25] Viele Protokolle der Vereinspolizei über die Nürnberger Sportvereine enden mit dem Vermerk „letzte Eintragung" im Jahr 1938, ohne Zweifel eine Bestätigung der geschilderten Entwicklung.

Mit Kriegsbeginn ging die Zahl der Berichte von Polizei und Gestapo über die Aktivitäten der Nürnberger Sportvereine stark zurück. Die Zahl der aktiven Mitglieder in NSRL-Vereinen blieb jedoch vorläufig mit fast 25 000 konstant.[26] Trotz der Einberufung großer Teile der im Sport aktiven Generation wurden, zumindest bis 1942, in Nürnberg weiterhin zahlreiche Sportveranstaltungen durchgeführt. Die wich-

tigsten Sportarten – Fußball, Boxen oder Radsport – wurden dabei meist als „Städte- oder Länderkämpfe" deklariert. Im Linde-Stadion fanden weiterhin Eislauf-Großveranstaltungen statt.[27] Die Aufrechterhaltung des „Wettkampfbetriebes" war wichtig für die „Förderung der Wehrfähigkeit der Jugend durch planmäßige sportliche Ertüchtigung".[28] Noch 1943 bekräftigte Goebbels im Erlaß „Totaler Krieg und Sport" die Unentbehrlichkeit sportlicher Veranstaltungen und Wettkämpfe. 1944 waren „Länderkämpfe" gar nicht und „Städtekämpfe" nur mehr sehr beschränkt möglich. 1945 fanden alle sportlichen Aktivitäten in Nürnberg ihr Ende im alliierten Bombenhagel.

Zusammenfassend ist festzuhalten, daß der in Vereinen organisierte Breitensport sich nach und nach in die vollständige Abhängigkeit von nationalsozialistischer Machtpolitik begab. Viele vollzogen diesen Schritt bereits sehr früh und mit fliegenden Fahnen, wofür die Erweiterung des deutschen Turnergrußes in „Gut Heil Hitler!" nur ein Beispiel von vielen ist. Die große Mehrheit allerdings hat wohl weniger aus Überzeugung, als vielmehr ihrem Sport zuliebe „Zugeständnisse" gemacht und beispielsweise die verlockenden Angebote der KdF-Organisation genutzt.

1 Die Erzählpassagen sind den Lebensgeschichten Nürnberger Arbeiter der Jahrgänge 1900 bis 1910 entnommen, die 1981 vom Centrum Industriekultur interviewt wurden.

2 Vereinspolizeiakten SAN, C7, VP (im folgenden: VP-Akten). Bereits vor 1848 begann die Überwachung der Vereine als eine eigene polizeiliche Aufgabe. Besonders stark war die Bespitzelung der Vereine in der Zeit der „Sozialistengesetze".

3 Interview mit Heiner Pilipp. Centrum Industriekultur, Nürnberg 1981, IG 6, S. 16

4 Vgl. SAN, C7, VP und Stadt Nürnberg, KuF (Hrsg.): „Herbei, herbei ihr Turner all ...". Geschichte zweier Sportvereine aus Gleißhammer, Nürnberg 1989, S. 20 ff.

5 Interview mit Georg Schmitt. Centrum Industriekultur, Nürnberg 1981, IG 2, S. 16

6 Interview mit Heiner Pilipp, a.a.O., S. 18

7 SAN, C7, VP, 2729

8 Fränkische Tageszeitung (FT) v. 26.7.1933, S. 3

9 Vgl. dazu: Stadt Nürnberg, KuF, a.a.O., S. 43

10 Blätter der Erinnerung an das 15. Deutsche Turnfest, Stuttgart 1933

11 FT vom 20./21.5.1933, S. 9

12 FT vom 22.9.1933, S. 12

13 FT vom 24.10.1933, S. 12

14 FT vom 10.1.1934, S. 10

15 FT vom 19.1.1934, S. 11

16 Vgl. die Vereinsnachrichten des TSV 1873 der Jahrgänge 1932 bis 1939

17 Vgl. Guido von Mengden (Hrsg): Umgang mit der Geschichte der Machtübernahme im Deutschen Sport durch die NSDAP, Berlin 1980, S. 83

18 Vgl. FT und Nürnberger Zeitung (NZ) der Jahrgänge 1933 bis 1938

19 FT vom 5.4.1937, S. 12

20 SAN, C7, VP, 6072

21 Vgl. Guido von Mengden (Hrsg.), a.a.O., S. 109 ff.

22 Vgl. Stadtchronik 1937, Stichwort „NS-Kampfspiele"

23 Vgl. Schnee- und Eissport in der Stadt der Reichsparteitage, in: Nürnberger Schau, Jg. 1939, Heft 3

24 Vgl. Peter Reichel: Der schöne Schein des Dritten Reiches, Faszination und Gewalt des Faschismus, a.a.O., S. 259 f.

25 Vgl. Hajo Bernett: Sportpolitik im Dritten Reich, Aus den Akten der Reichskanzlei, Schorndorf 1971, S. 99

26 Vgl. Statistische Jahrbücher der Stadt der Reichsparteitage Nürnberg, Jg. 1939 und 1940

27 Vgl. FT der Jahrgänge 1941 und 1942. In den folgenden Jahren nimmt die Sportberichterstattung der Nürnberger Tageszeitungen (FT und NZ) immer weniger Raum ein, bis sie schließlich ganz eingestellt wird.

28 Hajo Bernett: Sportpolitik, a.a.O., S. 100

Vergnügliche Zeiten

Musik, Film und Theater

Michael Maaß

Im November 1936 verkündete Oberbürgermeister Willy Liebel in bezug auf Nürnbergs Status als „Weltfremdenverkehrsstadt": „Nürnberg verfügt erfreulicherweise nicht allein über ausgezeichnete Kleinkunstbühnen usw., sondern vor allem auch über mustergültig geleitete und mit ersten Kräften auf allen Gebieten besetzte Städtische Theater."[1]

Tatsächlich besaß Nürnberg zu dieser Zeit, gemessen an seiner Stellung als „Provinz-Großstadt", ein vielfältiges Vergnügungsangebot: Mit dem „Kabarett Eden" in der Bankgasse, dem „Wintergarten" in der Luitpoldstraße und dem „Apollo-Theater" in der Pfannenschmiedsgasse, das sich ab Juli 1937 wieder ausschließlich der „Kleinkunst" widmete, boten drei renommierte Varieté-Bühnen internationale Unterhaltungsprogramme an. 26 Lichtspielhäuser, von kleinen „Vorstadtkinos" wie dem „Gloria" in der Tafelfeldstraße mit 300 Plätzen bis zum „Ufa-Palast" am Königstorgraben mit über 2000 Personen Fassungsvermögen, zeigten täglich deutsche und ausländische Filmproduktionen. Die kommunalen Theater schließlich bemühten sich um die „leichte Muse" der Operette und der Komödie sowie um die „große Kunst" des Dramas und der Oper.

Welche Veränderungen vollzogen nun im „Dritten Reich" die Städtischen Bühnen, die Lichtspielhäuser und die Kleinkunstbühnen in Nürnberg? Inwieweit bedeutete der politische Wechsel von der Demokratie in die nationalsozialistische Diktatur auch einen Wechsel in bezug auf Spielplan und Programm der Unterhaltungsstätten? Wie reagierte das Publikum? Bevorzugte es tatsächlich die von den Nationalsozialisten protegierten Künstler und Kunstrichtungen, oder blieb es von den ideologischen Vorgaben eher unbeeindruckt und bevorzugte die, wie man meinte, reine unbeeinflußte Unterhaltung? Im folgenden werden diese Fragen im Mittelpunkt stehen.

Die Städtischen Bühnen – die Hervorhebung Liebels deutet dies bereits an – dienten der nationalsozialistischen Stadtverwaltung als propagandistisches Objekt in zweierlei Hinsicht. Zum einen wurde der hohe künstlerische Rang des Nürnberger Theaterwesens betont, zum anderen wurden die steigenden Besucherzahlen als ein Erfolg

der Kulturpolitik der neuen Machthaber gefeiert: Mit der nach 1933 erfolgten „Neuordnung des kulturellen Lebens", so konnte man 1938 etwa lesen, „zeigte sich auch bei der Bevölkerung erhöhtes Interesse für das Theater".[2]

Die damalige künstlerische Höhe der Nürnberger Bühnen ist vom heutigen Blickpunkt aus schwer nachprüfbar. Noch im September 1933 hatte der Propagandaminister Joseph Goebbels der Nürnberger Oper „Orchester und Sänger dritter Klasse" attestiert und gleichzeitig für die „Stadt der Reichsparteitage" gefordert: „Hier muß erste Klasse hin."[3] Die „erste Klasse" der Bühnenkünstler aber trat auch nach 1933 in Nürnberg nur bei den prestigeträchtigen Festaufführungen im Rahmen des alljährlichen Parteispektakels auf. Allerdings wurde das Personal beträchtlich aufgestockt: Allein das Orchester wurde in den Jahren von 1933 bis 1936 von 52 auf 74 Mitglieder erweitert, das künstlerische und technische Personal von 261 auf 343 Personen verstärkt.[4] Doch auch das Defizit der Städtischen Bühnen, bzw. die Subvention der Kommune, stieg von knapp einer Million RM in der Spielzeit 1933/34 auf über 1,7 Millionen 1937/38.[5] Der Grund lag nicht nur in den vermehrten Kosten des Theaterbetriebes. Auch das von Oberbürgermeister Liebel zitierte „erhöhte Interesse" der Nürnberger Bevölkerung am Theaterwesen seit der „Machtergreifung" war erst ab der Spielzeit 1936/37 feststellbar, als erstmals seit 1933 mit 431 765 Zuschauern eine steigende Tendenz in der Besucherzahl konstatiert werden konnte. Zudem vermied die NSDAP-Stadtverwaltung bewußt jeden Vergleich mit den Besucherzahlen der Jahre vor der „braunen Revolution". Er hätte gezeigt, daß der selbstherrlich präsentierte Publikumszuspruch weit unter dem der wirtschaftlich einigermaßen stabilen Phase der Weimarer Republik lag, als 1927/28 über 580 000 Nürnberger in die Theater strömten und selbst 1929/30 – die Wirtschaftskrise hatte bereits eingesetzt – noch 531 900 Zuschauer Schauspiel- und Opernhaus besuchten.[6] Der Rückgang der Besucherzahlen von 1930 bis 1935 lag also ebenso wie die relative Zunahme seit 1936 in den wirtschaftlichen Verhältnissen der Bevölkerung begründet; die „Neuordnung des

Generalintendant Dr. Johannes Maurach

Adolf Hitler, Willy Liebel (3. von links) und Julius Streicher (rechts) in der „Führerloge" des Opernhauses

kulturellen Lebens", sprich: die Kunstdiktatur der Nationalsozialisten, fand kein großes Publikumsinteresse.

Die Veränderungen an den Nürnberger Bühnen nach der „Machtergreifung" hielten sich, sowohl was Personal als auch Repertoire betraf, ohnehin in engen Grenzen. Entlassungen aus politischen oder rassischen Gründen sind nicht nachweisbar, was jedoch nur bedeutet, daß die Intendanz der Städtischen Theater offensichtlich schon vor 1933 auf die Mitarbeit jüdischer oder „linker" Künstler keinen Wert legte. Die Tatsache, daß der Spielplan des Nürnberger Schauspielhauses von politisch und ästhetisch dem Nationalsozialismus widersprechenden Werken nicht gesäubert werden mußte, resultierte schlicht daraus, daß sie auch vor 1933 kaum aufgeführt wurden: Die einzigen Aufführungen von Stücken Bertolt Brechts und Ernst Tollers etwa datieren aus der Spielzeit 1923/24. Carl Zuckmayers Dramen „Katharina Knie" und „Schinderhannes" sowie Lion Feuchtwangers Schauspiel „Kalkutta, 4. Mai" kamen in der Spielzeit 1928/29 zur Aufführung; die Liste politisch „links" stehender Autoren ist damit für den Nürnberger Spielplan der Jahre 1927 bis 1933 weitestgehend erschöpft. Demgegenüber wurden Stücke politisch „rechts"

eingestellter Schriftsteller, die später im „Dritten Reich" reüssierten, relativ häufig auch schon vor 1933 im Städtischen Schauspielhaus aufgeführt: Die Liste reicht von Gerhard Menzel und Sigmund Graff bis zu Erwin G. Kolbenheyer und Hanns Johst und ließe sich mühelos verlängern.[7] Die geringe Aufführungszahl „linker" Autoren stellt keine Nürnberger Besonderheit dar, sondern ist allgemein auf den „Provinz-Bühnen" der Weimarer Republik anzutreffen.[8]

Ein weiteres Zeichen für die relative Kontinuität, welche im Nürnberger Theaterwesen den Übergang von der Weimarer Republik zur nationalsozialistischen Diktatur prägte, war der Verbleib von Dr. Johannes Maurach auf seinem Posten als Generalintendant. Maurach führte die Städtischen Bühnen von 1923 bis Mitte 1939. Im Juni 1933 bescheinigte ihm die von Julius Streicher herausgegebene „Fränkische Tageszeitung" für die Zeit der Weimarer Republik, „daß er den unheilvollen marxistischen und jüdischen Einflüssen auf die Spielpläne und die Personalpolitik zähen und tapferen Widerstand entgegensetzte".[9] Nun sind diesbetreffende Einflußversuche in der Nürnberger Theaterpolitik der zwanziger Jahre nicht erkennbar, aber Maurachs bisherige Repertoireauswahl fand offensichtlich das Wohl-

Ein Szenenphoto aus Karl Millöckers Operette „Der Feldprediger" im Nürnberger Opernhaus vom 23. April 1941.
Daß es die „Spielleiter" im Nationalsozialismus mit der Werktreue im Genre der Operette offensichtlich nicht allzu genau nahmen, zeigt das Beispiel von Millöckers „Der Bettelstudent": Wegen des politisch unerwünschten Milieus wurde der Schauplatz vom polnischen Krakau ins deutsche Breslau verlegt.

Links ein Szenenphoto aus der Uraufführung der „dramatischen Dichtung" „Veit Stoß" von Heinz Hermann Ortner am 18. Januar 1941. Ortners Stück war im Auftrag der nationalsozialistischen Stadtverwaltung entstanden. Bereits zum 400. Todestag von Veit Stoß 1933 hatte Oberbürgermeister Liebel festgestellt: „Die Polen versuchen, Veit Stoß als ihren Mann zu erklären. Das kommt aber gar nicht in Frage. Dieser Mann wird von der Stadt Nürnberg beansprucht."

Beliebte Operettenkünstler am Nürnberger Opernhaus (oben). Die Soubrette Else Balster (4) verursachte 1937 einen nur mühsam vertuschten Skandal. Sie war die Geliebte Hanns Königs, Städtischer Theaterpfleger und Adjutant Streichers, und ließ ein gemeinsames Kind abtreiben. Dieses „Verbrechen gegen die völkische Gemeinschaft" diente Gauleiter Julius Streicher dazu, König in den Selbstmord zu treiben.

Einige Darsteller des Schauspielhauses im Jahr 1937 (oben). Wilhelm Chandon (10) war als „Landesleiter Franken der Reichstheaterkammer" „Goebbels' Mann" an den Städtischen Bühnen, trat jedoch politisch kaum in Erscheinung.

Szenenfoto aus der Operette „Maske in Blau", 1940 (links).

wollen der Nationalsozialisten. So sind einschneidende Änderungen in der Programmgestaltung des Städtischen Musik- und Sprechtheaters nur in zwei Aspekten zu vermerken: zunächst die „Säuberung" von Werken jüdischer Künstler auf beiden Bühnen und im Sprechtheater die Zunahme von manifest-nationalsozialistischen Propagandawerken. Bei dem Verbot jüdischer Autoren und Komponisten gab es im Deutschen Reich nur wenige Ausnahmen. Eine Sonderregelung wurde in Nürnberg auf Anordnung Julius Streichers für Leon

Jessel und seine Operette „Schwarzwaldmädel" getroffen. Der Komponist war jüdischer Abstammung; die Operette zählte jedoch zu den Lieblingswerken des antisemitischen Gauleiters, der offensichtlich in diesem Fall sämtliche rassische Vorurteile vergaß, so daß Jessels Werk in Nürnberg 1933/34 und 1936/37 mit großem Erfolg aufgeführt werden konnte. Joseph Goebbels notierte zu Streichers Vorliebe in sein Tagebuch: „Streicher plädiert in einem Brief an mich für jüdische Operetten. Es geschehen noch Zeichen und Wunder."[10]

Leichte Muse

Für all die anderen jüdischen Künstler geschahen in Nürnberg keine „Wunder": Der Autor Franz Molnar, die Komponisten Jean Gilbert, Leo Fall und Paul Abraham, sämtlich mit ihren Werken vor 1933 beim Nürnberger Publikum äußerst erfolgreich, verschwanden spätestens 1934 von den Spielplänen. Dagegen fand bereits unmittelbar nach der „Machtergreifung", wie bereits angedeutet, die Gattung des nationalsozialistischen Propagandastückes erheblichen Zugang zu den Spielplänen. Diese Schau- und Lustspiele, in ihrem Gehalt auf die Vermittlung nationalsozialistischer Ideologieelemente wie „Blut und Boden" oder „Volksgemeinschaft" beschränkt, nahmen in der Spielzeit 1933/34 bereits 26,3 Prozent der Nürnberger Schauspielaufführungen ein.[11] Dabei waren Stücke dieser Art in der Regel nicht erfolgreich. Allerdings gab es Ausnahmen: Hanns Johsts unverblümt nationalsozialistisch ausgerichtetes Werk „Schlageter" etwa konnte vom 29. April bis Anfang August 1933 mit zwanzig Aufführungen einen wahren Bühnenerfolg feiern. Gleiches gelang in der Spielzeit 1936/37 dem wenig später auch verfilmten „Kraft durch Freude"-Lustspiel von August Hinrichs über die Integration eines „verstockten" Buchhalters in die „Volksgemeinschaft", betitelt „Petermann fährt nach Madeira". Die Komödie mit offensichtlich propagandistischer Intention brachte es auf 19 Aufführungen. Die meisten „nationalen" und nationalsozialistischen Bühnenwerke hingegen kamen trotz vermutlich wohlwollender Förderung durch die Intendanz kaum über zehn Aufführungen hinaus. Die relativ große Anzahl der Inszenierungen – in der Spielzeit 1933/34 waren über ein Drittel im Schauspielhaus Propagandastücke – sicherte der Gattung dennoch einen hohen Aufführungsanteil. Doch auch dieser sank in der Spielzeit 1935/36 auf 10,8 Prozent, stieg bis 1937/38 wieder leicht auf 13,4 Prozent, um in den Kriegsjahren beinahe durchgehend auf unter fünf

Prozent zu fallen: In einer Zeit, in der das Publikum Erholung und Entspannung vom Kriegsalltag suchte, wollte die Intendanz es offensichtlich nicht mit „weltanschaulicher Ausrichtung" belasten. Die „leichte Muse", Lustspiel und Operette, erzielte die großen Kassenerfolge der Städtischen Bühnen. Vor allem im Musiktheater stellte die Operette bereits in den zwanziger Jahren stets die Spitzenreiter der Aufführungsstatistik. Auch in den Jahren nach 1933 überstieg die Aufführungsfrequenz der einzelnen Operetten die der Opernwerke bei weitem. Nur zwei Beispiele: In der Saison 1935/36 kam das erfolgreichste Opernwerk, Wagners „Die Meistersinger von Nürnberg", auf 15 Aufführungen, Lehars „Die lustige Witwe" hingegen auf 25. In der darauffolgenden Spielzeit erreichte Lortzings heitere Oper „Die beiden Schützen" 17 Vorstellungen, Arno Vetterlings Operette „Liebe in der Lerchengasse" 29 Vorstellungen. Auch die nationalsozialistische Freizeitorganisation „Kraft durch Freude" (KdF) bevorzugte in der Auswahl der von ihr gemieteten Vorstellungen publikumswirksame Unterhaltungsstücke und nicht, wie zu vermuten gewesen wäre, nationalsozialistisch-propagandistische Bühnenwerke. Ein Großteil des Erfolges der Theaterarbeit der KdF an den Städtischen Bühnen – im Jahr 1938 mietete KdF bereits etwa ein Fünftel aller Aufführungen und stellte über ein Viertel der Besucher[12] – läßt sich durch die Bevorzugung der populären Unterhaltungsgenres erklären: In der Spielzeit 1937/38 war die Operette im Musiktheater-Programm der KdF mit fast zwei Dritteln vertreten, ebenso das unpolitische Lustspiel im Sprechtheater mit über 64 Prozent. Die Dominanz der „leichten Muse" relativierte aber auch das pathetisch-bildungsbeflissen klingende Motto der KdF, „Ewige Theaterkunst für jeden"[13] zu bieten: Was der „Volksgenosse" hauptsächlich in den KdF-Vorstellungen sah, war „heitere Gebrauchsdramatik".[14]

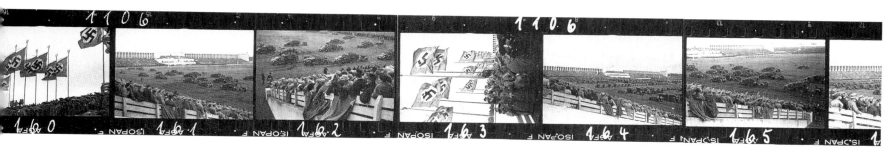

Kino

Die Breitenwirkung des Lichtspiels übertraf die der Theaterbühne bei weitem. In der ersten „Kriegsspielzeit" 1939/40 etwa – die Kriegssituation ließ sämtliche Unterhaltungsstätten „boomen" – erzielten die Städtischen Theater mit knapp einer halben Million Besucher ihr bestes Zuschauerergebnis seit 1930. Dagegen verkauften die mittlerweile 25 Nürnberger Kinos 1940 5,6 Millionen Eintrittskarten – über 1,5 Millionen Billets mehr als im bisherigen Rekordjahr 1939. Auch die Zeit der Wirtschaftskrise zu Beginn der dreißiger Jahre, welche sowohl bei den Theatern als auch bei den Lichtspielhäusern zu katastrophalen Besucherrückgängen geführt hatte, überstand das Lichtspielwesen relativ besser: So verringerte sich der Kinobesuch in Nürnberg von 1928 (3.266.761) bis 1934 (2.501.071) um ca. 23 Prozent, der Besuch der Städtischen Bühnen von 1927/28 bis 1934/35 aber um ca. 36 Prozent.[15] Dies lag zum Teil sicher an den geringeren Eintrittspreisen der Kinos. Kostete der Besuch eines „Vorstadtkinos" 1932 (und auch später) etwa 50 Pfennig und der Besuch eines Erstaufführungs-„Lichtspielpalastes" zwischen 1,50 RM bis 3,50 RM, so mußte der Besucher einer regulären Opernvorführung immerhin zwischen 80 Pfennig und 5 RM bezahlen. 1933, bei einem Stundenlohn von 69 Pfennig für einen Facharbeiter in der Metallbranche zum Beispiel, war für diesen ein „guter Platz" im Opernhaus kaum bezahlbar.[16] Der Grund ist aber auch in der großen Popularität zu suchen, welche das relativ neue Medium des Films in allen sozialen Schichten, besonders aber bei den „kleinen Leuten" erreicht hatte: So konstatierte auf dem „Sozialistischen Kulturtag" der SPD 1929 ein Referent, daß der „Film ... heute unzweifelhaft ein Bildungs- und Volkserziehungsmittel von eminenter Bedeutung [ist]. Er hat, man mag es begrüßen oder nicht, einen größeren Einfluß auf die Massen als das alte Theater, er ist in seinen Wirkungen vielleicht sogar den Schulen gleichzustellen."[17]

Wie die Zahlen belegen, steigerte sich das Kinointeresse der Nürnberger im „Dritten Reich" noch. Dies lag – wie bei den Städtischen Bühnen – an der wirtschaftlichen Gesundung, aber auch an den „besuchsfördernden Maßnahmen" des totalitären Regimes, welches die immensen Möglichkeiten des Films als Propagandamittel erkannt hatte. Erstmals offensichtlich wurde dies in Nürnberg bei der Erstaufführung des Propagandafilms „Sieg des Glaubens", den Leni Riefenstahl über den Parteitag der NSDAP in Nürnberg 1933 gedreht hatte. Allein in den ersten zehn Tagen nach seinem Anlaufen im „Apollo-

Theater" (1700 Sitzplätze) am 1. Dezember 1933 hatten 80 000 Besucher diesen Film gesehen.[18] Da der Streifen noch eine knappe Woche im Programm blieb, dürften über 100 000 Zuschauer allein im „Apollo-Theater" den Propagandafilm gesehen haben. Worauf beruhte der enorme Erfolg dieses Filmes?

Rein statistisch sah ihn jeder vierte Nürnberger. Die Frage, ob und wieviel Interesse die Filmbesucher an den „weltanschaulichen" und propagandistischen Elementen des Werkes hatten, und ob die Bevölkerung tatsächlich, wie es Propagandaminister Joseph Goebbels forderte, „durch ihren Besuch die Aufführung des Reichsparteitagsfilmes zu einer machtvollen Kundgebung zu gestalten" suchte[19], kann nicht beantwortet werden. Daß neben diesen unabwägbaren Einflüssen nicht zuletzt auch ein groß angelegter Werbefeldzug in der nationalsozialistischen Presse – beinahe jeden Tag erschien ein Artikel oder eine Meldung über „Sieg des Glaubens" in der „Fränkischen Tageszeitung" – und andere Werbemaßnahmen den großen Erfolg forcierten, vielleicht sogar bedingten, ist jedoch unbestreitbar: Schon die Eintrittspreise des „Apollo-Theaters" wurden um ca. 25 Prozent gesenkt, so daß das billigste Billett 60 Pfennig kostete.[20] Bei den geschlossenen Veranstaltungen für die Schulen zahlten die Teilnehmer zwischen 20 und 30 Pfennig, die Mitglieder sämtlicher NS-Organisationen wie SA, HJ und NSBO (Nationalsozialistische Betriebszellenorganisation), aber auch Kriegsbeschädigte, zahlten 50 Pfennig und Erwerbslose sowie Freiwilliger Arbeitsdienst nur 30 Pfennig.[21] Kaum ein Nürnberger, der den Film nicht zum Sonderpreis sehen konnte. Für die NSBO wurde für die gesamte Laufzeit des Filmes die Vorstellung am frühen Abend reserviert. Die interessierten Betriebe hatten sich anzumelden, wodurch wiederum der Besuch kontrolliert werden konnte.[22] So rügte die Kreisleitung der NSBO etwa eine Woche nach Anlaufen des Streifens, es gäbe immer noch „Betriebe, die sich [zu den NSBO-Vorstellungen] überhaupt noch nicht gemeldet haben. Wir [die NSBO-Kreisleitung] machen es den Betriebszellenobmännern zur Pflicht, die gesamte Belegschaft in diese Vorstellungen zu bringen bzw. zu führen."[23] Die Deutsche Arbeitsfront (DAF) erklärte den Filmbesuch zum „Dienstbesuch": „Der letzte Volksgenosse muß herangeführt werden."[24] Ob die „Hoheitsträger" der NSDAP und die „Amtswalter" der NSBO dieses postulierte Ziel auch mit Einschüchterungen und Drohungen zu erreichen suchten, ist nicht nachweisbar, daß jedoch die „enthusia-

Im Rahmenprogramm zum Reichsparteitag
fand alljährlich eine „Welturaufführung" eines
Propagandastreifens statt. 1936 war dies der
Spionagefilm „Verräter". Der Publikumserfolg
unpolitischer Komödien wie „Casanova heira-
tet" wurde durch die obligatorische Vorführung der Wochenschau zunehmend zur „weltanschaulichen Ausrichtung" benutzt. Ab 1941
wurden die Kinosäle nach Beginn der Wochenschau geschlossen, die Propaganda
zum unvermeidbaren Bestandteil eines Film-
vergnügens.

stische Begeisterung, die dieser Film [„Sieg des Glaubens"] bei jeder Vorstellung" angeblich hervorrief[25], wirklicher Zustimmung und freiwilliger Anwesenheit entsprang, läßt sich aufgrund des Vorangegangenen bezweifeln.

In den folgenden Jahren wiederholte sich, soweit die Tagespresse ein zutreffendes Bild vermittelt, solch eine intensive „Werbekampagne" nicht. Jedoch fanden die nationalsozialistischen Machthaber andere Wege, ihre „Weltanschauung" über die Leinwand zu verbreiten. Die „Gaufilmstelle der NSDAP", deren Hauptaufgabe eigentlich in der Filmarbeit in den ländlichen Gebieten Frankens lag, bot auch in Nürnberger Vorstadtkinos und Gemeinschaftssälen vereinzelt billige Vorstellungen kleinerer NSDAP-Propaganda-Streifen wie „Deutschland erwacht" oder „Blut und Boden". Eher sporadisch veranstaltete die nationalsozialistische Freizeitorganisation KdF Filmvorführungen in Nürnberg[26], ehe sie ab 1937 zusammen mit dem „Winterhilfswerk" den „Volkstag der deutschen Kunst" organisierte, an welchem alle Nürnberger Lichtspielhäuser für ihr laufendes Programm „bedürftigen Personen" freien Eintritt gewährten. Für einzelne „staatspolitisch wertvolle" Filme vermittelten die NSBO und die DAF verbilligte Karten und veranstalteten Gemeinschaftsvorstellungen, so – wie bereits erwähnt – für „Sieg des Glaubens", den Reichsparteitagsfilm 1934 „Triumph des Willens" und die KdF-Propaganda-Komödie „Petermann ist dagegen". Zu dem letztgenannten Film wurden auch dringlichst „Betriebs-Kollektiv-Besuche" empfohlen. Wohl um ein Beispiel zu geben, nahmen an der Premiere auf „besonderen Wunsch des Frankenführers Julius Streicher" auch fünfzig Beamte der Stadtverwaltung teil.[27]

Am intensivsten setzte jedoch die nationalsozialistische „Hitlerjugend" (HJ) den Film für die „weltanschauliche" Indokrination, aber auch für die Steigerung der Attraktivität ihrer Organisation ein. Hierzu bediente sich die HJ sonntäglicher Pflicht-Filmvorführungen, sogenannter „Jugendfilmstunden". In Nürnberg wurde die erste „Jugendfilmstunde" im Januar 1935 mit dem üblichen Feierpomp der Fahnen und Fanfaren eröffnet. Gezeigt wurden im Ufa-Palast für 20 Pfennige die Filme „HJ in den Bergen" und „Der Sohn der weißen Berge". Zur Premiere postulierte die „Fränkische Tageszeitung" einen „Totalitätsanspruch der HJ … auf dem Gebiete der Filmjugendarbeit". Die Filmvorführungen würden „getragen werden vom Geist der nationalsozialistischen Revolution".[28] Tatsächlich aber herrschte im Programm der „Jugendfilmstunden" der Kriminal- und Abenteuerfilm vor, die „weltanschauliche Ausrichtung" wurde über das Beiprogramm vermittelt. Dies änderte sich erst nach Beginn des Krieges. Ab diesem Zeitpunkt zeigte die HJ beinahe nurmehr nationalsozialistische und die deutsche Wehrmacht verherrlichende Propagandaproduktionen.[29] Ab Juli 1940 traten neben die Filmvorführungen zudem noch „Wochenschau-Sondervorführungen" für die HJ in verschiedenen Nürnberger Kinos.[30] Der Erfolg der „Jugendfilmstunden", die bis zum März 1945 veranstaltet wurden, läßt sich für Nürnberg nicht feststellen. Einer Reichsstatistik zufolge wuchs die Zahl der teilnehmenden Jugendlichen von ca. 1,7 Millionen in der Spielzeit 1937/38 auf ca. 11,2 Millionen 1942/43, die Zahl der Veranstaltungen stieg im gleichen Zeitraum von 3563 auf ca. 45 300 jährlich.[31]

Auch im „Dritten Reich" stellten den Großteil des Kinopublikums Filminteressierte, die nicht über von NS-Organisationen veranstaltete Vorführungen den Weg vor die Leinwand fanden. Sobald ein Film anregend oder unterhaltend erschien und das Unterhaltungsbudget ausreichte, begaben sie sich in ein billiges „Vorstadtkino" oder in einen „Filmpalast" der Innenstadt. Das prägte natürlich auch das Filmangebot der Nürnberger Lichtspielhäuser, das keinesfalls nur aus Propagandafilmen bestand. In den Vorkriegsjahren machte diese Sparte nur etwa zehn Prozent des lokalen Gesamtangebotes deutscher Filme aus und erreichte im Kriegsjahr 1942 einen quantitativen Höhepunkt mit etwa 25 Prozent.[32] Den größten Anteil stellten, ebenso wie im Theaterwesen die Komödien, die heiteren Filme, die während der Jahre 1933 bis 1945 stets ca. ein Drittel des laufenden Programms ausmachten. Das Restangebot verteilte sich auf Melodramen und Abenteuerfilme, bevorzugt mit den Stars der Genres, Zarah Leander und Hans Albers. Die inländische Filmproduktion wurde ergänzt durch importierte Filmwerke, und zwar nicht, wie die auf deutsche Art pochende Kulturpolitik der Nationalsozialisten vermuten ließe, in geringem Umfang: Rund ein Fünftel der zwischen 1934 und 1939 in Nürnberg gezeigten Produktionen waren ausländischer Herkunft, vorwiegend aus den USA. Gerade der amerikanische Film konnte in der „Stadt der Reichsparteitage" respektable Laufzeiten erzielen. Besonders seit der Erstaufführung des in ganz Deutschland erfolgreichen Revue-Films „Broadway-Melodie 1936" im April 1936 scheinen sich größere Teile der Nürnberger verstärkt amerikanischen Produktionen zugewandt zu haben. Hieß es noch im Mai 1935 in der Kritik der „Fränkischen Tageszeitung" zu dem Shirley-Temple-Streifen „Shirley's großes Spiel", es sei ein Film, „in dem wohl manches unserem deutschen Geschmack nicht entspricht"[33], und

UFA-PALAST NÜRNBERG

das führende Lichtspielhaus der Stadt der Reichsparteitage

mit der berühmten Wurlitzer Orgel. Schönstes und größtes Theater Nordbayerns.

Der „Ufa-Palast", ursprünglich „Phoebus-Palast", war 1932 in den Besitz der unter dem Nationalsozialismus verstaatlichten Filmgesellschaft gekommen. Neben großen Lichtspielpremieren diente er im „Dritten Reich" auch als Schauplatz von Massenveranstaltungen der KdF, der HJ und des „Winterhilfswerkes". Oben rechts die zerstörten „Luitpold-Lichtspiele" (LuLi).

im Januar 1936 in einer Anzeige des „Ufa-Palastes" für den Frank Capra-Klassiker „Es geschah in einer Nacht" („It happened one night"): „Kommen Sie bitte mit keinem Vorurteil, weil es sich um einen amerikanischen Film handelt"[34], so setzte sich in der nachfolgenden Zeit vor allem die Überlegenheit des überseeischen Revue-Films beim Publikum durch. Amerikanische Entertainer tanzen und steppen zu sehen entwickelte sich zu einem beliebten Vergnügen der Nürnberger Kinogänger. Der Tanzfilm „Zum Tanzen geboren", wo man, so war in der Streicher-Presse zu lesen, „wieder alte und gern gesehene Bekannte" aus „Broadway-Melodie 1936" sehen konnte[35], und „Broadway-Melodie 1938" erzielten nicht nur in der Weltstadt Berlin, sondern auch im provinziellen Nürnberg Erfolge. Die Tanzszenen, deren öffentliche Darstellung jeden, der noch 1934 von „Verirrungen wie Mazurka ... Shimmy und Charleston" gehört hatte[36], verwundern mußte, wurden auch in der nationalsozialistischen Filmkritik hochgelobt – die „Lebensfreude sprüht wieder aus tausend Beinen".[37] Auch der im „Dritten Reich" verfemte Jazz und Swing, welche die musikalische Grundlage dieser Filme bildeten, wurden erstaunlicherweise nicht angegriffen. Ab Kriegsausbruch 1939 verringerte sich die Zahl amerikanischer Filme auf dem deutschen Kinomarkt abrupt. De facto wurden bis zum Sommer 1940 fast alle US-Produktionen aus dem Verleih im Reich zurückgezogen. In Nürnberg lief im August 1940 mit der Filmoperette „Irrwege der Liebe" die letzte amerikanische Produktion. Erst am 28. Februar 1941 erließ Goebbels, angeblich als Reaktion auf „eine wüste Hetze gegen die Aufführung deutscher Filme in den USA", ein offizielles Aufführungsverbot gegen Produktionen aus den Vereinigten Staaten.[38] Mit einem anderen, schändlichen Verdikt des Reichspropagandaministers soll der kurze Überblick über das Nürnberger Lichtspielwesen im Nationalsozialismus beendet werden. Am 12. November 1938 erließ Goebbels in seiner Eigenschaft als Präsident der Reichskulturkammer eine Anordnung, in der er bestimmte, es sei „nicht mehr angängig ... [Juden] an den Darbietungen deutscher Kultur teilnehmen zu lassen. Den Juden ist daher der Zutritt, ... insonderheit zu Theatern, Lichtspielunternehmen, Konzerten ... und Ausstellungen kultureller Art, mit sofortiger Wirkung nicht mehr zu gestatten."[39] Die Anordnung stellte jedoch nur die bürokratische Vollendung einer Diskriminierung dar, die Nürnberger Kinobesitzer bereits Monate vor der Bekanntgabe des Dekretes praktizierten. Als erstes Nürnberger Lichtspieltheater hatte die „Neue Bilderbühne", ein Vorstadtkino in der Bucher Straße, im März 1938 jüdischen Bürgern den Besuch des

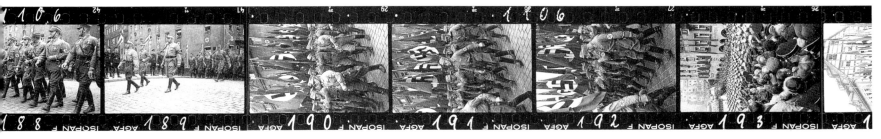

Hauses verboten. Der Besitzer, der NSDAP-„Parteigenosse" Georg Dolles, erklärte im ekelhaften Tonfall der nationalsozialistischen Propaganda: „Es geht nicht mehr an, daß in unseren Filmtheatern die Juden noch Seite an Seite mit deutschen Volksgenossen die Werke deutscher Filmkunst erleben dürfen. Der Besucher will mit dem Juden kein Erlebnis teilen. Nachdem die Reichsfilmkammer noch keine entsprechenden Anweisungen erlassen hat, liegt es nun bei den Kinobesitzern, von sich aus zur Judenfrage einmal praktisch Stellung zu nehmen. Das fordern unsere Besucher."[40] Im August 1938 schlossen sich noch die „Luitpold-Lichtspiele" dem „Vorbild" der „Neuen Bilderbühne" an und nahmen in ihre Annonce zur Eröffnung der neuen Spielzeit den Zusatz auf: „Juden ist der Zutritt nicht gestattet."[41] Die restlichen Nürnberger Kinounternehmen verweigerten jüdischen Mitbürgern erst nach dem Erlaß der Anordnung vom 12. November 1938 den Besuch der „Werke deutscher Filmkunst", deren einstige Weltgeltung nicht zuletzt jüdischen Künstlern zu verdanken war.

Varieté

Ein beliebtes Vergnügen der Nürnberger war auch ein Varieté-Besuch. Ebenso wie beim Kino zog sich diese Vorliebe durch alle sozialen Schichten der Bevölkerung. Als Beispiel einer „Kleinkunstbühne" unter dem Nationalsozialismus soll das „Apollo-Theater" näher beleuchtet werden. Dieses Theater war 1896 als „Sommer-Operettenbühne" gegründet worden und 1927 zu einem Kino mit nurmehr gelegentlichen Varieté- oder Revuevorstellungen umgewandelt worden.[42] Ab Juli 1937 diente das Haus in der Pfannenschmiedsgasse wieder seinem ursprünglichen Zweck als „Groß-Varieté", und dies – laut einem Schreiben des Bayerischen Staatsministeriums für Wirtschaft – „auf besonderen Wunsch des Führers".[43] Offensichtlich erschien Adolf Hitler eine weltstädtische Varieté-Bühne mit internationalem Flair in der „Stadt der Reichsparteitage" notwendig. Denn was das „Apollo" bot, war ein internationales Varieté-Programm und exotische Ausstattungsrevuen. Dabei hatte die nationalsozialistische „Fränkische Tageszeitung" 1934 bezüglich des Kabaretts und Varietés gefordert: „Wir wollen einen Humor, wie er in den SA-Kolonnen lebendig ist! Wir wollen einen Tanz haben, wo einmal die Stiefel krachen können und wo die Mädchen, anstatt sich mondän herauszuputzen, hell und laut in den Saal hineinlachen,

damit man merkt, daß es noch frisches und ungebrochenes Leben gibt."[44] Von dieser Forderung war ab 1936 nicht mehr viel zu merken. So beschwerte sich das Streicher-Blatt über die Revue „Professor C. W. Dorlays Non-Stop-Revue ‚Tropenexpress'": „Entgleisungen wie der ‚Ohne-Unterhosentanz', das in die Vorkriegszeit versetzende und verniedlichende Bild eines uns unbekannten ‚Moskau', die scheußliche Negerfratze des Juden Jolson auf dem Broadway-Prospekt, das allerdings sind Darbietungen, für die wir kein Verständnis aufbringen können."[45] Trotzdem begaben sich auch die „Hoheitsträger" der NSDAP gerne in das „Apollo-Theater", offensichtlich nicht zuletzt wegen sinnlicher Reize. So schrieb der Nürnberger Oberbürgermeister Liebel über die Revue „Sonnenschein für Alle" an seinen Freund Julius Schaub, seines Zeichens Adjutant Hitlers: „Der Besuch der Revue ist dank des zahlenmäßig großen Aufwandes an Mädels außerordentlich stark (Du brauchst Dich nicht zu ärgern, wirklich hübsche sind keine darunter) und die Nürnberger strömen in hellen Scharen ins Apollo."[46] In der Tat gestalteten sich die Programme des „Apollos" in erotischer Hinsicht ziemlich freizügig – 1940 warb das Theater in der Tagespresse sogar mit einer viertelseitigen Abbildung einer barbusigen Schönen.[47] Dabei hatten erotische Pikanterien die

Der damals populäre Komiker Jupp Schmitz vor der Fassade des „Apollo-Varietés" bei einer Sammlung für das Deutsche Rote Kreuz. Im selben Gebäude in der Pfannenschmiedsgasse war auch das Hotel Wittelsbach untergebracht.

Zensur nicht zu fürchten. Im Januar 1939 hatte Joseph Goebbels unter Bezug auf ein Gespräch mit Hitler seinem Tagebuch den Grundsatz anvertraut: „Im Kunstleben stur gegen politische Witze, aber umso großzügiger in erotischer Hinsicht. Denn irgendwo muß sich ja der Spieltrieb ausleben."[48] Nach Kriegsbeginn veränderte sich das Programm des Varietés in seiner Zusammensetzung aus Tanz, Akrobatik und Komik nur wenig. Jedoch wechselten die Herkunftsländer der Künstler: Nicht mehr aus den USA oder England kamen die Akrobaten und Tänzerinnen, sondern aus Ungarn, Italien, Frankreich und Dänemark – besetzte oder verbündete Länder. Beim Luftangriff auf Nürnberg am 10./11. August 1943 wurde das „Apollo-Theater" schwer beschädigt und wurde ab diesem Zeitpunkt nicht mehr als „Kleinkunstbühne" in Betrieb genommen. Allerdings blieb es seiner Bestimmung als Unterhaltungsstätte bis in die letzten Monate des „Dritten Reiches" treu: Noch im Dezember 1944 diente der Saalbau der „Kriegsarbeitsgemeinschaft der Circusse W. und H. Holzmüller" als Bühne.[49]

Ein Fazit, das sich über Vergnügen und Unterhaltung im Nürnberg der Jahre 1933 bis 1945 ziehen läßt, lautet, daß die Vorgaben der nationalsozialistischen Kulturideologie, soweit eine solche einheitlich existierte, relativ wenig Beachtung in der Bevölkerung fanden. Unterhaltung, die der „weltanschaulichen Ausrichtung" diente, wurde kaum wahrgenommen und in den Jahren nach 1935 auch nurmehr in verringertem Maße angeboten. Andererseits vermehrte sich, gerade beim Film und im Varieté, das Interesse an amerikanischem „Entertainment". Selbst in den unter der direkten Kontrolle der nationalsozialistischen Kommunalverwaltung stehenden Städtischen Bühnen wurde das propagandistische Element immer weiter in den Hintergrund gedrängt. Im Sprechtheater dominierte die „heitere Gebrauchsdramatik", im Musiktheater die Operette. Allerdings ist die „Verweigerung" der Bevölkerung gegenüber den ideologisch überfrachteten „Kulturgütern" des Nationalsozialismus nicht als Resistenz gegenüber dem Regime zu verstehen, sondern als Ausweichen vor einer zunehmend politisierten Umwelt in die reine Unterhaltung.

1 Ansprache Liebels auf der Hauptversammlung des Verkehrsvereins Nürnberg am 23. 11. 1936. SAN, C 29, Dir. A, Nr. 59, Bd. 1

2 Willy Liebel (Hrsg.): Fünf Jahre Stadt der Reichsparteitage Nürnberg. Ein Bericht über die nationalsozialistische Aufbauarbeit, Nürnberg 1938, S. 140

3 Joseph Goebbels: Tagebücher, hrsg. von Ralf Georg Reuth, 5 Bde., München 1992, Bd. 2, S. 831, Eintragung vom 2. 9. 1933

4 Rechenschaftsbericht der Stadt der Reichsparteitage Nürnberg 1936/37, Bd. X, S. 10

5 Statistisches Amt der Stadt Nürnberg (Hrsg.): Statistisches Jahrbuch der Stadt Nürnberg (seit 1935 „der Stadt der Reichsparteitage Nürnberg") 1933 bzw. 1938, Abt. XII, Kämmerei-Betriebsabrechnung

6 Alle Zuschauerangaben zit. nach: Statistische Jahrbücher der Stadt Nürnberg, 1927 ff., Abt. X, Bildung und Unterhaltung.

7 Vgl. Ernst L. Stahl: Was eine Statistik erzählt, in: Jahrbuch des Stadttheaters Nürnberg 1930/31, München 1930, S. 92 ff. Für die Spielzeiten ab 1930/31 wurden die von der Generalintendanz zu jeder Vorstellung herausgegebenen „Theaterzettel" gesichtet. Die „Theaterzettel" befinden sich gesammelt nach den Spielzeiten von 1920/21 bis 1943/44, teilweise lückenhaft, in der Stadtbibliothek Nürnberg. Gerhard Menzel brachte es im „Dritten Reich" zu einer fragwürdigen Reputation als Drehbuchautor von Propagandafilmen wie „Flüchtlinge" oder „Heimkehr". Sigmund Graff, aus Roth bei Nürnberg stammend, bestimmte als enger Mitarbeiter des „Reichsdramaturgen" Rainer Schlösser maßgeblich die Gestaltung der Spielpläne der deutschen Theater während des Nationalsozialismus. Erwin G. Kolbenheyer, der nicht der dezidiert-nationalsozialistischen Literatur zuzurechnen ist, genoß dennoch im „Dritten Reich" das besondere Wohlwollen der Machthaber wegen seiner Mystifizierung des Deutschtums. Hanns Johst wurde als SS-Gruppenführer Präsident der neugeschaffenen „Reichsschrifttumskammer".

8 Vgl. Konrad Dussel: Ein neues, ein heroisches Theater? Nationalsozialistische Theaterpolitik und ihre Auswirkungen in der Provinz, Bonn 1988, S. 339

9 Fränkische Tageszeitung [FT] vom 2. 6. 1933

10 Reuth, Goebbels-Tagebücher, Bd. 3, S. 920, Eintragung vom 13. 12. 1935

11 Alle Prozentangaben für die Nürnberger Theater wurden errechnet anhand des in der „Fränkischen Tageszeitung", Jahrgänge 1933 bis 1944, abgedruckten Wochenspielplans des Opern- und Schauspielhauses, mit Ausnahme von September/Oktober 1937 sowie März/April 1938 und Juli bis Oktober 1938. Für diese Zeiträume ist die Überlieferung der „Fränkischen Tageszeitung" lückenhaft. Als Ersatz wurde der in der „Nürnberger Zeitung" abgedruckte Wochenspielplan herangezogen.

12 Vgl. Statistisches Jahrbuch der Stadt der Reichsparteitage Nürnberg 1938, S. 106

13 Vorstellung des Kulturprogrammes der KdF 1938/39, in: Völkischer Beobachter vom 24. 8. 1938

14 Der Terminus wurde übernommen von Konrad Dussel (vgl. Anm. 8). Der Begriff umfaßt Komödien, Lustspiele, Schwänke und Possen nicht-„klassischer" Autoren.

15 Für den Lichtspielbesuch vgl. Statistisches Jahrbuch der Stadt Nürnberg 1928, S. 124, bzw. 1935, S. 91. Für den Theaterbesuch: Statistisches Jahrbuch der Stadt Nürnberg 1928, S. 121 f., bzw. Stadt Nürnberg (Hrsg.): Einwohnerbuch der Stadt der Reichsparteitage Nürnberg 1939, Abt. IV, o.S.

16 Vgl. Statistisches Jahrbuch der Stadt Nürnberg 1933, S. 101: „Tarifmäßige Stundenlöhne wichtiger Berufsgruppen in Nürnberg 1933"

17 Die technischen und kulturellen Möglichkeiten des Films. Vortrag von S. Nestriepke auf dem „Sozialistischen Kulturtag" in Frankfurt a. M. 1929, zit. nach: Wilfried von Bredow/Rolf Zurek (Hrsg.), Film und Gesellschaft in Deutschland. Dokumente und Materialien, Hamburg 1975, S. 128

18 FT vom 12. 12. 1933

19 FT vom 4. 12. 1933

20 FT vom 4. 12. 1933

21 FT vom 29. 11. 1933

22 FT vom 4. 12. 1933

23 FT vom 9. 12. 1934

24 FT vom 16. 12. 1933

25 FT vom 7. 12. 1933

Ein Szenenphoto aus „Das lebenslängliche Kind" von Robert Neuner am 8. Dezember 1940.

26 Ende November 1935 veranstaltete KdF etwa im „Ufa-Palast" zwei Vorführungen des „antibolschewistischen" Filmes „Friesennot". Vgl. FT vom 30. 11. 1935

27 FT vom 25. 5. 1938

28 FT vom 18. 1. 1935

29 Das Programm für die Monate Oktober 1939 bis Mai 1940 ist zusammenhängend veröffentlicht in der FT vom 18. 10. 1939. Es beinhaltet u. a. die militärverherrlichenden Filme „Der Westwall", „13 Mann und eine Kanone", „Kameraden auf See".

30 Vgl. FT vom 5. 7. 1940

31 Boguslaw Drewniak: Der deutsche Film 1938–1945. Ein Gesamtüberblick, Düsseldorf 1987, S. 584

32 Die Angaben über das Nürnberger Filmangebot wurde errechnet anhand des täglich abgedruckten Kinoprogramms in der „Fränkischen Tageszeitung" mit Ausnahme ihrer lückenhaften Überlieferung (vgl. Anm. 11). Stichprobenartig wurde das Kinoprogramm der Jahre 1933 bis 1944 jeweils zum 15. des Monats untersucht und das Ergebnis extrapoliert. Bei einer Mindestlaufzeit eines Filmes von einer Woche bildete somit etwa ein Viertel des gesamten Kinoprogramms der erwähnten Jahre die Grundlage der Extrapolation.

33 FT vom 28. 5. 1935

34 Nürnberger Zeitung [NZ] vom 31. 1. 1936

35 FT vom 10. 4. 1937

36 FT vom 10. 1. 1934

37 Kritik zu „Born to dance", FT vom 8. 4. 1937

38 Vgl. Willi A. Boelcke (Hrsg.): Wollt ihr den totalen Krieg? Die geheimen Goebbels-Konferenzen 1939–1945, Herrsching 1989, S. 132

39 Anordnung über die Teilnahme von Juden an Darbietungen der deutschen Kultur vom 12. November 1938. Bundesarchiv Koblenz, R 55/1416

40 FT vom 25. 6. 1938

41 NZ vom 30. 8. 1938

42 Bereits in seinen Anfangsjahren konnte das „Apollo" mit großen Namen wie dem Vortragskünstler Otto Reutter und dem Entfesselungskünstler Houdini aufwarten. In den zwanziger Jahren verlegte sich das Theater auf Revuen und Operettengastspiele, aber auch auf Schau-Ringkämpfe. Vgl. NZ vom 5. 10. 1936

43 Schreiben des Bayerischen Staatsministeriums für Wirtschaft (Preisbildungsstelle) an den Regierungspräsidenten von Ober- und Mittelfranken vom 8. 1. 1942. Bayerisches Staatsarchiv Nürnberg, Abgabe Mittelfranken 1978, Nr. 3965

44 FT vom 19. 9. 1934

45 FT vom 6. 11. 1936

46 Schreiben Willy Liebels an Julius Schaub vom 9. 11. 1937. SAN, C 29, Dir A, Nr. 43, Bd. 1

47 FT vom 1. 11. 1940

48 Die Tagebücher des Joseph Goebbels, hrsg. von Elke Fröhlich, München u.a. 1987, Teil I, Bd. 3, S. 572, Eintrag vom 30. 1. 1939

49 FT vom 15. 12. 1944

Zwischen Anpassung und Widerstand

Evangelisches kirchliches Leben

Helmut Baier

Über 50 Jahre nach den Geschehnissen des Kirchenkampfes ist dieser Abschnitt der Kirchengeschichte für den Menschen am Ausgang des 20. Jahrhunderts, wenn überhaupt, kaum mehr nachvollziehbar. Gruppeninitiativen und Einzelpersönlichkeiten bestimmten den Alltag einer volkskirchlich geprägten Gemeinschaft im Lande wie in der Stadt, sofern ihn nicht eine fast allgemeinübliche Anpassungsnormalität auszumachen schien. Kirchlich-theologisches Denken und Handeln, Gemeindezugehörigkeit in einer bestimmten sozialen Schicht und die politische Grundeinstellung waren bedingende Komponenten für Ahnungslosigkeit, Gutgläubigkeit und Einsichtsmöglichkeit.[1] Sie ergaben die Handlungsbreite von der schrift- und bekenntnismäßig motivierten Opposition gegen politisch-ideologische Überfremdung, die trotz aller lutherischen Zwei-Reiche-Lehre[2] mit ihren Folgen nicht verschüttet wurde, bis hin zu den verbreiteten Formen des Schweigens und nicht zuletzt auch des freudigen Mitmachens aus Überzeugung. Andererseits setzte die Abwehr bei Gemeinden und Gemeindegliedern oftmals rein „instinktiv" etwa mit der Abgrenzung gegenüber den „Deutschen Christen"[3] ein. Daraus entwickelte sich bei einer manchmal doch recht ansehnlichen Minderheit von Gemeindegliedern und Pfarrern fast zwangsläufig eine Haltung, die vielfach als „Widerstand wider Willen" bezeichnet werden müßte. Die bisherige Auslegung von Römer 13 im Neuen Testament (Jedermann sei untertan der Obrigkeit, die Gewalt über ihn hat ...) und die aus dem 19. Jahrhundert übernommene ethische und dogmatische Auffassung vom Staate verboten nachgerade jeglichen Widerstand gegen den Staat, wie auch immer er geartet sein mochte. So war es zumindest für das nicht theologisch geschulte Gemeindeglied keineswegs immer einfach, sich „um

des Bekenntnisses willen" – fast eine Standardformel im gesamtbayerischen Kirchenkampf – zwischen der allgemeinen Tradition, einer mehr oder minder eigenen politischen Überzeugung und der im Unterbewußten vorhandenen Ablehnung widerchristlicher und antikirchlicher Erscheinungen zu entscheiden, die durch das persönliche Gewissen genährt oder durch das überzeugende Wort einer geistlichen Persönlichkeit hervorgerufen wurde.

Gemeinden und Gemeindeglieder, die lange Zeit als noch nicht mündig beklagt wurden, hatten es unendlich schwer, die von der Heiligen Schrift und der christlichen Ethik gebotene Handlungsweise in Wort und Tat zu erkennen und entscheidend umzusetzen. Das wenigste davon ist überliefert worden, nur an Brennpunkten des Geschehens ist die eine oder andere Erscheinungsform zu fassen.[4] „Sturm und Drang" kennzeichneten die Einstellung von Pfarrern, Kirchenvorstehern und Gemeinden in der seit 1930 leidenschaftlich geführten Debatte über politische Fragen in der Pfarrerschaft.[5] Das neue Regime konnte sich 1933 handfester kirchlicher Sympathien gewiß sein.[6] Daran hatte auch die zurückhaltend ablehnende

Haltung des Nürnberger Dekans Erhard Weigel oder des bayerischen Kirchenpräsidenten Friedrich Veit gegenüber dem Nationalsozialismus nichts ändern können; sie war wohl ursächlich für den besonders von der Pfarrerschaft geforderten Rücktritt Veits.[7] Die Tatsachen ergaben das Ultimatum, mit dem die versammelten Kirchenvorsteher Nürnbergs im Mai 1933 konfrontiert wurden. Kultusminister Hans Schemm hatte die Neubesetzung der Kirchenvorstände mit bewährten Nationalsozialisten gefordert, die den „Bolschewismus aufgehalten" hätten und nun um Mitarbeit in der Kirche nachsuchten.[8]

Verwischte Fronten – Die Amtseinführung des Landesbischofs

Höhepunkt und sichtbares Zeichen der Mentalität umfassender kirchlicher Kreise in der Siedehitze des Jahres 1933 bildete die feierliche Amtseinführung D. Hans Meisers in der Lorenzkirche, der durch ein „kirchliches Ermächtigungsgesetz" mit weitreichenden Vollmachten ausgestattet und als erster mit dem Titel „Landesbischof" versehen war. Die Kundgebung des Landeskirchenrats vom 13. April 1933 hatte auch für die meisten Nürnberger den Ton getroffen, der die Herzen des Kirchenvolkes erreichte, wenn sie feststellte: „Mit Dank und Freude nimmt die Kirche wahr, wie der neue Staat der Gotteslästerung wehrt, der Unsittlichkeit zu Leibe geht, Zucht und Ordnung mit starker Hand aufrichtet, wie er zur Gottesfurcht ruft, die Ehe heilig gehalten und die Jugend christlich erzogen wissen will, wie er der Väter Tat wieder zu Ehren bringt und heiße Liebe zu Volk und Vaterland nicht mehr verfemt, sondern in tausend Herzen entzündet."[9]

Der neue Staat, dem man aufgrund der von Hitler in seiner Reichstagsrede vom 23. März 1933 (zum einen Tag später verkündeten Ermächtigungsgesetz) abgegebenen Zusicherung, die christlichen Konfessionen zu schätzen und sie zu unterstützen,[10] vertraute, konnte nicht nur des Beifalls, sondern auch der „freudigen und tätigen Mitarbeit der Kirche sicher sein". Die Gemeinden waren aufgerufen, „sich ernstlich und willig dafür einzusetzen, daß die starken, aufbauenden Kräfte, welche die neue Bewegung in sich trägt, zum vollen, ungehinderten Sieg kommen".[11] Das Liebeswerben von Partei und Staat um die Kirche und ihre Gläubigen zeigte sich am Sonntag, 11. Juni 1933, noch einmal in vollster Entfaltung, als Massen von Menschen unter dem Geläute aller Nürnberger Glocken die besonders „weihevolle, feierliche" Amtseinsetzung miterlebten[12]: „…die ganze Stadt in Schmuck, überall Flaggen und Fahnen, Festgottesdienst in St. Lorenz, der Chor voll von Ehrengästen. Dort wimmelte es von grauen Uniformen der Reichswehr, braunen Uniformen der SA-Formationen, der Parteiformationen, schwarzen Uniformen der SS … Staat, Stadt und Partei hatten alles aufgeboten."[13]

Propagandistisch wurde all das recht bald und zunächst auch geschickt von den „Deutschen Christen" ausgeschlachtet, die sich voll und ganz in den Dienst der Partei gestellt und untergeordnet hatten. Eines der größten religiösen Volksfeste, die Nürnberg bis dahin gesehen hatte, verstanden sie zu arrangieren. Das unter politischem Druck entstandene Einigungswerk der deutschen evan-

gelischen Kirchen gab den Anlaß zum Sturm auf die Gemeinden, zu dem die auf den 23. Juli 1933 vom Reichsinnenminister festgelegten Kirchenvorstandswahlen herhalten sollten. Auf dem Adolf-Hitler-Platz, dem umbenannten Hauptmarkt, war beabsichtigt, „dem deutschen Volk den unentwegten Glauben an die Mithilfe Gottes am großen Aufbauwerk des genialen Führers Adolf Hitler zu geben".[14] Am Abend des 17. Juli hatten sich schätzungsweise 15–20 000 Teilnehmer, darunter auch einige Geistliche, auf dem festlich geschmückten und illuminierten Platz mitsamt dem obligatorischen Aufgebot an „nationalen Verbänden" eingefunden, um sich emotionale Phrasen im Stile von Parteirednern anzuhören, die mit einem Appell des stellvertretenden Gauleiters Karl Holz an das „Ehrgefühl der Nürnberger" ihren Höhepunkt erreichten: „Immer wenn es um das Deutschtum ging, um deutsche Ehre, Freiheit, deutschen Glauben, stand der Nürnberger auf und kämpfte und stellte seinen Mann. So soll es auch in Zukunft sein. Ein Volk, ein Vaterland, ein Herrgott!"[15] Das Horst-Wessel-Lied beschloß nach einem dreifachen Sieg-Heil dieses pseudoreligiöse Spektakel. In allen 48 Gemeinden des Dekanatsbezirkes Nürnberg, außer St. Paul, Reichelsdorf und Kraftshof, wurden Einheitslisten aufgestellt, wobei es jedoch gelungen war, kirchlich eingestellte Nationalsozialisten wählen zu lassen, so daß die „Deutschen Christen" kaum zum Zuge kamen.

Ein Nürnberger Pfarrer, eine Ausnahme unter der Geistlichkeit, formulierte das Wesen von Christentum und Nationalsozialismus so: „Ein wahrer Nationalsozialist, der durchdrungen sei von der Liebe zu seinen Brüdern, von der Hoffnung auf den Aufstieg seines Volkes, von Vertrauen zu seinen Führern und dem Gemeinnutz vor Eigennutz gehe, sei ganz von selbst ein guter Christ und stehe im Einklang mit dem Schöpfer der christlichen Lehre."[16] Julius Schieder, der spätere Nürnberger Oberkirchenrat, sah in seiner Rückschau auf das Fest der Amtseinführung Meisers aber auch die wenigen Unbeeindruckten in der Gemeinde: „Andere sahen das mit Sorge. Werden wir das nicht alles einmal auf Heller und Pfennig bezahlen müssen ... Mir hat der 11. Juni damals schwere Sorgen gemacht."[17] Diejenigen unter dem Kirchenvolk, die mit großen volksmissionarischen Möglichkeiten rechneten, die auf eine neue Ehe zwischen Kirche und Volk hofften, die sich in jenen Tagen und Monaten einredeten, dafür auch Opfer bringen zu müssen, nämlich sich anzugleichen oder einzugliedern, erlebten die ganz große Täuschung.

Zwei Aufnahmen vom Festzug bei der Amtseinsetzung von Landesbischof D. Meiser am 11. Juni 1933. Oben in der ersten Reihe von links nach rechts Synodalpräsident Bracker, Meiser, Kirchenrat Klingler, in der zweiten Reihe Staatsminister Esser, Ministerpräsident Siebert (verdeckt), Gauleiter Schemm. Unten in der Mitte der ersten Reihe der abgedankte Kirchenpräsident Veit.

Seite 168: Symbol der „Deutschen Christen" Bayerns

Aufruf!

Evangelische Glaubensgenossen!

Lest die heutige Ausgabe der

„Fränkischen Tageszeitung".

Sie enthält die Abrechnung der evangelischen Bevölkerung mit dem Landesbischof Meiser und seinen Helfershelfern. Landesbischof Meiser hat dem Führer Adolf Hitler, dem nationalsozialistischen Deutschland und dem Reichsbischof Müller das gegebene Wort und die feierlich versicherte Treue gebrochen.

Frauen und Männer der evangelischen Kirche!

Kämpft mit dem „Süddeutschen Bund evangelischer Christen"

1934 setzte eine Hetze gegen den Landesbischof ein. Oben ein Plakataufruf des stellvertretenden Gauleiters Karl Holz, unten die Ankunft des Sonderzuges mit Nürnberger Gemeindemitgliedern auf dem Münchener Hauptbahnhof am 21. Oktober 1934. Sie waren angereist, um dagegen zu protestieren, daß Meiser unter Hausarrest gesetzt worden war.

Wie das Beispiel des Zirndorfer Gemeindeblattes zeigt, wurden während des gesamten Kirchenkampfes kirchliche Presseerzeugnisse auf kürzere oder längere Dauer verboten. Mit dem Extrablatt der Fränkischen Tageszeitung vom 16. September 1934 begann die heiße Phase des Kirchenkampfes in Bayern.

"Wir aber sind nicht von denen, die da weichen" – Eine mündige Gemeinde im Kirchenkampf

Das geschah sehr bald; Nürnberg erlebte die Wende zuerst. Schon im Gefolge des Reichsparteitages 1934 forderten „Deutsche Christen" „in Übereinstimmung mit dem Willen des Führers" den Rücktritt Meisers.[18] Am 15. September 1934, einem Samstag, schrien auf allen Plakattafeln riesengroße Plakate in den roten Parteifarben mit übergroßen Buchstaben in die Straßen hinein: „Fort mit Landesbischof Meiser!"

In der Stadt des berüchtigten Gauleiters Julius Streicher hat die Partei ihre Kriegserklärung an die bayerische Landeskirche manifest gemacht. Karl Holz warf dem Landesbischof im Namen seiner obskuren Organisation, dem „Süddeutschen Bund evangelischer Christen", vor, treulos und wortbrüchig zu sein, volksverräterisch gehandelt und die evangelische Kirche in Verruf gebracht zu haben. Denn Meiser hatte sich mit seiner Landeskirche von Reichsbischof Ludwig Müller, dem Gefolgsmann Hitlers, ebenso geschieden wie von der Reichskirche und sich der Bekennenden Kirche[19] angeschlossen. Der hinter ihrem Bischof stehenden Pfarrerschaft unterstellte Holz gar geistiges Emigrantentum und landesverräterische Gesinnung; damit waren auch die Gemeinden einbezogen.

Nur zu willig nahm die Parteipresse in den folgenden Tagen diese Anwürfe auf. Flugblätter in Zeitungsgröße wurden in Massen in der Stadt verteilt, durch Parteiorgane in die Häuser getragen. Als Judas Ischariot, dessen Bekenntnis der Wort- und Treubruch wie der Staatsverrat sei, sei der Bischof sofort zu entfernen.[20] Fort mit dem also, dem vor wenigen Monaten noch alle Ehren von Staat, Stadt und Partei erwiesen worden waren. Erst als fast alle Hetze unter die Leute gebracht worden war, schritt die Polizei ein, Holz wurde von ihr verwarnt; wenigstens der Anschein von Recht sollte gewahrt bleiben. Mit dem mehr oder minder geruhsamen kirchlichen Alltag war es zu Ende; die heiße Phase des Kirchenkampfes war in Nürnberg eingeläutet worden. Daß die kirchlichen Funktionäre und die Pfarrer mehrheitlich gegen solche Verleumdungen sich wehrten, war fast selbstverständlich. Noch am gleichen Tage verhandelte eine dreiköpfige Pfarrerdelegation mit Polizeipräsident Benno Martin in Anwesenheit von Karl Holz bis Mitternacht. Als die Pfarrer forderten, die Plakate zurückzuziehen, erwiderte ihnen der stellvertretende Gauleiter: „Die Pfarrer sind auf unserer Seite; ganz wenig Pfaffen denken anders; sie werden an die Laterne gehängt."[21]

Wie aber war es um die Gemeinden bestellt? Das schier Unglaubliche geschah: „Daß die Gemeinde in Nürnberg so reagierte auf diesen Aufruf, hatten wir eigentlich nicht gedacht", konnte Julius Schieder nur voll Hochachtung feststellen.[22] Die Bevölkerung war sehr erregt. Die Frau eines Amtswalters verbrannte das Flugblattpaket, das ihr Mann austragen sollte; er hatte Unannehmlichkeiten mit der Partei. In den vollen Sonntagsgottesdiensten des 16. September wurde von der gesamten Geistlichkeit eine Kanzelabkündigung verlesen, in der sie sich gegen die Angriffe verwahrte, sich hinter Meiser stellte und die Gemeinde aufforderte, ebenso zu handeln.[23] Als die Menschen nach diesem Gottesdienst aus der Lorenzkirche herausdrängten, gingen sie nicht wie sonst ihres Weges, sondern blieben stehen und sangen am hellichten Tag auf offenem Platz unter dem Staunen der Passanten den Choral „Ein feste Burg ist unser Gott". Das war wohl seit den Tagen der Reformation hier nicht mehr geschehen! Und es blieb nicht bei dieser spontanen Reaktion. Tags darauf hetzte Holz in der „Fränkischen Tageszeitung" weiter: „Landesbischof Meiser rebelliert! Das evangelische Kirchenvolk fordert seinen Rücktritt."[24] Zugleich sollte eine Massenkundgebung auf dem Hauptmarkt diese Angriffe in die Nürnberger Gemeinden tragen. Überall waren Spruchbänder über die Straßen gespannt: „Großkundgebung der Deutschen Christen auf dem Hauptmarkt." Mit klingendem Spiel waren die Parteiformationen durch die Stadt zum „Adolf-Hitler-Platz" gezogen. Mehr Neugierige denn Überzeugte waren gekommen, aber desto mehr Kirchentreue. Denn unter den Gemeinden war die Parole ausgegeben worden: Jeder kommt auf den Hauptmarkt. Wenn gegen die Kirche geredet wird, wird gesungen: „Ein feste Burg ist unser Gott." Der Lutherchoral war zum Protestlied gegen die Partei geworden. Um 19 Uhr waren die kirchentreuen Gemeindeglieder versammelt, als sie von der Polizei zum Verschwinden aufgefordert wurden. Ein Augenzeuge und Mitinitiator der kirchlichen Opposition, zu der sich im Laufe der Zeit auch andere Regimekritiker gesellten, schildert, was geschah: Nun „strömten Massen in die Lorenzkirche. Ich glaube, in einer Viertelstunde war die ganze Kirche gesteckt voll, und andere standen da. Hinunter nach Heilig-Geist, die Kirche öffnen, die Leute dorthin weisen. Nach kurzer Zeit kam die Meldung, auch die Heilig-Geist-Kirche ist überfüllt. Weiter die Leute hinaufweisen nach Egidien. Dort das gleiche

Bild. Landesbischof Meiser, den wir nachmittags telefonisch gebeten hatten, er möchte doch kommen, predigte in Lorenz, danach in Heilig-Geist, danach in Egidien."[25] Sein Predigttext traf die Situation: Steht fest in einem Geist und laßt euch nicht schrecken!

Nach dem Gottesdienst stand der ganze Egidienberg voll von Menschen, „Heil Meiser"-Rufe klangen auf, Ovationen wurden dem Mann dargebracht, der den Kampf um das Glaubensgut der Väter aufgenommen hatte. Die Menschen sangen einen Choral nach dem andern. Die Polizei kam: „Wenn dieses Lied gesungen ist, haben sie aufzuhören und heimzugehen. Im gleichen Augenblick war das Lied zu Ende, und da stimmte irgendwo eine Stimme an: Deutschland, über alles und ein Ruck, ich sehe sie noch vor mir, ein Ruck ging durch die Schutzleute, Hacken zusammengeschlagen, Haltung angenommen."[26] Die Lage war gerettet. In den nächsten Tagen, Wochen und Monaten folgten Bitt- und Bekenntnisgottesdienste, die manchmal so gut besucht waren, daß sie dreimal am Tag wiederholt werden mußten. Auf Jahre hinaus war das kirchliche Leben von diesen Gottesdiensten und Aufklärungsveranstaltungen bestimmt, oftmals die einzige Möglichkeit, um den Protest nicht nur gegen das antikirchliche Verhalten von Partei und Staat deutlich werden zu lassen, den Kampf um Kirche und Bekenntnis zu führen, sondern auch um das zumindest ambivalente Verhältnis zum NS-Staat zum Ausdruck zu bringen. Viele stille, unerwartet aufopferungsvolle Mithilfe der kirchlichen Laien hat dieses Geschehen erst ermöglicht.

Und noch einmal sollte es sich zeigen, daß die Nürnberger Gemeinden mündig geworden waren. Am 11. Oktober 1934 erfolgte der minutiös geplante Gewalteinbruch der Reichskirche in die Landeskirche mit Wissen vieler offizieller Stellen, voran des „Braunen Hauses" in München. Meiser wurde vom Reichsbischof abgesetzt und in Hausarrest gehalten, die Oberkirchenräte wurden in Urlaub geschickt, die bayerische Landeskirche in zwei Reichskirchengebiete, Franken und Altbayern, zerschlagen, parteihörige DC-"Bischöfe" hierfür bestellt.[27] Nürnberg blieb davon nicht verschont. Mißliebige Pfarrer, an der Spitze Dekan Weigel, wurden gemaßregelt oder ihres Amtes enthoben. Passiver und aktiver Widerstand der Gemeinden organisierte sich, Kanzelverkündigungen wurden verlesen, obwohl

sie von der Polizei verboten waren.[28] So fanden auch in dieser Stadt am 16. Oktober überfüllte Bekenntnisgottesdienste in der Lorenz- und Sebalduskirche statt, nach denen die Massen, Choräle singend, zum Hauptmarkt zogen.[29] Selbst vor Altar und Kanzel machte der Kampf zwischen „Deutschen Christen" als den Usurpatoren und bekenntnistreuen Gemeinden nicht Halt, so in der Lutherkapelle der Maxfeld-Gemeinde, wo sich die Geistlichen beider Lager gegenseitig aus der Kirche zu weisen versuchten.[30]

Das rechtswidrige Eingreifen der Reichskirche hatte die Kräfte der bayerischen Landeskirche allenthalben zu starker Lebendigkeit erweckt. Meiser hat gerade aus Nürnberg immer Briefe vorzeigen können: Stil schlecht, Orthographie schlecht, aber voll rührender Anteilnahme. Viele fromme Leute bejahten in dieser Situation auch den politischen Kampf gegen das Regime, wozu es aber nicht gekommen ist.

Dennoch hatten die Nürnberger am 21. Oktober 1934 einen Sonderzug organisiert, mit dem über 800 Nürnberger nach München fuhren, um dem gefangenen Landesbischof ihre Verbundenheit zu dokumentieren: „Aber vielleicht das Bewegendste war dieses Singen. Das war Protest, innerlichster Protest, gegen die Vergewaltigung der Kirche. Das war Bekenntnis zu dem Glauben der Väter."[31]

Nicht zuletzt dank der Proteste kirchlicher Laien konnte Meiser am 1. November 1934 seine Amtsgeschäfte wieder aufnehmen und in Nürnberg eine innerkirchliche Säuberung stattfinden.[32] Als die „Deutschen Christen" in den folgenden Monaten ihre Anhänger in eigenen Gemeinden sammelten, standen im Mai 1935 in Nürnberg etwa 6000 parteihörige „Deutsche Christen" 133000 eingeschriebenen Mitgliedern der Bekenntnisgemeinschaft gegenüber.[33] Nürnberg galt als Hochburg des Nationalsozialismus. Zugleich erhielt es als Hort der Bekennenden Kirche in Anerkennung der Treue seiner Gemeinden am 1. Januar 1935 in der Person Julius Schieders als vierter bayerischer Kirchenkreis einen eigenen Oberkirchenrat.[34]

Diese Niederlage hat die Partei nie vergessen. Die Kirche war zum unversöhnlichen Feind geworden, vor deren „dunklen politischen Geschäften" Reichsinnenminister Dr. Frick in seiner kirchenpolitischen Rede am 28. März 1935 in Nürnberg warnte.[35]

Auf verlorenem Posten – Der Kampf um Bekenntnisschule und Religionsunterricht

„Ein Führer – ein Volk – eine Schule" hieß die Losung, mit der Staat und Partei die Jugenderziehung gänzlich unter Kontrolle bekommen wollten, nachdem die kirchlichen Jugendverbände bereits Anfang 1934 in die HJ zwangseingegliedert worden waren. Seit 1933 waren die Anmeldungen zur Bekenntnisschule zurückgegangen.[36] Aber um die Schulform selbst ging es gar nicht, sondern um die christliche Erziehung. In einer streng vertraulichen Dokumentation des Landeskirchenrats zur Schulfrage hieß es denn auch: „Die Bekenntnisschule ist für uns überhaupt nicht Selbstzweck oder Ideal, sondern Kampfmittel gegen die deutschheidnische Überfremdung der Schule, die gegenwärtig im Gang ist."[37]

Als aussichtsreich erwies sich für die Partei der Angriff auf die Elternschaft. Sie wurde mit allen Mitteln überredet, der „deutschen Schulgemeinde" beizutreten, die den Kampf gegen das Christentum aufs Panier geschrieben hatte.[38] Falsche Nachrichtenverbreitung, die Mobilisierung der Lehrerschaft gegen Eltern und Schulkinder und materieller Druck kennzeichneten die Kampfesweise.[39]

In Nürnberg begann der Schulkampf damit, daß sämtlichen Lehrern von Vertrauensleuten des NS-Lehrerbundes(NLSB) Reverse vorgelegt wurden, denen gemeinsam war: „Ich bekenne mich zur Gemeinschaftsschule und bin bereit, für die Gemeinschaftsschule einzutreten." Wer zögerte, dem wurde mit Versetzung aufs Land gedroht. Auf Beschwerden wurden solche Reverse als spontane Lehrerkundgebungen ausgegeben. In über 150 Versammlungen zur Schulanmeldung 1936 wurden die Bekenntnisschulen verleumdet und als Zwergschulen ausgegeben, obwohl in Nürnberg keine einzige evangelische Schule zusammengelegte Klassen hatte. Grundtenor blieb: Wer bei der Bekenntnisschule bleibt, ist kein richtiger „Volksgenosse". In einzelnen Schulen wurden die Kinder wochenlang bearbeitet, unbedingt zur Gemeinschaftsschule zu gehen, sonst wären sie keine rechten Deutschen. Probeabstimmungen wurden vorgenommen: „Wenn ihr bei der Bekenntnisschule bleibt, dann müssen wir das Bild des Führers herunternehmen, und ihr könnt dafür das Bild eures Pfarrers hinhängen."[40]

Ein Aufruf für den Schaukastendienst der HJ – Folge 4 vom Februar 1937 – im Kampf gegen die Bekenntnisschule.

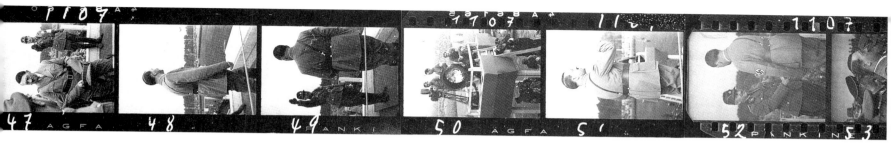

In den letzten Wochen vor der Schuleinschreibung hatten die Lehrer zu den Eltern zu gehen, ihnen Briefe zu schreiben und sie in die Schulen vorzuladen. Werbeplakate für die Gemeinschaftsschule wurden an die Schulkinder verteilt oder in Klassenzimmern aufgehängt. Wer dennoch für die Bekenntnisschule optierte, dessen Kind wurde aus der bisherigen Klasse und Schule genommen und einer teilweise weit entfernten Schule zugewiesen. Wem dies nicht zusagte, der wurde mit weiterem psychischen Terror zur Ummeldung an die Gemeinschaftsschule weichgemacht. In einem Fall schrieb ein Lehrer an die Schultafel sogar einen Brief der Kinder an ihre Eltern, den die Kinder in die Hefte abschreiben und nach Hause tragen mußten. Darin baten jene ihre Eltern, dafür zu sorgen, daß sie durch Ummeldung in ihrer angestammten Klasse bleiben dürften. „Deutschgläubige" Lehrer entfernten das Kreuz aus den Räumen, eine Aktion, die erst im Krieg (1941) in Bayern fast überall durchgeführt wurde.

All dies geschah unter Anleitung der Stadtschulbehörde. Was nützte da noch der Brief des Nürnberger Dekans an die Eltern im Januar 1936, in dem es unter anderem hieß: „Wir stehen vor einem ungeheuren Angriff unchristlicher und widerchristlicher Kräfte auf den christlichen Glauben. Dieser Angriff wird in erster Linie auf die Jugend abzielen. Es wird vor allem die Schule das Kampffeld sein... nächstes Ziel ist die Entfernung des christlichen Religionsunterrichtes ...".[41]

Ebensowenig erbrachte eine Eingabe aus der Elternschaft vom 20. März 1936, in der sie unter ausführlicher Schilderung der Vorkommnisse Beschwerde gegen das geschehene Unrecht führte.[42] Doch der Kampf um die Bekenntnisschule war relativ bald verloren. In Nürnberg sank die Zahl der Bekenntnisschulkinder von 21 auf 6 Prozent. 1937 stimmten 91,3 Prozent der Eltern für die Gemeinschaftsschule.[43] Ab Mai 1937 gab es in Nürnberg, ab Januar 1938 in ganz Franken keine Bekenntnisschule mehr.[44] In Nürnberg wurde sie durch eine Regierungsentschließung aufgehoben, weil für sie angeblich kein geordneter Schulbetrieb mehr möglich war.[45] Und in Franken wurden an einem einzigen Tag, am 1. Dezember 1937, bis spät in die Nacht hinein die Unterschriften beschafft, die jeweils zur Umwandlung in eine Gemeinschaftsschule notwendig waren.[46]

Im Lauf des Jahres 1937 hat sich dieser Kampf auf weitere Gebiete ausgeweitet. Es ging vor allem um den Religionsunterricht, der schikanösen Einschränkungen unterworfen wurde, dann immer weiter verkürzt und schließlich fast oder ganz aus dem schulischen Leben verdrängt wurde. Mißliebigen Geistlichen wurde die Erteilung des Religionsunterrichtes entzogen, für den sie auch den Nachweis der „Deutschblütigkeit" beizubringen hatten.[47] Im Gefolge des Attentats auf einen deutschen Botschaftsangehörigen in Paris am 7. November 1938 endlich nutzte der Nationalsozialistische Lehrerbund die Gelegenheit, den Volksschullehrern, die noch Religionsunterricht erteilten, die Weisung zukommen zu lassen, „aus Protest" und „spontan aus sich selbst heraus" diesen Unterricht endgültig niederzulegen. In Nürnberg waren es 80 Prozent der Lehrer, die dies taten.[48]

Die „Nichtarier" – Eine Frage an die Kirche

Auf die Niederlegung des Religionsunterrichtes haben Landesbischof und Landeskirchenrat in einer öffentlichen Kundgebung reagiert,[49] auf die sogenannte Reichskristallnacht aber nicht. Es wäre die letzte Gelegenheit eines öffentlichen Protestes gewesen.[50] Der schon mehrfach genannte Kreisdekan Julius Schieder hat noch zwei Wochen vor seinem Tod 1964 geäußert: „Es quält mich heute noch, daß ich nicht in irgendeiner Form gegen die Kristallnacht 1938 protestiert habe. Ich muß mir den Vorwurf gefallen lassen, muß ihn mir selber machen."[51] Dennoch hatte in Nürnberg Kirchenrat Gottfried Götz aus St. Egidien im Namen von 25 Amtsbrüdern bereits 1933 Meiser vor einer Einführung des staatlichen Arierparagraphen in die Kirche gewarnt: „Der Arierparagraph hat in dieser Art in der Kirche kein Recht. Er widerspricht ihrer Ordnung und ihrem Bekenntnis ... Der Arierparagraph bedeutet, daß in unserer Kirche weder Petrus noch Paulus noch der Herr Christus selber predigen dürften."[52]

In der bayerischen Landeskirche wurde auch in der Folgezeit kein Geistlicher wegen seiner Abstammung des Dienstes enthoben oder benachteiligt, es wurden auch keine „judenchristlichen Gemeinden"[53] gebildet. Von den 1935 erlassenen „Nürnberger Gesetzen" waren in Bayern ein gutes Dutzend Pfarrer selbst oder durch ihre Ehefrauen betroffen.[54] Nach den Exzessen beim Novemberpogrom 1938 hatten nicht viele Pfarrer den Mut gefunden, in irgendeiner Form gegen das schreiende Unrecht aufzutreten. Aber am Abend des 12. November trafen sich die Nürnberger evangelischen Pfarrer, wie jeden Samstag, in der Sakristei der Heilig-Geist-Kirche zu gemeinsamer Andacht und zur Besprechung der jeweiligen Lage. Ein Teilneh-

mer erzählt: „Vor allem aber war uns klar, daß wir als Kirche Christi die zum Himmel schreienden Missetaten der Pogromnacht nicht mit unserem Schweigen decken dürfen. Die Presse war uns freilich verschlossen, schriftliche Proteste verfielen erfahrungsgemäß dem Papierkorb, und die Straße gehörte den braunen Bataillonen. Die einzige Möglichkeit, unsere Trauer, unsere Scham und unseren Widerspruch öffentlich kundzutun, war der Gottesdienst."[55]

So geschah es auch in den Nürnberger Kirchen. Am Buß- und Bettag, dem 16. November 1938, traten die Pfarrer im Talar vor die Gemeinde und verlasen im Zusammenhang mit der Predigt feierlich die Zehn Gebote samt Luthers Auslegung. In Steinbühl stand mit den Pfarrern und Stadtvikaren auch der Gemeindediakon vor dem Altar.[56] Diese Aktion konnte in der Stadt der „Nürnberger Gesetze" niemand mißverstehen. Ebensowenig wenn Pfarrer Wilhelm Geyer in der Lorenzkirche in seiner Predigt sagte: „Wir sind ins Innerste hinein erschüttert über manches, was in den letzten Tagen in unserer Stadt und in ganz Deutschland geschehen ist ... Viel Sünde und Unrecht ist in unserem deutschen Volk und viel Abfall." Wenn er dann von denen sprach, „die eiskalt bleiben oder über Leichen hinweggehen können", wenn er zum „Erbarmen mit den leidenden Brüdern" aufrief und zugab: „Was mein Volk tut, muß ich mitverantworten, die Schuld, die dieses mein deutsches Volk auf sich bringt, muß ich mittragen, davon muß ich die Konsequenzen mittragen vor Gott und den Menschen."[57]

Die Hörer von damals empfanden diese Predigt, deren Inhalt selbstverständlich durch die in Gottesdiensten präsenten Spitzel der Gestapo mitgeteilt wurde, als ein mutiges Wort. „Wehe, wenn sich das einmal rächen wird", war die Meinung bestürzter Zeitgenossen. Gegen die Nürnberger Pfarrerschaft wurde nicht vorgegangen.

Die Landeskirche konnte sich nicht zu einem offiziellen Protest entschließen. Sie hat in einer anderen Form versucht, den von den „Nürnberger Gesetzen" und schließlich vom Tod Betroffenen Hilfe zu leisten. Schon im Sommer 1938 war in Berlin das „Büro Grüber" entstanden, benannt nach dem Bekenntnispfarrer Heinrich Grüber, der Juden und vor allem „nichtarischen Christen", um die sich sonst niemand kümmerte, Rat und Tat angedeihen ließ. Das erstreckte sich von seelsorgerischer Arbeit über Kinderverschickung oder Wohnungsbeschaffung bis zur konkreten Auswanderungsfürsorge. Niederlassungen wurden nun in mehreren Städten des Reiches gegründet, auf Betreiben Grübers durch Meiser auch die Hilfsstellen in München und Nürnberg. Den Pfarrern Johann Zwanzger in München und Hans-Werner Jordan in Nürnberg, die als Geistliche des Vereins

für Innere Mission selbst Betroffene der Mischlingsgesetzgebung waren, wurde die Organisation der Hilfsarbeit übertragen. Finanziert wurden diese Vertrauensstellen des „Büro Grüber" durch die Landeskirche. Jährlich standen 10 000 Reichsmark unter dem Haushaltstitel „Glaubensgenossen in Not" zur Verfügung. Die beiden Pfarrer bekamen allerdings von Jahr zu Jahr immer schmerzlicher zu spüren, wie ihnen die Hände gebunden waren. Jordan entging 1944 durch glückliche Umstände dem Schicksal, in ein „Mischlingslager" verschickt zu werden.[58]

In einem zusammenfassenden Bericht vom Juni 1945 schilderte Jordan seine Erlebnisse seit 1933: „Mein Rückhalt war schließlich nur das Büro des Herrn Pastor Grüber in Berlin, in dem hauptsächlich Auslandsvermittlungen und Auswanderung evangelischer Nichtarier betrieben wurde ... Es wurde für mich ein schweres Jahr. ... Ich war allein gelassen mit meinem Schicksal und dem Elend der Leute, die zu mir kamen...Ich hauste wieder wie ein Student auf einem Zimmer, und mein Büro war ein winziger, düsterer Raum mit hochgelegenen vergitterten Fenstern in einer Altstadtstraße ... Kollegen waren es immer wieder, die mein ängstlich gehütetes Abstammungsgeheimnis verrieten und damit meine Arbeit gefährdeten. Von der Gemeinde ist mir aber darum nie Schwierigkeit gemacht worden. Im Gegenteil, ich fand eine ganze Menge Menschen, die mit mir trugen... Ich habe auch da meinen Mund nicht verschlossen."[59]

Die Gestapo war in Nürnberg von der Arbeitsaufnahme unterrichtet, auch wenn sie die gesamte Hilfstätigkeit als nutzlos und überflüssig ansah und sie am liebsten verboten hätte. Aus dem erhaltenen Schriftwechsel der Hilfsstelle Nürnberg wird die mühevolle Tätigkeit ersichtlich. Oftmals berichten die Schreiben in nüchterner, aber desto eindrucksvollerer Weise über die Alltagsnöte, so wenn Jordan im Mai 1939 schrieb, daß nichtarische Christen zwar noch auf dem Friedhof bestattet, ihre Särge aber nicht mehr in der Aussegnungshalle aufgebahrt werden durften.[60] Oder da hoffte ein „arischer" Gerber, der mit einer „Volljüdin" verheiratet war, auf gemeinsame Emigration nach Australien, um dort seinen Beruf ohne Todesangst um seine Frau wieder ausüben zu können.[61] In einem anderen Fall war eine Christin mit einem jüdischen Metzgermeister verheiratet, den man wegen „Rassenschande" zu zehn Jahren Zuchthaus verurteilt hatte. Die Frau betreute eine Tochter: „Sie erhält nun sich und ihr Kind durch ihre Arbeit als Modistin. Aber dadurch, daß ihr Ehemann Jude ist, hat Frau N.N. Schwierigkeiten. Sie hatte schon an eine Scheidung gedacht, aber dabei besteht die Gefahr, daß der Mann völlig zusam-

menbricht." Das Töchterchen mußte nun zur Kinderauswanderung gebracht werden.[62] Ebenso sollte der konfirmierte Junge eines „Glaubensjuden", dessen verstorbene Frau Christin gewesen ist, mit einem Kindertransport nach England und, als sich dies als nicht mehr möglich erwies, nach Amerika in Sicherheit gebracht werden.[63] Jordan berichtete immer wieder von Selbstmorden unter den Betroffenen, die an ihrem Schicksal verzweifelt waren: „Es legt sich mir dabei immer wieder die eine Frage schwer auf die Seele: Wie weit sind wir als Christen an dem allen mitverantwortlich?"[64] Im Dezember

1940 hatte die Zahl der von der Hilfsstelle Nürnberg Betreuten 358 erreicht. Davon konnte Jordan bis Kriegsausbruch 44 Personen bei der Auswanderung behilflich sein, danach nur noch 17.[65]
Je mehr Länder Hitlers Krieg überzog, um so spärlicher wurden die Hilfs- und Auswanderungsmöglichkeiten, bis im Dezember 1940 das „Büro Grüber" durch die Gestapo geschlossen, er und sein Mitarbeiter ins KZ verbracht wurden. Der Krieg sollte die „Endlösung der Judenfrage" auf andere, ungeahnt schreckliche Art und Weise ermöglichen.

„Tröstet, tröstet mein Volk" – Kirchlicher Kriegsalltag

Nicht ein Akt theologischer Bestätigung, sondern nationale Bewußtseinshaltung gab den Dienst der Kirche in dem neuen Krieg frei, der am 1. September 1939 begann und von dem so viele wußten, daß er kein „gerechter" sein konnte. In der Kriegschronik der Pfarrei von St. Jakob steht denn auch zu lesen: „Der Ausbruch des Krieges ... traf ein erschrockenes und bestürztes Volk. Den Älteren war es unvorstellbar, daß sie all das Schwere und Furchtbare, das ihnen vom vergangenen Weltkrieg her noch allzu schmerzlich in der Erinnerung stand, jetzt noch einmal und wahrscheinlich im verstärkten Maße erleben und erdulden sollten ... Eine eigentliche Begeisterung oder Hochstimmung herrschte auf keiner Seite. Man ging in den Krieg hinein wie in ein Verhängnis mit dumpfer Entschlossenheit gegenüber dem Unabwendbaren und hoffte, daß es doch noch gut ausgehen werde...".[66]
Der Krieg griff, wie in das Leben des einzelnen, so auch in das der jeweiligen Kirchengemeinde tief ein. Die amtlichen kirchlichen Verlautbarungen verzichteten auf eine Entscheidung und begnügten sich im wesentlichen mit dem Aufruf zu „opferfreudiger Hingabe im Dienst für das Vaterland" – was eindeutig genug war. Im übrigen hatte der Reichskirchenminister den Kirchen schon zu Beginn des Krieges jegliche Stellungnahme zur Lage verboten.
Für Pfarrer galt es in dieser Zeit, vermehrte Hausbesuche zu machen, bei denen sie manche Familien sehr gefaßt oder sehr bedrückt vorfanden; von Begeisterung war nichts zu spüren. Und bei den Gewissenhaftesten begegneten immer wieder die Bedenken, ob die bisherigen Methoden der Innen- und Außenpolitik wirklich vor Gott verantwortet werden könnten. Überrascht war mancher Geistliche, wie viele Gemeindeglieder trotz strengen Verbotes ausländische

Rundfunksender abhörten, um sich ein ungeschminkteres Bild von der Lage machen zu können. Die Siege der ersten Kriegsjahre zu einem „Wunder des Glaubens an Hitler" hochzustilisieren – dazu konnte sich trotz aller Beweise nationaler Denkungsart der Kirche niemand bewegen lassen. Dies um so weniger, als Julius Streicher nach dem Polenfeldzug lautstark verkündete: „Euer Morgen- und Abendgebet sei stets: Heil Hitler! Wir sind hier Kirche und gedenken im Gebet unseres Führers."[67]
Gerade die Kriegszeit bildete für die Gemeinden und die Kirche einen Vorgeschmack dessen, was diese nach dem von den Nationalsozialisten erträumten „Endsieg" hätte erwarten müssen – die gänzliche Vernichtung. Unter dem Schlagwort der „kriegsbedingten Einschränkungen" wurden Kirche und Christentum immer mehr aus dem öffentlichen Leben verdrängt. Das begann schon damit, daß das Luftgaukommando Nürnberg im September 1939 das Läuten der Kirchenglocken zu Taufen und Trauungen verbot, wohl aber anordnete, „im dankerfüllten Gedenken des Sieges" tagelang zu läuten.[68] Und es endete mit der Glockenabnahme in den Jahren 1941 und 1942, weil „sämtliche Glocken ihre vaterländische Pflicht zu erfüllen" hätten.[69] Die Orgelpfeifen folgten 1944.[70] Viele weitere Beschränkungen wechselten den gesamten Krieg über ab.[71] Besonders unausstehlich erwiesen sich oft untergeordnete Stellen. Nürnberger Tageszeitungen verweigerten in vielen Fällen die Aufnahme von Bibelstellen bei Traueranzeigen Gefallener.[72] Die Bibelverbreitung selbst wurde in die antichristliche Agitation mit einbezogen, weil im Alten Testament „die jüdische Rasse und ihre Geschichte" verherrlicht würden.[73] Die Stadt Nürnberg verbot den Kirchengemeinden den Erwerb von Grundbesitz; die Kirchengemeinden St. Johannis,

Kanzelabkündigung vom 29. September 1939. Am Erntedankfest wird zugleich für die „Ernte" auf den polnischen Schlachtfeldern gedankt.

Evang.-Luth.Landeskirchenrat   München, den 29.Sept. 1939
Nr. 10895

An alle Pfarrämter

Betreff: Kanzelabkündigung.

     Wir bringen unseren Geistlichen die uns von der Deutschen
Evangelischen Kirchenkanzlei heute zugeleitete Kanzelabkündigung
aus Anlaß des siegreich abgeschlossenen Abwehrkampfes in Polen
zur Kenntnis.
     Die Verlesung hat am Erntedankfest zu erfolgen, sofern
diese Mitteilung rechtzeitig eintrifft.

     In tiefer Demut und Dankbarkeit beugen wir uns am heutigen
Erntedankfest vor der Güte und Freundlichkeit unseres Gottes:
Wieder hat Er Flur und Feld gesegnet, daß wir eine reiche Ernte
in den Scheunen bergen durften; Wieder hat Er Seine Verheissung
an uns wahr gemacht, daß Er uns Speise geben wird zu seiner Zeit.
     Aber der Gott, der die Geschicke der Völker lenkt, hat
unser deutsches Volk in diesem Jahr noch mit einer anderen,
nicht weniger reichen Ernte gesegnet. Der Kampf auf den polnischen Schlachtfeldern ist, wie unsere Heeresberichte in diesen
Tagen mit Stolz feststellen konnten, beendet, unsere deutschen
Brüder und Schwestern in Polen sind von allen Schrecken und
Bedrängnissen des Leibes und der Seele erlöst, die sie lange
Jahre hindurch und besonders in den letzten Monaten ertragen
mußten. Wie könnten wir Gott dafür genugsam danken!
     Wir danken Ihm, daß Er unsern Waffen einen schnellen
Sieg gegeben hat. Wir danken Ihm, daß uralter deutscher Boden
zum Vaterland heimkehren durfte und unsere deutschen Brüder
nunmehr frei und in ihrer Zunge Gott im Himmel Lieder singen
können.
     Wir danken Ihm, daß jahrzehnte altes Unrecht durch das
Geschenk seiner Gnade zerbrochen und die Bahn freigemacht ist
für eine neue Ordnung der Völker, für einen Frieden der Ehre
und Gerechtigkeit.
     Und mit dem Dank gegen Gott verbinden wir den Dank gegen
alle, die in wenigen Wochen eine solche gewaltige Wende herauf-
geführt haben: gegen den Führer und seine Generale, gegen unsere
tapferen Soldaten auf dem Lande, zu Wasser und in der Luft,
die freudig ihr Leben für das Vaterland eingesetzt haben.
     Wir loben Dich droben, Du Lenker der Schlachten,
und flehen, mögst stehen uns fernerhin bei.

               D. Meiser

Das Innere der St. Lorenzkirche, die 1943 und 1945 von Bomben getroffen wurde. Die Aufnahme zeigt den Zustand 1943.

St.Sebald und St.Matthäus konnten keinen Gemeindesaal mehr errichten.[74] Hinzu kam, daß die Gestapo in manchen Pfarrämtern „ganze Arbeit" zu verrichten suchte.

So unterlag das kirchliche Leben immer spürbareren Einschränkungen, verstärkt ab 1941. „Hurra und Halleluja" gingen in diesem Krieg nicht zusammen, der seelsorgerliche Dienst des Trostes stand im Vordergrund. In manchen Gemeinden hatten bald Lektoren, gläubige Laien, das Predigtamt zu übernehmen, weil es immer mehr an Geistlichen mangelte. Die erste Laienordination nahm Landesbischof Meiser am 11. Mai 1941 in Nürnberg vor.[75] Arbeitskreise wurden aktiviert, um „lebendig zu erhalten, was lebendig ist". Dies galt auch für die kirchlichen Feiertage, als die Partei mit ihrem pseudoreligiösen Feierkult den Gemeinden den Boden unter den Füßen wegziehen wollte, der Feiertagsschutz ständig ausgehöhlt und schließlich 1941 sogar die Feier des Himmelfahrtsfestes verboten wurde – „mit Rücksicht auf die Erfordernisse der Kriegswirtschaft". Kanzelabkündigungen klärten die Gemeinde auf.[76]

Der ziemlich ergebnislose Kampf der Kirche um Schule und Religionsunterricht, das Verbot der Kirchenpresse 1941 und die Behinderungen der diakonischen Arbeit mit dem Griff der Partei nach Kindergärten und Heimen sowie die stete Bedrängnis der Jugendarbeit ließen viele ermüden. Kerngemeinden bildeten sich heraus, die in kleinen Kreisen zusammenkamen und sich um Bibel und Gebet scharten, kirchliche Arbeitsgemeinschaften erstanden.[77]

„Die Stadt in den Wolken"

In dem sich verschärfenden Krieg wechselten sich auch die Luftangriffe in immer kürzerem Turnus ab. Kirchen und kirchliche Gebäude wurden beschädigt und zerstört. Das änderte jedoch nichts an den Bedrückungen, die von den Machthabern ausgingen. Der Haß der Partei gegen alles Religiöse blieb bis zuletzt ungebrochen. Als das Landeskirchliche Archiv in den letzten Kriegsmonaten seine wertvollen Bestände aufs Land verlagern wollte, erhielt es von der NSKK-Fahrbereitschaft die Antwort, „die Kirche solle verrecken".[78]

Im Gemeindeleben machte sich eine deutliche Resignation bemerkbar. Panik gab es nicht, auch wenn der sich seinem Ende zuneigende Krieg von den Gemeinden höchsten Einsatz verlangte. Im Vordergrund stand von Monat zu Monat mehr das unmittelbare Kriegsgeschehen mit seiner immer stärkeren Verflechtung von Front und Heimat. Und doch quälte manchen nachdenklichen Christen ein untergründiges, kaum zu definierendes Schuldbewußtsein. Das, was an verbrecherischen Handlungen des Regimes bekannt geworden war, bedrückte viele Gewissen, sei es die Tötung Geisteskranker, die Ermordung von Kriegsgefangenen oder die Geschehnisse in Konzentrationslagern. Das Erschrecken, das durch die Gemeinden gegangen war, als Hitler die Sowjetunion angegriffen, die USA mit seiner Kriegserklärung herausgefordert hatte und Stalingrad zu einem Massengrab geworden war, verdichtete sich. Der Glaube an den „unfehlbaren Führer" und an das „ewige Deutschland" brachen zusammen, nur noch der Glaube an Gott hielt stand.

Nach dem schweren Bombenangriff am 2. Januar 1945 zog Landesbischof Meiser in einem seelsorgerlichen Schreiben an alle Geistlichen ein vorläufiges Fazit der vergangenen zwölf Jahre, das ganz besonders auf die Nürnberger Situation bezogen schien: „Ein grauenhaftes Fazit des Unglaubens! Der Weg des auf sich selbst gestellten, in Stolz und Hochmut sich selbst genügenden Menschen ist zu Ende gegangen. Die ‚Stadt in den Wolken', die er bauen wollte, liegt in Trümmern. Das ist Gottes Antwort auf die Selbstverherrlichung des Menschen."[79]

Am 20. April fiel die „Stadt der Reichsparteitage" endgültig in die Hand der Amerikaner. „Nein, es ist nicht leicht, Besiegter zu sein … Man kann nur alles demütig in Gottes Hände legen und sich damit trösten, daß Gott keinen Fehler macht", resümierte ein im Streit um die Bekennende Kirche nie versagender Geistlicher an diesem 56. Geburtstag Hitlers in seinem Tagebuch.[80] Der Pfarrer von St.Jakob notierte: „Auch die Menschen konnte einer bei dieser Gelegenheit kennenlernen, wenn er sie noch nicht kannte, die einen in ihrer Bescheidenheit und Anspruchslosigkeit, die anderen in ihrer Selbstsucht und Rücksichtslosigkeit."[81]

Der Kirchenkampf hatte ein Ende gefunden. Doch zugleich galt es, „diese Stunde der Kirche" nicht zu versäumen und erst recht aufopferungsvollen Dienst zu leisten; keine leichte Aufgabe bei der Zerrissenheit der Gemeinden, bei entleerten Großstädten und überfüllten Landgemeinden, bei aufgelösten mitmenschlichen Beziehungen, mit Flüchtlingsströmen und bei quälender Obdachlosigkeit und Nahrungssorgen.

1 Manfred Gailus (Hrsg.): Kirchengemeinden im Nationalsozialismus. Sieben Beispiele aus Berlin, Berlin 1990 (Stätten der Geschichte Berlins Bd. 38). Eine solche detaillierte wissenschaftliche Untersuchung fehlt für Nürnberg.

2 Darunter versteht man das Mit- und Nebeneinander des Handeln Gottes und des Handelns der diese Welt beherrschenden Mächte. Es ist auch der Gegensatz zwischen Weltlichkeit und Christlichkeit.

3 Die „Deutschen Christen" sind eine organisatorisch und theologisch vielschichtige kirchenpolitische Bewegung, die ihre Entstehung dem Aufstieg des Nationalsozialismus verdankt. Ihr kirchenpolitisches Ziel war, dem „Dritten Reich" eine evangelische Reichskirche mit einem Reichsbischof an die Seite zu stellen, was durch Gleichschaltung der Kirche mit dem NS-Staat erreicht werden sollte.

4 Vgl. zum Gesamtkomplex Helmut Baier: Kirchenkampf in Nürnberg 1933 – 1945, Nürnberg 1973

5 Vgl. hierzu die einschlägigen Artikel dieser Jahre im „Korrespondenzblatt für die evang.-luth. Geistlichen in Bayern" (LKAN, Z 205).

6 Helmut Baier: Die Deutschen Christen Bayerns im Rahmen des bayerischen Kirchenkampfes, Nürnberg 1968, S. 32 ff.

7 Ders.: Der Pfarrerverein im „Dritten Reich", in: 100 Jahre Pfarrer- und Pfarrerinnenverein in Bayern, Nürnberg 1991, S. 34 ff.

8 Ders.: Die DC Bayerns, S. 43 f.

9 Landeskirchliches Archiv Nürnberg [= LKAN], KKU 11/1

10 Joachim Beckmann: Kirchliches Jahrbuch 1933 – 1944, Gütersloh 1948, S. 13

11 Vgl. Anm. 7

12 Umfassende Berichte in Fränkischer Kurier Nr. 161 vom 12.06.1933 und in Allgemeine Rundschau Nr. 139 vom 12.06.1933

13 Julius Schieder: 50 Jahre Evangelisches Nürnberg 1914 – 1964 [Nürnberg 1964], S. 4 f.

14 Vgl. Berichte in der Nürnberger Zeitung vom 15./ 16., 17. und 18.07.1933

15 Evangelium im Dritten Reich Nr. 31 vom 30.07.1933

16 Helmut Baier: Kirchenkampf in Nürnberg, S. 6

17 Vgl. Anm. 11 und 12

18 Helmut Baier: Die DC Bayerns, S. 111

19 Bekennende Kirche (BK) nannte sich im Kirchenkampf die kirchliche Opposition gegen innerkirchliche und staatliche Verfremdung der Kirche. Eine der Wurzeln lag im „Pfarrernotbund" von Martin Niemöller. Die bayerische Landeskirche rechnete sich als sogenannte intakte (nicht durch die „Deutschen Christen" zerstörte) Kirche zur BK.

20 Ebd. S. 112 ff.; Baier, Kirchenkampf in Nürnberg, S. 11 ff.

21 Schieder, D. Hans Meiser, S. 21 ff.; Utho Grieser: Himmlers Mann in Nürnberg. Der Fall Benno Martin: Eine Studie zur Struktur des Dritten Reiches in der „Stadt der Reichsparteitage", Nürnberg 1974, S. 112 ff.

22 Helmut Winter (Hrsg.): Zwischen Kanzel und Kerker. Augenzeugen berichten vom Kirchenkampf im Dritten Reich, München 1982, S. 75

23 LKAN KKU 15/I: Der Kirchenkampf in Nürnberg vom 15.09. – 18.10.1934 (hektographierter Bericht)

24 Fränkische Tageszeitung vom 17.09.1934

25 Schieder, Evangelisches Nürnberg, S. 6; Baier, Die DC Bayerns, S. 116 ff.; Schieder, D. Hans Meiser, S. 22

26 Ebd.

27 Helmut Baier: Die DC Bayerns, S. 128 ff.

28 Ebd. S. 133 ff.

29 Ebd. S. 146 ff.

30 Staatsarchiv Nürnberg, Prozeßakt der Staatsanwaltschaft Nürnberg 179/4s Nr. 50; Schieder, D. Hans Meiser, S. 25 f.

31 Schieder, Evangelisches Nürnberg, S. 7; Baier, Die DC Bayerns, S. 155 f.

32 Ebd. S. 158 – 172

33 Helmut Baier: Kirchenkampf in Nürnberg, S. 29

34 Kirchliches Amtsblatt Nr. 40 vom 24.11.1934, S. 197

35 Helmut Baier: Kirchenkampf in Nürnberg, S. 30

36 Helmut Baier: Die DC Bayerns, S. 220 f.

37 LKAN, KKU 22/I: Zur Schulfrage, S. 17 (datiert etwa Mai oder Juni 1936)

38 Helmut Baier: Kirchenkampf in Nürnberg, S. 34

39 Vgl. zum Gesamtkomplex Werner Piutti: Ein lehrreicher Vorgang. Grundsätzliches und Praktisches zum Nürnberger Schulkampf, Wuppertal-Barmen [1936]

40 Ebd.

41 Ebd. S. 7

Hetzkarikatur aus „Der Stürmer" (1936, Nr. 44)

Die „heilige" Schrift

DAS ALTE TESTAMENT

Den Geist, der aus dem Buche spricht,
Versteht die deutsche Jugend nicht

42 Ebd. S. 14

43 Helmut Baier: Kirchenkampf in Nürnberg, S. 35

44 Geuder: Im Kampf um den Glauben, S. 115

45 LKAN, KKU 22/II: Rundschreiben des Landeskirchenrats an alle Pfarrämter vom 4. Mai 1937

46 LKAN, KKU 12/I: Bericht des Landeskirchenrats an die Pfarrämter und Dekanate des Kirchenkreises Ansbach vom 31.01.1938

47 LKAN, KKU 22/II: Bericht Meisers an alle Pfarrämter usw. vom 20.07.1938

48 Helmut Baier: Kirchenkampf in Nürnberg, S. 36

49 LKAN, KKU 22/II: Kundgebung vom 14.12.1938

50 Vgl. zum Gesamtkomplex:... wo ist dein Bruder Abel. 50 Jahre Novemberpogrom. Christen und Juden in Bayern in unserem Jahrhundert, Nürnberg 1988 (Ausstellungskatalog des Landeskirchlichen Archivs)

51 Winter: Zwischen Kanzel und Kerker, S. 79

52 Geuder: Im Kampf um den Glauben, S. 154

53 In „judenchristlichen Gemeinden" sollten die Evangelischen nicht rein „arischer" Abstammung zusammengefaßt, damit aus dem Gemeindeleben ausgeschieden und diskriminiert werden.

54 ... wo ist dein Bruder Abel, S. 136

55 Geuder: Im Kampf um den Glauben, S. 163

56 Ebd.

57 Ebd.

58 Helmut Baier: Kirche in Not. Die bayerische Landeskirche im Zweiten Weltkrieg, Nürnberg 1979, S. 227 ff.;... wo ist dein Bruder Abel, S. 151 ff.

59 LKAN, KKE Nr. 71

60 ... wo ist dein Bruder Abel, S. 156

61 LKAN, Diak. Werk der Evang.-Luth. Kirche in Bayern Nr. 1552

62 Ebd.

63 Ebd. Weitere Einzelfälle in: ... wo ist dein Bruder Abel, S. 167 ff.

64 LKAN, KKE Nr. 71

65 ... wo ist dein Bruder Abel, S. 156

66 LKAN, Kriegschronik 1939 – 1945 der Pfarrei Nürnberg-St.- Jakob; vgl. auch Geuder: Im Kampf um den Glauben, S. 178

67 LKAN, KKU Nr. 15/V: Abschrift der Rede vom 23.09.1939

68 LKAN, KKU Nr. 12/II

69 LKAN, KKU Nr. 18/IV

70 LKAN, KKF Nr. 9

71 Vgl. Baier, Kirche in Not, S. 14 ff.

72 LKAN, KKU Nr. 17/IV

73 LKAN, KKU Nr. 12/VI

74 LKAN, KKU Nr. 15/VII

75 Kirchliches Amtsblatt Nr. 5 vom 21.3.1941

76 LKAN, KKU Nr. 12/IV

77 Vgl. die einschlägigen Kapitel in: Baier, Kirche in Not

78 Helmut Baier: Kirche in Not, S. 55

79 LKAN, KKU Nr. 4/X: 22.1.1945

80 Geuder: Im Kampf um den Glauben, S. 229

81 LKAN, Pfarrarchiv St. Jakob Nr. 25 b

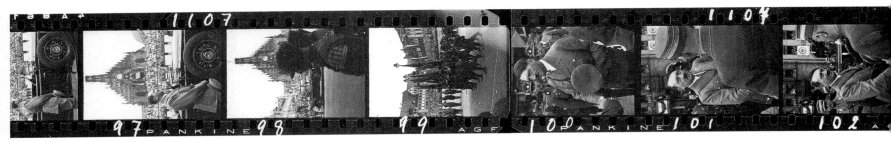

Ohne besondere Vorkommnisse?

Michael Kaiser

Militär in Nürnberg 1933–1945

Durch die Bestimmungen des Versailler Vertrages von 1919 und die damit verbundene Reduzierung der deutschen Streitkräfte auf 100 000 Mann hatte Nürnberg, im Gegensatz zu der Zeit vor dem Ersten Weltkrieg, an Bedeutung als Truppenstandort verloren. Zu Beginn des Jahres 1933 waren am Ort folgende Einheiten und Dienststellen der Reichswehr stationiert: das 21. (bayer.) Infanterieregiment (Regimentsstab und II. Bataillon) in der Infanteriekaserne Großreuth, das 7. (bayer.) Artillerieregiment (Regimentsstab, Stab III. Abteilung, 7. und 8. Batterie) in der Artilleriekaserne Großreuth, das Heeresbauverwaltungsamt, die Heeresstandortverwaltung und das Standortlazarett in der Bärenschanzstraße. Außerdem befand sich eine Abteilung der Bayerischen Landespolizei in der Kaserne an der Fürther Straße gegenüber dem Justizgebäude.

Bis zum Jahr 1939 wurde der Standort um ein Vielfaches erweitert. Dazu setzten sich die Nationalsozialisten über weite Teile des Versailler Vertrages hinweg und formulierten die gesetzlichen Vorgaben in Deutschland in bezug auf die Armee neu.

Die Reichswehr hatte 1923 einen Eid eingeführt, der die Soldaten erstmals in der deutschen Militärgeschichte primär an die Verfassung des Reiches und der Länder sowie an den Reichspräsidenten band: „Ich schwöre Treue der Verfassung des Deutschen Reiches und meines Heimatlandes und gelobe, als tapferer Soldat mein Vaterland und seine gesetzmäßigen Einrichtungen jederzeit zu schützen und dem Reichspräsidenten und meinen Vorgesetzten Gehorsam zu leisten."

An erster Stelle stand also die Verfassung der Weimarer Republik, der die Soldaten die Treue schworen. Dies sollte sich bald nach der „Machtergreifung" am 30. Januar 1933 ändern, galt es doch für die Nationalsozialisten, die Reichswehr ihrer Treue zu einer Republik zu entbinden, die sie radikal bekämpft hatten. Auf Drängen Hitlers änderte Reichspräsident Paul von Hindenburg im Dezember 1933 die Eidesformel. Unter dem Einfluß der Ideologie des „Dritten Reiches" entfiel die Verpflichtung auf die Verfassung: „Ich schwöre bei Gott diesen heiligen Eid, daß ich meinem Volk und Vaterland allzeit

treu und redlich dienen und als tapferer und gehorsamer Soldat bereit sein will, jederzeit für diesen Eid mein Leben einzusetzen."

Nach Hindenburgs Tod am 1. August 1934 war der Weg in den Führerstaat auch bei der Wehrmacht frei. Besondere Rücksichten mußten die Nationalsozialisten nun nicht mehr nehmen. Bereits einen Tag nach dem Tod des alten Reichspräsidenten wurden die Soldaten verpflichtet, den Eid auf Hitler abzulegen: „Ich schwöre bei Gott diesen heiligen Eid, daß ich dem Führer des Deutschen Reiches und Volkes, Adolf Hitler, dem Oberbefehlshaber der Wehrmacht, unbedingten Gehorsam leisten und als tapferer Soldat bereit sein will, für diesen Eid jederzeit mein Leben einzusetzen." Die Gewissenskonflikte, die diese Eidesformel bei vielen Soldaten, vor allem im Verlauf des Zweiten Weltkrieges auslöste, sind heute bekannt. Damals hat wohl fast niemand geahnt, wie verhängnisvoll sich dieser Eid auswirken sollte. Wer nicht bereit war, ihn zu leisten, wurde aus dem Dienstverhältnis entlassen.

Mit der „Proklamation der Reichsregierung an das deutsche Volk" und dem „Gesetz für den Aufbau der Wehrmacht" vom 16. März 1935 wurde die „Allgemeine Wehrpflicht" in Deutschland eingeführt und das deutsche Friedensheer, einschließlich der in die Wehrmacht überführten Landespolizeieinheiten, auf zwölf Korpskommandos und 36 Divisionen festgelegt. Die Schlagzeile der „Nürnberger Zeitung" vom 18. März 1935 lautete: „Unsere neue Wehrmacht – Allgemeine Wehrpflicht in Deutschland – Eine befreiende Tat." Das Blatt kommentierte: „Die Tat des Führers ist das befreiende Wort, das in Europa und der Welt gesprochen werden mußte. Sechzehn Jahre einer erbärmlichen Abrüstungskomödie sind verflossen, seit die Schmach von Versailles unser Heer zerbrach." Generalmajor Ritter von Schobert, zu dieser Zeit Standortältester in Nürnberg, schrieb in seinem Tagesbefehl für den 16. März: „Versailles ist tot! Der Führer hat die Ohnmächtigkeit des deutschen Volkes beendet. Die Wahrung der Ehre und Sicherheit des Deutschen Reiches ist von dieser Stunde an wieder der eigenen Kraft der deutschen Nation anvertraut." Dank einer Propaganda, die geschickt die ohnedies in der Bevölkerung

vorhandene Ablehnung des Versailler Vertrags unterstützte, stieß die Wiedereinführung der „Allgemeinen Wehrpflicht" in der Öffentlichkeit auf große Zustimmung. Im Mai 1935 wurde der Begriff „Reichswehr" offiziell durch die Bezeichnung „Deutsche Wehrmacht" ersetzt.

Nach der Bekanntgabe des Gesetzes wurde der bereits laufende Truppenausbau verstärkt. Bereits im Oktober 1934 hatte in Nürnberg im Verborgenen die Aufstellung einer Infanteriedivision unter dem Tarnnamen „Infanterieführer VII" begonnen. Am 15. Oktober 1935 konnte dann die offizielle Bezeichnung 17. Division eingeführt werden. In dieser Division dienten Nürnberger Soldaten bis zum bitteren Ende im Mai 1945.

Die ersten Einsätze erlebten Truppenteile der 17. Division aber bereits im März 1936 bei der Besetzung der entmilitarisierten Zone

des Rheinlandes, im März 1938 beim „Anschluß" Österreichs und ab März 1939 im Rahmen der Vorbereitung des Einmarsches in die Tschechoslowakei. Während der Jahre 1935 bis 1938 erfolgte durch Personalabstellungen ständig der Aufbau neuer Einheiten und Truppenteile. So blieb zum Beispiel das Infanterieregiment (IR) 21 nach der Rheinlandbesetzung in Landau/Pfalz und wurde dort zum IR 104, während das IR 21 selbst neu aufgestellt wurde. Nach dem „Anschluß" Österreichs blieben Offiziere und Soldaten dort zurück, um beim Aufbau neuer Verbände und an der Eingliederung der österreichischen Armee in die Wehrmacht mitzuwirken.

Die Vermehrung der Wehrmacht zeigt sich deutlich, wenn man einen Blick auf den Standort Nürnberg zu Beginn des Jahres 1939 wirft. Der damalige Kommandeur oder Leiter ist in Klammern angegeben.

Standort Nürnberg 1939

XIII. Armeekorps (General d. Kavallerie Frhr. v. Weichs)
(Generalkommando)
17. Division   (Generalleutnant Friderici)
(Stab)
Infanterieregiment 21 (Oberst Körbitz)
(Regimentsstab, II. Bataillon, Ersatz-Bataillon, 13.– 15. Kompanie)
Sanitätsabteilung 17 (Oberstarzt Dr. Scherpf)
(Stab, San-Staffel Nürnberg)
Artilleriekommandeur 17 (Oberst Moser)
(Stab)
Artillerieregiment 17 (Oberst Hiepe)
(Regimentsstab, III. Abteilung)
Wehrersatzinspektion Nürnberg (Generalmajor Voit)
(Wehrbezirkskommandos Nürnberg I und II)
Landwehrkommandeur Nürnberg (Generalmajor Schönhärl)
Kommandantur Nürnberg/Fürth (Oberst Wolpert)
Kommandeur der Nachrichtentruppen XIII (Oberstleutnant Fritsch)

(Nachrichtenkommandantur)
Psychologische Prüfstelle XIII (Oberst Afheldt)
Wehrmachtfürsorge und Versorgungsamt Nürnberg (Oberst Köhl)
Wehrkreisveterinärpark Nürnberg (Oberstabsveterinär Dr. Richter)
Wehrkreispferdelazarett Nürnberg (Stabsveterinär Dr. Froelich)
Transportkommandantur Nürnberg (Rittmeister Frhr. v. Maltzahn)
Heeresabnahmeinspizient Süd (Oberstleutnant Buschatzki)
Wehrwirtschaftsinspektion XIII
(Wehrwirtschaftsstelle Nürnberg)
Feldzeugkommando XIII (Oberst Rieger)
Standortlazarett Nürnberg/Fürth
Luftgaukommando XIII
(Stab)
Luftnachrichtenregiment 13
(I. Abteilung)
Flakregiment 9 (Oberst Nieper)
(Stab)

Waren 1933 etwa eintausend Soldaten der Reichswehr in Nürnberg stationiert, zählte der Standort zu Beginn des Jahre 1939 circa viertausend Soldaten der Wehrmacht.[1] Während des Krieges wurden viele Ersatzeinheiten und Kriegstruppenteile in Nürnberg aufgestellt. So befand sich in der SS-Unterkunft am Dutzendteich im

Zweiten Weltkrieg das Nachrichtenersatzregiment der Waffen-SS. Der tägliche Dienst des Soldaten war hauptsächlich geprägt vom Erlernen des militärischen Handwerkes, also Waffenausbildung, Geländedienst und Ausbildung an speziellem Gerät. Daneben wurde aber auch dem formalen Dienst (Exerzierausbildung) große

Bedeutung beigemessen. Dies war insofern wichtig, da die Wehrmacht zu den unterschiedlichsten Anlässen in der Öffentlichkeit auftrat, wobei auf exaktes und diszipliniertes Erscheinungsbild sowie auf die korrekte Ausführung von Kommandos großer Wert gelegt wurde. Die Stundeneinteilung war von Montag bis Freitag gleich,

samstags dauerte der Dienst bis 15.30 Uhr, und sonntags hatten nicht zu besonderen Diensten (Wache, UvD) eingeteilte Soldaten Ausgang. Zur Verdeutlichung der Tagesgestaltung im folgenden ein Auszug aus dem Wochendienstplan einer Batterie des in der Großreuther Artilleriekaserne stationierten Artillerieregiments 17:

Dienstag, 9. Mai 1939

6.00	Wecken	9.00 – 12.00	Geschütz- und Geräteexerzieren
6.05 – 6.15	Dämmerungsexerzieren	12.00 – 14.00	Mittagspause, Mittagessen
6.20	Kaffeefassen	14.00 – 14.30	Stiefelappell
7.00 – 7.50	Abhören der Nachrichten und Besprechen	14.30 – 16.15	Geschütz- und Geräteexerzieren
	politischer Tagesfragen	16.15 – 17.30	Unterricht über Flugzeugerkennungsdienst
7.50	Appell	17.30 – 18.15	Bekleidungsreinigen
8.00 – 9.00	Fußdienst	18.15	Bekleidungsappell

Armee und Politik

Sowohl bei der Reichswehr wie auch bei der Wehrmacht war den Soldaten das aktive und passive Wahlrecht verwehrt und die politische Betätigung untersagt. Der Abschnitt 3, § 26 des Wehrgesetzes vom 21. Mai 1935 lautet: „1. Soldaten dürfen sich politisch nicht betätigen. Die Zugehörigkeit zur NSDAP oder einer ihrer Gliederungen oder zu einem der ihr angeschlossenen Verbände ruht für die Dauer des aktiven Wehrdienstes. – 2. Für die Soldaten ruht das Recht zum Wählen oder zur Teilnahme an Abstimmungen im Reich." Gleichwohl versuchte die NSDAP auf vielfache Art und Weise Einfluß auf die Wehrmacht zu gewinnen. So heißt es zum Beispiel im Büchlein „Der Soldatenfreund – Jahrbuch für das Heer", Ausgabe 1938: „Nach dem Wehrgesetz darf der Soldat sich nicht politisch betätigen. Von diesem Verbot wird jedoch nicht das politische Denken betroffen, denn es ist selbstverständlich, daß auch die Wehrmacht den Soldaten im nationalsozialistischen Sinne erzieht. Das Wehrgesetz verbietet lediglich jede politische Betätigung des Soldaten, weil er sich während seiner Dienstzeit ganz und uneingeschränkt dem militärischen Dienst widmen soll."

Die Generalität der Reichswehr und Wehrmacht war noch weitgehend von der Monarchie geprägt. Bei den älteren Offizieren dominierte die Auffassung, sich vom politischen Geschehen fernzuhalten.

Dies bedeutet aber keineswegs, daß keine Meinung über die Politik des „Dritten Reiches" vorhanden war. Man stand der nationalsozialistischen Bewegung und ihren Repräsentanten zunächst reserviert gegenüber, manchmal auch ablehnend. So äußerte beispielsweise der Kommandierende General des XIII. Armeekorps in Nürnberg, Maximilian Freiherr von Weichs, mehrmals bei Stabsbesprechungen, man solle ihn mit dem „Psychopathen Streicher" in Ruhe lassen, wenn Wünsche oder Forderungen des Gauleiters vorgetragen wurden.[2] Auch wenn die Politik der NSDAP von Teilen der Armee abgelehnt wurde, zogen sich viele Soldaten in der eigenen Rechtfertigung auf den „Dienst an Volk und Vaterland als Waffenträger der Nation" zurück.

Unter den jüngeren Offizieren, die in den dreißiger Jahren Kompaniechefs und Bataillonskommandeure wurden, stieß die nationalsozialistische Politik vielfach auf Zustimmung. Man sah mit einer gewissen Genugtuung auf die außen- und innenpolitischen Erfolge Hitlers, die man als großen Schritt nach vorn gegenüber der Weimarer Zeit betrachtete, um „dem Reich den ihm zustehenden Platz in der Welt zu verschaffen".[3] Schließlich hatte gerade für diese Personengruppe das „Dritte Reich" durch die Heeresvermehrung auch entsprechend gute Aussichten für eine Karriere eröffnet.

Die meisten Soldaten hielten sich an das Verbot politischer Betätigung. Es gab aber auch Wehrmachtsangehörige, die eindeutig Stellung für den Nationalsozialismus bezogen und seine Politik befürworteten. So schrieb zum Beispiel Dr. Fritz Schmidt, Truppenunterrichtsleiter an der Standortschule 1 in Nürnberg, in seinem 1935 erschienenen Buch „Geschichte des II. Bataillons des 21. Infanterieregimentes": „Als granitenen Unterbau dieser Bataillonsgeschichte wählte der Verfasser das Hitlerwort, daß unsere Zeitgeschichte auf der Grundlage der Rassenfrage geschrieben werden muß. In der Tat bietet die kritische Behandlung der Judenfrage den einzigen Schlüssel zum Verständnis des Zusammenbruchs des alten Heeres und der Schwierigkeiten und Hemmungen, die sich im Wiederaufbau des jungen Reichsheeres immer und immer wieder zeigten." Im Kapitel „Ausblick" des genannten Buches ist zu lesen: „Die arische Rasse hat im arteigenen Wehrwillen ihr Lebensrecht wieder erkämpft. In diesem Glauben schauen wir – allen Fährnissen zum Trotz – als Soldaten – furchtlos und treu – in alle Zukunft! Heil Hitler!"[4]

Der Nationalsozialismus demonstrierte auch äußerlich seinen Einfluß auf die Wehrmacht. Neue Symbole prägten die Uniformierung: Am 17. Februar 1934 ersetzte der Reichspräsident die Landeskokarde an der Mütze durch das Hoheitszeichen der NSDAP (Adler mit umkränztem Hakenkreuz), das gleiche Symbol wurde auf die rechte Brustseite des Uniformrockes gesetzt. Das Hoheitszeichen ersetzte die Landesfarben auf einer Seite des Stahlhelmes, und in das Koppelschloß wurde das Hakenkreuz eingefügt. Am 5. Oktober 1935 wurde eine neue Reichskriegsflagge eingeführt (sie zeigte neben traditionellen Elementen wie dem Eisernen Kreuz in der Mitte ein Hakenkreuz), die ab 1. Oktober 1936 alle Kasernen und Dienstgebäude der Wehrmacht zu zeigen hatten. Darüber hinaus erhielten Kasernen nicht selten politisch motivierte Namen. In Nürnberg war dies jedoch nicht der Fall. Die letzte dieser Maßnahmen war die Abschaffung des traditionellen militärischen Grußes, das Handanlegen an die Kopfbedeckung. Nach dem 20. Juli 1944, dem mißglückten Attentat auf Hitler, hatten Angehörige der Wehrmacht die Ehrenbezeugung mit dem „Deutschen Gruß" zu erweisen. Dieser äußerlichen Anpassung an den Willen Hitlers entsprach der Verlust wesentlicher Befugnisse, den die Wehrmacht nach dem Sommer 1944 hinzunehmen hatte. Auch die bereits zu Jahresbeginn den Kommandeuren beigestellten „NS-Führungsoffiziere" gewannen nun größeren Einfluß auf die Armee.

Der politische Unterricht im Dienst des Soldaten beschränkte sich auf das „Besprechen politischer Tagesfragen". Was dort behandelt wurde, lag im Ermessen des leitenden Offiziers. Meist hörte man gemeinsam die Nachrichtensendung des Großdeutschen Rundfunks, während des Krieges den Wehrmachtbericht, und besprach dann einzelne Meldungen. Beim SS-Nachrichtenersatzregiment in der Kaserne am Dutzendteich wurden für die Schulung in „Weltanschauung" vier Stunden pro Ausbildungsquartal angesetzt.

Die Zusammenarbeit zwischen Dienststellen der Partei und Wehrmacht war zeitlich und regional sehr unterschiedlich. In Nürnberg fanden in erster Linie Ausbildungsunterstützungen für die ortsansässigen SA-Standarten 14, 15 und 21 der SA-Gruppe Franken sowie für die SS-Standarte Nürnberg des SS-Oberabschnittes Main statt. Schwerpunkte waren Gelände- und Gefechtsdienst sowie Waffenausbildung. Für die NSKK-Motorstandarte 78 und die NSKK-Kraftwagenabteilung 78 gab es Unterstützung durch technisches Gerät bei der Instandsetzung und Pflege der Kraftfahrzeuge und Motorräder. Das Werkstattpersonal wurde durch Offiziere und Unteroffiziere der Wehrmacht ausgebildet und geschult.

Nicht unberücksichtigt bleiben darf auch die Mitwirkung von Soldaten aller Dienstgrade bei der vormilitärischen Ausbildung der „Hitlerjugend". Die in Nürnberg zuständige Gebietsführung 18 dieser Organisation war an guten Kontakten zu den örtlichen Truppenteilen sehr interessiert.

Die Kreisleitung Nürnberg-Stadt der NSDAP bat bei den Truppenteilen jährlich um personelle Unterstützung für die Sammlungen des Winterhilfswerkes, die auch gewährt wurde. Des weiteren wurden Versorgungsdienste der Wehrmacht (Verpflegung, Sanitätsdienst) für die unterschiedlichsten Veranstaltungen abgestellt. Die Musikkorps der Regimenter spielten bei Wohltätigkeits- und anderen Veranstaltungen sowie bei den Kundgebungen an Feiertagen wie dem 1. Mai, dem „Feiertag der nationalen Arbeit", und dem Erntedankfest. Als großer Erfolg wurde der Auftritt des Musikkorps des Infanterieregiments 21 bei der Olympiade in Berlin 1936 gefeiert.

Der Aufmarsch und die Gefechtsvorführungen der Wehrmacht zählten zu den wichtigsten Programmpunkten bei den jährlich stattfindenden Reichsparteitagen der NSDAP in Nürnberg. Dafür gab es bei der 17. Division einen eigenen „Leitungsstab für Reichsparteitag". Die Berührungspunkte zwischen der Wehrmacht und der NSDAP und ihren Gliederungen waren also vielfältig, denn den Bitten, auf logistischem, kulturellem und sozialem Feld zu helfen, konnten oder wollten sich die Offiziere und Soldaten nicht entziehen.

185

Exerzierplatz der Artilleriekaserne an der Tilly-
straße mit dem großen Uhrturm

Schießen gehörte zu den jährlichen Pflichtübungen, hier auf dem Militärschießplatz am Südfried-
hof, 1937.

Aufenthaltsraum beim Infanterieregiment 21 in
der Kaserne Gustav-Adolf-Straße, 1937

Rückmarsch vom Truppenübungsplatz Grafen-
wöhr in die Garnison Nürnberg, das Artillerieregiment 7 passiert die Satzinger Mühle, 1935.

Vereidigung der Rekruten der Garnison Nürnberg-Fürth am Hauptmarkt, November 1937

Paradeaufstellung der Garnison Nürnberg auf der
Deutschherrnwiese aus Anlaß des Kommando-
wechsels bei der 7. Division, 1934.

Wehrmacht als Arbeitgeber

Bereits die Reichswehr der Weimarer Republik war ein begehrter Arbeitgeber. Das 100 000-Mann-Heer stellte nach strengen Ausleseprinzipien Freiwillige für die verschiedenen Laufbahnen ein. Es gab viele Bewerber, der Bedarf war jedoch gering, so daß eine sorgfältige Auswahl getroffen werden konnte. Bei der Wehrmacht änderte sich im wesentlichen nichts daran, wenn auch aufgrund des entsprechend höheren Personalbedarfes die Qualität der Bewerber in einigen Bereichen zwangsläufig nachließ.

Bewerber für die Laufbahn der Unteroffiziere konnten als Freiwillige nach § 12 der Wehrersatzbestimmungen eingestellt werden. Sie durften nicht verheiratet und nicht älter als 25 Jahre (Heer und Luftwaffe) sein. Gesundheitliche Eignung war ebenfalls Voraussetzung. Nach dem 28. Februar 1934 mußte darüber hinaus der „Erweiterte Nachweis der Abstammung von deutschem oder artverwandtem Blut" vorgelegt werden.[5] Die Bewerber waren bei der Wahl ihres zukünftigen Truppenteils an den zuständigen Wehrkreis gebunden (Ausnahme Kriegsmarine und Gebirgstruppe). Wurde die Bewerbung nicht für eine der Heeresunteroffizierschulen abgegeben (Schulabgänger), sollte die Lehrzeit vor Eintritt in die Wehrmacht abgeschlossen sein. Die Verpflichtungszeit bei Heer und Luftwaffe betrug zwölf Jahre. Während der Kriegszeit wurden viele Sonderbestimmungen eingeführt, vor allem für die Kriegsmarine und die Waffen-SS.

Bewerber für die Laufbahn der aktiven Offiziere mußten die Bescheinigung über Zuerkennung des Reifezeugnisses höherer Schulen oder gleichgestellter Lehranstalten vorweisen sowie eine Verpflichtung auf unbegrenzte Dienstzeit eingehen. Im übrigen galten die gleichen Voraussetzungen wie bei dem Beruf des Unteroffiziers. Zusätzlich konnten Soldaten aller Dienstgrade sich für die Offizierslaufbahn bewerben. Bei diesem Personenkreis war keine bestimmte Schulbildung erforderlich. Maßgeblich für den Aufstieg waren nach den Heeres-Beförderungs-Bestimmungen vom 8. November 1937 der „Persönlichkeitswert", die Kenntnisse und Fähigkeiten, Charakter und Leistung, die Dienstzeit und vorhandene Planstellen.

Durch den personellen Ausbau der Wehrmacht ab 1935 ergaben sich bei Offizieren und Unteroffizieren entsprechend günstige Voraussetzungen für Beförderungen. Das Ausbildungsniveau verschlechterte sich dadurch aber nicht. Die Besoldung der Berufssoldaten richtete sich nach der Besoldungsordnung C des Besoldungsgeset-

zes. 1938 erhielt beispielsweise ein Feldwebel 2430 RM, ein Oberstleutnant 9700 RM jährlich. Dazu gab es Wohngeldzuschuß, Zulagen für bestimmte Dienststellungen, Kinderzuschläge und örtliche Sonderzuschläge.

Die Berufsunteroffiziere hatten nach Beendigung ihrer aktiven Dienstpflicht die Möglichkeit zum Besuch der Heeresfachschulen und konnten bei Eignung in das Beamtenverhältnis übernommen werden. Waren mehrere Bewerber für eine Beamtenstelle vorhanden, mußte ehemaligen Berufssoldaten bei gleicher Eignung der Vorzug gegeben werden.

Daneben gab es ausführliche Regelungen über Fürsorge- und Versorgungsangelegenheiten sowie Familienunterhalt bei Unfall, Berufsunfähigkeit und Todesfall des Soldaten. Die Wehrmacht stellte gegen geringe Mieten Dienstwohnungen bereit, für verheiratete Unteroffiziere zum Beispiel auch innerhalb der Kasernen. Eigene Urlauberheime standen allen Wehrmachtsangehörigen und ihren Familien zur Verfügung. Anmeldungen und Platzvergabe wurde über besonders benannte Dienststellen geregelt. Soldaten, ihre Ehefrauen und Kinder hatten Anspruch auf freie ärztliche Behandlung durch Sanitätsoffiziere. Der Krankenhausaufenthalt sowie die Verschreibung von Heil- und Kurmitteln waren für die Soldaten kostenlos. Für unverschuldet in wirtschaftliche Not geratene Soldaten konnten Geldmittel aus der Heeres-Darlehenskasse in Anspruch genommen werden. Außerdem erhielten die Soldaten Beihilfen bei Krankheits-, Geburts- und Todesfällen.

Die Heirat von Berufssoldaten erforderte die Zustimmung des Dienstherrn und durfte nicht vor Vollendung des 25. Lebensjahres oder des sechsten Dienstjahres erfolgen. Die Genehmigung erteilte in der Regel der Kommandeur des Truppenteils nach eingehender Prüfung der Heiratswilligen und ihrer wirtschaftlichen Verhältnisse. Zusätzlich mußten die Brautleute eine amtsärztliche Untersuchung nach dem „Ehegesundheitsgesetz" nachweisen. Wurde die Genehmigung nicht erteilt und trotzdem geheiratet, führte dies zur Entlassung aus dem Dienstverhältnis. Jung verheiratete Paare konnten ein Ehestandsdarlehen in Anspruch nehmen.

Zu keiner Zeit hatte die Wehrmacht ein Nachwuchsproblem. Neben den wirtschaftlichen Voraussetzungen und Aufstiegsmöglichkeiten trug sicher auch das große Ansehen des Soldatenstandes in der Bevölkerung dazu bei. Der Militärdienst galt als Ehrendienst an Volk

Begeisterter Empfang für die 98. Infanteriedivision am 4. August 1940 nach der Beendigung des Frankreichfeldzuges

und Vaterland, der sich eines vorbehaltlosen Rückhaltes bei der Bevölkerung erfreuen durfte. Man suchte die Nähe zu den am Wohnort stationierten Soldaten, wie sich an der Beteiligung der Bevölkerung am „Tag der Wehrmacht" oder sonstigen Veranstaltungen der Garnison deutlich ablesen läßt. Für Soldaten gab es Preisermäßigungen bei Konzerten und kulturellen Veranstaltungen. Auch das Opernhaus, die Lichtspieltheater und verschiedene Lokale gewährten Preisnachlässe für Wehrmachtsangehörige. Es geschah des öfteren, daß Soldaten die Zeche bezahlt oder Eintrittskarten durch Passanten spendiert wurden. Bei den Vorführungen der Wehrmacht anläßlich der Reichsparteitage war das Zuschauerinteresse in der Regel am größten. Für das Wohl der Soldaten wurde auch in den von der Wehrmacht und der Stadt eingerichteten Soldatenheimen gesorgt. Während des Krieges stand das Urlauberheim am Nürnberger Bahnhofsplatz durchreisenden Wehrmachtsangehörigen kostenlos zur Verfügung.

Erster Ausgang der Rekruten mit Zug- und Grup-
penführer zur Besichtigung der Kaiserburg,
Dezember 1940 (oben). Daneben die Rückseite
des Fotos.

Verlegung des Ersatzbataillons IR 21 nach Jugo-
slawien, Sommer 1943. Die Soldaten haben zum
Abschied die Nürnberger Burg auf die Waggon-
tür gezeichnet.

Nürnberger Einheiten im Krieg

Im Zweiten Weltkrieg kämpften Nürnberger Truppenteile auf fast allen Kriegsschauplätzen. Nürnberger Bürger dienten als Soldaten oder Angehörige des Wehrmachtsgefolges bei Heer, Luftwaffe und Kriegsmarine. Als kurzes Beispiel sei hier der Weg des „Nürnberger Hausregimentes", des Infanterieregimentes 21, dargestellt. Das IR 21 war von Beginn des Polenfeldzuges an in Kampfhandlungen verwickelt und hatte in nur wenigen Wochen achtzig Gefallene, 239 Verwundete und 59 Vermißte zu beklagen. Im Oktober 1939 wurde das IR 21 an die Mosel verlegt und war im Verlauf des Frankreichfeldzuges ab 10. Mai 1940 an mehreren entscheidenden Schlachten mit teilweise hohen Verlusten beteiligt. So verzeichnete das Regiment allein in dem drei Tage andauernden Gefecht bei Longwy 79 Gefallene und 214 Verwundete. Nach der Beteiligung an Übungen für das Unternehmen „Seelöwe" (geplante Landung in England) in Flandern wurde das IR 21 im Mai 1941 quer durch Deutschland nach Osten transportiert und bezog Bereitstellungsräume in dem von deutschen Truppen besetzten Teil Polens.

Den Beginn des Krieges gegen die Sowjetunion erlebte das Regiment zunächst in zweiter Linie. Im weiteren Verlauf des Jahres 1941 war es an der Offensive gegen Moskau beteiligt, und die Soldaten durchlitten die Schlammperiode und den Wintereinbruch mit Minustemperaturen bis zu 45 Grad Celsius ohne entsprechende Ausrüstung. Bei einem Gefecht in der Nähe von Trostje am 15. November 1941 wurden innerhalb weniger Stunden 118 Soldaten getötet oder verwundet. Im Mai 1942 kam das völlig abgekämpfte Regiment zur „Auffrischung" und Ausbildung nach Frankreich, ehe es im April 1943 erneut in die Sowjetunion verlegt wurde. Bis Kriegsende kämpfte das Regiment nun ständig an der Ostfront. Am 8. Mai 1945 erhielt es in Schlesien den Befehl, ab 24 Uhr das Feuer einzustellen. Für die Soldaten begann der Weg in eine oft jahrelange Gefangenschaft.

Konnte die Stadt Nürnberg nach dem Ersten Weltkrieg noch ein Gefallenengedenkbuch mit annähernd 10 000 Namen herausgeben, so ist dies nach dem Ende des Zweiten Weltkrieges nicht mehr möglich gewesen. Wieviele Nürnberger als Soldaten im Krieg und in der Gefangenschaft ihr Leben lassen mußten, konnte bis heute nicht genau ermittelt werden. Man kann jedoch davon ausgehen, daß die Zahl der Opfer um ein Vielfaches größer ist als die des Ersten Weltkrieges.

1 Genaue Zahlen waren hier nicht zu ermitteln. Der Berechnung wurde eine Kompanie-/Batteriestärke von durchschnittlich 120 Soldaten, für Stäbe eine Stärke von 80 Soldaten zugrunde gelegt. Diese Zahlen beziehen sich auf Angaben von Wilhelm Schoepf, einem ehemaligen Kompaniechef.
2 Nach Aussagen von ehemaligen Offizieren, so zum Beispiel von Oberstleutnant a.D. Wilhelm Schoepf und Oberstleutnant a.D. Heinz Hofmann
3 Ebd.
4 Fritz Schmidt: Geschichte des II.Bataillons des 21.Infanterieregiments in Nürnberg, Nürnberg 1935, Vorwort und S. 212
5 Mit diesem Datum wurde der „Arierparagraph", für das Berufsbeamtentum bereits im April 1933 angeordnet, in der Reichswehr eingeführt. Als „nichtarisch" waren 10 Offiziere, 11 Offiziersanwärter, 16 Unteroffiziere und 32 Mannschaften betroffen, die daraufhin entlassen wurden. Vgl. Militärgeschichtliches Forschungsamt (Hrsg.): Tradition in deutschen Streitkräften bis 1945, Herford 1986, S. 272f.

Die Geschichte des Standorts Nürnberg ist bis heute nur in Ansätzen erforscht. Außer einigen kleineren Aufsätzen in Festschriften zu Kameradschaftstreffen und Beiträgen zu Soldatenjahrbüchern existieren für den Zeitraum von 1933 bis 1945, und hier insbesondere über den Ausbau der Wehrmacht ab 1935, bislang keine wissenschaftlichen Darstellungen. So konnte dieser Beitrag nur mit Hilfe noch lebender Zeitzeugen entstehen. Ich danke hier insbesondere dem Verband deutscher Soldaten Nürnberg e.V., der Kameradschaft ehemaliges Artillerieregiment 7 und der Kameradschaft der ehemaligen 183. Infanteriedivision e.V. für die wertvolle Unterstützung. Ehemalige Soldaten aller Dienstgrade und deren Angehörige haben durch eine Vielzahl von Gesprächen zum Entstehen dieser Abhandlung beigetragen.

Für die Überlassung von Photographien und zeitgenössischen Dokumenten sage ich allen Genannten ebenfalls meinen Dank. Besonderer Dank gilt Oberstleutnant a.D. Wilhelm Schoepf und Stabswachtmeister a.D. Alois Gast.

Als weiterführende Literatur kann auf folgende Veröffentlichungen verwiesen werden: Heeres-Personalamt (Hrsg.): Rangliste des deutschen Reichsheeres 1930, Berlin 1931; Hans-Henning Podzun (Hrsg.): Das deutsche Heer 1939, Bad Nauheim 1953 (Nachdruck); Werner Haupt: Die deutschen Infanteriedivisionen 1-50, Friedberg 1991; Militärgeschichtliches Forschungsamt (Hrsg.): Symbole und Zeremoniell in deutschen Streitkräften, Herford 1984; Oertzen'scher Taschenkalender für die Offiziere des Heeres, Grimmen in Pommern o.J.; Regimentskameradschaft IR 21: 50 Jahre IR 21 1921-1971, Nürnberg 1971; Der Soldatenfreund – Jahrbuch für das Heer, Hannover 1938.

Nürnberg im Fadenkreuz. Auf dieser Einweisungskarte für amerikanische Bomberbesatzungen sind die wichtigsten Bahnanlagen eingezeichnet: der Hauptbahnhof (IA), das Bahnbetriebs- und Ausbesserungswerk Nürnberg Hauptbahnhof (IB) und der Rangierbahnhof (I). Am rechten Bildrand ist deutlich das Reichsparteitagsgelände mit der gigantischen Baustelle des Deutschen Stadions zu erkennen. Die Aufnahme entstand im Oktober 1943.

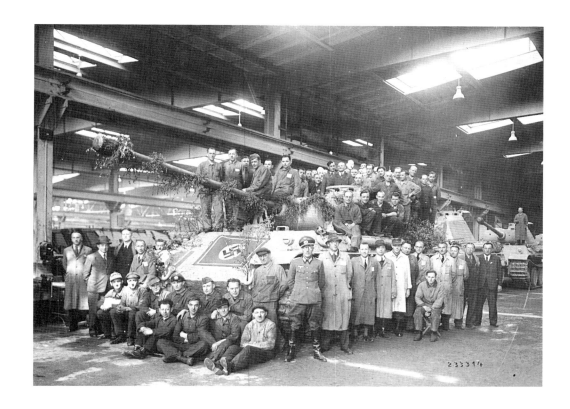

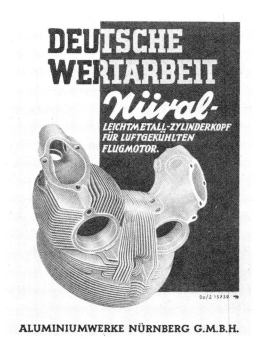

DEUTSCHE WERTARBEIT

Nüral-

LEICHTMETALL-ZYLINDERKOPF FÜR LUFTGEKÜHLTEN FLUGMOTOR.

ALUMINIUMWERKE NÜRNBERG G.M.B.H.

ZÜNDAPP MOTORRÄDER bekannt für Zuverlässigkeit

ZÜNDAPP-WERKE G.M.B.H. NÜRNBERG

Abnahmefeier bei der MAN: Von 1943 bis 1945 wurden hier rund 2000 dieses 44 Tonnen schweren Panzer-Kampfwagen V gebaut. Das war fast ein Drittel der Gesamtproduktion dieses Typs. Sehr beweglich und mit einer 7,5 cm Kanone bewaffnet, galt der „Panther" auch bei Sowjets und Amerikanern als der beste Kampfpanzer der Wehrmacht. Aufnahme vom Sommer 1943. Wertarbeit aus Nürnberg: Viele bekannte Industriebetriebe der Stadt waren während des „Dritten Reiches" wichtige Zulieferer für die Kriegsmaschinerie der Nationalsozialisten.

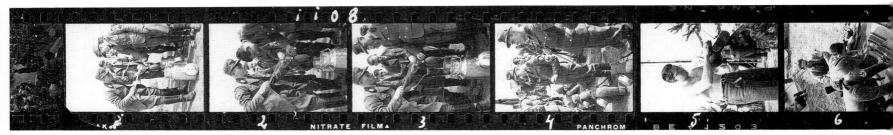

Nürnberg im Fadenkreuz

Bombardierung und Vernichtung

Georg Wolfgang Schramm

Bombenkrieg: Er bedeutete für die meisten Nürnberger den entscheidensten Einschnitt in ihrem bisherigen Leben. Der „ganz normale Alltag" des „Dritten Reichs" war damit endgültig zu Ende. Der Krieg hatte Franken erreicht, es gab bald kein „hinten" und „vorne" mehr, das Wort „Heimatfront" machte die Runde. Der nervenzerfetzende Heulton der Sirene bestimmte mehr und mehr den Tagesablauf. Waren es 1939 nur zwei Alarme (davon ein Fehlalarm) – schon 1943 kannten sogar Kinder den Unterschied zwischen „öffentlicher Luftwarnung", „Fliegeralarm" oder „Entwarnung".

Zwar hatten die Nationalsozialisten, Reichsmarschall Hermann Göring voran, den Deutschen versprochen, daß die Luftwaffe den Himmel freihalten würde. Aber daß Deutschland eine „Festung ohne Dach" war, wurde auch dem letzten klar, als in der Nacht vom 28. auf den 29. August 1942 der erste Luftangriff auf Nürnberg erfolgte. Es waren „nur" fünfzig britische Bomber, aber 136 Menschen starben, überall waren schwere Schäden entstanden. Wer sehen wollte, der konnte sehen. Allerdings, die NS-Propaganda tat ihr Möglichstes, um die Folgen des Angriffs zu verschleiern. Nur 21 Zeilen künden in der „Nürnberger Zeitung" am 31. August vom Angriff: „Im Stadtgebiet entstanden verschiedene Brände. Außerdem wurden durch Sprengbomben Gebäudeschäden verursacht. Militärische Ziele wurden nicht getroffen ...". Verschleiern konnte man die Wahrheit nur vor der eigenen Bevölkerung. In Großbritannien hatten die Spezialisten der Royal Air Force schon am Tag nach dem Angriff mit der Auswertung von Luftbildern begonnen. Ihnen entging dabei kein Detail. Zerstörte Wohnhäuser registrierten sie ebenso wie Schäden in Fabriken und Bahnanlagen.

Dabei war diese Nacht erst ein Vorspiel gewesen. Insgesamt flogen Briten und Amerikaner zwischen dem 21. Dezember 1940 und dem 11. April 1945 44 größere und kleinere Angriffe auf Nürnberg. Vom Sommer 1944 bis Kriegsende diktierten sie den Tagesablauf der zuletzt nur noch 200 000 Menschen in der Stadt.

Ironie der Zeit: Die „Volksgenossen" waren nun fast wirklich alle gleich. Fliegerbomben kannten weder arm noch reich, weder Freund

noch Feind. Sie zerfetzten Deutsche und Amerikaner, verschütteten Russen und Franzosen, Frauen, Parteifunktionäre, Gefangene, Kranke, Zwangsarbeiter, Kinder. Bomberpulks bestimmten über Schulende und Produktionsabläufe, änderten Fahrpläne der Reichsbahn ebenso wie den Tagesablauf im Operationssaal. Luftschutzgepäck, Gasmaske, Kübelspritze, Phosphor, Lancaster, Volltreffer, Flaksplitter, Löschwasservorrat, Deckungsgraben – das waren einige der neuen Worte, die jetzt die Alltagssprache „bereicherten".

Dabei hatte alles anscheinend harmlos begonnen. 1933 war der Reichsluftschutzbund gegründet worden. Am 26. Juni kam das Luftschutzgesetz – vom „Fürther Anzeiger" mit der Schlagzeile „Die Zeit verlangt es: Luftschutz ist Volksschutz" kommentiert.[1] Ab 1936 mußten Männer und Frauen in der „Luftschutzschule Hermann Göring" den Kampf gegen Brandbomben und Giftgas üben. HJ-Pimpfe radelten bei Übungen mit Gasmasken auf dem Kopf durch die Stadt, Luftschutzwarte spähten bei nächtlichen Verdunkelungsaktionen nach verräterischem Lichtschein. Als am 1. September Adolf Hitler den Zweiten Weltkrieg begann, war im Luftschutz noch relativ wenig geschehen. Bunker gab es in Nürnberg keine, Luftschutzkeller nur wenige. Die zum „Sicherheits- und Hilfsdienst" eingezogenen Männer hatten kaum Uniformen und Unterkünfte – nicht nur hier.[2] Glück im Unglück, Nürnberg wurde erst 1943 Ziel eines wirklichen „Großangriffes". So hatten Luftschutzkräfte, für deren Aufstellung und Einsatz der Polizeipräsident als örtlicher Luftschutzleiter verantwortlich war, und Stadtverwaltung mehr als genügend Zeit, sich vorzubereiten und aus den Fehlern anderer zu lernen. In diesen Jahren entstanden wirklich bombenfeste Bunker und Felsenkeller, wurden Kunstwerke in Sicherheit gebracht[3], Löschwasserbehälter angelegt und Fluchtwege ausgeschildert. „Ein gnädiges Schicksal" – so bezeichnete ein ehemals Verantwortlicher jene Jahre, in denen Versäumtes nachgeholt wurde.[4] Ohne diese späten Anstrengungen im Luftschutz wäre die Zahl der Bombenopfer wohl erheblich größer gewesen. Trotzdem: Als am 20. April 1945 die Amerikaner auf dem Hauptmarkt ihre Siegesparade abhielten, waren

in der Stadt mehr als 6000 Menschen durch Bomben umgekommen. Auch was Luftverteidigung und Luftschutz betraf, hatten Hitler und Göring ihre „Volksgenossen" im Stich gelassen, auch in Nürnberg, wo ihnen einst Hunderttausende begeistert zugejubelt hatten.[5]

Vom „Schatzkästlein" des Deutschen Reiches war nur noch eine Trümmerwüste geblieben: die historische Altstadt ausradiert, fünfzig Prozent aller Wohngebäude total zerstört oder auf das Schwerste angeschlagen, zwei Drittel aller öffentlichen Bauten vernichtet oder schwer beschädigt. Vom Stadtarchiv bis zum Klinikum, von der Frauenkirche bis zur Burg: eine Ruine neben der anderen.[6]

Luftschutzgruppe in Nürnberg 1937. Die gesetzliche „Luftschutzpflicht" von 1935 bestimmte, daß „Luftschutzwarte" sogenannte Luftschutzgemeinschaften unterrichten sollten. Die „Volksgenossen" lernten das richtige Verhalten bei Flugalarm, die Brandbekämpfung und das Aufräumen nach Bombenangriffen.

Drei Plakatanzeigen für die Kriegssammlung

An Spinnstoffen und vor allem Schuhwerk herrschte schon im zweiten Kriegsjahr großer Mangel. Schuhabgabestellen wurden eingerichtet und immer wieder Sammlungsaktionen veranstaltet. 1943 wurden 1000 Paar Altschuhe und 6550 kg Spinnstoffe in Nürnberg gesammelt. Auf dem Bild Altschuhabgabe im Mai 1940.

Spinnstoff- und Schuhsammlung 1940

Annahmestelle der Ortsgruppe Altstadt-Nord

Metalle aller Art wurden ebenfalls gesammelt, um wiederverwendet zu werden. Auch das Reiterdenkmal des Prinzregenten Luitpold, das vor dem Hauptbahnhof gestanden hatte, wurde eingeschmolzen. Im Bild ein sicherlich beabsichtigtes Arrangement der Überreste.

Nürnberg als Bombenziel

„Warum traf es gerade Nürnberg?" – eine Frage, die immer wieder gestellt wird. Die Antwort liegt auf der Hand. Als zweitgrößte Stadt Bayerns war Nürnberg auch ein wichtiges industrielles Zentrum. Das Code-Buch des Heereswaffenamtes, eine geheime Liste aller Fertigungskennzeichen für Waffen, Munition und Gerät, führte 129 Buchstabengruppen für Rüstungslieferanten auf. Von „aqf" für die Aufzugwerke Schmitt u. Sohn, über „bnd" für die Maschinenfabrik Augsburg-Nürnberg AG, Werk Nürnberg, bis zu „nbw" für die Zipp Werk GmbH reichte die Liste.[7]

Im Gegenzug führten die Planer der Alliierten Luftstreitkräfte Listen mit Bombenzielen verschiedener Wertigkeitsstufen. Hauptziel der amerikanischen Luftstreitkräfte war die „enemy national structure", die Paralysierung von Militär, Wirtschaft und Industrie des Gegners. Dementsprechend waren etwa das Transportwesen, die Kugellagerindustrie oder die Treibstofferzeugung Ziele ihrer Bomber, nicht die Moral der Zivilbevölkerung. Präzisionsangriffe am Tage statt Flächenbombardements bei Nacht, darin lag der wichtigste Unterschied zur Luftkriegsführung der Briten.[8]

„Priority 1" – in diese Kategorie fiel während des ganzen Krieges die MAN. Kein Wunder, spätestens seit 1938 wurden an der Frankenstraße Panzer gebaut: zunächst leichte Panzer II, zu Beginn des Krieges dann auch mittelschwere Panzer III. Allerdings: Noch 1940 hatte die Panzerfertigung in Nürnberg nur zehn Prozent Anteil an der gesamten Fertigungskapazität des Werkes. Für 1940 entsprach dies 178 Kampffahrzeugen beider Typen. Neben Lkw, Traktoren und Schienenfahrzeugen baute die MAN auch weiter Kräne, Dampfturbinen und -kessel, Großmotoren, hydraulische Pressen und Heizungsanlagen. Mit der Entwicklung des Panzers V „Panther" verschoben sich jedoch die Gewichte: 1943 verließen 525 „Panther" und 24 Panzer II das Werk, 1944 1385 „Panther" und 42 Panzer II. Möglich geworden war der höhere Ausstoß unter anderem, weil dafür 1944 die Fertigung des 4,5-t Lastwagen eingestellt worden war. 1943 begann die MAN auch mit dem Lizenzbau von Maybach-Panzermotoren. Erst der amerikanische Tagangriff vom 3. Oktober 1944 führte zu einem spürbaren Einbruch der Produktion. Vier weitere Großangriffe brachten dann bis März 1945 die Panzerfabrikation fast völlig zum Erliegen. 1945 wurden nur noch siebzig „Panther" gebaut. Insgesamt waren bis Kriegsende in Nürnberg mehr als 3100 Kampfpanzer hergestellt worden.[9]

Ebenso wichtig wie der Panzerbau war für die Kriegführung des „Dritten Reiches" die Bahn. Auch auf diesem Gebiet hatte Nürnberg eine strategisch wichtige Funktion. Hier kreuzten sich zwei Hauptrouten, eine vom Ruhrgebiet Richtung Wien und weiter nach Südosteuropa sowie die von Berlin via Halle/Merseburg über München nach Italien. Entsprechend groß war auch die Bedeutung des Rangierbahnhofes. Auf 2900 Waggons innerhalb von 24 Stunden schätzten die Alliierten bereits 1942 seine Kapazität. Ebenfalls ein „Priority 1"-Ziel war 1944 das Reichsbahnausbesserungswerk Nürnberg Hauptbahnhof. Unter anderem wegen seiner großen Kapazitäten zur Instandsetzung von Lokomotiven stuften die amerikanischen Luftstreitkräfte Nürnberg als nach München zweitwichtigstes Bahnziel Süddeutschlands ein.[10]

Hinzu kamen noch weitere Betriebe, die wichtige Rüstungsgüter herstellten, zum Teil sogar Schlüsselprodukte. So lieferte die Firma Leistritz Kraftstoff-Einspritzpumpen für Flugmotoren, später Turbinenschaufeln für Strahltriebwerke. TEKADE war einer der größten Produzenten von Röhren für Funkgeräte. Für die V1-Flugbombe baute das Werk einen kleinen, aber wichtigen Peilsender, der es möglich machte, die Einschlagstelle zu lokalisieren. Das Unternehmen Victoria lieferte Preßluftmotoren für Torpedos, später den sogenannten „Riedel-Anlasser" für das Strahltriebwerk Junker Jumo 004, das auch im Düsenjäger Messerschmitt 262 eingebaut war. Die Firma Kugel-Müller bewerteten die Alliierten als den vielleicht wichtigsten Hersteller kleiner Hochpräzisionslager, ein detaillierter Plan für einen Angriff auf den Industriebetrieb war ausgearbeitet.[11] Siemens fertigte in der Südstadt neben Elektromotoren und Transformatoren auch Scheinwerfer für die Flugabwehr und die Marine, dazu Geräte, die die Scheinwerfer steuerten – wichtig in der Zeit, als die Radartechnik noch in den Kinderschuhen steckte. Die Amerikaner vermuteten außerdem, daß bei Siemens noch verschiedene Zünder gebaut würden.

Weitere wichtige Namen waren etwa die Aluminiumwerke Nürnberg (NÜRAL), das Eisenwerk Tafel, Chillingworth und Zündapp. Die schweren Motorräder aus Nürnberg waren vom Polarkreis bis Afrika im Einsatz. Kradmelder fuhren damit über die schlammigen Rollbahnen Rußlands, Gestapo-Männer und SS ratterten auf den 750ern durch Lyon und Paris. Neumeyer versorgte die Wehrmacht mit Patronenhülsen und Artillerie-Kartuschen bis zu einem Kaliber von

10,5 cm, lieferte Laufrohlinge für Maschinengewehre ebenso wie Federbeingehäuse für Flugzeugfahrwerke und verschiedenste Kabel. Dazu kamen bahnbrechende Erfindungen, wie das Kaltfließpressen von Eisen, wichtig für ein Regime, das ohne große Messingvorräte einen Weltkrieg angezettelt hatte. So sank durch das Verfahren zum Beispiel der Preis für eine 8,8 cm-Flakgranatenhülse von 33 RM auf 5,70 RM. Kaltfließgepreßte Teile von Neumeyer wurden in das Jagdflugzeug Messerschmitt Me 109 ebenso eingebaut wie in V1-Flugbomben.[12] Nur zur Munitionsfertigung war 1935 die „Metall und Eisen GmbH" gegründet worden. In dem Staatsunternehmen waren rund 3000 Menschen beschäftigt, die meisten wohl „Ostarbeiterin-

nen". Ein weiteres Beispiel, auch für die Modernität der hier ansässigen Firmen, war das Fürther Flugzeugwerk Bachmann, von Blumenthal und Co. Die „Waggon", wie sie im Volksmund genannt wurde, setzte 1944/45 unter anderem beschädigte Düsenjäger des Typs Messerschmitt Me 262 wieder instand. Daneben fertigte das Werk auch Flugzeugteile.

Angesichts dieser wichtigen Ziele ist es kein Wunder, daß die Alliierten für das Reichsparteitagsgelände keine einzige Bombe verschwenden wollten. Es findet sich in allen Unterlagen nur am Rande: als Navigationshilfe oder mit dem Hinweis auf das dort befindliche Kriegsgefangenenlager (Oflag XIII).

Alltag im Bombenkrieg

Mit Kriegsbeginn wurde die „Volksgemeinschaft" kraft Gesetz nun auch noch zur „Selbstschutzgemeinschaft". Ihr Symbol, der „Luftschutzwart", war allgegenwärtig. Er hatte dafür zu sorgen, daß „jeder nach bestem Können dazu beiträgt, nicht nur sein, sondern auch das Gut und Blut Anderer mitzubeschützen. ,Gemeinnutz geht auch hier vor Eigennutz'."[13] Aber auch das Stadtbild hatte sich schlagartig geändert, besonders nachts: „Verdunkelung" war das Gebot der Stunde. Alle Fenster mußten lichtdicht verschlossen werden, nicht die kleinste „Lichtritze" durfte von außen zu sehen sein. Polizeistreifen hatten für die Einhaltung der Vorschriften zu sorgen. Den „Verdunkelungssündern" drohten hohe Geld- oder Freiheitsstrafen.

Überwachung war auch hier groß geschrieben. Kontrolliert wurde auch die gewissenhafte Durchführung aller angeordneten Luftschutzmaßnahmen: „Entrümplungsaktionen" und „Entlattungsaktionen", „Hausunterweisungen" und „Löschsandaktionen" sollten Nürnberg „luftschutzbereit" machen. In Mitteilungsblättern verkündete der Polizeipräsident die neuesten Anordnungen, aber auch Tips für den Ernstfall, etwa für das Packen des „Luftschutzgepäcks": „Warme Kleidung und Wäsche, festes Schuhwerk und warme Decken, Geld, Wertsachen und Wertpapiere, wichtige Urkunden, Versicherungspolice usw., Lebensmittelkarten und ähnliches, sowie Taschenlampen und andere notwendige kleine Gegenstände"[14] sollten in das Köfferchen. Und ebenfalls nicht zu vergessen: die „Volksgasmaske", auch sie mußte immer mit in den Keller.

Die NSDAP übernahm eine Reihe von Aufgaben, besonders bei der Obdachlosenfürsorge und der Betreuung von „Bombengeschädig-

ten". Hitlerjungen waren als Melder oder zum Löschen eingesetzt, SA-Männer stellten Aufräumkommandos, die NS-Frauenschaft betreute Suppenküchen. Doch zunächst waren Alarme selten, die befürchteten Angriffe blieben aus. Wer deren Folgen sehen wollte, der mußte schon nach auswärts. Nachdem zum Beispiel in der Nacht vom 12. zum 13. Oktober 1941 Schwabach bombardiert worden war, kam es zu einem regelrechten „Katastrophentourismus".

Aber schon bald lag auch Nürnberg im Fadenkreuz der Bombenschützen. Die schlimmsten Angriffe trafen die Stadt am 29.8.1942 (136 Tote), 25./26.2.1943 (17 Tote), 8./9.3.1943 (343 Tote), 10./11.8.1943 (585 Tote), 27./28.8.1943 (56 Tote), 31.3.1944 (74 Tote), 10.9.1944 (82 Tote), 3.10.1944 (353 Tote), 19.10.1944 (237 Tote), 26.11.1944 (74 Tote), 2.1.1945 (1794 Tote, völlige Zerstörung der Altstadt), 20. und 21.2.1945 (992 Tote), 16.3.1945 (517 Tote), 5.4.1945 (197 Tote) sowie am 11.4.1945 (74 Tote, letzter Fliegerangriff).[15]

Nach jedem Angriff stellten sich die Menschen die Frage, wen es gestern erwischt habe, was übrig geblieben sei. Soweit die Häuser noch standen, ging es dann daran, die Wohnungen wieder bewohnbar zu machen. Fast alles, was einmal verloren oder kaputt gegangen war, konnte kaum noch ersetzt werden. Glasscheiben waren ebenso Mangelware wie die einfachsten Hausgeräte. Schuhe und Kleider gab es sowieso nur gegen Karten. Die Versorgung mit Lebensmitteln kam zwar auch nach schweren Angriffen wieder relativ bald in Schwung, „Extras" aber gab es nur unter der Hand. Und Schwarzhandel war gefährlich, „Volksschädlingen" drohten die schwersten Strafen.

Die brennende Ecke Färberstraße/Frauentormauer

Löscharbeiten in der Karolinenstraße

Nach dem Angriff: An der Spittlertormauer versuchen Anwohner und Soldaten zu retten, was noch brauchbar ist. Die Wehrmacht schickte unmittelbar nach dem Angriff vom 28./29. August 1943 rund 4800 Soldaten zum Aufräumen in die Stadt (Aufnahme September 1942).

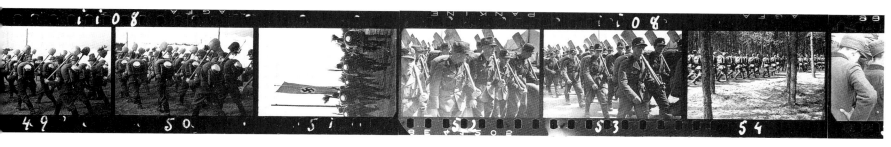

Zerstörte Häuser bei der Museumsbrücke

Die Sulzbacher Straße in Höhe des Marthahauses

Besonders in den Neubausiedlungen richtete bereits der Luftdruck explodierender Bomben schwerste Schäden an. Da die Keller der kleinen Häuser gegen schwere Bomben kaum Schutz boten, wurden 1940/41 in Kleinreuth, Thon, Ziegelstein sowie Leyher und Heisterstraße Hochbunker gebaut. Weitere bombensichere Schutzbauten entstanden in der Innenstadt.

Ab Sommer 1944 vergingen die Tage und Nächte kaum ohne einen „Fliegeralarm" oder eine „Öffentliche Luftwarnung". An ungestörten Schlaf war nicht zu denken. In den Fabriken aber wurde darauf keine Rücksicht genommen. Schon im August 1941 erhöhte zum Beispiel die MAN die Arbeitszeit im Zweischichtbetrieb von sechzig auf 75 Stunden pro Woche, später arbeitete man dort in zwei Zwölfstunden-Schichten, teilweise auch samstags und sogar am Sonntag.[16] Spätestens mit dem Luftangriff vom 2. Januar 1945 war in weiten Teilen Nürnbergs das „normale Leben" zusammengebrochen. Bis zum 10. Januar zogen sich die Löscharbeiten hin. 100 000 Menschen waren obdachlos, 27 000 wurden auf das Land evakuiert. Die Stadtverwaltung war ausgebombt worden, sie kam nur zögernd wieder in Gang. Die Liste der total zerstörten Betriebe schien endlos. Die Versorgungseinrichtungen waren zusammengebrochen.[17] Die

Einwohnerzahl der Stadt sank auf 209 000.[18] Im Frühjahr 1945 wurde schließlich jeder Aufenthalt im Freien zum Risiko. Tiefflieger feuerten auf Züge und Lastwagen, nahmen Rotkreuz- und Feuerwehrfahrzeuge[19] ebenso unter Feuer wie Bauern und Radfahrer. Auch im Stadtgebiet von Nürnberg forderten Tieffliegerangriffe Menschenleben, so am 10. April 1945 im Reichsbahnausbesserungswerk Austraße. Wer konnte, blieb im Keller oder Bunker.[20] Im letzten Mitteilungsblatt für den Selbstschutz forderte Polizeipräsident Otto Kuschow am 15. April 1945 deshalb den Bau von Einmanndeckungslöchern. Vor bunter Kleidung wurde gewarnt, größere Menschenansammlungen sollten vermieden werden. Und schließlich wurde, einen Tag vor dem Anrücken der Amerikaner, noch ein neuer Begriff geprägt: „Es gibt bei der gegenwärtigen Lage keine Verdunkelungssünden mehr, sondern nur noch Verdunkelungsverbrechen ...".[21]

Die Stimmung in der Bevölkerung

Die „Moral" der Bevölkerung stand gleich zweifach im Fadenkreuz. Auf der einen Seite war es erklärtes Ziel der britischen Luftstreitkräfte, diese zu brechen, NSDAP und Propaganda versuchten dagegen den „Volksgenossen" auch in schweren Zeiten die nötige Siegeszuversicht einzuimpfen. Kein Wunder, daß deshalb die verschiedensten Stellen als „geheim" eingestufte, detaillierte Stimmungsberichte anfertigten.[22] Auch in den amtlichen Berichten über die Folgen der Luftangriffe taucht dieses Thema immer wieder auf. Die Stimmungslage der Nürnberger, soweit sie sich heute noch nachvollziehen läßt, schwankte in den Kriegsjahren denn auch zwischen Siegeszuversicht und Mutlosigkeit. Der Wunsch nach Vergeltung wurde abgelöst von der Hoffnung auf „Wunderwaffen", die die Luftangriffe beenden konnten.

An Luftangriffe glaubten zunächst wohl nur wenige. Bereits am 21. September 1939, nur wenige Wochen nach Kriegsbeginn, wurde die Bereitschaftsstärke des Sicherheits- und Hilfsdienstes um zwei Drittel herabgesetzt. Erst als am 12./13. Oktober 1941 bei dem Luftangriff auf Schwabach auch einige Bomben auf Nürnberg gefallen waren, wurde eine „fieberhafte Tätigkeit in der einwandfreien Herrichtung der Luftschutzräume" registriert.[23] Da weitere Angriffe zunächst ausblieben, war der Luftkrieg bis Mitte 1942 anscheinend kein Thema mehr, dafür jedoch die allgemeine militärische Lage. Erst im August wurden Sorgen über die zunehmenden Luftangriffe auf das

Reichsgebiet laut. Den ersten größeren Luftangriff vom 29. August 1942 trugen die Nürnberger noch mit Gelassenheit, Oberbürgermeister Willy Liebel wurde in einigen der getroffenen Stadtteilen sogar mit „Heil-Rufen" empfangen.[24]

Trotzdem: In den „Meldungen aus dem Reich" registrierte der Sicherheitsdienst der SS im September 1942 „eine gewisse Resignation" und „Anzeichen einer Kriegsmüdigkeit". Wilde Gerüchte führten mancherorts zu „einer allgemeinen Angstpsychose vor feindlichen Fliegerangriffen".

Obwohl Stalingrad und Gerüchte über weitere schwere Luftangriffe die Stimmung drückten, verhielten sich die Nürnberger „Volksgenossen" auch noch im Frühjahr 1943 „ruhig und diszipliniert", so der Polizeipräsident in seinem Bericht zum Angriff vom 8./9. März 1943. Und obwohl die Partei „durch ihre tatkräftige Einschaltung in den Luftschutz erneut Vertrauen gewonnen" hatte, klagte zum Beispiel der Mögeldorfer Ortsgruppenleiter am 6. Mai 1943 über die negative Auslegung der berüchtigten Goebbelsrede im Berliner Sportpalast: „Das Wort vom totalen Krieg ist zum Schlagwort degradiert worden, das den unterstellten Sinn nicht mehr hat, da man seit dem letzten Luftangriff unter ‚total' die totale Vernichtung z.B. Nürnbergs versteht."[25] Ende Juli 1943 rechneten viele Bürger mit einem Fliegerangriff auf die Stadt, die Angst vor Verschüttung und flüssigem Phosphor war groß.[26] Anfang August sickerten dann erste Horrorgerüchte

über die Auswirkungen der schweren Angriffe auf Hamburg durch. Von 100 000 Toten war die Rede, sogar von der bewaffneten Niederschlagung eines Aufstandes dort.[27]

Der Bombenangriff vom 10./11. August 1943 versetzte nun auch viele Nürnberger in Panik. Rasch hatte es sich herumgesprochen, daß Wöhrd völlig niedergebrannt war, daß dort Hunderte in den Kellern umgekommen waren. Auf Gauleiter Karl Holz sollen Steine geflogen sein. Wer es sich leisten konnte, der versuchte zumindest nachts aus der Stadt zu fliehen. Als dann in der Nacht vom 27. zum 28. August ein weiterer Angriff folgte, sah sich der örtliche Luftschutzleiter gezwungen, alle für den Selbstschutz eingeteilten Männer dazu zu verpflichten, nachts in Nürnberg zu bleiben.[28] Überhaupt, der „Luftterror" gab zu großen Befürchtungen Anlaß: „Es herrscht Besorgnis, daß Deutschland den Krieg nicht gewinnen kann, wenn es dem Feind gelingt, die Zerschlagung der deutschen Rüstungszentren und die Vernichtung des deutschen Wohnraums fortzusetzen."[29]

Ab 1944 tauchte dann immer häufiger der Wunsch nach „Vergeltung"

auf, allerdings häufig gemischt mit der Sorge, daß diese zu spät komme. Bestärkt wurden solche Ansichten unter anderem durch den ungestörten Tagangriff von 172 US-Bombern auf Fürth am 25. Februar 1944: „Immer mehr setzt sich die Meinung durch, daß der Luftkrieg in sein entscheidendes Stadium getreten ist und daß, wer ihn gewinnt, auch der Sieger in diesem gewaltigsten Ringen aller Zeiten sein wird. ... Es herrscht stärkste Besorgnis vor kommenden Großangriffen ..."[30]

„Schmerzlich", „bitter", „niedergedrückt" und sogar „panikartig" – mit solchen Adjektiven beschrieben die offiziellen Stimmungswächter ab Herbst 1944 immer häufiger das, was die Menschen auf der Straße dachten, aber nur hinter vorgehaltener Hand zu sagen wagten. Die Vernichtung der Altstadt am 2. Januar 1945, immer mehr Hiobsbotschaften von den rasch näherrückenden Fronten und die Sorge um das eigene Überleben bestimmten am Kriegsende den Alltag: Mit jedem neuen Tag des Jahres 1945 wünschten sich immer mehr Nürnberger ein schnelles Ende der NS-Herrschaft herbei.

Der Endkampf

Der Zusammenbruch im Westen kam schneller, als viele erwarteten. Am 23. März 1945 überschritt die 3. US-Armee bei Oppenheim den Rhein, am 25. fiel Frankfurt am Main. Ihre einzige noch nennenswerte Niederlage erlitten die Amerikaner bei einem Kommandounternehmen auf Hammelburg, das am 28. März scheiterte – für Gauleiter Holz ein Hoffnungsfunken! Er ließ am 3. April ein Plakat anschlagen, auf dem er versicherte, daß der fränkische Boden vom Feind „gesäubert" sei! Ein Irrtum. Aschaffenburg ging noch am gleichen Tag verloren, zwei Tage später wehte das Sternenbanner über Würzburg. Am 12. April verlief die Front auf der Linie Bad Mergentheim – Würzburg – Schweinfurt – Coburg. Die 6. US-Heeresgruppe schwenkte nun Richtung Süden, ihre Verbände rollten Richtung Nürnberg. Erlangen kapitulierte am 16. April.[31] Damit begann der Kampf um die „Stadt der Reichsparteitage", „die deutscheste aller Städte".[32]

Vorbereitungen dafür waren schon im Februar angelaufen. Der Feind sollte auf einer Linie westlich von Stein und Fürth sowie im Gebiet nördlich von Nürnberg zum Stehen gebracht werden. Allerdings fehlten schwere Waffen. Zwar lagen rund um Nürnberg zahlreiche Flakbatterien, aber die Kanonen waren auf Betonsockeln verschraubt, konnten also nicht verlegt werden. Munition war dagegen genügend

vorhanden, denn auf dem Rangierbahnhof war ein Güterzug mit 10 000 8,8 cm-Granaten stehengeblieben.

Am 12. April rief Gauleiter Holz den Volkssturm auf.[33] Die Männer im Alter zwischen sechzehn und sechzig Jahren sollten drei Tage später antreten. Zum Kampfkommandanten war Oberst Richard Wolf ernannt worden. Er hatte bereits wenige Tage zuvor den Kampf um Würzburg befehligt. Ihm gelang es schließlich noch, rund 10 000 Mann zusammenzusammeln, eine bunte Mischung verschiedenster Einheiten: Luftwaffensoldaten, Feuerwehrleute, Reichsarbeitsdienst, Wehrmacht und SS. Über den Ausgang des Kampfes bestand wohl von vornherein kein Zweifel: „Er verfügt über eine bunte Speisekarte an Truppenteilen, vor allem auch der Luftwaffe, mit denen er diese Aufgabe niemals erfüllen kann", prophezeite Mitte April 1945 Cord von Hobe, der Kommandeur der 212. Volksgrenadierdivision.[34] Er wußte, wovon er sprach. Mit rund 600 Mann, fünf Panzern und vier schweren Panzerabwehrgeschützen sollte er den Raum südwestlich von Nürnberg verteidigen. Die Amerikaner dagegen rückten mit drei vollständigen Divisionen, jede rund 14 000 Mann stark, von Norden Richtung Nürnberg, dazu mehr als genügend Nachschub und kräftige Luftunterstützung.

Unbekanntes Luftkriegsopfer im Sommer 1943.

Opfer der britischen Nachtangriffe am 10./11. und 27./28. August 1943.

Am 16. April 1945 begann der Kampf. Flakgeschütze aus dem Knoblauchsland feuerten auf amerikanische Truppen, die Richtung Kalchreuth vorrückten. Trotzdem erreichten deren Panzerspitzen bereits um 12.30 Uhr die Gaststätte „Kalbsgarten" in Erlenstegen. In Nürnberg gaben die Sirenen das Signal „Feindalarm". Noch im Verlauf dieses Tages rückten die GIs in Büchenbühl, Fischbach und in der Rangierbahnhofsiedlung ein.

Am Morgen des 17. April begann Artillerie mit dem Beschuß des Stadtgebietes, US-Infanterie griff an. Am Abend hatte sie nach stellenweise schweren Kämpfen bereits zwei Drittel des Stadtgebietes besetzt. Die Straße nach Schwabach, die letzte noch offene Verbindung nach Süden, wurde abgeschnitten.

Am Abend des 18. April verlief die Front über St. Johannis, die Pirckheimerstraße zur Feuerbach-Straße nach Wöhrd, von dort zur Tullnau, zum Harsdörfferplatz und entlang der Landgrabenstraße. Am Ende des vierten Kampftages standen die Amerikaner bereits vor den Felsenkellern unter dem Paniersplatz und hatten die Befehlsstelle der Stadtwerke in der Laufer Gasse besetzt. Von Wöhrd aus waren sie zur Stadtmauer vorgedrungen, im Bereich des Celtistunnels und am Opernhaus kam es zu schweren Kämpfen. In der Nacht zogen sich die letzten deutschen Soldaten aus den Ruinen um den Hauptmarkt über die Pegnitz nach Süden zurück.

Das Ende kam am 20. April, an Hitlers 56. Geburtstag. Bis zum Mittag erreichten die Amerikaner von Norden her kampflos Burg und Hauptmarkt. Auf der Lorenzer Seite rückten sie durch das Königstor an, gegen Mittag standen sie am Weißen Turm. Bereits gegen 10.30 Uhr hatte Oberst Wolf den Kampf einstellen lassen. Nach amerikanischen Angaben kapitulierten die Deutschen ab 11 Uhr grüppchenweise. Dagegen stießen die vom Plärrer in die Altstadt einrückenden GIs noch auf heftigen Widerstand, den sie erst gegen 16 Uhr brechen konnten. In der Ruine des Polizeipräsidiums kämpfte eine kleine Gruppe um Gauleiter Holz verbissen weiter. Gegen 20 Uhr starb Holz, angeblich von einem Granatsplitter getroffen. Damit war der letzte Widerstand gebrochen. Vereinzelte Trupps deutscher Soldaten versuchten wohl noch in der Nacht vom 20. auf den 21. April, sich nach Süden durchzuschlagen.[35] Auf dem Hauptmarkt hatten die Amerikaner unterdessen bereits ihre Siegesparade abgehalten. Bei dem auch militärisch gesehen sinnlosen Kampf[36] waren auf deutscher Seite 311 Soldaten und 371 Zivilisten getötet worden.[37]

Als General George Patton, später Militärbefehlshaber von Bayern, am 26. April 1945 Nürnberg besuchte, notierte er: „An diesem Tag besuchte ich zum erstenmal die Nürnberger Innenstadt, die einen wirklich erschreckenden Anblick bot. ... Es war die vollkommenste Zerstörung, die wir bisher gesehen hatten ...".[38]

1 Fürther Anzeiger vom 19.9.1935
2 Zum Luftschutz in Nürnberg vgl. Georg Wolfgang Schramm: Der zivile Luftschutz in Nürnberg 1933-1945, Nürnberg 1983
3 Dazu vgl. Konrad Fries, Julius Linke: Der Kunstluftschutz in der Stadt Nürnberg während des Zweiten Weltkrieges. In: Mitteilungen des Vereins für Geschichte der Stadt Nürnberg, 66. Band, Nürnberg 1979
4 Erich Hampe: Der Bombenkrieg über Deutschland und seine Lehren für die künftige Zivilverteidigung. In: Allgemeine Schweizerische Militärzeitschrift, Heft 2/1958
5 So mußte in Nürnberg im Sommer 1941 der Bau bombensicherer Bunker wegen Mangels an Stahlbeton eingestellt werden. Vgl. dazu auch Albert Speer: Erinnerungen, Frankfurt/ Berlin/ Wien 1976, S. 195; David Irving: Die Tragödie der deutschen Luftwaffe. Aus den Akten und Erinnerungen von Feldmarschall Milch, Frankfurt/ Berlin/ Wien 1976, S. 354: Milch wies demnach Hitler am 6.4.1944 darauf hin, daß für den Bau des Führerhauptquartiers in Waldenburg ebensoviel Stahl und Beton verbraucht würde, als im ganzen Jahr 1944 für den zivilen Luftschutz eingeplant sei. Auf Milchs Bemerkung, daß sich das „das Volk eines Tages mal nicht mehr gefallen läßt", antwortete Hitler: „Dann lasse ich eine SS-Division einmarschieren und die ganze Bande niederschießen."
6 Zur Zerstörung der Altstadt vgl. Erich Mulzer: Die Zerstörung der Nürnberger Altstadt im Luftkrieg. In: Nürnberger Altstadtberichte, Nr. 4/1979; E. Eichhorn, G.W. Schramm, O.P. Görl: 3 x Nürnberg. Eine Bildfolge aus unserem Jahrhundert, Nürnberg 1988
7 Karl R. Pawlas (Hrsg): Oberkommando des Heeres, Heereswaffenamt. Liste der Fertigungskennzeichen für Waffen, Munition und Gerät, Nürnberg 1977 (Nachdruck)
8 Zu den Zielsetzungen im Luftkrieg siehe u.a. Horst Boog: Der strategische Bombenkrieg. Luftwaffe, Royal Air Force und US Army Air Forces im Vergleich bis 1945. In: Militärgeschichte, Heft 2/1992, sowie exemplarisch Friedhelm Golücke: Schweinfurt und der strategische Luftkrieg 1943, Paderborn 1980
9 Vgl. dazu Hartmut H. Knittel: Panzerfertigung im Zweiten Weltkrieg, Herford/ Bonn 1988
10 United States Strategic Bombing Survey, National Archives, Washington D.C., RG 349
11 Ebenda

12 Günther Wülbers: Geschichte der Kabel- und Metallwerke Gutehoffnungshütte Aktiengesellschaft und ihrer Ursprungsunternehmen. Teil III, unveröffentlichtes Manuskript, o.O. o.J.
13 Mitteilungsblatt Nr. 1 für den Selbstschutz vom 30.7.1941
14 Mitteilungsblatt Nr. 10 für den Selbstschutz vom 8.7.1942
15 Zu den Luftangriffen auf Nürnberg vgl. Roger A. Freeman: Mighty Eighth War Diary, London/ New York/ Sidney 1981; Martin Middlebrook, Chris Everitt: The Bomber Command War Diaries, Harmondsworth 1985; Georg Wolfgang Schramm: Bomben auf Nürnberg, München 1988
16 Knittel, Panzerbau, S. 84
17 Abschlußmeldung des örtlichen Luftschutzleiters vom 25.1.1945 zu dem Luftangriff am 2.1.1945, BayHStA, Reichsstatthalter 702
18 Gerhard Pfeiffer (Hrsg.): Nürnberg. Geschichte einer europäischen Stadt, München 1971, S. 464
19 Schramm, Luftschutz, S. 127 und 219
20 Gefallenmeldungen. SAN, C18, Polizeipräsidium, Nr.8. Zur Lage in den Bunkern während der letzten Kriegsmonate vgl. u.a. den Bericht von Erich Liebhardt über die letzten Kriegstage im Hochbunker Landgrabenstraße. In: Fritz Nadler: Ich sah wie Nürnberg unterging. 3. erw. Auflage, Nürnberg 1972, S. 299-304
21 SAN, F5, QNG 425, Mitteilungsblatt für den Selbstschutz, Nr. 86 vom 15. April 1945

22 SAN, C18, Nr. 4, Berichte der NSDAP Ortsgruppe Mögeldorf; BayHStA, MA 106 679, Monatsberichte des Regierungspräsidenten in Ansbach; Bundesarchiv, R 58, Chef der Sicherheitspolizei und des SD, Amt III. Meldungen aus dem Reich
23 SAN, C18, Nr. 4
24 SAN, loser Ordner „Luftkrieg". Bericht des Wehrmachtverbindungsoffizers Hptm. Hirt vom 31.8.1942
25 Ebenda
26 Ebenda, Ortsgruppe Mögeldorf vom 22.7.1943
27 Vgl. Meldungen aus dem Reich, 9.8.1943. Zwischen dem 24./25. Juli und dem 3. August 1943 flogen britische und amerikanische Bomber sieben Großangriffe auf Hamburg („Operation Gomorrha"). In den Feuerstürmen wurden 42 000 Menschen getötet, über 100 000 verletzt.
28 Erfahrungsbericht vom 19.9.1943, StaN, Landratsamt Schwabach, Ausgabe 1956, Akten Nr. 8904
29 Regierungspräsident, 7.9.1943, Bay. HStA, MA 106 679
30 Ders., 2.3.1944
31 Zu den Kämpfen im Rhein-Main-Gebiet vgl. Heinz Leiwig: Finale 1945 Rhein-Main, Düsseldorf 1985; Alois Stadtmüller: Maingebiet und Spessart im Zweiten Weltkrieg, Aschaffenburg 1982; Friedhelm Golücke: Das Kriegsende in Franken. In: Mainfränkisches Jahrbuch für Geschichte und Kunst, 28/ 1976
32 Nach Funkspruch von Gauleiter Holz an Hitler vom 18.4.1945. Stadtchronik Nürnberg
33 Stadtchronik, Eintrag zum 12.4.1945
33 Zitiert nach Erich Spiwoks, Hans Stöber: Endkampf zwischen Mosel und Inn. XIII. SS-Armeekorps, Osnabrück 1976, S. 188
35 Zum Kampf um Nürnberg siehe u.a. Gerhard Pfeiffer: Der Kampf um Nürnberg, Nürnberg 1956, SAN, unveröffentlichtes Manuskript; Erich Mulzer: Die Ereignisse in den letzten Kriegsmonaten 1945 und die Besetzung in Nürnberg. Erster Versuch einer Materialsammlung, Erlangen 1953 (Zulassungsarbeit). Helmut Günther: Die Sturmflut und das Ende. Geschichte der 17. SS-Pz.Gren.Division „Götz von Berlichingen". Mit dem Rücken zur Wand, München 1991. S. 332 bis 389
36 Vgl. dazu auch Joachim Brückner: Kriegsende in Bayern 1945, Freiburg 1987, S. 93 f.
37 Stadtchronik, Eintrag zum 20. April 1945
38 George S. Patton: Krieg wie ich ihn erlebte, Bern 1950, S. 224

ZEITTAFEL

1933

30. 1.	Ernennung Hitlers zum Reichskanzler
27. 2.	Reichstagsbrand, Zerschlagung der KPD
28. 2.	„Verordnung des Reichspräsidenten zum Schutz von Volk und Staat" Reichstagswahl (NSDAP 43,9 %; DNVP 8 %; Zentrum 11,2 %; SPD 18,3 %; KPD 12,3 %)
20. 3.	Einrichtung des Konzentrationslagers Dachau
21. 3.	„Tag von Potsdam", Bildung von Sondergerichten
23. 3.	„Gesetz zur Behebung der Not von Volk und Reich" („Ermächtigungsgesetz")
31. 3., 7. 4.	Gesetze zur Gleichschaltung der Länder mit dem Reich
1. 4.	Boykottaktion gegen jüdische Geschäfte
7. 4.	Gesetz „zur Wiederherstellung des Berufsbeamtentums"
1. 5.	Erklärung des 1. Mai zum „Feiertag der nationalen Arbeit"
2. 5.	Zerschlagung der Gewerkschaften
10. 5.	Öffentliche „Verbrennung undeutschen Schrifttums" durch die nationalsozialistische Studentenführung in Berlin
1. 6.	Das nationalsozialistische Arbeitsbeschaffungsprogramm tritt in Kraft.
2. 6.	Exilvorstand der SPD in Prag
22. 6.	Verbot der SPD
27. 6.–5. 7.	Selbstauflösung aller Parteien
6. 7.	Hitler erklärt die NS-Revolution für beendet.
14. 7.	Gesetz gegen die Neubildung von Parteien Gesetz „zur Verhütung erbkranken Nachwuchses"
20. 7.	Unterzeichnung des Konkordats zwischen Reich und Vatikan
21. 9.	Aufruf Martin Niemöllers zum Beitritt in den evangelischen Pfarrer-Notbund
12. 11.	Sogenannte Reichstagswahl und Volksabstimmung
27. 11.	Einrichtung der „NS-Gemeinschaft ‚Kraft durch Freude'"
1. 12.	Erklärung der NSDAP zur Staatspartei

1934

20. 1.	Gesetz „zur Ordnung der nationalen Arbeit"
20 .4.	Himmler wird Gestapochef.
24. 4.	Einrichtung des Volksgerichtshofs
29.–31. 5.	Erste Bekenntnissynode der Deutschen Evangelischen Kirche zu Barmen
30. 6.–2. 7.	Mordaktion gegen SA-Führer und politische Gegner („Röhm-Putsch")
2. 8.	Tod Hindenburgs, Vereinigung der Ämter des Reichskanzlers und des Reichspräsidenten durch den „Führer und Reichskanzler Adolf Hitler", auf dessen Person als „Oberster Befehlshaber" die Reichswehr am gleichen Tag vereidigt wird.
19./20. 10.	Zweite Bekenntnissynode zu Dahlem verkündet das kirchliche Notrecht.
24. 10.	Die „Deutsche Arbeitsfront" wird Einheitsorganisation der Arbeitgeber und Arbeitnehmer.

1935

30. 1.	Gemeindeordnung, Reichsstatthaltergesetz
16. 3.	Wiedereinführung der Allgemeinen Wehrpflicht (Bruch des Versailler Vertrages)
26. 6.	Einrichtung des „Reichsarbeitsdienstes"
15. 9.	Die antisemitischen „Nürnberger Gesetze" („Gesetz zum Schutz des deutschen Blutes und der deutschen Ehre" und „Reichsbürgergesetz")
18. 10.	Gesetz „zum Schutz der Erbgesundheit des deutschen Volkes"

1936

7. 3.	Einmarsch deutscher Truppen in das entmilitarisierte Rheinland
28. 5.	Denkschrift der Leitung der Bekennenden Kirchen an Hitler
17. 6.	Himmler wird Chef der Polizei.
24. 8.	Einführung der zweijährigen Wehrpflicht
26. 11.	Verbot der Kunstkritik
1. 12.	„Hitlerjugend" wird Staatsjugend.

1937

26. 1.	Beamtengesetz
14. 3.	Papst-Enzyklika „Mit brennender Sorge" gegen NS-Kirchenfeindschaft
Sommer	Wanderausstellung „Entartete Kunst"
16. 7.	Einrichtung des KZ Buchenwald
Herbst	Beginn der „Arisierung" jüdischer Vermögen

1938

2. 3.	Verurteilung Pastor Martin Niemöllers, Einlieferung ins KZ
12. 3.	Besetzung Österreichs
13. 3.	„Anschluß Österreichs" ans Reich
17. 8.	Einführung von Zwangsvornamen für Juden
27. 9.	Friedensliturgie der Bekennenden Kirche
29./30. 9.	Münchener Konferenz
1. 10.	Besetzung des Sudetenlands
7. 11.	Attentat des jüdischen Emigranten Herschel Grynszpan auf den Legationssekretär Ernst von Rath in Paris
9./10. 11.	Organisierte Ausschreitungen gegen die deutschen Juden in der „Reichskristallnacht"
10. 11.	Aufforderung Hitlers an die Presse, das Volk auf den Krieg einzustimmen
12. 11.	Befehl Hitlers an Göring, die „Judenfrage" nun „so oder so zur Erledigung zu bringen"
Ab Nov.	Antijüdische Verordnungen

1939

24. 1.	Einrichtung einer Zentrale für jüdische Auswanderung
13. 2.	Verordnung der Arbeitsdienstpflicht
15. 3.	Einmarsch deutscher Truppen in die Tschechoslowakei
16. 3.	Bildung des Reichsprotektorats Böhmen und Mähren Verordnung der Jugenddienstpflicht
25. 3.	Einrichtung des Frauen-KZ Ravensbrück
15. 5.	Abschluß des deutsch-sowjetischen Nichtangriffspakts (mit geheimem Zusatzprotokoll), sogenannter „Hitler-Stalin-Pakt"
23. 8.	
27. 8.	Einführung der Bezugscheinpflicht (Lebensmittelrationierung)
1. 9.	Ohne Kriegserklärung Angriff der deutschen Wehrmacht auf Polen, „Anschluß" Danzigs
September	Kriegsverordnungen Einsatzgruppen-Morde, Massenvertreibungen in Polen
3. 9.	Kriegserklärung Englands und Frankreichs
17. 9.	Einmarsch der Sowjetarmee in Ostpolen
7. 10.	Himmler wird zum „Reichskommissar für die Festigung deutschen Volkstums" ernannt.
12. 10.	Erste Judendeportation aus Österreich und Tschechoslowakei
Oktober	Hitler-Befehl zur Tötung „lebensunwerten Lebens" Erste Verträge zur Rücksiedlung Volksdeutscher aus Osteuropa

26. 10.	Zwangsarbeit für Juden im Generalgouvernement (besetzte polnische Gebiete) Arbeitspflicht für Polen
8. 11.	Georg Elsers Attentat auf Hitler im Münchener Bürgerbräukeller scheitert.
14. 11.	Einführung der Reichskleiderkarte
18. 11. und 15. 2. 40	Militär-Proteste gegen SS-Morde in Polen
23. 11.	Anordnung zum Tragen des Judenstern im Generalgouvernement

1940

9. 4.	Deutscher Überfall auf Dänemark und Norwegen
30. 4.	Lodz: Einrichtung des ersten Judengettos
10. 5.	Deutscher Angriff im Westen Churchill wird britischer Premierminister.
20. 5.	Einrichtung des KZ Auschwitz
5. 6.	Beginn der Schlacht um Frankreich
22. 6.	Waffenstillstand zwischen Deutschland und Frankreich
9. 7.	Evangelische Denkschrift gegen Tötung „lebensunwerten Lebens"
13. 8.	Beginn des deutschen Bombenkriegs gegen England
27. 9.	Dreimächtepakt Deutschland-Italien-Japan
22. 10.	Judendeportationen aus Baden, Saarland und Elsaß-Lothringen
15. 11.	Warschauer Getto abgeschlossen

1941

25.–26. 2.	Streiks in Holland gegen Judenverfolgung
6. 6.	Hitlers „Kommissarbefehl" bestimmt die Erschießung politischer Kommissare der Roten Armee.
22. 6.	Deutscher Überfall auf die UdSSR
Ab Juni	Massenmorde der SS-Einsatzgruppen in der UdSSR
28. 7.	Strafantrag von Bischof Galen, Münster, gegen Mord an Geisteskranken
31. 7.	Beauftragung Heydrichs mit den Vorbereitungen zur „Endlösung der Judenfrage"
3. 9.	Beginn der Vergasungen in Auschwitz
19. 9.	Anordnung zum Tragen des Judensterns im Reich
3. 10.	Zwangsarbeit für Juden im Reich
16. 10.	Beginn der Judendeportationen aus dem Reich
24. 11.	Einrichtung des Gettos Theresienstadt

Dezember	Beginn der Ermordung von Juden durch Vergasen im Vernichtungslager Chelmno
11. 12.	Deutsch-italienische Kriegserklärung an die USA
19. 12.	Hitler übernimmt Oberbefehl des Heeres.

1942

20. 1.	„Wannsee-Konferenz" der Staatssekretäre der wichtigsten deutschen Ministerien unter Vorsitz des Reichssicherheitshauptamtes zur Judendeportation und -vernichtung
8. 2.	Speer wird Rüstungsminister
26. 4.	Der Reichstag bestätigt Hitler als „Obersten Gerichtsherrn".
10. 6.	Das tschechische Dorf Lidice wird als Vergeltung des an Attentatsfolgen erlegenen „Reichsprotektors für Böhmen und Mähren", Heydrich, vernichtet.
22. 7.	Beginn der systematischen Deportierung der ca. 350.000 Juden des Warschauer Gettos in das Vernichtungslager Treblinka

1943

27. 1.	Arbeitskräfte-Mobilisierung für den Kriegseinsatz Erster US-Tagesluftangriff auf das Reich
31. 1.–2. 2.	Kapitulation deutscher Truppen in Stalingrad
11. 2.	Beginn der Einberufung von Schülern (vom 15. Lebensjahr an) als Luftwaffenhelfer
18. 2.	Goebbels verkündet den „totalen Krieg" im Berliner Sportpalast.
Februar	Widerstand der Münchner Studentengruppe „Weiße Rose" gegen das Regime Verhaftung und Hinrichtung von Hans und Sophie Scholl
13. 3.	Bombenanschlag auf Hitler mißlingt.
26. 3.	Goerdelers „Staatsstreich-Denkschrift" an Generale
19. 4.	Beginn des Aufstands im Warschauer Getto
11. 6.	Himmler befiehlt die Liquidierung polnischer Gettos.
1. 7.	Juden werden im Reich unter Polizeirecht gestellt.
2. 8.	Aufstand in Treblinka
9. 8.	Kreisauer Kreis (Widerstandsgruppe): Grundsätze für Neuordnung Deutschlands
24. 8.	Himmler wird Reichsinnenminister.
Oktober	Dänen retten jüdische Mitbürger vor Deportation.
22. 12.	Einführung des „NS-Führungsoffiziers"

1944

April–Juni	Judendeportationen aus Griechenland und Ungarn
6. 6.	Alliierte Invasion in Frankreich
10. 6.	Zerstörung des französischen Dorfes Oradour und Tötung der Bevölkerung als Vergeltung für Greueltaten französischer Partisanen
12./13. 6.	V-1-Beschuß auf London beginnt.
20. 7.	Attentat Stauffenbergs auf Hitler, Staatsstreichversuch scheitert.
25. 7.	Goebbels wird Bevollmächtigter für den totalen Kriegseinsatz.
1. 8.	Hitler verfügt Sippenhaftung.
2. 8.–2. 10.	Warschauer Aufstand der polnischen „Heimatarmee"
7.–8. 8.	Erster Volksgerichtshof-Prozeß gegen die 20.-Juli-Verschwörer
11. 9.	US-Truppen an der Reichsgrenze
25. 9.	Erlaß Hitlers, alle waffenfähigen Männer zwischen sechzehn und sechzig Jahren zum „Deutschen Volkssturm" aufzurufen
Oktober	Himmler befiehlt Einstellung der Judenvergasung.

1945

12. 1.	Sowjetische Offensive von Weichsel bis Oder
4.–11. 2.	Alliierte Konferenz von Jalta (Zukunftsplanungen für Deutschland)
12. 2.	Aufruf von Frauen zum Hilfsdienst für den „Volkssturm"
13./14. 2.	Bombardierung Dresdens
15. 2.	Einrichtung von Standgerichten
7. 3.	Alliierter Rheinübergang bei Remagen
19. 3.	Hitlers Befehl „Verbrannte Erde" („Nero-Befehl")
2. 4.	Aufruf zum „Werwolf"
11. 4.	Selbstbefreiung der Häftlinge des KZ Buchenwald
15. 4.	Alliierte befreien das KZ Bergen-Belsen.
16. 4.	Sowjetische Offensive auf Berlin
25. 4.	Begegnung von US- und Sowjettruppen bei Torgau an der Elbe
30. 4.	Hitler begeht Selbstmord.
2. 5.	Kapitulation Berlins
7.5./8.5.	Unterzeichnung der bedingungslosen Kapitulation in Reims und Berlin-Karlshorst
23. 5.	Verhaftung der Reichsregierung Dönitz
5. 6.	Alliierte übernehmen die oberste Regierungsgewalt in Deutschland.

Bildnachweis:

Hermann Barth, Nürnberg: S. 157, 159, 164
Bildarchiv des Hochbauamts der Stadt Nürnberg: S. 8, 9, 27 u., 34,
   35 o., 36, 37, 39, 41, 44, 49 r. o., 93 u., 104, 105, 108, 109, 200 u.,
   201 u., 204
Henry Cartier-Bresson: S. 60 o.
Centrum Industriekultur Nürnberg: S. 23 r., 48, 74, 75 o., 78 r., 79, 97 u.,
   100, 101, 124
Centrum Industriekultur Nürnberg, Aufnahmen Ernst Schörner, Otto-
   brunn: S. 17, 18, 19
Fleischer-Innung Nürnberg: S. 52
Michael Kaiser, Nürnberg: S. 165, 186, 187, 190, 196 o., 197 r. o., 200 o.,
   201 o., 205
Rudolf Käs, Fürth: S. 111, 131, 195
Kicker-Sportmagazin, Nürnberg: S. 153
Landeskirchliches Archiv der Evangelischen Kirche in Bayern, Nürnberg:
   S. 168, 170, 171, 174, 178, 179, 181
MAN-Bildarchiv, Augsburg: S. 193 o.
Museum für Verkehr und Technik Berlin: S. 6 u., 75 u., 78 l., 92, 93 o.
Nürnberger Nachrichten, Bildarchiv: S. 25, 56 l., 57, 61
Wolfgang Schramm, Würzburg: S. 192, 193 u.
Stadtarchiv Nürnberg: S. 27, 35 u., 45 o., 49 l. o., 49 u., 56 r., 82 u., 83,
   96, 97 o., 114 u., 118 l. o., 118 u., 119, 129, 130, 131 u., 141, 158,
   159 u., 166, 167, 189, 196 u., 197 l. o., 197 u.
Verein Geschichte für Alle, Nürnberg: S. 138, 140
Verkehrsmuseum Nürnberg, Bildarchiv: S. 45 u., 46, 88, 89
Harald Wächtler, Nürnberg: S. 162
Dr. Paul Wolff & Tritschler, Presse-Bildarchiv, Offenburg: alle Bildstreifen
   von Reichsparteitagen in Nürnberg, S. 20–205

Reproduktionen aus:

Elvira Bauer: Ein Lesebuch für Groß und Klein, Nürnberg 1936: S. 53
Hans Borchardt: Ausländereinsatz – Aufklärung, Ratschläge und
   Anweisungen für Unterführer im Betrieb, Berlin 1943: S. 82 o.
Bericht über die Arbeit der Stadtverwaltung Nürnberg im ersten Jahr des
   nationalsozialistischen Deutschlands, März 1933–März 1934, Nürnberg
   1934: S. 25 o.
Deutsche Arbeitsfront, Betriebliche Mannschaftsführung 1944, o. O.: S. 85
Deutsche Arbeitsfront, Kraft durch Freude, Gau Franken, Hefte April
   1935: S. 86 o., Oktober 1935: S. 86 u., August 1937: S. 87, Februar
   1935: S. 87, Februar 1937: S. 87, Januar 1938: S. 121
Deutsche Volksgesundheit, Organ des Kampfbundes für Deutsche
   Gesundheits- und Rassenpflege, Nürnberg 1933, Nr. 4: S. 145
Fritz Fink: Die Judenfrage im Unterricht, Nürnberg 1937: S. 63
Hermann Luppe: Mein Leben, Nürnberg 1977: S. 21
Fritz Nadler: Eine Stadt im Schatten Streichers, Nürnberg 1969: S. 23 l.
Nürnberg, Die Stadt der Reichsparteitage, München 1935: S. 107, 150,
   151
Die neue Linie, Berlin, September 1938, Heft 1, Jg. 10: S. 34
Nürnberger Gesellschaft und Leben, Februar 1934: S. 48, März 1934:
   S. 114 o., Juni 1934: S. 118 r. o., September 1934: S. 123
Nürnberger Schau, Monatszeitschrift der Stadt der Reichsparteitage
   Nürnberg, Januar 1939, Heft 1: S. 34
Organisationsbuch der NSDAP, München 1937: S. 69
Der Vierjahresplan, Zeitschrift für nationalsozialistische Wirtschaftspolitik
   1939, Nr. 12: S. 122

Abkürzungen

BayHStAM	Bayerisches Hauptstaatsarchiv München
BDM	Bund Deutscher Mädel
DAF	Deutsche Arbeitsfront
DC	Deutsche Christen
DDP	Deutsche Demokratische Partei
DNVP	Deutschnationale Volkspartei
FK	„Fränkischer Kurier"
FTZ	„Fränkische Tageszeitung"
HJ	Hitler-Jugend
KdF	NS-Gemeinschaft ‚Kraft durch Freude'
NSBO	Nationalsozialistische Betriebszellen-Organisation
NSDAP	Nationalsozialistische Deutsche Arbeiterpartei
NSFK	Nationalsozialistisches Fliegerkorps
NS-Hago	Nationalsozialistische Handwerks-, Handels-, und Gewerbeorganisation
NSKK	Nationalsozialistisches Kraftfahrkorps
NSV	Nationalsozialistische Volkswohlfahrt
NZ	„Nürnberger Zeitung"
RAD	Reichsarbeitsdienst
SA	Sturmabteilung der NSDAP
SAN	Stadtarchiv Nürnberg
SD	Sicherheitsdienst
Sopade	Sozialdemokratische Partei Deutschlands (im Exil)
SS	Schutzstaffel der NSDAP
StAN	Staatsarchiv Nürnberg